现代铁路轨道不平顺与病害动态检测

魏秀琨　尹贤贤　刘丽华　刘　峰　著

科学出版社
北　京

内 容 简 介

轨道交通系统基础设施安全检测与预警对轨道交通系统安全运营具有重要的作用。本书介绍基于运营车辆的轨道交通钢轨在线检测的一些最新研究成果，重点介绍基于运营车辆的轨道不平顺检测技术，钢轨表面核伤、波浪形磨耗、道岔区以及低接头等病害的建模、检测算法和实验验证；同时，对轨道检测中用到的一些信号处理技术进行简单的总结，并介绍了轨道质量指数预测方面的探索性研究成果。

本书可以作为轨道交通基础设施检测、轨道交通系统安全保障、机电系统故障诊断领域研究生以及轨道交通专业高年级本科生的参考书，对于轨道交通行业的技术人员和故障诊断领域的科研人员也具有一定的参考价值。

图书在版编目(CIP)数据

现代铁路轨道不平顺与病害动态检测/魏秀琨等著. —北京：科学出版社，2018.3

ISBN 978-7-03-055337-9

Ⅰ.①现…　Ⅱ.①魏…　Ⅲ.①轨道不平顺(铁路)-检测　Ⅳ.①U216.3

中国版本图书馆 CIP 数据核字(2017)第 276481 号

责任编辑：张海娜　朱英彪　赵徽徽 / 责任校对：桂伟利

责任印制：张　伟 / 封面设计：蓝正设计

科学出版社 出版

北京东黄城根北街 16 号

邮政编码：100717

http://www.sciencep.com

北京九州迅驰传媒文化有限公司 印刷

科学出版社发行　各地新华书店经销

*

2018 年 3 月第　一　版　开本：720×1000　B5

2021 年 8 月第二次印刷　印张：17

字数：342 000

定价：118.00 元

(如有印装质量问题，我社负责调换)

前　言

随着中国城市化进程的不断深入，现代城市轨道交通运转日趋网络化和集成化，对网络化的运营指挥和维护保障的整体性协同提出了更高的要求，也对整个城市轨道交通网络的可靠性保证提出了更大的挑战。城市轨道交通线路侧的设施设备，如触网、轨道、桥梁、隧道等，在列车运行中形成了全息化的移动立体空间，为确保整个立体空间的有效、安全、持续运作，可采用移动在线监测、信息化、智能化等手段实现对城市轨道交通关键设施设备及系统的相关属性、参数和状态的全方位感知。

随着运营规模的不断扩大以及运营难度的不断增大，城市轨道交通的运营模式已逐渐从单线运营转变为网络化运营，既有的传统系统运作在网络化的背景下已不能满足新的需求，急需一个基于城市轨道交通基础设施全息化移动监测与运维的平台进行支撑，完善各类全息化在线安全监测手段，建立基于安全监测的后续优化整合以及实现安全策略的有效应用，从而实现城市轨道交通网络运营设施设备的科学维护、网络化运营资源配置的统筹集约、网络化系统运作的智能高效，有效提升网络化运营与维护质量，优化和提升城市轨道交通基础设施安全和维护保障水平，确保网络化运营的安全与效率。

为满足城市轨道交通网络化运营安全的新要求，实现自主创新，打破国外技术垄断，迫切需要研制城市轨道交通基础设施全息化移动监测设备与运维系统，这也是《国家中长期科学和技术发展规划纲要(2006—2020 年)》的优先发展主题。

针对基于运营车辆的轨道安全状态和病害检测这一主题，本书系统总结了项目组过去几年在该领域的研究成果。第 1 章对钢轨检测进行概述并介绍钢轨检测的国内外研究现状；本书重点讨论基于运营车辆的钢轨检测技术，该技术与列车车辆的动态特性有关，因此，第 2 章讨论列车车辆的动力学建模和 SIMPACK 软件实现；第 3 章对书中用到的各种信号处理算法进行简要的介绍；第 4 章对基于运营车辆的轨道不平顺检测系统进行研究；第 5 章从谱分析的角度来分析钢轨健康状态；第 6 章重点介绍钢轨核伤的建模与检测算法；第 7 章提出一种基于运营车辆转向加速度的钢轨波磨检测方法，利用经典信号分析方法(时、频分析)以及现代信号分析方法(小波分析、希尔伯特-黄变换)，对检测信号进行分析，从而获取钢轨波浪形的时频特性，进而验证基于运营车辆转向加速度的钢轨波磨检测方法的可行性；第 8 章利用时域和频域分析、小波分析以及希尔伯特-黄变换等分析方法分别对轨缝低接头病害状态以及正常状态下的车辆转向架加速度数据进行对比分析；第 9

章利用实验平台设备分析实验车辆经过道岔时的实际加速度信号,用时域分析和小波包分析方法分析尖轨不密贴病害对实验小车加速度的影响,验证SIMPACK仿真模型中关于车辆振动信号分析理论的正确性,提出两种工程实际中确定道岔具体位置的方法;第10章主要介绍BP神经网络、灰色神经网络、泛化回归神经网络和支持向量机神经网络对于预测轨道质量指数的效果对比,利用轨道质量指数历史数据,以通过不同神经网络对给定数据的拟合能力与泛化能力为标准,对不同神经网络的学习与预测效果进行评价。

本书主要由北京交通大学魏秀琨教授撰写,包括第2章、第4～9章。北京信息科技大学刘丽华副教授完成了第1章、第3章和第10章的撰写工作。尹贤贤完成了第6章的部分仿真工作。刘峰完成了第5章的部分仿真分析。

本书的研究成果得益于轨道交通控制与安全国家重点实验室自主课题“高速列车车辆主动安全控制模型和算法研究”(RCS2014ZT003)、“轨道交通列车悬挂系统智能监测与预警技术研究”(RCS2016ZT006)、国家“十二五”科技支撑计划“城轨交通轨道安全状态移动检测系统研制”(2011BAG01B04)、国家“十三五”国家重点研发计划“城市轨道系统安全保障技术”(2016YFB1200400-2)以及国家“十三五”国家重点研发计划“复杂环境下轨道交通系统全生命周期能力保持技术”(2017YFB1201202)等项目的资助。在本书的写作过程中,得到了北京交通大学研究生贺延芳、申丽、闫冬、陈军、程茗、吕又冉、张靖林、张晓中、王腾腾、朱明、李卓玥、刘玉鑫和李岩等的支持,他们在相关内容的研究及书稿编辑和纠错方面做了不少的工作,对他们所做的工作表示感谢。

由于作者水平有限,书中难免存在不妥之处,恳请读者不吝指教。

作　者

2017年11月

目　　录

第1章　绪　　论

作为最具可持续性的交通运输模式，轨道交通是国民经济大动脉、大众化交通工具和现代城市运行的骨架，是国家的关键基础设施和重要基础产业，对我国经济社会发展、民生改善和国家安全起着不可替代的全局性支撑作用。轨道交通科技持续自主创新更是国家通过实施“创新驱动发展”战略全面支撑“新型城镇化”“区域经济一体化”“一带一路”“制造强国”和“走出去”战略的全局性重要基础保障；对建设创新型国家，构建现代综合交通运输体系，实现全面建成小康社会目标，具有重大意义。

2014年，我国城市轨道交通建设和投资继续保持高增长，建设规模持续扩大。特别是国家发展和改革委员会连续出台了多个政策性文件，为城市轨道交通发展创造了更加有利的政策环境。新线投产规模创历史最高纪录，铁路营业里程突破11.2万公里。高速铁路营业里程超过1.6万公里，稳居世界第一。中西部铁路建设掀起高潮，营业里程达到8万公里，占全国铁路营业总里程的62.3%。目前，以“四纵四横”为主骨架的高速铁路网已初具规模，并全部开工建设，其中京沪、京广深、哈大、沪杭深“四纵”高铁已建成通车；石家庄至太原、济南至青岛、郑州至西安至宝鸡、南京至武汉至重庆、杭州至南昌等“四横”部分段落已建成通车，未建成路段大部分在“十三五”期间全部建成。

截至2014年12月31日，全国开通运营城市快速轨道交通线路的城市共计22座，运营线路共计83条，运营线路总长为2699.6km，运营车站共计1770座；全国开通运营现代有轨电车线路的城市共计8座，运营线路共计13条，运营线路总长为180.3km，运营车站共计202座。2014年全国新增开通运营城市快速轨道交通线路的城市3座(无锡、宁波、长沙)，新增运营线路9条，新增运营线路长度373.6km，新增运营车站251座；全国新增开通运营现代有轨电车线路的城市共3座(南京、苏州、广州)，新增运营线路5条，新增运营线路长度83.7km，新增运营车站58座。

2014年4月3日，完全自主化的中国北车股份有限公司(简称中国北车)CRH5型动车组牵引电传动系统通过了中国铁路总公司组织的行业专家评审；10月22日，完全自主化的中国北车CRH5型动车组列车网络控制系统(“高铁之脑”)通过中国铁路总公司组织的技术评审，获准批量装车，成为国内首个获准批量装车运行的动车组列车网络控制系统。随后，装载中国北车自主化牵引系统的CRH5A型动车组在哈尔滨铁路局开展正线试验；11月25日，装载“中国创造”牵引电传动系统和网络控制系统的中国北车 CRH5A 型动车组进入“5000 公里正线试验”的最后阶段。这是国内首列实现牵引电传动系统和网络控制系统完全自主创新的高速动车组，标志着中国高铁列车核心技术正实现由“国产化”向“自主化”的转变，中国高铁列车实现由“中国制造”向“中国创造”的跨越，将大力提升中国高铁列车的核心创造能力，夯实中国高铁“走出去”的底气。

我国超过 14 万公里(其中高速铁路、城际快速 2 万多公里)的铁路总运营里程、超过 6000 多公里的城市轨道交通、不断加速的新型城镇化进程和众多经济圈、“走出去”和“一带一路”战略的实施，均使我国轨道交通国内外市场需求迅速扩大。

钢轨作为轨道的主要组成部件，与运营列车的车轮直接接触，为列车车轮的滚动提供连续平顺且阻力最小的环境，故钢轨工作状态的好坏对于城市轨道交通车辆的安全运营及乘坐舒适性至关重要。然而随着城市轨道交通运营年限及客运量的增加，钢轨必然会出现各式各样的伤损。目前，城市轨道交通检测主要通过人工检测或轨检车检测来完成。人工检测是通过弦线、轨道检查仪等对轨道几何形位进行的检测，因此工务人员的劳动强度极大，且效率极低；轨检车检测大多使用一些光学元件、位移传感器、伺服系统等组成轨道几何形位检测系统，自动化程度相对较高，但系统的复杂性使得其易受外界环境干扰且易失效，从而维修量大，同时轨检车的检测周期也较长，不能够实时地发现一些严重的轨道不平顺[1-4]。因此在城市轨道交通高速发展的现状下，传统的人工检测及轨道检测车按固定周期检测线路的措施已远远无法满足未来轨道运营对安全状态检测的要求。

本书提出的基于运营车辆的轨道病害检测方法，可通过普通列车车载测量实现，大幅降低了检测成本。由于其同时具有相比于轨检车的成本优势及相比于轻型轨道检测小车的高速性，所以能够实现高密度线路上轨道平顺状态的高频率检测，从而能够更及时地为工务部门提供线路状态，了解轨道线路的平顺状态和变化规律及变化程度，为合理安排线路的养护和维修工作，及时做出维修决策具有重大意义，并具有十分可观的经济和社会效益。

1.1 轨道检测概述

1.1.1 轨道不平顺的基本知识

轨道线路的平直区段，钢轨在左右方向和高低方向相对于标准的平直轨道位置产生差异，这种几何参数的差异称为轨道的不平顺。轨道没有车轮载荷作用时的不平顺状态称为静态不平顺；当列车在轨道线路上运行时，列车载荷产生的轮轨作用将会引起轨道不同程度的弹性下沉，此时产生的轨道不平顺称为动态不平顺[5]。由于轨道不平顺的随机性，列车运行过程中产生的不同程度的振动也是随机分布的。轨道不平顺是导致列车振动的主要激扰源，是影响列车安全运行的重要因素，如果任其长期累积恶化，将会对轨道线路的结构强度和稳定性产生重要影响。

就轨道系统而言，在列车运行过程中，随着时间的积累，列车车轮与轨道直接的相互作用必然导致轨道在几何形态上不断发生变化，这种变化即轨道的几何不平顺。通常来说，按照列车运行过程中轨道不平顺对机车车辆的激扰方向不同可将轨道不平顺分为横向不平顺、垂向不平顺和复合不平顺；按照轨道不平顺的波长特征可将轨道不平顺分为短波不平顺、中波不平顺和长波不平顺[6]。每种类型的轨道不平顺都会影响列车在运行过程中的安全运行、乘客的舒适度。长期的累积不平顺将会严重影响轨道设备的使用寿命，对轨道不平顺检测的实时性和准确性显得非常重要。

1. 按对机车车辆的激扰方向分类

按对机车车辆的激扰方向，轨道不平顺分为如下几种。

(1) 高低不平顺：沿着列车运行方向由路基或道床的不均匀沉降等造成的垂直方向上的凹凸不平，如图 1.1 所示。由于左右两个钢轨的起伏变化趋势不一定相同，高低不平顺还分为左轨高低不平顺和右轨高低不平顺。

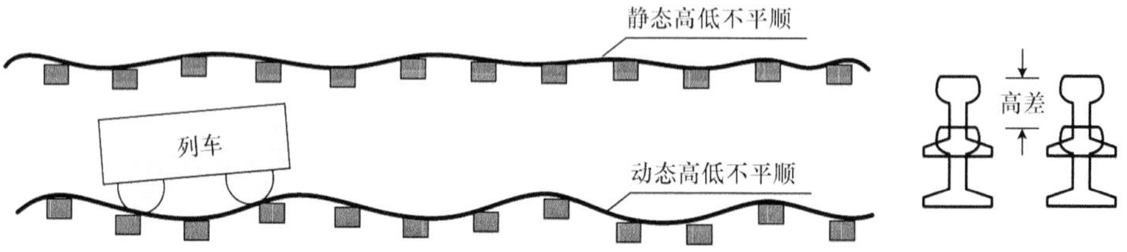

图 1.1 轨道高低不平顺

(2) 水平不平顺：在轨道的同一个截面上由轨道左、右轨的高低起伏不同造成的左、右两轨轨面的高度差。需要指出的是，在弯道时水平不平顺是指左右两轨轨面的高度差减去正常的超高值，而在直线轨道时是指两轨轨面的高度差(图 1.2)。造成水平不平顺的原因主要是左右轨道结构强度不同或左右轨道受力不均匀等。

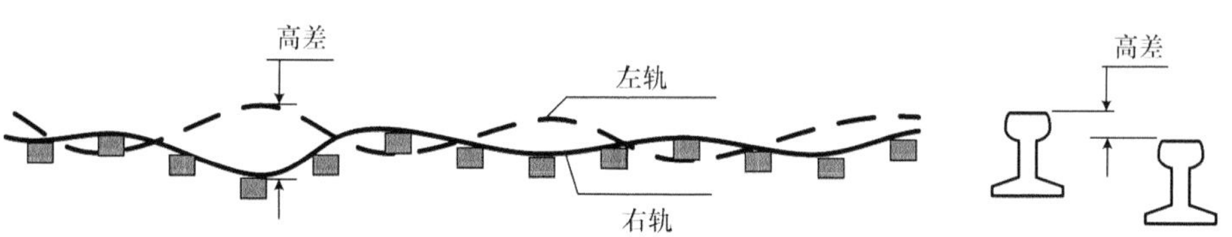

图 1.2 轨道水平不平顺

(3) 扭曲不平顺：左右两钢轨顶面相对于轨道平面的扭曲，又称三角坑(图1.3)。可以由选定基长的两个水平截面水平不平顺的差值计算得到，轨检车通常采用2.5m的基长。本书采用的上海地铁0117号列车同一转向架的两轴距也为2.5m。

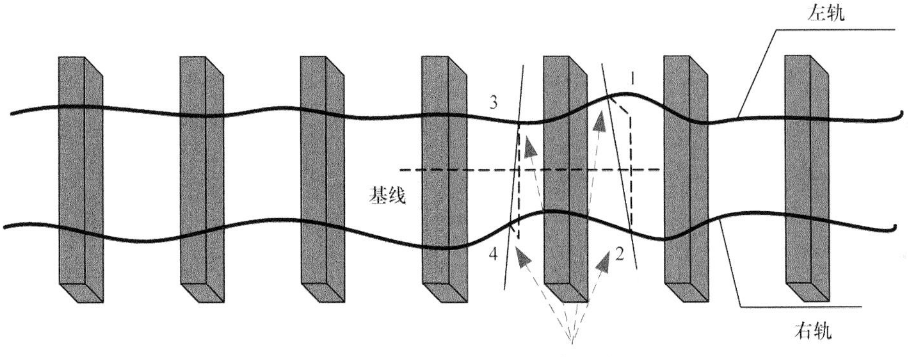

图1.3　扭曲不平顺

(4) 轨距不平顺：轨道同一截面中，距离钢轨顶面下内侧16mm处左、右两钢轨间距与标准轨距(1435mm)的偏差，如图1.4所示。

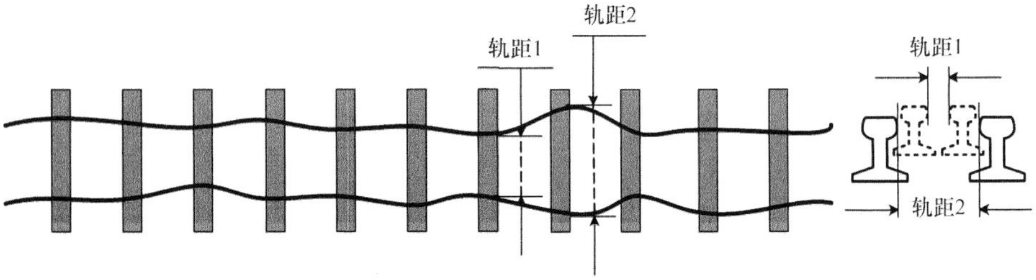

图1.4　轨距不平顺

(5) 轨向不平顺：轨头内侧沿轨道长度方向的横向凹凸不平顺，即轨道方向不平顺。形成此类不平顺的原因可能是铺轨施工，整道作业的钢轨中心线存在位置偏差，轨排横向变形积累和轨头侧面的不均匀磨耗、扣件失效、轨道横向弹性不一致等。与高低不平顺一样，轨向不平顺也分为左轨轨向不平顺和右轨轨向不平顺，如图1.5所示。

(6) 复合不平顺：在一段轨道的某一位置或在影响列车运行性能的范围内，轨道横向和垂向不平顺同时存在的情况。横向不平顺包括轨向不平顺、轨距不平顺；垂向不平顺包括高低不平顺、水平不平顺、扭曲不平顺。通常来讲，列车运行线路的轨道不平顺都表现为复合不平顺类型。

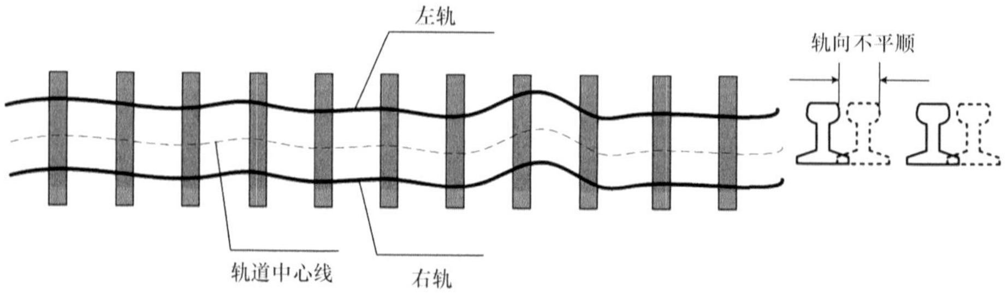

图 1.5 轨向不平顺

2. 按波长特征的轨道不平顺分类

轨道上存在着各种不同波长的不平顺，波长从几厘米到几十米都有，按照波长的长度可分为短波不平顺、中波不平顺、长波不平顺。对按轨道不平顺波长分类的详细描述见表 1.1[7]。

表 1.1 轨道不平顺波长及特征[8]

类型	波长范围	特征及成因
短波	数毫米至数十毫米	轨面擦伤、剥离掉块、波纹磨耗、焊缝
	数百毫米	波浪形磨耗
中波	2～3.5m 周期性	钢轨生产过程中形成的周期不平顺
	12.5m 和 25m 周期性	钢轨焊缝处道床沉降
	3～30m 非周期性	高低不平顺、水平不平顺、扭曲不平顺、轨向不平顺、轨距不平顺
长波	30m 以上非周期性	路基、道床不均匀沉降，桥涵两端刚度差异，单跨、多跨不等距桥梁挠曲变形
	30m 以上周期性	多跨等距桥梁挠曲变形，路基因素形成的长波不平顺，桥梁挠度形成的周期性不平顺

3. 轨道不平顺造成的影响

轨道不平顺是列车运行过程中主要的激扰源，也是造成轮轨作用力变大以及机车车辆强烈振动的主要原因，会严重影响列车运行的安全性和乘客的舒适性。另外，轨道不平顺也是导致轨道设备使用周期缩短的主要原因。国外的研究显示，各种不同类型的轨道不平顺对轨道设备都有着直接或间接的影响，同时不同类型的轨道不平顺也会导致不同类别和程度的差异，具体描述见表 1.2 和表 1.3。

表 1.2　按照车辆激扰作用方向划分的轨道不平顺及影响[7,8]

不平顺种类	影响				
	车辆振动	轮轨力	性质		
			安全性	平稳舒适性	设备
高低	浮沉、点头	垂直力增减载	促进钢轨	垂直加速度大	寿命
水平	侧滚	垂直力增减载	促进钢轨	侧滚加速度大	寿命
扭曲	侧滚	垂直力增减载	引起悬浮脱轨	侧滚加速度大	寿命
轨向	侧摆、摇头	横向力增大	引起爬轨、脱轨	横向加速度大	状态
轨距			引起落下脱轨		
轨向水平复合（扭曲）	侧摆、侧滚	横向力增大、垂直力增减载	引起悬浮脱轨、引起爬轨脱轨	垂直加速度大和横向加速度大	寿命、状态

表 1.3　按波长划分的不平顺及影响[9,10]

不平顺种类	波长范围	幅值范围	不平顺种类	主要影响
短波	1～10mm	0.02～1.0mm	轨面擦伤、剥离掉块、波纹磨耗、焊缝	轮轨作用力、噪声、运营成本费（高速时影响增大）
	10～100mm	0.1～2.0mm	波浪形磨耗、轨间距	
中波	2～3.5m，周期性	0.1～2.0mm	新轨轨身不平顺	高速车振动舒适性、轮轨动作用力、噪声、平稳、舒适性、运营成本（高速时影响大增）
	3～30m，非周期性	1～40mm	高低、轨向、水平、扭曲、轨距	
	12.5m、25m 等，与轨长有关的周期性	1～30mm	接头、焊缝处道床沉降形成的周期高低不平顺	
长波	3～100m	1～60mm	路基道床不均匀沉降、中跨桥梁挠曲变形等	快速、高速列车振动舒适性

1.1.2　轨道病害的基本知识

钢轨作为城市轨道交通的重要组成部件，其工作形态是一根在点支撑或连续弹性基础上的无限长梁，主要承受机车轮载作用下的弯曲应力、轮轨接触应力，钢轨轨头与轨腰或轨腰与轨底连接处的局部应力，以及由温度变化引起的温度应力，并且起着引导机车车辆沿规定方向运行、将来自车辆的冲击和荷载传至轨枕及扣件上的作用，故钢轨的强度和安全状态直接影响城市轨道交通车辆运行的安全、平稳。钢轨各部位的受力类型如图 1.6 所示[11]，在承担繁重的运输压力时，钢轨在上述各种应力等作用下会产生各种形式的伤损。钢轨伤损是指钢轨发生裂纹、折断或其他能够影响和限制钢轨使用性能的各种状态，是轨道交通中一个比较突出的问题。钢轨伤损主要分为两类：一类是内部伤损，另一类是外部伤损。出现在钢轨内部且肉眼看不见的钢轨伤损，即内部伤损，如钢轨头部会出现由残留杂质引起的核伤，这会引起钢轨出现横向裂纹，甚至导致轨头断裂。所谓外部伤损就是伤损在钢轨表面，如轨头压溃、轻微剥落、剥离掉块等。典型的钢轨伤损如图 1.7 所示。

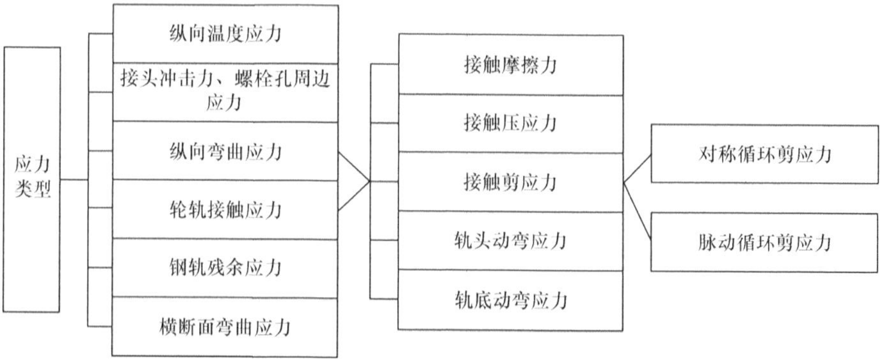

图 1.6 钢轨受力类型

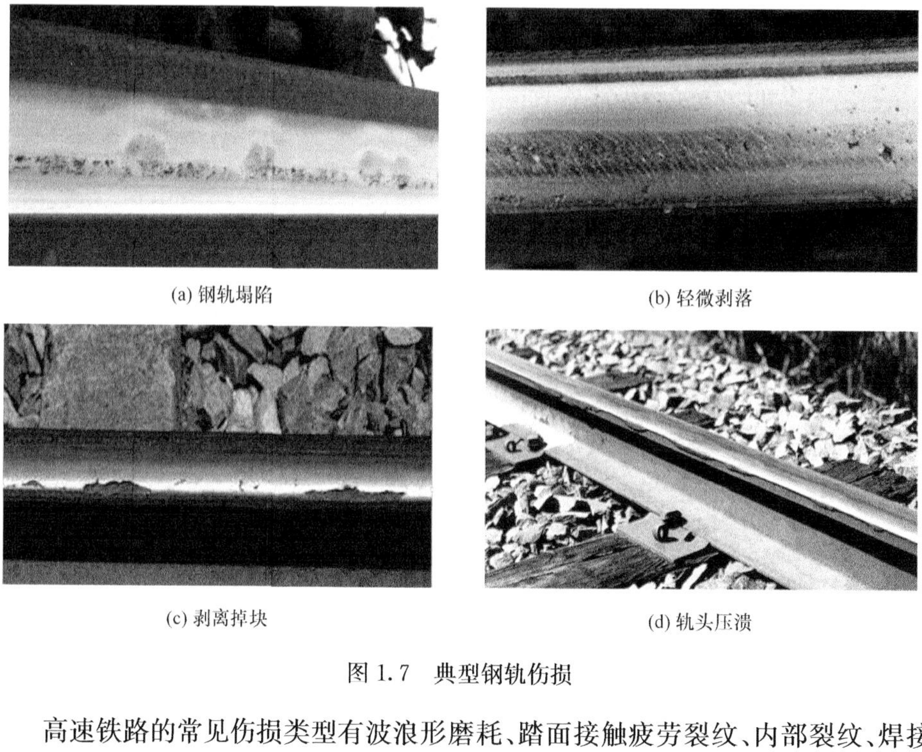

(a) 钢轨塌陷 (b) 轻微剥落

(c) 剥离掉块 (d) 轨头压溃

图 1.7 典型钢轨伤损

高速铁路的常见伤损类型有波浪形磨耗、踏面接触疲劳裂纹、内部裂纹、焊接接头内部缺陷等。

1. 波浪形磨耗

波浪形磨耗是指钢轨轨头踏面沿长度方向出现周期性的不均匀塑性变形和磨耗,使钢轨全长呈现波浪形状的不平顺。波浪磨耗的波谷处有明显塑性变形,使踏面碾宽或出现碾边,轮轨接触光带变宽。波峰处踏面的塑性变形量明显小于波谷,接触光带变窄。波峰、波谷踏面光带的明暗程度也有差异。

2. 踏面接触疲劳裂纹

踏面接触疲劳裂纹是指轨头踏面在轮轨接触应力作用下形成的沿钢轨全长密集分布的表面裂纹,通常又称为鱼鳞状裂纹。裂纹的扩展方向与行车方向有关,用手指顺行车方向探摸剥离裂纹时有刺手感。

3. 内部裂纹

内部裂纹又称核伤,是指钢轨内部的制造缺陷(冶金缺陷、热处理缺陷等)在运行载荷作用下形成和扩展的疲劳裂纹或脆性裂纹。在内部裂纹未扩展到钢轨表面时,钢轨断裂的断口具有金属光泽,一般现场称为"白核"。当内部裂纹扩展到钢轨表面时,由于受氧化腐蚀作用,断口呈暗褐色,现场称为"黑核"。

4. 焊接接头内部缺陷

钢轨焊接接头内部缺陷分为闪光焊接头内部缺陷和铝热焊接头内部缺陷。

(1) 闪光焊接头内部缺陷。闪光焊接头内部缺陷主要是指接头内部存在的灰斑夹杂、疏松缺陷等,这些缺陷都有可能形成裂纹并引起钢轨断裂。灰斑夹杂是指位于焊缝处含有 Si、Mn 等元素的夹杂物。钢轨闪光焊时,对接焊口金属在高温熔化时形成的氧化物或硅酸盐夹杂物未能完全从焊缝中挤掉而留在焊缝区域,就会形成沿熔化线方向分布的不规则形状块状夹杂物。疏松缺陷是指钢轨对接处的局部金属高温熔化成液态金属,在顶锻时没有被挤出焊口,冷却凝固时发生收缩,由于没有液态金属的补充,就会形成收缩孔洞或分散分布的显微缩孔,又称为疏松裂纹。

(2) 铝热焊接头内部缺陷。铝热焊接头内部的伤损主要有因焊接工艺控制不良、焊筋边缘溢流飞边引起的疲劳断裂,焊肉组织异常、疏松、气孔、热裂纹和未焊合等缺陷及引起的疲劳和脆性断裂。

研究表明,钢轨核伤是钢轨各类伤损中出现比例最大的一种伤损形式,也是破坏性最大、最危险的钢轨伤损之一,当其发展到一定程度时,一方面只能通过磨削钢轨表面予以消除,这样既会增加轨道维保成本,又会降低路网能力;另一方面,钢轨横向裂纹(核伤)继续延伸,会直接导致钢轨断裂,甚至造成列车颠覆,这样就会给轨道交通车辆的安全运行带来隐患，更会严重威胁乘客的生命财产安全。因此，钢轨核伤的检测具有重大意义。

1.1.3　道岔的基本知识

道岔是机车车辆从一股轨道转入或越过另一股轨道时必不可少的线路设备，是铁路轨道的一个重要组成部分。道岔具有数量多、构造复杂、使用寿命短、限制列车速度、行车安全性低以及养护维修投入大等特点，与曲线、接头并称为轨道的三大薄弱环节。它的基本形式有三种：线路连接、交叉、连接与交叉的组合。常用的线路连接有各种类型的单式道岔（普通单开道岔、对称道岔）和复式道岔（三开道岔）；交叉有直交叉和菱形交叉；连接与交叉的组合有交分道岔和交叉渡线等，如图1.8所示。

(a) 普通单开道岔

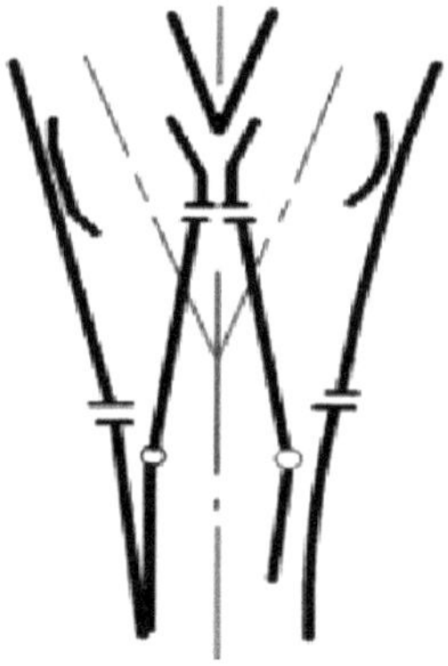

(b) 对称道岔

(c) 三开道岔

(d) 交叉渡线

(e) 交分道岔

图1.8　道岔类型

我国最常见的道岔类型是普通单开道岔，简称单开道岔，其主线为直线，侧线由主线向左侧（称左开道岔）或右侧（称右开道岔）岔出，其数量占各类道岔总数的

90%以上。单开道岔构造相对简单,其结构如图 1.9 所示,具有一定的代表性。了解和掌握这种道岔的基本特征,对各类道岔的设计、制造、铺设、养护均有十分重要的意义。

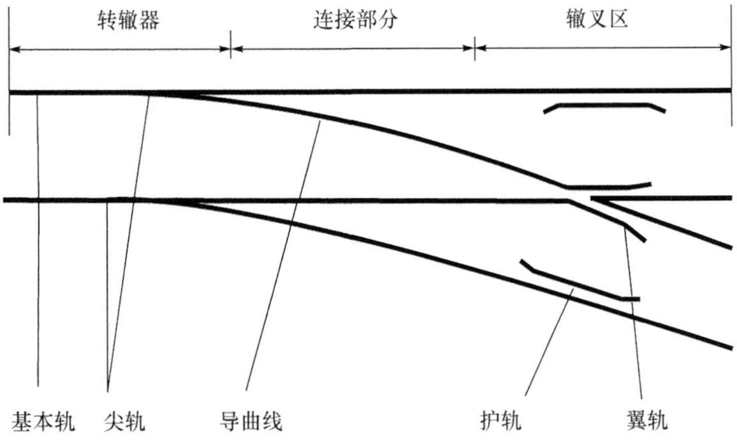

图 1.9 道岔结构图

对称道岔是单开道岔的一种特殊形式,整个道岔对称于主线的中线或辙叉角的中分线,列车通过时无直向及侧向之分。尖轨长度相同时,尖轨作用边和主线方向所成的交角约为单开道岔的一半;导曲线半径相等时,对称道岔的长度要比单开道岔短,若其他条件相同,导曲线半径约为单开道岔的两倍;在曲线半径和长度保持不变时,可采用比单开道岔更小号数的辙叉。因此在道岔长度固定的条件下,使用对称道岔可获得较大的导曲线半径,能提高过岔速度;在保持相同的过岔速度的条件下,对称道岔能缩短道岔长度,从而能缩短站坪的长度和啬股道的有效长度。对称道岔的这些特点使得它在驼峰下、三角线上获得应用,并被用于工业铁路线和城市面上轻轨线上。

三开道岔又称复式异侧对称道岔,是复式道岔中较常用的一种形式。它相当于两组异侧顺接的单开道岔,但其长度远比两组单开道岔的长度之和更短,因此常用于铁路轮渡桥头引线、驼峰编组场以及地形狭窄又有特殊需要的地段。三开道岔有一组转辙器,运行条件较差,非十分困难时不轻宜采用。

交分道岔有单式、复式之分。复式交分道岔相当于两组对向铺设的单开道岔,实现不平行股道的交叉,但具有道岔长度短、开通进路多及两个主要行车方向均为直线等优点,因而能节约用地,提高调车能力并改善列车运行条件。交分道岔由菱形交叉、转辙器和连接曲线等部分组成。菱形交叉一般是直线与直线的交叉,由两副锐角辙叉、两副钝角辙叉和连接钢轨组成。

交叉渡线由四组类型和号数相同的单开道岔、一组菱形交叉,以及连接钢轨组成，用于平行股道之间的连接，仅在个别特殊场合下使用。

产生道岔病害的因素很多，综合起来大概包括：道岔本身结构上的缺陷；铺设位置和各部尺寸不符合规定；道岔在列车车辆的动力冲击作用下发生的尺寸和结构变形；养护维修不当与自然侵害等。

道岔本身结构上的缺陷，又可分为不可避免或暂时难以避免的弱点和可以通过改造消除的缺陷两种。随着各种新道岔的问世，很多结构上的缺陷已逐步得到克服和解决。

1. 道岔结构缺陷

道岔本身结构特点所带来的主要缺陷，一般有以下各种。

(1) 75型及75型以前的各型道岔普遍使用直线型尖轨(图1.10(a))。这种尖轨转辙角较大，车轮从基本轨过渡到尖轨时，列车急骤地改变运行方向，车辆冲击尖轨，从而对轨道产生较大的纵向和横向冲击力。

(2) 尖轨经刨切后断面削弱，且只有连接杆和跟端结构(活接头)将其连接组成框架，在全长范围内没有扣件将其固定在岔枕上，加上尖轨高于基本轨，当车轮通过时，尖轨容易发生跳动、横移和爬行，增大了尖轨尖端被轧伤的可能性。

(3) 对于曲线型尖轨(图1.10(b))，导曲线半径小，且无超高，因此轨距、水平、方向难以保持。

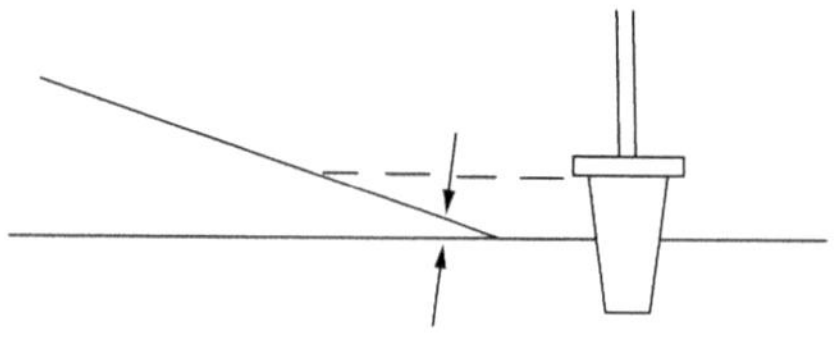

(a) 直线尖轨

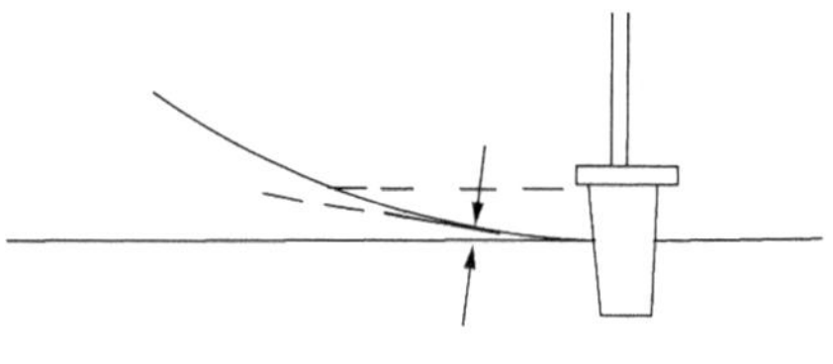

(b) 曲线尖轨

图1.10　直线、曲线尖轨

(4) 从尖轨尖端起到导曲线终点止，轨距、方向和高度变化迅速，轨距、水平递减率较大，列车通过时对道岔的横向和纵向冲击力大于普通线路。

(5) 固定型辙叉存在轨线中断的有害空间(图1.11)，车轮在辙叉翼轨与心轨间过渡时，由于高低和横向不平顺，对辙叉的翼轨和心轨的冲击明显大于普通钢轨接头，使翼轨与心轨容易被轧颓或轧伤。

(6) 连接曲线与导曲线合成一对反向曲线，方向不易保持，导曲线无缓和曲线，始终点处发生横向冲击。

(7) 道岔从转辙器到辙叉间，连接零件较多，容易发生松弛失效。同时钢轨密集、岔枕间隔窄小，给捣固带来困难，容易造成轨道坑洼、方向不良、助长爬行、破坏

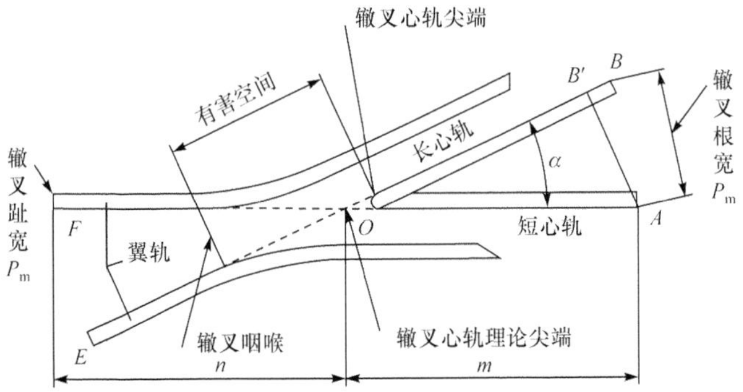

图 1.11　有害空间

轨距,加剧钢轨及其零件的磨损。

2. 道岔各部分结构缺陷

1) 转辙器

(1) 基本轨的轨底切口处容易折断。

(2) 尖轨跟端无桥型垫板,尖轨跳动,轨距不易保持。

(3) 尖轨尖端降低值过小,实际尖端过宽,容易被轧伤,并有被车轮爬上造成不安全因素的可能。

(4) 直尖轨长度过短,转辙角过大,侧向过岔速度受限制。

(5) 尖轨跟端轮缘槽过窄时起护轨作用,接头容易损坏,过宽时转辙角增大。

(6) 尖轨跟端螺栓无套管,螺栓帽上紧会妨碍扳动尖轨,松开则出现尖轨跳动及横移。

2) 导曲线

(1) 缺少连接铁板和通长垫板,容易发生横向移动。

(2) 导曲线位置不正确,没有按支距做好圆度,轨距、方向不易保持。

3) 辙叉及护轨(图 1.12)

(1) 钢轨组合辙叉长心轨尖端未淬火。

(2) 翼轨上未堆焊加高,车轮到辙叉心突然下降,轧伤心轨尖端。

(3) 组合辙叉下面没有大垫板。

(4) 辙叉各部分(图 1.13)间隔尺寸不适当,例如,翼轨轮缘槽过宽或过窄,过宽时减少了车轮踏面与翼轨的接触面积,使翼轨迅速磨耗,同时车轮过早地离开翼轨,加重了心轨尖的负担,过窄时某些轮对通过辙叉时发生撞击,增加阻力,消耗动能,影响速度。

(5) 翼轨与心轨采用切轨底式结构,容易折断。

(6) 长心轨与短心轨接触位置太靠前,长心轨切割过多,强度减弱,容易折断。

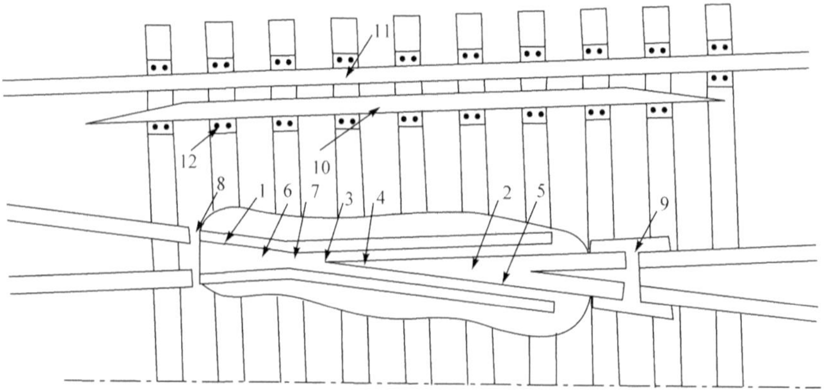

图 1.12 辙叉及护轨示意图

1-翼轨；2-心轨；3-理论尖端；4-实际尖端；5-辙叉；6-辙叉咽喉；7-有害空间；8-辙叉趾端；9-辙叉跟端；10-护轨；11-主轨；12-护轨垫板

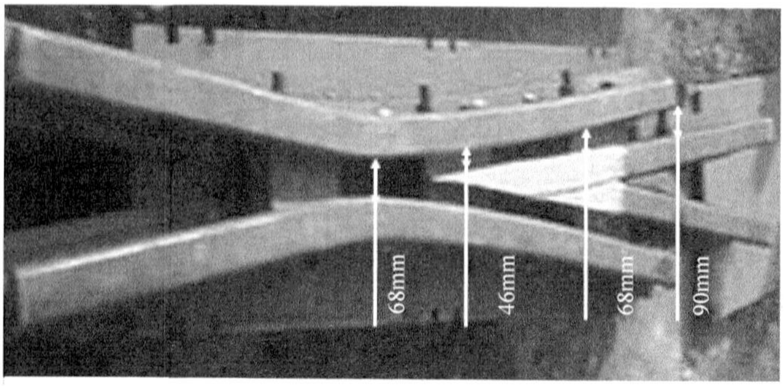

图 1.13 辙叉部分示意图

(7) 翼轨的咽喉尺寸过小，弯折点设置位置不当，引起严重磨耗，导致轮背冲击咽喉，影响速度的提高。

(8) 护轨和翼轨的开口尺寸过小，缓冲段冲击角过大，甚至没有缓和段，车轮通过时对护轨和翼轨的冲击力过大，使护轨及翼轨串动，护轨和基本轨发生横移，螺栓折断，轨距、方向不易保持。护轨结构如图 1.14 所示。

3. 连接曲线设备缺陷

连接曲线设备通常存在如下缺陷。

(1) 有的辙叉后无夹直线或夹直线过短，过车摇晃。

(2) 连接曲线设超高时，顺坡距离不够。

(3) 连接曲线未按规格位置设置，方向不圆顺，过车摇晃。

(4) 有些连接曲线钢轨下的木枕无垫板，轨距方向不易保持。

图 1.14 护轨结构图

1.1.4 轨道质量指数的基本知识

1994 年《铁道建筑》连续发表了多篇文章，分别介绍了轨道质量指数(track quality index，TQI)的基本概念、计算方法、国外铁路中的应用情况、线路维修工作中的实用性等相关知识。这些研究成果为 TQI 在我国铁路中的应用奠定了理论方面的基础。此后，相关技术人员在实践中总结出了 TQI 在我国铁路上的应用情况，在检测数据的可靠性、在工程中的实用性等方面都取得了众多研究成果，对我国铁路轨道质量的管理方法进行了更深入的改良。

TQI 从物理学和统计学的角度出发，同时考虑到轨道质量的均衡性和不平顺的离散性，以此反映轨道质量的好坏程度[12]。TQI 不仅是轨道区段整体质量评估的综合指标，可以作为工务部门指定轨道维修养护计划的依据，还是对轨道状态进行检查和管理的重要手段。TQI 以 200m 轨道区段为单元区段，分别计算单元区段内左轨向、右轨向、左高低、右高低、轨距、水平、三角坑七项轨道不平顺的标准差。这七项轨道几何不平顺幅值的标准差之和作为判定该单元区段内轨道平顺性综合质量状态的轨道质量指数[12]，其计算公式为

$$\begin{cases} \mathrm{TQI} = \sum_{i=1}^{7} \sigma_i \\ \sigma_i = \sqrt{\dfrac{1}{n} \sum_{j=1}^{n} (x_{ij} - \overline{x}_i)^2} \\ \overline{x}_i = \dfrac{1}{n} \sum_{j=1}^{n} x_{ij} \end{cases} \tag{1.1}$$

式中，TQI 为单元区段的轨道质量指数，mm；σ_i 为单项轨道不平顺的标准差，mm；

$\bar{x}_i$ 为单元区段中连续采样值的平均值，mm；x_{ij} 为单项不平顺幅值，mm；n 为采样点数目。

TQI数值为七项轨道不平顺指标的标准差之和，反映了单元区段上各指标数值的离散程度的大小。

我国铁路分为普速线路和高速线路等，因此针对不同运行速度的线路条件分别设置了不同单元区段长度下的TQI管理值，如表1.4所示。

表1.4 TQI管理值 （单位：mm）

项目	V_{max}≤160km/h	160km/h<V_{max}≤200km/h	200km/h<V_{max}≤250km/h	
			L=200m	L=500m
轨距	1.6	1.1	0.7	0.7
水平	1.9	1.3	1.1	1.1
高低	2.5×2	1.5×2	1.3×2	2.8×2
轨向	2.2×2	1.6×2	1.2×2	2.0×2
三角坑	2.1	1.4	1.2	1.2
TQI	15.0	10.0	8.0	12.6

1.2 轨道检测技术的国内外研究现状

1.2.1 不平顺检测

现有的轨道检测技术包括静态检测技术和动态检测技术两大类。静态检测技术是指在无列车动载荷作用下对线路进行的检查，其设备主要有轨距尺、弦线、轨道检查仪。其中应用最广泛的是轨道检查仪，它是测量轨道几何尺寸的手推式静态检查仪器，测量结果随着仪器在线路上推行实时显示并记录在内存中，具有使用方便、结构简单等优点。动态检测技术是指在列车动载荷作用下，使用专用仪器和线路检查车对轨道状态进行的系统检测，其设备主要有添乘仪、车载式线路检查仪和轨道检查车[13]。添乘仪是利用车体振动的垂直和水平加速度来判断轨道的晃车等级、病害等级，但无法做到同速检测的要求，因此在检测精度方面还不能完全与线路实际运营状态下的要求相符合；车载式线路检查仪是通过测量机车或动车组车体加速度，实时监测轨道状况，及时发现轨道的不良处所；轨道检查车通过定期或不定期动态检测轨道状态，实时处理分析检测结果，发现轨道严重超限，及时指导现场养护维修，消灭危及行车安全的隐患。

现有的轨道不平顺的测定方法主要可分为弦测法和惯性基准法两大类。其中，弦测法包括两点差分法、三点中弦法（又称正矢法）、三点偏弦法、多点偏弦法等；惯性基准法包括惯性位移法、质量弹簧系统加速度积分与位移相加法、轴向加速度积分法、轴箱加速度快速傅里叶变换法等[14-17]。它们都是从位移角度出发，利用传感器直接获取轨道不平顺位移信息或者通过加速度二次积分获得相关位移量。

各国根据测定方法的不同特点，采取了不同的不平顺检测实现形式[18-23]。美国有的采用弦测法原理，通过电涡流传感器或光电位移计获取轨道不平顺位移信息，有的采用惯性基准原理，在转向架构架上安装加速度传感器及位移计来测得转向架相关振动信息；澳大利亚采用轴箱加速度二次积分的方法来获取位移从而表示轨道不平顺幅值；日本采用三点弦测原理并将传递函数随波长变化的关系修正补偿后，得到轨道不平顺数据；俄罗斯采用轴箱加速度的方法，根据运行速度的不同分三个速度挡分别进行二次积分和高通滤波，用于减小运行速度对检测结果的影响；德国目前正在研究用光电扫描的办法获得轨面相对惯性平台的位移，从而达到检测轨道不平顺的目的。

在文献[24]～文献[26]中介绍了我国目前常用的 GJ-4 型轨检车、XGJ-5 型轨检车、TIC-01 型轨检车(上海地铁 1 号线正在使用)等，其大多采用惯性基准原理和无接触测量方法，采用光电、陀螺、伺服跟踪、数字滤波等技术，具有非常好的重复性和可靠性，但同时也存在造价昂贵、维修量大、检测周期长等缺点。由于轨检车与实际运营的各种列车在速度、轴重、悬挂系统等存在差异，轨检车动态获取的轨道不平顺参数不能反映实际运营列车通过时的线路真实状态，从而不能保证其他运营列车的安全。

1.2.2 轨道病害研究

目前，检测轨道不平顺病害的主要方法是利用轨检车检测轨道的动态数据来分析轨道病害，轨检车检测是目前世界上比较通用为检测方法。但是值得注意的是，用来检测轨道不平顺的设备结构复杂、费用很大，还不能达到理想的检测精度，对轨道上一些微小的轨道不平顺病害无法精确识别。基于此种限制，轨道检修维护部门不得不采用浪费时间、人力和财力的人工静态检测方式来检测轨道不平顺的细微病害。可见，钢轨病害的研究对轨道检修及维护具有重大意义。事实上，一些细微的钢轨病害也会使轮轨间作用力增大，其宏观表现为机车车辆的强烈振动响应。因此，钢轨的动态检测信号中有很多与钢轨细微病害有关的成分。

利用轨道不平顺引起机车车辆振动响应的方法来研究轨道不平顺及其病害识别的资料还不多，国内外学者主要通过检测轴箱振动加速度的方式获得运行车辆对轨道不平顺的响应数据，从中分析轨道不平顺及其细微病害的规律。在文献[27]中，康熊等利用轴箱的垂向振动加速度数据，通过带通滤波、共振解调的方法达到识别钢轨焊缝的目的。在文献[28]中，杨文忠把检测的轴箱振动加速度信号和轨道高低不平顺联系起来，并进行相关性分析，得到良好的检测精度。在文献[29]～文献[31]中，Bracciali 等通过检测运营车辆的轴箱振动加速度来获得钢轨磨耗的信息。

由于轨道不平顺是列车行车过程中引起机车车辆振动的主要激扰源，根据自然界能量守恒的特点，由轨道不平顺引起的机车车辆振动的能量不会凭空消失，肯定会以另一种形式表现出来。例如，列车运行过程中由钢轨病害引起的列车振动必将表现在列车某些部件的不规律振动响应。即使在检测中有很多噪声干扰，致使病害信号不能充分表现出来，但是经过特征提取或时频转换的方法仍能够找到能量突变的点。本书就是基于这种对钢轨病害的识别方法进行深入研究。

1.2.3 道岔病害研究

道岔是保证列车按照既定速度和方向安全运行的关键设备，也是限制列车行驶速度的主要因素。由于道岔处的车辆-道岔相互作用远大于轨道的其他部分，所以有必要对道岔结构的动力设计理论和方法、安全监控等方面进行研究，从而改善车辆通过道岔的受力状况，减小轮对与道岔之间的冲击。

在车辆-道岔动力学研究理论出现以前，有关道岔的分析计算都是基于静力计算思想的，即建立道岔静态模型之后，在静态模型上施加一定的作用力，观察道岔的各种动力响应参数。这种研究方法的局限性在于没有考虑列车经过道岔的过程是一个动态耦合的过程，将车辆与轨道之间的时刻变化相互作用力简化为某几个点上的外力不能体现出道岔与轮对相互作用过程中的动力学响应。20 世纪 90 年代以来，为完善道岔结构，优化道岔设计尺寸，提高使用年限，国内外学者在车辆-道岔动力学模型方面进行了大量的理论研究和实践工作，主要研究方法为道岔几何不平顺激扰法和有限元法。

道岔几何不平顺激扰法是在建立完善的车辆和轨道模型的基础上发展而来的，其主要思想是将实测的道岔区几何不平顺作为轮轨作用的激扰因素输入到模型中，以轮轨相互作用力和车体加速度作为优化目标，对道岔结构进行改进。瑞典政府的 TS7 和 MU14 项目中，对道岔病害以及车辆与道岔之间的低频作用关系进行了研究[32]；Oswald 领导的奥地利 VAE 成员组以及德国 BWG 公司研究了道岔区不同曲线形式对轮轨系统的影响情况[33]；德国 Netter 等学者利用 SIMPACK 软件模拟了客车通过道岔时的动力特性，并分析了轮轨之间的作用力[34]。

有限元法已经成为道岔动力学计算和研究的重要方法之一。但是由于涉及单元划分精度和计算效率之间的矛盾，这种方法的应用多借助 ANSYS、Abqus 等有限元软件实现，如 Kassa 等对列车-固定式辙叉道岔系统动态相互作用进行了研究和测试[35]；此外，采用有限元方法研究列车经过道岔区的轮轨动力、优化道岔几何结构或降低轮岔动力作用的研究也较多。

国内关于车辆-道岔动力学的研究成果主要有如下：

文献[36]中，作者采用弹性点支撑有限元铰接梁模型分析了道岔区的轮轨作用力，在其基础上论述了弹性值的优选方案。文献[37]在考虑轮轨多点接触的情况下模拟了18号道岔，并分析了车辆经过道岔时的动力学响应集中区域，结果表明当车辆直向通过道岔时动力响应主要集中在辙叉区，且以横向响应为主，而车辆侧向通过道岔时转辙器与辙叉区的动力响应都非常显著，以垂向响应明显，研究认为在导曲线半径为800m的情况下，侧向过岔速度应控制在80km/h以下。

文献[38]和文献[39]在忽略轮对与护轨发生轮背接触的可能性的条件下，采用锥形踏面，在尖轨与基本轨共同承受列车荷载的区段将两根钢轨视为同一股钢轨，将心轨与翼轨在密贴处视为一股，抗弯强度采用二者之和，将道岔区内其他部分钢轨视为以弹性点支撑为基础的等截面欧拉梁，对车辆侧向和直向经过道岔时的动力学特性进行研究。文献[40]和文献[41]中的道岔建模考虑了轮对载荷在尖轨与基本轨、翼轨与心轨之间的过渡过程，将尖轨与基本轨分开建模，二者的载荷之和为轮对总载荷。在建模基础上以蛇形运动为对象研究了列车经过道岔时的稳定性、安全性。任尊松等在文献[42]～文献[45]中研究了车辆经过60kg/m钢轨12号单开道岔时的动力响应，在车辆-道岔动力学理论基础上，将转尖轨与基本轨之间、翼轨与心轨之间的空间结构和平面布置考虑在内，以一般线路轮对与钢轨接触关系为基础，模拟了在转辙区和辙叉区轮对与轨道的接触情况，得到了较为准确的尖轨横向轮轨冲击力以及系统的其他响应。文献[46]分析了尖轨不密贴和辙叉磨耗对车辆动力学响应的影响，论证了道岔病害会使车辆振动加剧的理论。文献[47]利用ADAMS软件得到了道岔区域内的动力学响应，仿真了秦沈客专线路18号道岔；文献[48]分析了秦沈客专大号码道岔的线型，介绍了该岔线型的相关设计参数，采用ADAMS仿真模型分析了传统单圆曲线道岔和秦沈客专38号道岔的动力学响应的区别。文献[47]和文献[49]分析了尖轨轨下采用的弹性滑床板对轮轨相互动力作用的影响，论证了提高道岔尖轨的轨下滑床板的弹性可以降低基本轨与尖轨在轮载过渡时的垂向相互作用力，从而改善车辆-道岔动力学响应，延长道岔寿命。

道岔的常见病害主要有电动转辙机故障、尖轨磨耗、叉心沉落和方向不良等[50,51]，而电动转辙机故障最终表现为尖轨不密贴、尖轨转换困难等转辙区故障。

1. 尖轨不密贴

道岔工作过程中，尖轨是主要的被操作对象，在尖轨部分经常进行检修处理的病害是尖轨与基本轨不密贴。尖轨不密贴指在转辙器驱动装置完成尖轨驱动后，尖轨与基本轨之间仍存在一定缝隙的现象。若藏尖式60AT弹性尖轨尖端与基本轨的缝隙大于1mm，则认为该道岔存在尖轨不密贴病害[52]。由于地铁线路列车单边运行，一些重点道岔尖轨每天频繁地受到撞击，尖轨尖端间隙需严格控制，检修标准要比大铁路高出很多。

产生尖轨不密贴的原因有很多种，基本轨方向不良、尖轨与基本轨本身有硬弯曲、基本轨弯折不良、框架尺寸不对等道岔本身的结构尺寸误差是造成尖轨不密贴的主要原因。此外，尖轨拉杆连接杆尺寸选配或调整不良、尖轨顶铁过长、转辙器驱动机构动程不足等使用过程中的原因是造成尖轨不密贴逐渐积累的主要因素[53]。

目前，国内外普遍采用微机监测系统检测尖轨的密贴性和监控转辙机构的动作过程[53]，监测的主要内容包括道岔动作电流和时间的关系曲线图、轨道电路状态等。国外，已投入使用的道岔监测系统有德国的 Roadmaster 2000 道岔监测系统、俄罗斯的用于检测尖轨密贴的无接触道岔自动控制器、法国的轨道及道岔监测系统(track and turnout monitoring system)等[54,55]。此外，文献[56]等对轨旁机电系统与设备的监测也进行了研究。这些监测系统和研究主要监测内容包括道岔尖轨位置、转辙机电流电压、转辙器转换拉力与时间、钢轨温度等，为掌握道岔的工作状态提供了较好的监测手段。

2. 尖轨剥落掉块

尖轨剥落掉块的主要因素有：现在使用的尖轨多为直线型尖轨，列车进入侧线折返时，车体会轻微摇晃，车轮对尖轨工作边冲击力较大；地铁列车一般都是单向运行，列车每天会对折返线上的道岔进行多次冲击，且冲击部位不变；车轮踏面与尖轨工作面的接触面积小，冲击压力大，频繁冲击某一部位会引起疲劳裂纹，积累起来就会形成掉块。

若出现的掉块滑入尖轨底部，则可能会给尖轨操纵带来阻力，导致尖轨转换不到位，引发其他病害。在城市轨道交通道岔维修相关规定中，尖轨出现剥落掉块即该道岔达到轻伤下线标准，必须及时更换。而尖轨造价高，频繁更换会增加运营成本。此外，尖轨掉块的发展速度较快，如果不及时处理，会存在很大的安全隐患。

目前，城市轨道交通运营公司或铁路维护部门对于尖轨掉块的检测方式基本都采取定时现场检查的方式，这种检测方式不仅存在效率低下、工作强度大等弊端，还易受人为疏忽等因素影响，检测结果存在不确定性。而目前相关研究多集中在病害发生后的处理方式上，对病害的早期检测研究较少。

3. 叉心沉落

由于城市轨道交通线路所采用的道岔在辙叉区存在有害空间，心轨尖端易于磨损，列车经过时产生很大冲击力，加之两股行车都要经过叉心，而叉心的隐蔽部分较宽，道床不易捣固坚实，因此岔枕易被压弯，或出现辙叉下的岔枕机械磨损大于两侧面使叉心下沉的情况。叉心沉落对列车垂向动力响应存在较大影响，这也是造成列车爬轨脱轨的重要原因之一。

4. 导曲线反超高

列车经过连接部分，相当于列车通过小半径曲线，由于道岔连接部分没有足够的长度来递减导曲线反超高，所以目前我国单开普速道岔导曲线部分均不设超高[57]。由于离心力的作用，导曲线上的列车对外轨的压力远大于对内轨的压力，随着列车通过次数的增加，外轨的岔枕水平高度低于内轨岔枕，外侧轨道切入岔枕的深度会大于内侧轨道，进而产生内侧轨道水平高度高于外侧轨道导曲线的反超高现象，导曲线反超高的存在将使内侧轨道的轮重减载率增大，存在列车运行安全隐患，病害前期会使乘客舒适性降低。

目前，通常采用直轨处垂向不平顺的方法检测道岔导曲线反超高病害，即用钢轨测量仪测量两侧钢轨的形位，通过计算确定是否存在导曲线反超高的现象，并计算出应当修正的尺寸。与导曲线反超高相似，叉心沉落也属于轨道垂向不顺的一种形式，其检测方法原理与导曲线反超高的检测相同。

1.2.4 TQI 预测

文献[58]结合兰新线某区段轨检车的检测数据，介绍了轨道质量指数在指导铁路维修维护工作中的重要作用。文献[59]介绍了通过轨道质量指数预测轨道不平顺发展的可能性，提出一种线性预测模型对轨道质量指数进行预测，最后得出的结果说明了这种方法是可行的。

南京大学的 Liu 和 Pang 提出了利用 NARX 神经网络来预测轨道不平顺的方法。他们首先在 ADAMS 软件中构建了仿真车辆模型用于采集加速度数据，然后列出两种不同的 NARX 神经网络作为逆模型来预测轨道不平顺性，结果显示该方法的可行性[60]。

文献[61]利用嘉陵江磁器口断面的总磷浓度监测数据，通过分别建立传统和改进的灰色预测模型来进行预测，结果表明改进的灰色模型预测精度不一定是最高的，在不同数据量、不同建模方法的情况下其结果大相径庭。文献[62]改进了传统灰色网络模型，将三类改进的灰色预测模型与人工神经网络组合，最终得到改进的灰色神经网络组合模型；通过三个改进的灰色模型将一维序列转化为三组值后作为神经网络的输入，而原始的序列作为网络的输出，经过训练可以得到最优的网络结构。

文献[63]提出了一种基于不等时距加权的灰色预测理论与人工神经网络组合的预测方法。这种方法构建了加权的不等时距灰色模型，将原始序列的均值作为累加序列的初值，并且将连续累积函数的积分面积视作背景值，对累加序列进行加权处理，用以反映时间间隔对预测结果的影响[62]，通过反向传播(back propagation,BP)神经网络模型修正预测的残差序列，较好地克服了用单一模型进行预测得到精度偏低的缺点。

文献[64]结合灰色系统图册理论方法和并联型径向基神经网络构建了基于灰色径向基函数(radial basis function,RBF)神经网络的组合预测模型，这个预测模型互补了两种方法的优缺点，减小了数据的随机性，最终提高了预测的精度。

文献[65]提出了一种基于灰色预测理论和小波神经网络的组合预测模型。将这个模型的预测结果与优化的小波神经网络以及改进的灰色预测模型的结果进行比较，不仅验证组合预测模型是有效的，正说明此模型优于其他两类优化后的单一预测模型。

文献[66]建立了一种基于支持向量机(support vector machine,SVM)的非等时距灰色预测组合模型。这个模型不仅具有灰色模型的所需原始数据少、建模和运算简单的优势，还拥有支持向量机的泛化能力强、非线性拟合性好和样本小等优点，既弥补了单一模型的不足，又避免了神经网络组合预测容易陷入局部最优点的缺陷。

北京交通大学的刘峰等提出了基于灰色预测理论和隐马尔可夫模型的轨道质量指数预测模型，结合两种模型的优势，得到了较好的预测精度[67]。文献[68]提出了基于灰色区间预测模型的轨道不平顺状态预测，利用灰色区间预测模型，对单元区段范围内随时间变化的轨道质量指数进行预测分析，并与传统的不等时距GM(1,1)预测模型相比较，最终得到较好的预测结果。

文献[69]进行了铁路轨道不平顺数据的数据挖掘及其实际序列趋势的预测，在轨道不平顺数据分析阶段，系统地分析轨道不平顺数据序列的特点，并且针对数据质量之中存在的问题，提出了基于数据挖掘的思想对数据进行处理的方法；在轨道状态预测分析阶段，提出了基于不等时距短期历史趋势的时间序列分段线性递推模型。

1.3 本书的主要内容

本书各章内容安排如下。

第1章介绍了轨道交通线路检测相关的研究背景及现状。

第2章主要分析车-轨耦合运动机理，建立城轨车辆系统横向动力学模型和垂向动力学模型，利用SIMPACK软件搭建城轨车辆整车动力学仿真实验模型。

第3章总结钢轨故障诊断过程中所常用到的数据处理方法，对其算法原理进行详细说明，为后面的信号数据处理做好理论基础。

第4章介绍一种基于运营车辆的轨道不平顺检测系统，包括该系统的硬件组成和软件组成，主要研究基于运营车辆的轨道不平顺检测系统、不平顺超限等级管理标准的制定方法，并验证检测区段的钢轨不平顺符合制定的超限等级标准的等级划分，以及短时间隔内对钢轨不平顺检测的可重复性。

第 5 章利用谱分析等具体的算法研究检测信号与钢轨的健康状态之间的关系，从波长和幅值两方面反映钢轨的健康状态与幅频特性。

第 6 章提出基于运营车辆的钢轨核伤检测方法，主要介绍利用 SIMPACK 软件建立的车辆-轨道动力学模型，以及仿真的不同尺寸的钢轨核伤模型。利用信号时频分析方法分析基于钢轨核伤的车辆转向架加速度信号的时频特征，验证该方法的可行性。

第 7 章提出一种基于运营车辆转向加速度的钢轨波磨检测的方法，从时域、频域、小波分析和希尔伯特-黄变换的角度对检测到的加速度数据进行了分析，进而验证基于运营车辆转向加速度的钢轨波磨检测方法的可行性。

第 8 章介绍一种基于运营车辆转向加速度的轨缝低接头检测的方法。利用时频分析、小波分析以及希尔伯特-黄变换等分析方法分别对存在轨缝低接头病害的钢轨和正常状态下的车辆转向架加速度数据进行对比分析，验证利用转向架振动加速度进行轨缝低接头检测的可靠性。

第 9 章以车辆-道岔动力学理论为基础，结合我国城市轨道交通常用车辆参数和 60kg/m 轨道 9 号道岔设计尺寸，搭建了车辆-道岔动力学模型。以病害所导致的道岔尺寸误差为依据，将每一种病害分为 5 种严重程度，采用时域分析方法和小波包分解方法对仿真模型的转向架振动信号进行了分析，总结病害程度与特征指标之间的关系，实现基于 SVM 的道岔病害识别，并利用实验平台设备验证 SIMPACK 仿真模型中关于车辆振动信号分析理论的正确性。

第 10 章主要介绍 BP 神经网络、灰色神经网络、泛化回归神经网络和支持向量机神经网络对于预测轨道质量指数的效果对比，利用轨道质量指数历史数据，通过不同神经网络以给定数据的拟合能力与泛化能力为标准，对不同神经网络的学习与预测效果做出评价。

参考文献

[1] 耿立雄，陈宪麦. 轨道平顺性综合分析系统的研究[J]. 企业技术开发，2010，29(1)：51-53.

[2] Xia H，de Roeck G. System identification of mechanical structures by a multivariate autoregressive model[J]. Journal of Computer & Structure，1997，4(1)：341-351.

[3] Weston P F，Roberts C，Goodman C J，et al. Condition monitoring of railway tracks using in-service trains[C]. The Institution of Engineering and Technology International Conference on Railway Condition Monitoring，Birmingham，2006.

[4] Weston P F，Ling C S，Roberts C，et al. Monitoring vertical track irregularity from in-service railway vehicles[J]. Proceedings of the Institution of Mechanical Engineers，Part F：Journal

of Rail and Rapid Transit,2007,221(1):89-100.

[5] 长沙铁道学院随机振动研究室. 关于机车车辆/轨道系统随机激励函数的研究[J]. 长沙铁道学院学报,1985,(2):1-36.

[6] 罗林,张格明. 轮轨系统轨道平顺状态的控制[M]. 北京:中国铁道出版社,2006.

[7] 翟婉明. 车辆-轨道耦合动力学[M]. 北京:科学出版社,2007.

[8] 陈宪麦,王澜,陶夏新. 我国干线铁路轨道平顺性评判方法的研究[J]. 中国铁道科学,2008,29(4):22-26.

[9] 练松良. 轨道动力学[M]. 上海:同济大学出版社,2003.

[10] Lindahl M. Track Geometry of High-Speed Railways[M]. Storckholm:Railway Technology,2001.

[11] 冯玉孚,宋子濂,穆恩生,等. 钢轨核伤容许限度的研究及探伤周期[J]. 中国铁道科学,1991,2(1):48-59.

[12] Tsunashima H,Kojima T,Marumo Y. Condition monitoring of railway track and driver using in-service vehicle[C]. The 4th IET International Conference on Railway Condition Monitoring,Derby,2008.

[13] Naganuma Y,Kobayashi M,Nakagawa M. Condition monitoring of shinkansen tracks using commercial trains[C]. The 4th IET International Conference on Railway Condition Monitoring,Derby,2008.

[14] Alfi S,Bruni S. Estimation of long wavelength track irregularities from on board measurement[C]. The 4th IET International Conference on Railway Condition Monitoring,Derby,2008.

[15] Papaelias M Ph,Roberts C,Davis C L. A review on non-destructive evaluation of rails:State-of-the-art and future development[J]. Proceedings of the Institution of Mechanical Engineers,Part F:Journal of Rail and Rapid Transit,2008,222(4):367-384.

[16] 陈宪麦,王澜,杨风春,等. 用于铁路轨道不平顺预测的综合因子法[J]. 中国铁道科学,2006,27(6):27-31.

[17] 张志峰,冯其波,陈士谦. 用于轨道检测的新型激光位移传感器的研制[J]. 计量科学,2006,27(3):12-16.

[18] Tsunashima H,Kojima T. Condition monitoring of railway track and driver using in-service vehicle[J]. Journal of Mechanical Systems for Transportation and Logistics,2010,3(1):154-165.

[19] Berggren E G,Li M X D,Spännar J. A new approach to the analysis and presentation of vertical track geometry quality and rail roughness[J]. Contents Lists Available at Science Direct,2008,265(9/10):1488-1496.

[20] Jiang H B,Wang T. Closed-loop simulation and evaluation of vehicle handling stability on the basis of simpack[C]. Chinese Control and Decision Conference,Xuzhou,2010.

[21] Wang Y T,Qin Y,Wei X K. Track irregularities estimation based on acceleration measurements[C]. International Conference on Measurement,Information and Control,

Harbin,2012.
[22] 吴双卿,王泽勇. 倾角传感器检测轨道不平顺状态[J]. 线路/路基,2004,(12):24-26.
[23] 魏世斌,刘伶萍. 提速线路轨道长波不平顺检测技术[J]. 中国铁道科学,2010,31(2):141-144.
[24] 韩丙虎,张正宏,刘淑梅. 铁路轨道不平顺动态检测的一种方法[J]. 山东科学,2006,19(1):69-71.
[25] 陈东生,田新宇. 中国高速铁路轨道检测技术发展[J]. 铁道建筑,2008,(11):82-86.
[26] Ono S,Numakura A,Odaka T. High-speed track inspection technologies[J]. JR East Technical Review,2002,(2):9-13.
[27] 康熊,黎国清,王卫东,等. 基于共振解调技术的高速铁路焊接接头状态评判方法[J]. 中国铁道科学,2011,32(5):90-94.
[28] 杨文忠. 基于小波的轴箱加速度与轨道不平顺关系的研究[D]. 上海:同济大学,2008.
[29] Bracciali A,Cascini G. Detection of corrugation and wheel-flats of railway wheels using energy and cepstrum analysis of rail acceleration[J]. Journal of Rail and Rapid Transit,1997,211(2):109-116.
[30] Grassie S. Rail corrugation:Advances in measurement,understanding and treatment[J]. Wear,2005,(258):1224-1234.
[31] Hempelmann K,Knothe K. An extended linear model for the prediction of short pitch corrugation[J]. Wear,1996,(191):161-169.
[32] Anderson C,Dahlberg T. Wheel/rail impacts at a railway turnout crossing[J]. Proceedings of the Institution of Mechanical Engineers,Part F:Rail and Rapid Transit,1988,212(2):123-134.
[33] Oswald J. Turnout geometry optimization with dynamics simulation of track and vehicle[C]. Proceedings the 7th International Heavy Haul Conference,Brisbane,2001.
[34] Netter H,Schupp G,Rulka W,et al. New aspects of contact modeling and validation within mutibody system simulation of railway vehicles[J]. Vehicle System Dynamics,1998,28(s):246-249.
[35] Kassa E,Anderson C,Nislsen J C O. Simulation of dynamic interaction between train and railway tunout[J]. Vehicle System Dynamics,2005,44(3):247-258.
[36] 赵曦. 固定式辙叉区轮轨动力有限元分析及其弹性值的优选[D]. 北京:中国铁道部科学研究院,1998.
[37] 赵国堂. 高速铁路道岔区动力响应的模拟研究[J]. 中国铁路科学,1996,17(4):90-94.
[38] 王平. 道岔区轮轨系统动力学的研究[D]. 成都:西南交通大学,1997.
[39] 王平. 道岔区轮轨系统空间耦合振动模型及其应用[J]. 西南交通大学学报,1998,33(4):284-289.
[40] 王平,刘学毅,万复光. 列车-可动心轨式道岔空间耦合系统动力分析[J]. 铁道学报,1999,21(3):72-76.
[41] 王平. 道岔转辙器部分的力学特性分析[J]. 铁道学报,2000,22(1):79-82.

[42] 任尊松. 车辆-道岔系统动力学研究[D]. 成都:西南交通大学,2000.
[43] 金新灿. 通过道岔时转向架结构振动与动态应力分析[D]. 北京:北京交通大学,2006.
[44] 刘景军. 客运专线车辆-道岔动力特性研究[D]. 北京:北京交通大学,2008.
[45] 任尊松. 几种道岔病害对轮轨相互作用的影响[J]. 铁道工程学报,2000,12(4):38-41.
[46] 刘中勋,魏庆朝. 应用 Adams/Rail 软件仿真分析车/道岔动力响应[J]. 铁道建筑,2004,(7):76-78.
[47] 孙加林,姜卫利. 秦沈客运专线大号码道岔线型的分析[J]. 铁道建筑,2004,(5):51-52.
[48] 朱剑月,罗雁云. 尖轨轨下采用弹性滑床板对轮轨动力性能影响[J]. 铁道学报,2004,26(1):77-81.
[49] 朱剑月,顾福民,罗雁云. 道岔尖轨轨下刚度改变对轮轨动力性能的影响[J]. 同济大学学报,2002,20(2):198-202.
[50] 卢勇. 广州地铁二号线正线道岔常见故障分析及处理[J]. 科技资讯,2009,(14):86.
[51] 张新安. 浅谈单开道岔病害产生的原因及整治措施[J]. 工程技术,2012,(34):31-32.
[52] 马登,吴军,朱满福. 加强道岔病害整治提高检修质量[J]. 质量安全,2011,(5):110-111.
[53] 赵相荣. TJWX-2000 型信号微机监测系统[M]. 北京:中国铁道出版社,2001.
[54] Igarashi Y, Siomi S. Development of monitoring system for electric switch machine[J]. Quarterly Report of RTRI,2006,47(2):78-82.
[55] Zhou F B, Duta M D, Henry M P, et al. Remote condition monitoring for railway point machine[C]. ASME/IEEE Joint Railroad Conference, Washington DC,2002.
[56] Eker O F, Camci F, Guclu A, et al. A simple state-based prognostic model for railway turnout systems[J]. IEEE Transactions on Industrial Electronics,2011,58(5):1718-1726.
[57] 杨其振. 城市轨道交通曲线轨道超高有关问题探讨[J]. 铁道勘察,2005,31(2):7-9.
[58] 许雯,韩峰. 利用轨道质量指数 TQI 合理安排线路养护维修周期的方法研究[J]. 兰州工业学院学报,2015,(1):45-47.
[59] 徐伟昌. 利用轨道质量指数(TQI)预测轨道不平顺发展的探讨[J]. 上海铁道科技,2011,(2):5-7.
[60] Liu S, Pang X M. Prediction of track irregularities using NARX neural network[C]. The 2nd Pacific-Asia Conference on Circuits, Communications and System (PACCS), Beijing,2010.
[61] 胡玉琢. 改进型灰色神经网络模型在水质监测中的应用[D]. 重庆:重庆大学,2010.
[62] 韩晋,杨岳,陈峰,等. 基于非等时距加权灰色模型与神经网络的组合预测算法[J]. 应用数学和力学,2013,(4):409-419.
[63] 韩晋,杨岳,陈峰,等. 基于非等时距加权灰色模型与神经网络的轨道不平顺预测[J]. 铁道学报,2014,(1):82-87.
[64] 赵胜楠. 基于灰色-RBF 神经网络采购预测模型的研究与应用[D]. 沈阳:沈阳工业大学,2010.
[65] 郭宝丽. 基于灰色神经网络的年降水量组合预测模型研究[D]. 重庆:重庆大学,2014.
[66] 周慧,王晓光. 基于支持向量机的不等时距灰色组合预测模型[J]. 沈阳理工大学学报,

2010,(5):38-41.
[67] Liu F, Wei X K, Liu Y, et al. Track quality prediction based on center approach Markov-Grey GM(1,1) model[C]. IEEE International Conference on Information and Automation (ICIA), Hailar, 2014.
[68] 王乃珍,王福田. 基于灰色区间预测模型的轨道不平顺状态预测[J]. 铁路计算机应用, 2015,(1):1-5.
[69] 贾朝龙. 铁路轨道不平顺数据挖掘及其实践序列趋势预测研究[D]. 北京:北京交通大学,2013.

第 2 章　城轨车辆动力学模型

本章首先建立城轨车辆系统横向动力学模型与垂向动力学模型，然后通过频域响应分析验证所建模型的可靠性，最后利用 SIMPACK 软件搭建城轨车辆整车动力学仿真实验模型，为接下来检测信号的数据处理技术及算法的验证提供较为可靠的实验数据。需要注意的是，本书主要介绍城轨交通轨道不平顺检测方法，因此本章也选用某型城轨列车的结构及相关悬挂参数进行建模与仿真，以使仿真检测结果更接近实际城轨交通轨道的不平顺检测情况。

2.1　城轨车辆垂向悬挂系统动力学建模

2.1.1　城轨车辆垂向悬挂系统的微分方程描述

城轨车辆悬挂系部件所在位置力的作用情况，以及车体与前后转向架在各个自由度上的运动状态如图 2.1 和图 2.2 所示。

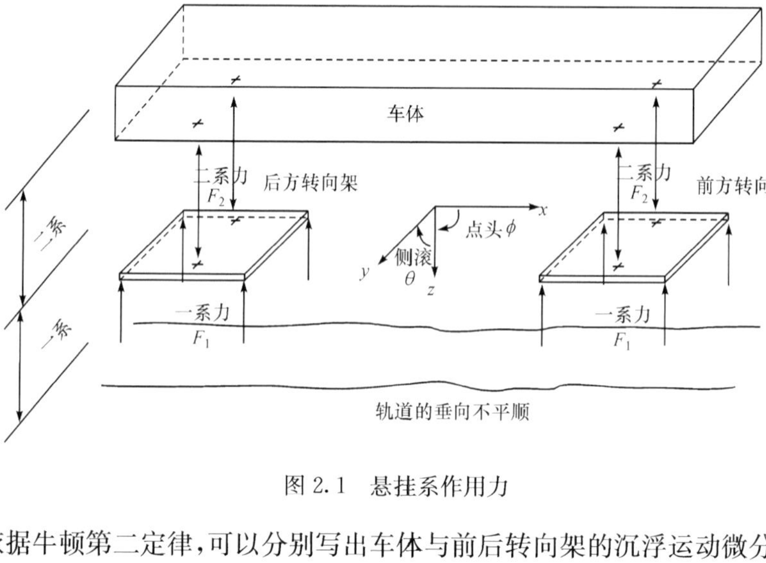

图 2.1　悬挂系作用力

依据牛顿第二定律，可以分别写出车体与前后转向架的沉浮运动微分方程、点头运动微分方程以及侧滚运动微分方程。

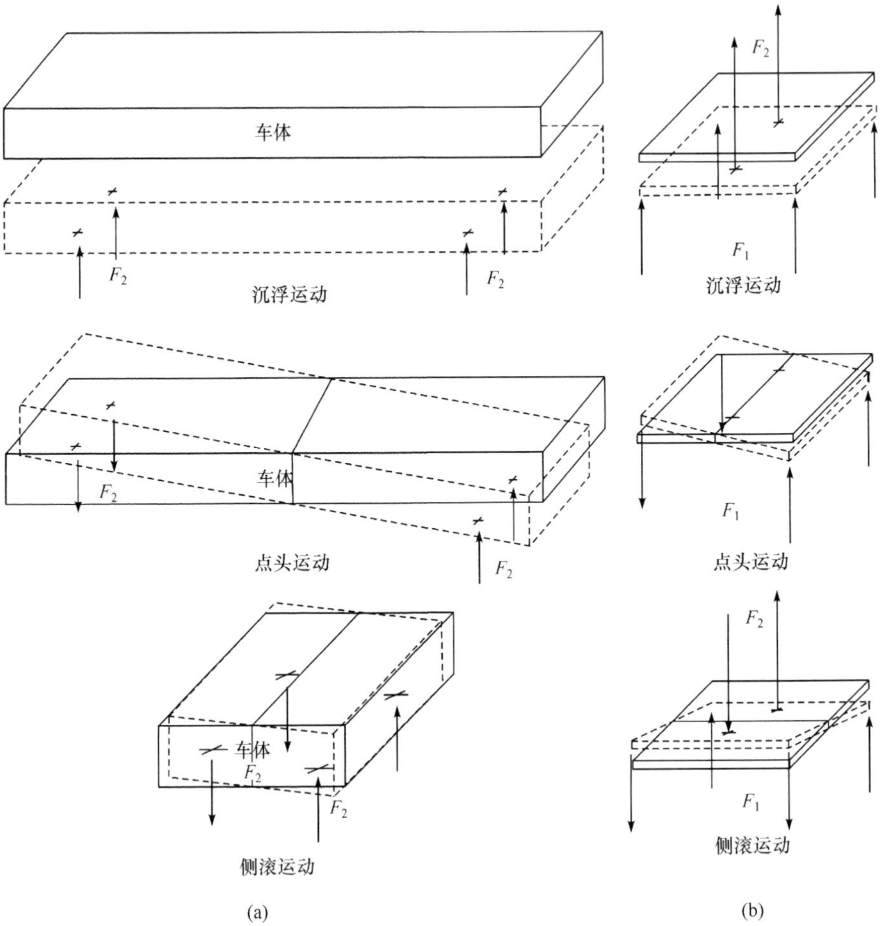

图 2.2　车体及转向架运动方式

1. 车体子系统模型

沉浮运动：

$$M\ddot{z}+4C_{2z}\dot{z}-2C_{2z}\dot{z}_{\mathrm{FB}}-2C_{2z}\dot{z}_{\mathrm{RB}}+4K_{2z}z-2K_{2z}z_{\mathrm{FB}}-2K_{2z}z_{\mathrm{RB}}=0 \tag{2.1}$$

点头运动：

$$J_{\phi}\ddot{\phi}+4C_{2z}l^{2}\dot{\phi}-2C_{2z}l\dot{z}_{\mathrm{FB}}+2C_{2z}l\dot{z}_{\mathrm{RB}}+4K_{2z}l^{2}\phi-2K_{2z}lz_{\mathrm{FB}}+2K_{2z}lz_{\mathrm{RB}}=0 \tag{2.2}$$

侧滚运动：

$$\begin{aligned}&J_{\theta}\ddot{\theta}+4C_{2z}b^{2}\dot{\theta}-2C_{2z}b^{2}\dot{\theta}_{\mathrm{FB}}-2C_{2z}b^{2}\theta_{\mathrm{RB}}+(4K_{2z}b^{2}+2K_{\theta})\theta\\&-(2K_{2z}b^{2}+K_{\theta})\theta_{\mathrm{FB}}-(2K_{2z}b^{2}+K_{\theta})\theta_{\mathrm{RB}}=0\end{aligned} \tag{2.3}$$

式中，z、z_{FB}与z_{RB}分别为车体、前转向架质心与后转向架质心的垂向位移；ϕ为每个质量块围绕质心的点头角；θ为侧滚角，它们的下标与z的下标意义相同。方程中的其余符号为车辆参数，由南车株洲电力机车厂提供，详见表 2.1。

表 2.1　车辆参数表

参数	含义	单位	数值
M	车体质量	kg	34900
M_B	构架质量	kg	1600
J_ϕ	车体点头转动惯量	kg · m^2	955430
J_θ	车体侧滚转动惯量	kg · m^2	34790
$J_{B\phi}$	构架点头转动惯量	kg · m^2	3070
$J_{B\theta}$	构架侧滚转动惯量	kg · m^2	1196
l	车辆定距的 1/2	m	7.85
l_1	轴距的 1/2	m	1.25
b	二系空簧横向间距的 1/2	m	0.94
b_1	一系弹簧横向间距的 1/2	m	0.97
l_c	车体长度的 1/2	m	11.4
w	车体宽度的 1/2	m	1.5
K_{2z}	二系空簧垂向刚度	kN/m	265
K_{1z}	一系弹簧垂向刚度	kN/m	1200
C_{2z}	二系减振器阻尼系数	kN · s/m	58
C_{1z}	一系减振器阻尼系数	kN · s/m	15
K_θ	抗侧滚扭杆刚度	kN/m	3500

2. 前转向架子系统模型

沉浮运动：

$$\begin{aligned}&M_B\ddot{z}_{FB}-2C_{2z}\dot{z}-2C_{2z}l\dot{\phi}+(4C_{1z}+2C_{2z})\dot{z}_{FB}-C_{1z}\dot{z}_{W1R}-C_{1z}\dot{z}_{W1L}-C_{1z}\dot{z}_{W2R}\\&-C_{1z}\dot{z}_{W2L}-2K_{2z}z-2K_{2z}l\phi+(4K_{1z}+2K_{2z})z_{FB}-K_{1z}z_{W1R}-K_{1z}z_{W1L}\\&-K_{1z}z_{W2R}-K_{1z}z_{W2L}=0\end{aligned}\tag{2.4}$$

点头运动：

$$\begin{aligned}&J_{B\phi}\ddot{\phi}_{FB}+4C_{1z}l_1^2\dot{\phi}_{FB}-C_{1z}l_1\dot{z}_{W1R}-C_{1z}l_1\dot{z}_{W1L}+C_{1z}l_1\dot{z}_{W2R}+C_{1z}l_1\dot{z}_{W2L}\\&+4K_{1z}l_1^2\phi_{FB}-K_{1z}l_1z_{W1R}-K_{1z}l_1z_{W1L}+K_{1z}l_1z_{W2R}+K_{1z}l_1z_{W2L}=0\end{aligned}\tag{2.5}$$

侧滚运动：

$$\begin{aligned}&J_{B\theta}\ddot{\theta}_{FB}-2C_{2z}b^2\dot{\theta}+(2C_{2z}b^2+4C_{1z}b_1^2)\dot{\theta}_{FB}+C_{1z}b_1\dot{z}_{W1R}-C_{1z}b_1\dot{z}_{W1L}+C_{1z}b_1\dot{z}_{W2R}\\&-C_{1z}b_1\dot{z}_{W2L}-(2K_{2z}b^2+K_\theta)\theta+(2K_{2z}b^2+4K_{1z}b_1^2+K_\theta)\theta_{FB}+K_{1z}b_1z_{W1R}\\&-K_{1z}b_1z_{W1L}+K_{1z}b_1z_{W2R}-K_{1z}b_1z_{W2L}=0\end{aligned}\tag{2.6}$$

式中，z_{W1R}为前转向架前方轮对右侧车轮的垂向位移；z_{W2L}为前转向架后方轮对左侧车轮的垂向位移。

依照这个逻辑就可以简单理解公式中其余符号的意义。考虑到轮对是贴着轨道运行的，因此假设轮对的垂向位移就是轨道的垂向不平顺。

3. 后转向架子系统模型

沉浮运动：

$$M_B\ddot{z}_{RB}-2C_{2z}\dot{z}+2C_{2z}l\dot{\phi}+(4C_{1z}+2C_{2z})\dot{z}_{RB}-C_{1z}\dot{z}_{W3R}-C_{1z}\dot{z}_{W3L}-C_{1z}\dot{z}_{W4R}-C_{1z}\dot{z}_{W4L}-2K_{2z}z+2K_{2z}l\phi+(4K_{1z}+2K_{2z})z_{RB}-K_{1z}z_{W3R}-K_{1z}z_{W3L}-K_{1z}z_{W4R}-K_{1z}z_{W4L}=0 \tag{2.7}$$

点头运动：

$$J_{B\phi}\ddot{\phi}_{RB}+4C_{1z}l_1^2\dot{\phi}_{RB}-C_{1z}l_1\dot{z}_{W3R}-C_{1z}l_1\dot{z}_{W3L}+C_{1z}l_1\dot{z}_{W4R}+C_{1z}l_1\dot{z}_{W4L}+4K_{1z}l_1^2\phi_{RB}-K_{1z}l_1z_{W3R}-K_{1z}l_1z_{W3L}+K_{1z}l_1z_{W4R}+K_{1z}l_1z_{W4L}=0 \tag{2.8}$$

侧滚运动：

$$J_{B\theta}\ddot{\theta}_{RB}-2C_{2z}b^2\dot{\theta}+(2C_{2z}b^2+4C_{1z})b_1^2\dot{\theta}_{RB}+C_{1z}b_1\dot{z}_{W3R}-C_{1z}b_1\dot{z}_{W3L}+C_{1z}b_1\dot{z}_{W4R}-C_{1z}b_1\dot{z}_{W4L}-(2K_{2z}b^2+K_\theta)\theta+(2K_{2z}b^2+4K_{1z}b_1^2+K_\theta)\theta_{RB}+K_{1z}b_1z_{W3R}-K_{1z}b_1z_{W3L}+K_{1z}b_1z_{W4R}-K_{1z}b_1z_{W4L}=0 \tag{2.9}$$

2.1.2 城轨车辆悬挂系统的状态空间模型与频域响应分析

基于式(2.1)～式(2.9)，城轨车辆悬挂系统空间状态方程为

$$\dot{x}=Ax+B_dd \tag{2.10}$$

$$y=Cx+D_dd \tag{2.11}$$

式中

$$x=[\dot{z},\dot{\phi},\dot{\theta},z,\phi,\theta,\dot{z}_{FB},\dot{\phi}_{FB},\dot{\theta}_{FB},z_{FB},\phi_{FB},\theta_{FB},\dot{z}_{RB},\dot{\phi}_{RB},\dot{\theta}_{RB},z_{RB},\phi_{RB},\theta_{RB}]^T$$

$$d=[\dot{z}_{W1R},\dot{z}_{W1L},\dot{z}_{W2R},\dot{z}_{W2L},z_{W1R},z_{W1L},z_{W2R},z_{W2L},\dot{z}_{W3R},\dot{z}_{W3L},\dot{z}_{W4R},\dot{z}_{W4L},z_{W3R},z_{W3L},z_{W4R},z_{W4L}]^T$$

$$y=[z,\phi,\theta,z_{FB},\phi_{FB},\theta_{FB},z_{RB},\phi_{RB},\theta_{RB}]^T$$

矩阵 A、B_d、C 和 D_d 可由上述微分方程推出。d 为系统外部干扰项即轨道的垂向不平顺，可近似均值为零的高斯白噪声，仿真时可由轨道功率谱函数计算获得。

注意到此时系统模型输出与实际车载故障诊断系统获得的输出并不一致，系统模型输出为车体与转向架质心位置的垂向位移和角位移量，而实际车载故障诊断系统获得的输出为各传感器所在位置的垂向位移量，因此需要对车辆垂向悬挂系统模型进行适当的变换。

如图 2.3 所示，假设矩形可做沉浮运动以及围绕中心的点头、侧滚运动。在矩

形上取 4 个标志点,即矩形的中心、右前端点、前边中点和右边中点,且记这 4 个标志点的垂向位移分别为 z、z_F、z_R 和 z_{FR}。根据 4 个标志点之间的几何位置关系易得 4 个标志点的垂向位移量满足关系为

$$z+z_{FR}=z_F+z_R \tag{2.12}$$

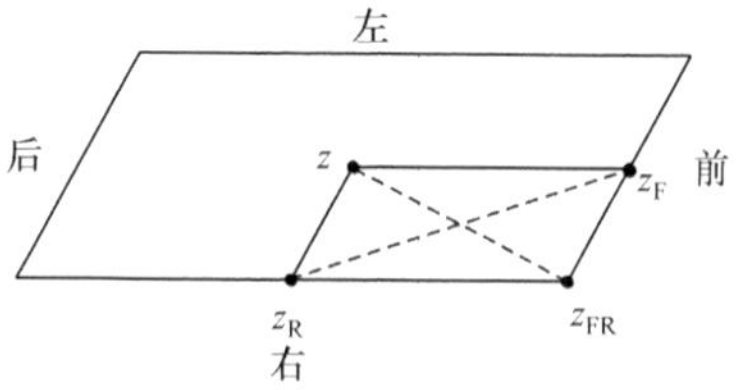

图 2.3　4 个标志点的垂向位置关系

考虑点头运动,可得(图 2.4)

$$z_F \approx z+l\phi \tag{2.13}$$

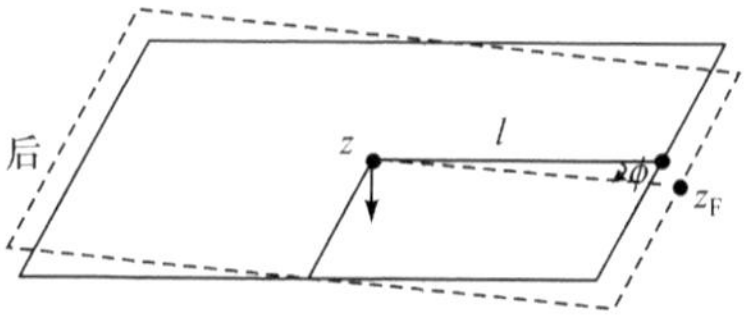

图 2.4　点头运动

考虑侧滚运动,可得(图 2.5)

$$z_R \approx z-w\theta \tag{2.14}$$

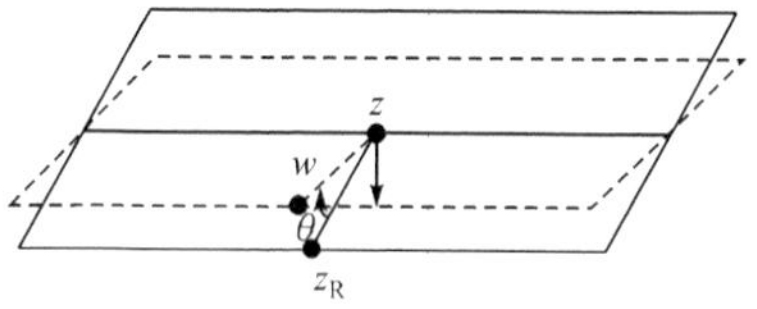

图 2.5　侧滚运动

综合式(2.12)、式(2.13)和式(2.14),可以得到

$$z_{FR} \approx z+l\phi-w\theta \tag{2.15}$$

同理可得

$$z_{FL} \approx z+l\phi+w\theta \tag{2.16}$$

$$z_{RR} \approx z-l\phi-w\theta \tag{2.17}$$

$$z_{RL} \approx z-l\phi+w\theta \tag{2.18}$$

这样,空间状态方程就可以转化为

$$\dot{x}=Ax+B_d d \tag{2.19}$$

$$y_{\mathrm{cor}}=TCx+TD_d d \tag{2.20}$$

式中，转化矩阵为

$$T=\begin{bmatrix}
1 & l_e & -w & 0 & 0 & 0 & 0 & 0 & 0\\
1 & l_e & w & 0 & 0 & 0 & 0 & 0 & 0\\
1 & -l_e & -w & 0 & 0 & 0 & 0 & 0 & 0\\
1 & -l_e & w & 0 & 0 & 0 & 0 & 0 & 0\\
0 & 0 & 0 & 1 & l_1 & -b_1 & 0 & 0 & 0\\
0 & 0 & 0 & 1 & l_1 & b_1 & 0 & 0 & 0\\
0 & 0 & 0 & 1 & -l_1 & -b_1 & 0 & 0 & 0\\
0 & 0 & 0 & 1 & -l_1 & b_1 & 0 & 0 & 0\\
0 & 0 & 0 & 0 & 0 & 0 & 1 & l_1 & -b_1\\
0 & 0 & 0 & 0 & 0 & 0 & 1 & l_1 & b_1\\
0 & 0 & 0 & 0 & 0 & 0 & 1 & -l_1 & -b_1\\
0 & 0 & 0 & 0 & 0 & 0 & 1 & -l_1 & b_1
\end{bmatrix}$$

系统输出为

$$y_{\mathrm{cor}}=[z_{\mathrm{FR}},z_{\mathrm{FL}},z_{\mathrm{RR}},z_{\mathrm{RL}},z_{\mathrm{FB\_FR}},z_{\mathrm{FB\_FL}},z_{\mathrm{FB\_RR}},z_{\mathrm{FB\_RL}},z_{\mathrm{RB\_FR}},z_{\mathrm{RB\_FL}},z_{\mathrm{RB\_RR}},z_{\mathrm{RB\_RL}}]^{\mathrm{T}}$$

l_e、w、l_1 和 b_1 的含义及取值可以从表 2.1 查阅。z_{FR} 与 z_{FL} 分别代表车体右前角与左前角的垂向位移，$z_{\mathrm{FB\_FR}}$ 代表前转向架右前角垂向位移，其余符号可以按照相同的逻辑得知其含义。

由于在实际工程应用中需要对数据信号进行采样，所以需要对上述模型进行离散化，离散化后的模型为

$$x_{k+1}=Gx_k+H_d d_k \tag{2.21}$$

$$\bar{y}_k=Cx_k+D_d d_k \tag{2.22}$$

式中，$G=\mathrm{e}^{At}$；$H_d=B_d\cdot\int_0^t \mathrm{e}^{A\tau}\mathrm{d}\tau$，$t$ 为采样时间。

利用 MATLAB 对所建立的城轨车辆垂向悬挂系统模型进行频域响应分析，获得伯德图如图 2.6 和图 2.7 所示。

图 2.6 中显示低频区域输入到输出的对数幅值约为－18dB，即系统输出增益为 0.125，4 轮对共计 8 项垂向位置输入，与车辆运动实际情况相符。在输入频率约为 5rad/s，即 0.80Hz 时，系统输出达到谐振峰值，之后输出开始衰减，相位滞后，系统带宽为 0～1.59Hz。

图 2.7 显示低频区域输入到输出的对数幅值约为－12dB，即系统输出增益为 0.25，对于转向架垂向位置输出，相应轮对每一车轮的系统输出增益皆为 0.25，与车辆运动实际情况相符。在输入频率约为 10rad/s，即 1.59Hz 时，系统输出达到谐振峰值，之后输出开始衰减，相位滞后，系统带宽为 0～6.37Hz。

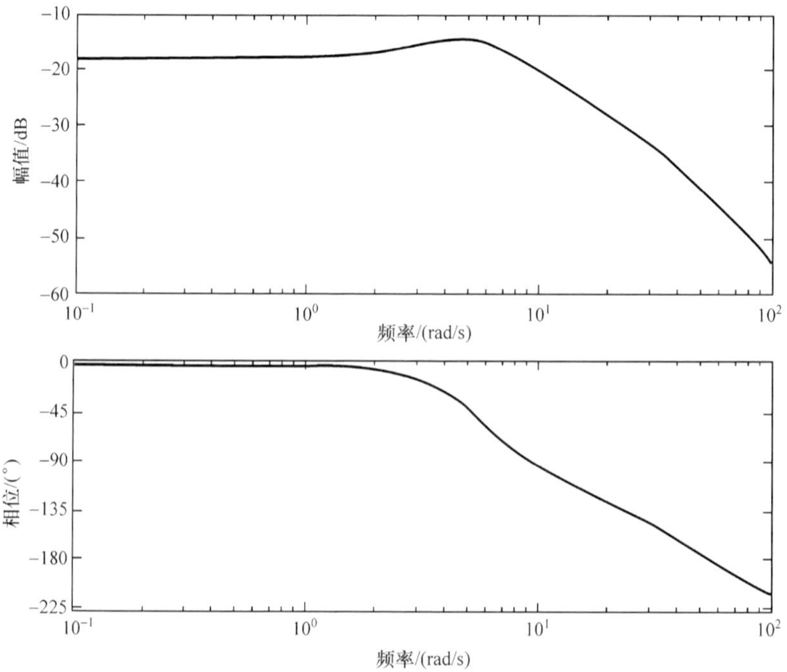

图 2.6　车体重心位移对各车轮垂向位移的频域响应

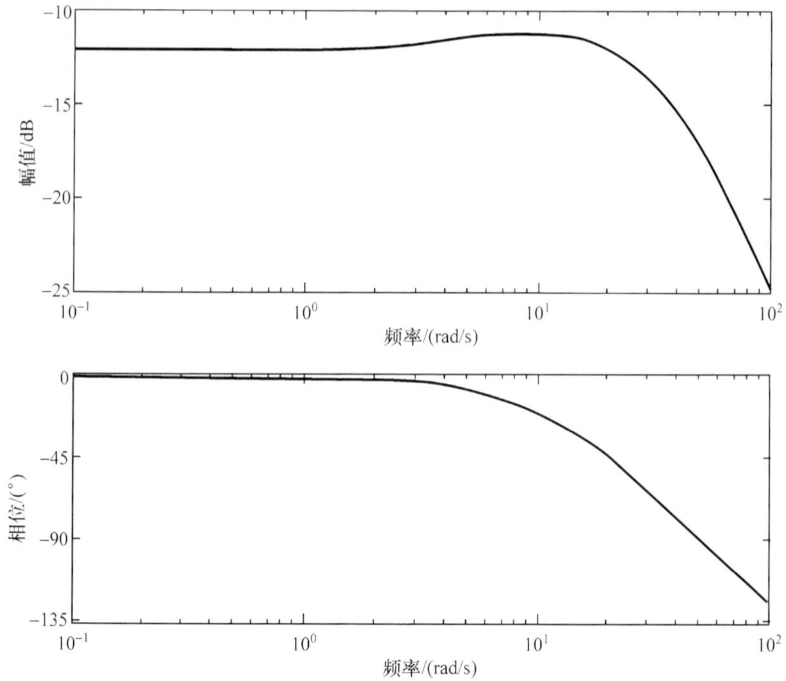

图 2.7　转向架重心位移对相应车轮垂向位移的频域响应

2.1.3　基于功率谱函数的轨道模拟及车辆模型时域响应仿真

在进行轨道车辆模型时域响应仿真时，以轨道激励作为仿真系统的输入进行数值模拟方法得到了广泛的研究。轨道不平顺的幅值特性通常采用均方值、方差或标准差来描述，它们可以反映某段轨道的质量状态。而在轨道不平顺中随机不平顺是使车辆产生响应的最主要输入函数，功率谱密度函数则是表述作为平稳随机过程的轨道不平顺的最重要和最常用的统计函数。

由于仿真实验的需要，这里采用美国轨道五级谱模拟轨道的高低不平顺。高低不平顺功率谱密度函数为

$$S_v(\Omega)=\frac{kA_v\Omega_c^2}{\Omega^2(\Omega^2+\Omega_c^2)} \tag{2.23}$$

式中，$S(\Omega)$为功率谱密度；Ω 为空间频率；A_v 为粗糙度常数；Ω_c 为截断频率；k 为系数，一般取 0.25。

同时，为模拟轨道的水平不平顺（即轨道左右轨之间存在高度差，使车体产生侧滚运动），仿真时从同一轨道功率谱函数生成的轨道垂向不平顺序列中截取不相同的两段分别作为左右轨的高低不平顺。在 40～50s 叠加一段水平距离为 200m、垂直距离为 1m 的坡道，在左轨 10～11s 以及右轨的 60～61s 叠加一段波长为 20m、幅值为 0.1m 的正弦曲线。最终轨道激励与所建立的城轨车辆模型时域响应如图 2.8 所示，仿真实验中车速设定为 20m/s。从图中可以看出，传感器位移响应较好地跟踪了轨道输入，可以认为模型合理可靠。

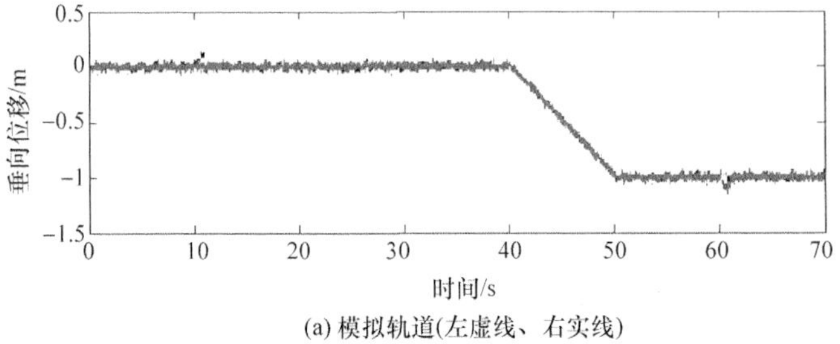

(a) 模拟轨道(左虚线、右实线)

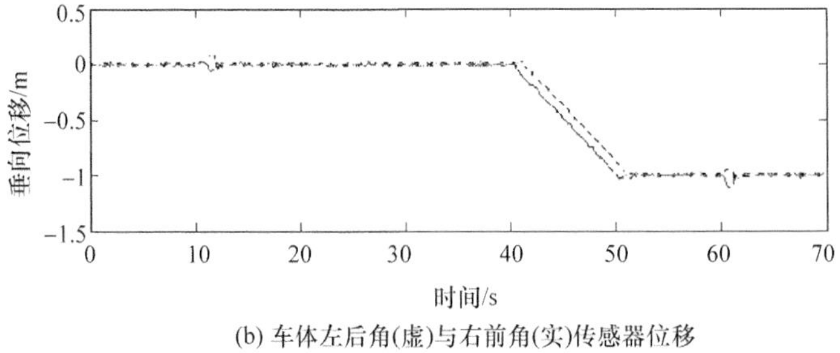

(b) 车体左后角(虚)与右前角(实)传感器位移

图 2.8　车辆模型时域响应

2.1.4 模型的特点与局限

本节所建立的城轨车辆垂向悬挂系统模型充分考虑了铁路车辆垂向运动中的各个自由度，特别是分析了垂向悬挂元件对车体、转向架侧滚运动的影响，是以往常见车辆动力学建模中回避考虑的问题。同时，建模时对一、二系各弹簧阻尼器以及各轮对两侧车轮都一一区分，使得模型描述更为具体并符合实际，适用性更强。从车辆模型的频域与时域响应结果可以看出，所建立的城轨车辆垂向悬挂系统模型系统合理可靠，可以作为基础为基于模型的故障诊断方法进行滤波器设计与故障诊断所用。需要注意的是，同以往任何的数学模型一样，本节所建立的城轨车辆垂向悬挂系统模型也存在一些局限，主要有以下几点。

(1) 模型将侧滚运动视为垂向运动，没有考虑横向运动对侧滚运动的影响。

(2) 为了分析方便，模型各个部件各自由度的运动都以部件的重心为运动分析的中心，例如，车体点头运动时以车体重心位置所在轴线为转动轴，这种处理方法可能与实际情况有出入。

(3) 模型线性化，将车体、转向架等部件都视为刚体，这些因素都将对模型的准确性产生影响。

2.2 城轨车辆横向动力学分析

2.2.1 整车横向动力学系统的微分方程描述

轨道车辆运行时轮对会一直受到线路不平顺等的激扰，并持续产生振动。车辆系统是复杂的非线性多体系统，由于车体、转向架构架和轮对等质量体的刚度相对其悬挂系统的刚度大很多，故可以不考虑其弹性，这样就可以把车辆系统简化为多刚体系统[1-3]，即车辆动力学特性可以归结到一个二阶矩阵等式，得

$$\widetilde{M}\ddot{q}+C\dot{q}+Kq=u \tag{2.24}$$

式中，$\widetilde{M}$、C、K 分别为惯性矩阵、阻尼矩阵与刚度矩阵；$q=[y,\psi,\theta,y_{FB},\psi_{FB},\theta_{FB},y_{RB},\psi_{RB},\theta_{RB}]^{T}$ 为广义坐标向量即状态向量；u 为轨道激扰。

下面以列车系统横向动力学模型为例来分析建模过程，通过建立整车17自由度横向动力学模型进行仿真，从而验证基于运营车辆的轨道不平顺检测技术的可行性。表2.2给出了车辆系统横向动力学模型的自由度，图2.9、图2.10分别为整车横向动力学模型的俯视图和左视图，图2.11显示了车体及转向架运动方式。

表 2.2　车辆系统横向动力学模型的自由度

自由度	横移	摇头	侧滚
车体	y	ψ	θ
前、后转向架	y_{FB}、y_{RB}	ψ_{FB}、ψ_{RB}	θ_{FB}、θ_{RB}
1、2、3、4 位轮对	y_{W1}、y_{W2}、y_{W3}、y_{W4}	ψ_{W1}、ψ_{W2}、ψ_{W3}、ψ_{W4}	—

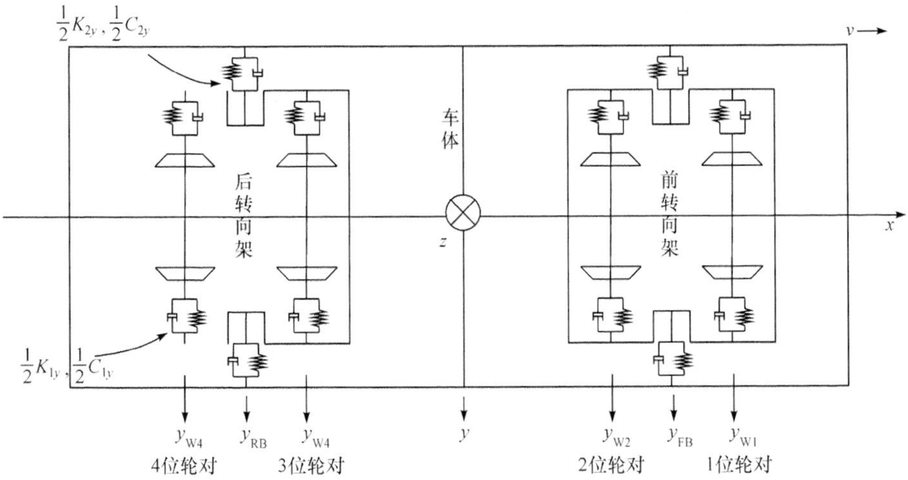

图 2.9　整车横向动力学模型俯视图

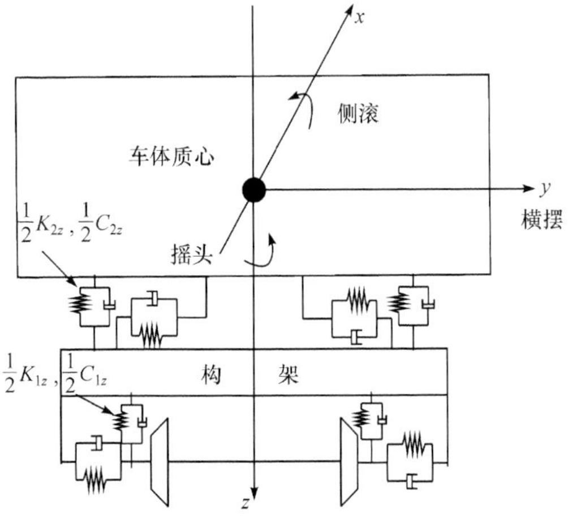

图 2.10　整车横向动力学模型左视图

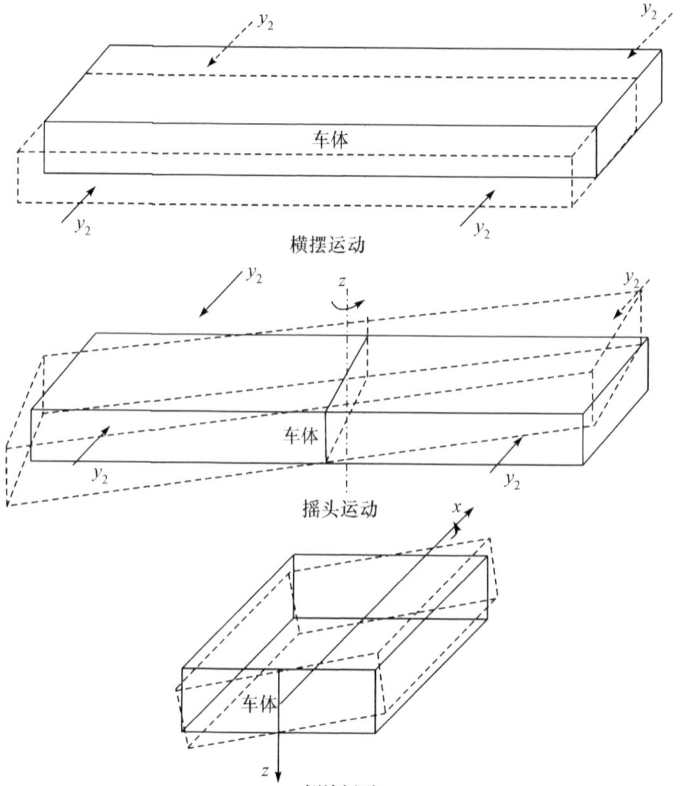

图 2.11　车体及转向架运动方式

为确定模型方程，模型正方向取定如下：x 轴正方向为列车行驶方向；y 轴正方向为轨道中心线垂直指向右轨道方向；z 轴正方向为垂直指向地心方向；摇头角正方向为列车俯视图中围绕 z 轴的逆时针旋转方向；侧滚角正方向为列车左视图中围绕 x 轴的逆时针旋转方向。

在线性悬挂下，两转向架与单车体组成的整车系统可分为车体子系统、转向架子系统、轮对子系统，其横向振动方程分别如下。

1. 车体子系统模型

摇头运动：

$$J_\psi \ddot{\psi} = -2C_{2y}l^2\dot{\psi} - 2K_{2y}l^2\psi - C_{2y}l\dot{y}_{\rm FB} + C_{2y}lh_5\dot{\theta}_{\rm FB} - K_{2y}ly_{\rm FB} + K_{2y}lh_3\theta_{\rm FB} + C_{2y}l\dot{y}_{\rm RB} - C_{2y}lh_5\dot{\theta}_{\rm RB} + K_{2y}ly_{\rm RB} - K_{2y}lh_3\theta_{\rm RB} \tag{2.25}$$

侧滚运动：

$$J_\theta \ddot{\theta} = -2C_{2y}h_2\dot{y} - 2(C_{2y}h_2^2 + C_{2z}b^2)\dot{\theta} - 2K_{2y}h_1y - 2(K_{2y}h_1^2 + K_{2z}b^2 + K_\theta)\theta$$

$$+C_{2y}h_2\dot{y}_{FB}+(C_{2z}b^2-C_{2y}h_2h_5)\dot{\theta}_{FB}+K_{2y}h_1y_{FB}-(K_{2y}h_1h_3+K_\theta-K_{2z}b^2)\theta_{FB}$$
$$+C_{2y}h_2\dot{y}_{RB}+(C_{2z}b^2-C_{2y}h_2h_5)\dot{\theta}_{RB}+K_{2y}h_1y_{RB}-(K_{2y}h_1h_3+K_\theta-K_{2z}b^2)\theta_{RB} \tag{2.26}$$

2. 转向架子系统模型(以前转向架为例)

横摆运动：

$$M_B\ddot{y}_{FB}=-C_{2y}\dot{y}_{FB}+C_{2y}h_5\dot{\theta}_{FB}-(2K_{1y}+K_{2y})y_{FB}+(K_{2y}h_3-2K_{1y}h_4)\theta_{FB}$$
$$+C_{2y}\dot{y}-C_{2y}l\dot{\psi}+C_{2y}h_2\dot{\theta}+K_{2y}y-K_{2y}l\psi+K_{2y}h_1\theta+K_{1y}y_{W1}+K_{1y}y_{W2} \tag{2.27}$$

摇头运动：

$$J_{B\psi}\ddot{\psi}_{FB}=-C_{2\psi}\dot{\psi}_{FB}-(2K_{1y}l_1^2+2K_{1\psi})\psi_{FB}-K_{1y}l_1y_{W1}+K_{1\psi}\psi_{W1}+K_{1y}l_1y_{W2}+K_{1\psi}\psi_{W2} \tag{2.28}$$

侧滚运动：

$$J_{B\theta}\ddot{\theta}_{FB}=C_{2y}h_5\dot{y}_{FB}-(C_{2y}h_5^2+C_{2z}b^2+2C_{1z}b_1^2)\dot{\theta}_{FB}+(K_{2y}h_3-2K_{1y}h_4)y_{FB}$$
$$-(2K_{1y}h_4^2+K_{2y}h_3^2+K_{2z}b^2+2K_{1z}b_1^2+K_\theta)\theta_{FB}-C_{2y}h_5\dot{y}-(C_{2y}h_2h_5-C_{2z}b^2)\dot{\theta}$$
$$-K_{2y}h_3y-(K_{2y}h_1h_3+K_\theta-K_{2z}b^2)\theta+K_{1y}h_4y_{W1}+K_{1y}h_4y_{W2} \tag{2.29}$$

3. 轮对子系统模型(以1位轮对为例)

横摆运动：

$$m\ddot{y}_{W1}=(-2f_{22}/v)\dot{y}_{W1}-K_{1y}y_{W1}+2f_{22}\psi_{W1}+K_{1y}y_{FB}-l_1K_{1y}\psi_{FB} \tag{2.30}$$

摇头运动：

$$J_{W1}\ddot{\psi}_{W1}=-(2f_{11}l_0^2/v)\dot{\psi}_{W1}-(2f_{11}l_0\lambda/r_0)y_{W1}-K_{1\psi}\psi_{W1}+K_{1\psi}\psi_{FB}+(2f_{11}l_0\lambda/r_0)y_{t1} \tag{2.31}$$

式中，y、y_{FB}、y_{RB}、y_{W1}、y_{W2}、y_{W3}、y_{W4}分别为车体，前/后转向架，1、2、3、4位轮对质心处的横向位移；ψ、ψ_{FB}、ψ_{RB}、ψ_{W1}、ψ_{W2}、ψ_{W3}、ψ_{W4}分别为车体、前/后转向架，1、2、3、4位轮对围绕其质心的摇头角；θ、θ_{FB}、θ_{RB}分别为车体、前/后转向架围绕其质心的侧滚角。方程中的其余符号为车辆参数，由南车株洲电力机车厂提供，其代表含义详见表2.3。

表2.3　车辆参数

结构参数	含义	悬挂参数	含义
M	车体质量	f_{11}	每一轮对的纵向蠕滑系数
M_B	构架质量	f_{22}	每一轮对的横向蠕滑系数
m	轮对质量	J_w	轮对摇头转动惯量
v	列车行驶速度	J_ψ	车体摇头转动惯量

续表

结构参数	含义	悬挂参数	含义
λ	车轮踏面等效斜率	J_θ	车体侧滚转动惯量
r_0	车轮滚动圆半径	$J_{B\psi}$	构架摇头转动惯量
l_0	轨距的 1/2	$J_{B\theta}$	构架侧滚转动惯量
l	车辆定距的 1/2	K_{1y}	每一轮对的横向定位刚度
l_1	转向架轴距的 1/2	K_{1z}	每一轮对的垂向定位刚度
l_c	车体长度的 1/2	$K_{1\psi}$	每一轮对的摇头角刚度
w_{id}	车体宽度的 1/2	K_{2y}	每台转向架二系横向定位刚度
b_1	横向间距的 1/2	K_{2z}	每台转向架二系垂向定位刚度
b	中央弹簧横向间距的 1/2	C_{1z}	每一轮对的垂向阻尼系数
h	车体质心到车底平面的高度	C_{2y}	每台转向架二系横向阻尼系数
h_1	车体质心到中央弹簧上平面的高度	C_{2z}	每台转向架二系垂向阻尼系数
h_2	车体质心到中央弹簧横向减振器的高度	$C_{2\psi}$	每台转向架二系摇头角阻尼系数
h_3	中央弹簧上平面到转向架构架质心的高度	K_θ	转向架抗侧滚扭杆刚度
h_4	转向架构架质心到车轴中心线的高度		
h_5	中央横向阻尼器到转向架构架质心的高度		
h_6	转向架装传感器到转向架构架质心的高度		

2.2.2　整车横向动力学系统的状态空间模型

基于式(2.25)～式(2.31)，整车横向动力学特性公式(2.24)可用空间状态方程表示为

$$\dot{x}=A_V x+B_V\mu \tag{2.32}$$

$$y=C_V x+D_V\mu \tag{2.33}$$

式中

$$x=[\dot{y},\dot{\psi},\dot{\theta},y,\psi,\theta,\dot{y}_{FB},\dot{\psi}_{FB},\dot{\theta}_{FB},y_{FB},\psi_{FB},\theta_{FB},\dot{y}_{RB},\dot{\psi}_{RB},\dot{\theta}_{RB},y_{RB},\psi_{RB},\theta_{RB},\dot{y}_{W1},\dot{\psi}_{W1},y_{W1},\psi_{W1},\dot{y}_{W2},\dot{\psi}_{W2},y_{W2},\psi_{W2},\dot{y}_{W3},\dot{\psi}_{W3},y_{W3},\psi_{W3},\dot{y}_{W4},\dot{\psi}_{W4},y_{W4},\psi_{W4}]^T$$

$$u=[y_{t1},y_{t2},y_{t3},y_{t4}]^T$$

$$y=[\ddot{y},\ddot{\psi},\ddot{\theta},y,\psi,\theta,\ddot{y}_{FB},\ddot{\psi}_{FB},\ddot{\theta}_{FB},y_{FB},\psi_{FB},\theta_{FB},\ddot{y}_{RB},\ddot{\psi}_{RB},\ddot{\theta}_{RB},y_{RB},\psi_{RB},\theta_{RB}]^T$$

矩阵 A_V、B_V、C_V 和 D_V 可由微分方程式(2.25)～式(2.31)推出。系统外部输

入 $u=[y_{t1},y_{t2},y_{t3},y_{t4}]^{\mathrm{T}}$，即分别作用在 1、2、3、4 位轮对接触点处的轨道横向不平顺激励，仿真时可由轨道功率谱函数计算获得。本章中除了转化矩阵 L_{V}，其余矩阵“[ ]”内均为行向量矩阵。

注意到此时系统模型输出 y 为车体与转向架质心位置处的横向位移和角位移量组成的矩阵，而实际检测过程中很难获得质心位置处的检测数据，比较方便获得的是车体与转向架四角位置处的检测量。故在此将质心位置检测量与其四角位置检测量进行适当的变换，即令

$$y_{\mathrm{COR}}=[\ddot{y}_{\mathrm{CFR}},\ddot{y}_{\mathrm{CFL}},\ddot{y}_{\mathrm{CRR}},\ddot{y}_{\mathrm{CRL}},y_{\mathrm{CFR}},y_{\mathrm{CFL}},y_{\mathrm{CRR}},y_{\mathrm{CRL}},\ddot{y}_{\mathrm{FBFR}},\ddot{y}_{\mathrm{FBFL}},\ddot{y}_{\mathrm{FBRR}},\ddot{y}_{\mathrm{FBRL}},y_{\mathrm{FBFR}},y_{\mathrm{FBFL}},y_{\mathrm{FBRR}},y_{\mathrm{FBRL}},\ddot{y}_{\mathrm{RBFR}},\ddot{y}_{\mathrm{RBFL}},\ddot{y}_{\mathrm{RBRR}},\ddot{y}_{\mathrm{RBRL}},y_{\mathrm{RBFR}},y_{\mathrm{RBFL}},y_{\mathrm{RBRR}},y_{\mathrm{RBRL}}]^{\mathrm{T}} \tag{2.34}$$

式中，y_{CFR}、y_{CFL}、y_{CRR}、y_{CRL}分别为车体四角处的横向位移；y_{FBFR}、y_{FBFL}、y_{FBRR}、y_{FBRL}分别为前转向架四角处的横向位移；y_{RBFR}、y_{RBFL}、y_{RBRR}、y_{RBRL}分别为后转向架四角处的横向位移，其余符号可以按照相同的逻辑得知其含义。

如图 2.12 所示，为了研究车体四角横向加速度与车体质心处横向加速度、摇头加速度、侧滚加速度之间的关系，在车体底面上取 4 个标志点，分别为底面的中心、底面前边中点、底面右边中点和底面右前角顶点，记车体质心横向位移为 y，4 个标志点的横向位移分别为 y_1、y_{F}、y_{R} 和 y_{FR}，则应有 $y_1=y+h\theta$，其中 θ 为车体侧滚角，根据 4 个标志点之间的几何位置关系易得 4 个标志点的横向位置偏移量满足以下关系：

$$y_1+y_{\mathrm{FR}}=y_{\mathrm{F}}+y_{\mathrm{R}} \tag{2.35}$$

同时，由车体的摇头运动(图 2.13)可得(因摇头角发生的横向位移很小，可忽略不计)

$$\Delta y_{\mathrm{F1}}\approx -l_{\mathrm{e}}\psi \tag{2.36}$$

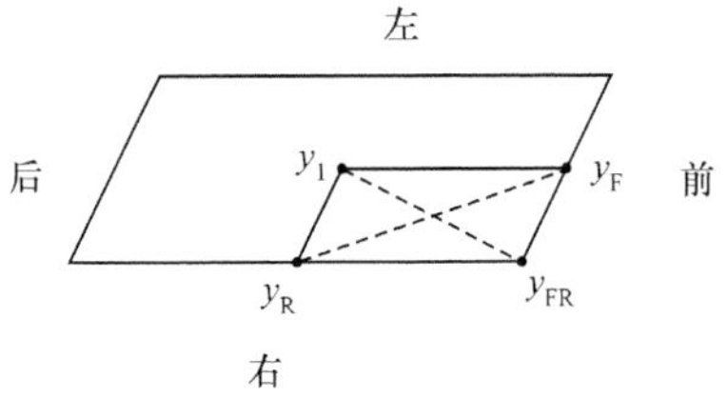

图 2.12　4 个标志点横向位置关系

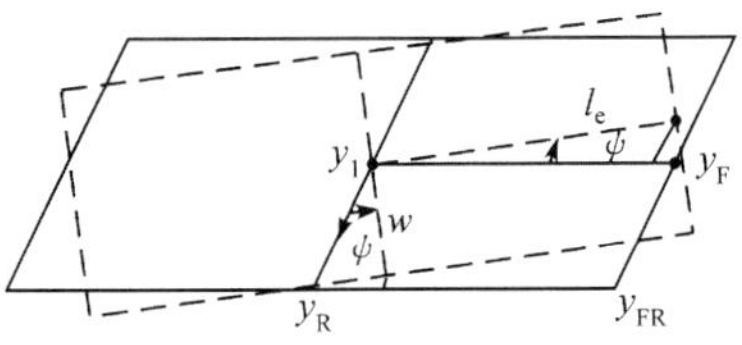

图 2.13　摇头运动

当考虑车体的侧滚运动(图 2.14)时，将 y 直接取定为车体质心的横向位移，可得

$$\begin{aligned}\Delta y_{\mathrm{F2}}&\approx h\theta\\ y_{\mathrm{R}}&\approx y_1\end{aligned} \tag{2.37}$$

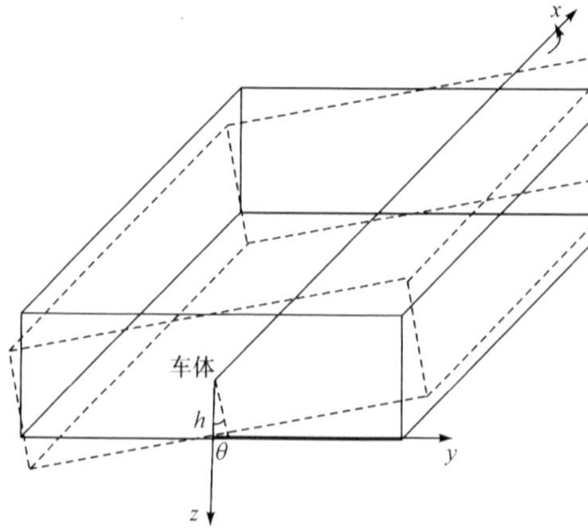

图 2.14　侧滚运动

由式(2.13)、式(2.14)可得

$$
\begin{aligned}
y_F &= y + \Delta y_{F1} + \Delta y_{F2} \approx y - l_c\psi + h\theta \\
y_R &\approx y_1 = y + h\theta
\end{aligned}
\tag{2.38}
$$

综上可得

$$
y_{FR} \approx y - l_c\psi + h\theta \tag{2.39}
$$

对等式两边求两次导数便得到车体标志点之间的加速度关系：

$$
\begin{aligned}
\ddot{y}_{CFR} &\approx \ddot{y} - l_c\ddot{\psi} + h\ddot{\theta} \\
\ddot{y}_{CFL} &\approx \ddot{y} - l_c\ddot{\psi} + h\ddot{\theta} \\
\ddot{y}_{CRR} &\approx \ddot{y} + l_c\ddot{\psi} + h\ddot{\theta} \\
\ddot{y}_{CRL} &\approx \ddot{y} + l_c\ddot{\psi} + h\ddot{\theta}
\end{aligned}
\tag{2.40}
$$

式中，l_c 为车体长度的 1/2；h 为车体质心到车底平面的高度。

这样就完成了车体横向加速度、摇头加速度、侧滚加速度到车体四角横向加速度的转化，与工程实际相符。

同理，可得由前/后转向架质心到前/后转向架四角测量量的转化关系为

$$
\begin{aligned}
\ddot{y}_{FBFR} &\approx \ddot{y}_{FB} - l_1\ddot{\psi}_{FB} + h_6\ddot{\theta}_{FB} \\
\ddot{y}_{FBFL} &\approx \ddot{y}_{FB} - l_1\ddot{\psi}_{FB} + h_6\ddot{\theta}_{FB} \\
\ddot{y}_{FBRR} &\approx \ddot{y}_{FB} + l_1\ddot{\psi}_{FB} + h_6\ddot{\theta}_{FB} \\
\ddot{y}_{FBRL} &\approx \ddot{y}_{FB} + l_1\ddot{\psi}_{FB} + h_6\ddot{\theta}_{FB}
\end{aligned}
\tag{2.41}
$$

$$
\begin{aligned}
\ddot{y}_{RBFR} &\approx \ddot{y}_{RB} - l_1\ddot{\psi}_{RB} + h_6\ddot{\theta}_{RB} \\
\ddot{y}_{RBFL} &\approx \ddot{y}_{RB} - l_1\ddot{\psi}_{RB} + h_6\ddot{\theta}_{RB} \\
\ddot{y}_{RBRR} &\approx \ddot{y}_{RB} + l_1\ddot{\psi}_{RB} + h_6\ddot{\theta}_{RB} \\
\ddot{y}_{RBRL} &\approx \ddot{y}_{RB} + l_1\ddot{\psi}_{RB} + h_6\ddot{\theta}_{RB}
\end{aligned}
\tag{2.42}
$$

式中，l_1 为转向架轴距的 1/2；h_6 为转向架装传感器到转向架构架质心的高度。

这样就完成了转向架横向加速度、摇头加速度、侧滚加速度到转向架四角横向加速度的转化，与工程实际相符。

整车横向系统空间状态方程就可以转化为

$$\dot{x}=A_Vx+B_V\mu \tag{2.43}$$

$$y_{COR}=C_{COR}x+D_{COR}\mu \tag{2.44}$$

式中，$C_{COR}=L_VC_V$；$D_{COR}=L_VD_V$，L_V 为转化矩阵。

由式(2.40)、式(2.41)、式(2.42)可得

$$L_V=\begin{bmatrix}
1 & -l_e & h & 0 & 0 & 0 & 0 & 0 & 0 & 0 & 0 & 0 & 0 & 0 & 0 & 0 & 0 & 0\\
1 & -l_e & h & 0 & 0 & 0 & 0 & 0 & 0 & 0 & 0 & 0 & 0 & 0 & 0 & 0 & 0 & 0\\
1 & l_e & h & 0 & 0 & 0 & 0 & 0 & 0 & 0 & 0 & 0 & 0 & 0 & 0 & 0 & 0 & 0\\
1 & l_e & h & 0 & 0 & 0 & 0 & 0 & 0 & 0 & 0 & 0 & 0 & 0 & 0 & 0 & 0 & 0\\
0 & 0 & 0 & 1 & -l_e & h & 0 & 0 & 0 & 0 & 0 & 0 & 0 & 0 & 0 & 0 & 0 & 0\\
0 & 0 & 0 & 1 & -l_e & h & 0 & 0 & 0 & 0 & 0 & 0 & 0 & 0 & 0 & 0 & 0 & 0\\
0 & 0 & 0 & 1 & l_e & h & 0 & 0 & 0 & 0 & 0 & 0 & 0 & 0 & 0 & 0 & 0 & 0\\
0 & 0 & 0 & 1 & l_e & h & 0 & 0 & 0 & 0 & 0 & 0 & 0 & 0 & 0 & 0 & 0 & 0\\
0 & 0 & 0 & 0 & 0 & 0 & 1 & -l_1 & h_6 & 0 & 0 & 0 & 0 & 0 & 0 & 0 & 0 & 0\\
0 & 0 & 0 & 0 & 0 & 0 & 1 & -l_1 & h_6 & 0 & 0 & 0 & 0 & 0 & 0 & 0 & 0 & 0\\
0 & 0 & 0 & 0 & 0 & 0 & 1 & l_1 & h_6 & 0 & 0 & 0 & 0 & 0 & 0 & 0 & 0 & 0\\
0 & 0 & 0 & 0 & 0 & 0 & 1 & l_1 & h_6 & 0 & 0 & 0 & 0 & 0 & 0 & 0 & 0 & 0\\
0 & 0 & 0 & 0 & 0 & 0 & 0 & 0 & 0 & 1 & -l_1 & h_6 & 0 & 0 & 0 & 0 & 0 & 0\\
0 & 0 & 0 & 0 & 0 & 0 & 0 & 0 & 0 & 1 & -l_1 & h_6 & 0 & 0 & 0 & 0 & 0 & 0\\
0 & 0 & 0 & 0 & 0 & 0 & 0 & 0 & 0 & 1 & l_1 & h_6 & 0 & 0 & 0 & 0 & 0 & 0\\
0 & 0 & 0 & 0 & 0 & 0 & 0 & 0 & 0 & 1 & l_1 & h_6 & 0 & 0 & 0 & 0 & 0 & 0\\
0 & 0 & 0 & 0 & 0 & 0 & 0 & 0 & 0 & 0 & 0 & 0 & 1 & -l_1 & h_6 & 0 & 0 & 0\\
0 & 0 & 0 & 0 & 0 & 0 & 0 & 0 & 0 & 0 & 0 & 0 & 1 & -l_1 & h_6 & 0 & 0 & 0\\
0 & 0 & 0 & 0 & 0 & 0 & 0 & 0 & 0 & 0 & 0 & 0 & 1 & l_1 & h_6 & 0 & 0 & 0\\
0 & 0 & 0 & 0 & 0 & 0 & 0 & 0 & 0 & 0 & 0 & 0 & 1 & l_1 & h_6 & 0 & 0 & 0\\
0 & 0 & 0 & 0 & 0 & 0 & 0 & 0 & 0 & 0 & 0 & 0 & 0 & 0 & 0 & 1 & -l_1 & h_6\\
0 & 0 & 0 & 0 & 0 & 0 & 0 & 0 & 0 & 0 & 0 & 0 & 0 & 0 & 0 & 1 & -l_1 & h_6\\
0 & 0 & 0 & 0 & 0 & 0 & 0 & 0 & 0 & 0 & 0 & 0 & 0 & 0 & 0 & 1 & l_1 & h_6\\
0 & 0 & 0 & 0 & 0 & 0 & 0 & 0 & 0 & 0 & 0 & 0 & 0 & 0 & 0 & 1 & l_1 & h_6
\end{bmatrix}$$

此时系统输出为

$$
\begin{aligned}
y_{COR}=[&\ddot{y}_{CFR},\ddot{y}_{CFL},\ddot{y}_{CRR},\ddot{y}_{CRL},y_{CFR},y_{CFL},y_{CRR},y_{CRL},\ddot{y}_{FBFR},\ddot{y}_{FBFL},\ddot{y}_{FBRR},\ddot{y}_{FBRL},y_{FBFR},\\
&y_{FBFL},y_{FBRR},y_{FBRL},\ddot{y}_{RBFR},\ddot{y}_{RBFL},\ddot{y}_{RBRR},\ddot{y}_{RBRL},y_{RBFR},y_{RBFL},y_{RBRR},y_{RBRL}]^{T}
\end{aligned}
$$

l_c、h、l_1 以及 h_6 的含义可以从表 2.2 中查阅。y_{CFR}、y_{CFL}、y_{CRR}、y_{CRL} 分别代表车体四角处的横向位移；y_{FBFR}、y_{FBFL}、y_{FBRR}、y_{FBRL} 分别代表前转向架四角处的横向位移；y_{RBFR}、y_{RBFL}、y_{RBRR}、y_{RBRL} 分别代表后转向架四角处的横向位移，其余符号可以按照相同的逻辑得知其含义。

2.2.3　整车横向动力学系统的频域响应分析

本节主要进行整车横向动力学系统的频域响应分析，通过系统零极点分布情况以及各轨道激励对各输出量的频域相应的观察与分析，可以验证所建整车横向动力学模型的正确性，为后续仿真平台的搭建和检测算法的研究提供可靠基础。利用 MATLAB/Simulink 模块，根据 2.2.1 节与 2.2.2 节中所获得的车辆系统子结构状态空间表达式，以及车辆整体系统状态空间表达式分别建立模型连接，如图 2.15、图 2.16 所示。

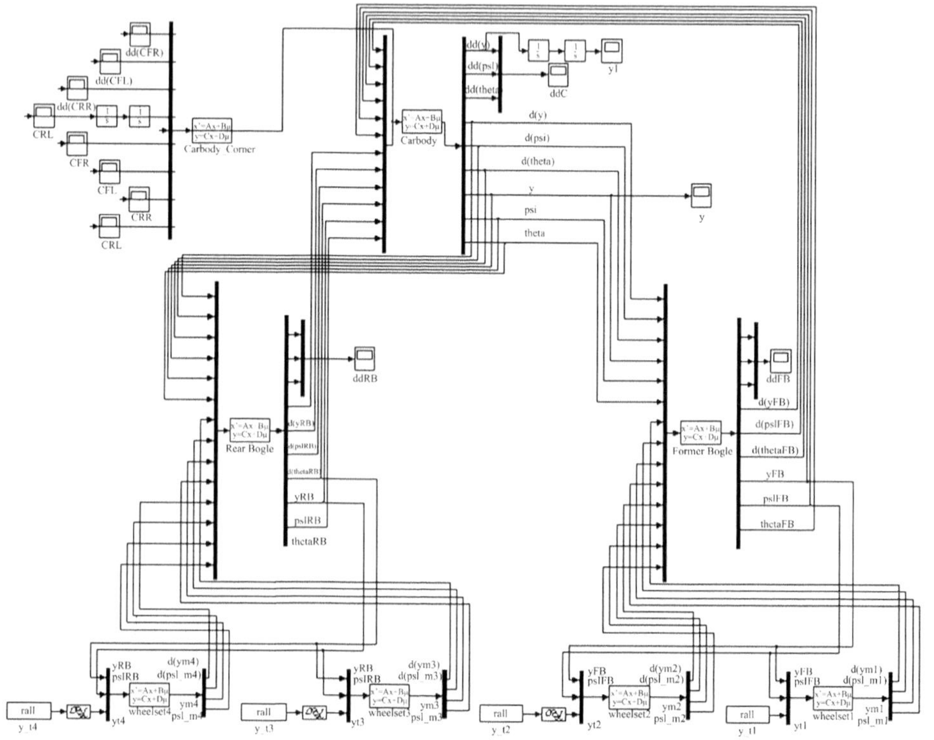

图 2.15　整车系统子结构建模连接图

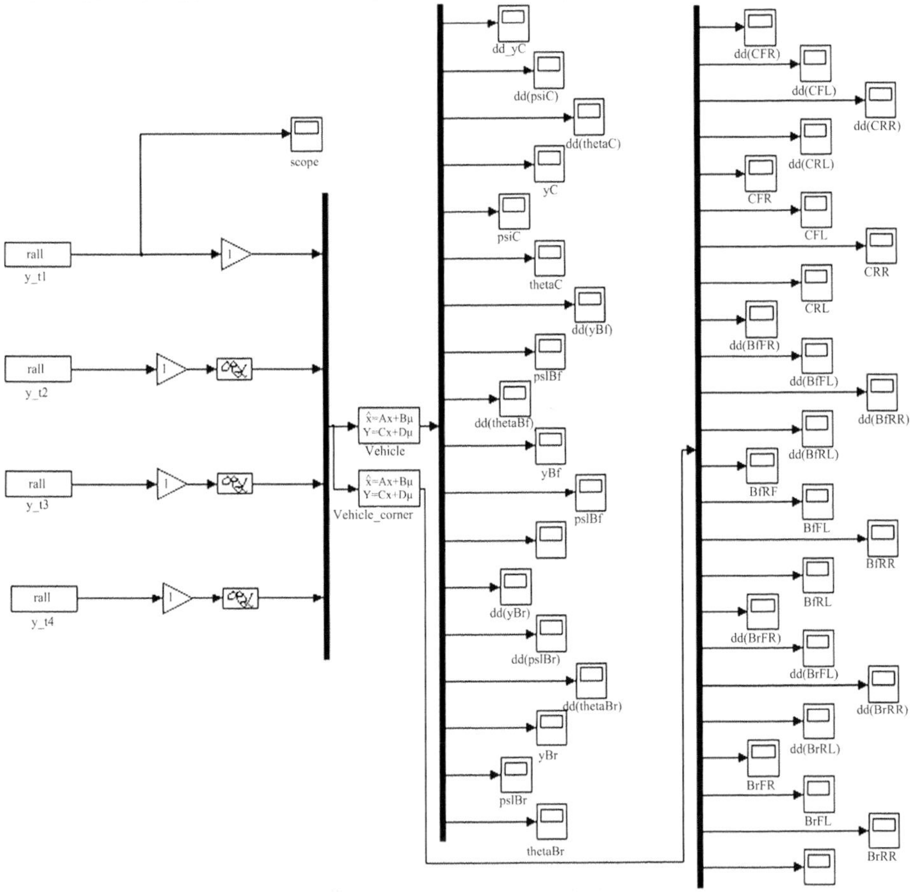

图 2.16　车辆整体系统建模连接图

对所建立的城轨车辆横向系统模型进行频域响应分析，获得的系统零极点分布如图 2.17～图 2.20 所示，伯德图如图 2.21、图 2.22 所示。

1. 系统零极点分布

综合上述零极点分布情况，车辆整体系统的动力学特性主要取决于靠近虚轴的 7 对极点(图 2.17)，即车体的动力学性能与转向架的部分动力学性能相关，远离虚轴的极点对系统整体的动力学特性影响可忽略，并由各零极点图可见所建各车辆结构子系统和车辆整体系统均处于稳定状态(不存在虚轴右侧的极点)。

2. 各轨道激励对各输出量的频域响应

图 2.21 中显示低频区域输入到输出的对数幅值约为－11.9dB，即系统输出

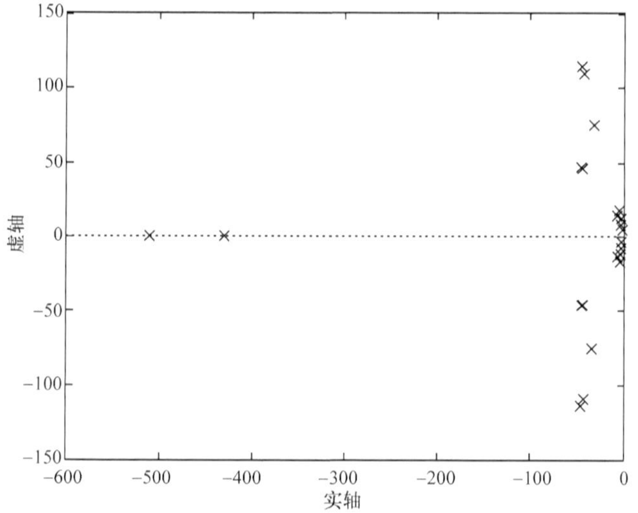

图 2.17　车辆整体系统零极点分布图

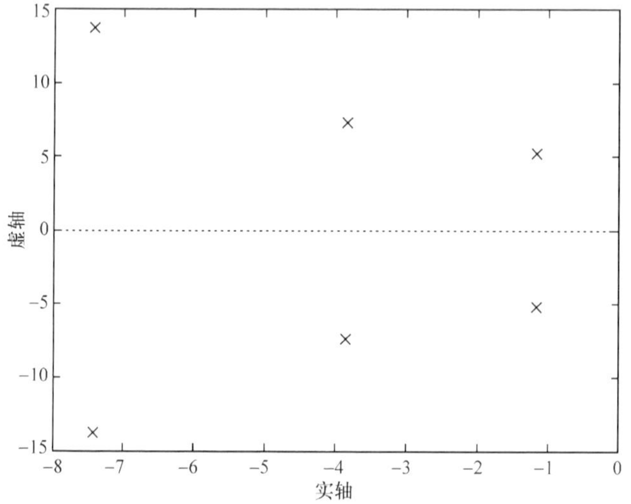

图 2.18　车体子系统零极点分布图

增益约为 0.25(对于转向架横向位移输出，相应轮对每一车轮的系统输出增益皆为 0.25，与车辆运动实际情况相符)，在输入频率约为 11.9rad/s，即 1.89Hz 时，系统输出达到谐振峰值，之后输出开始衰减，相位滞后，系统带宽为 0～7.9Hz，均与实际情况大致吻合。

图 2.22 中显示低频区域输入到输出的对数幅值约为－17.8dB，即系统输出增益为 0.128(对转向架横向位移输出增益为 0.25，则易理解对车体质心横向位置

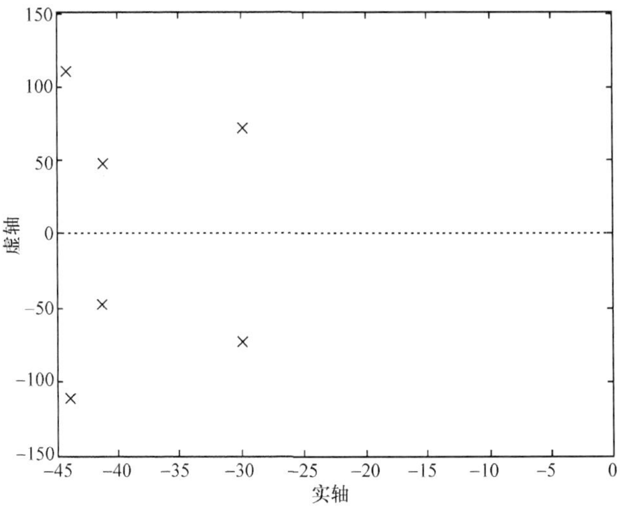

图 2.19　前/后转向架子系统零极点分布图

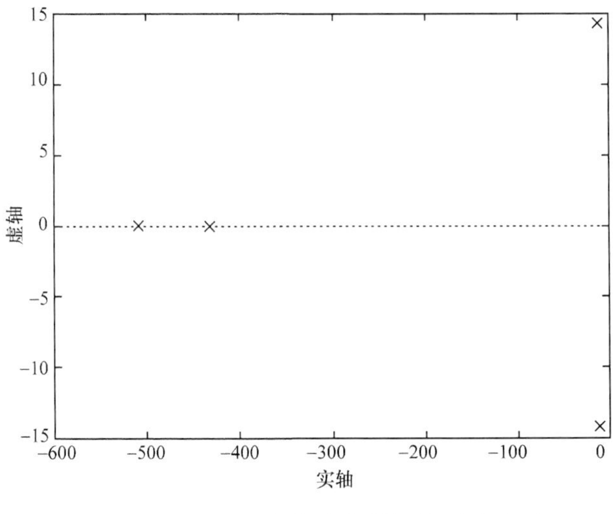

图 2.20　1、2、3、4 位轮对子系统零极点分布图

偏移输出增益应为 0.125，与车辆运动实际情况大致相符），在输入频率约为 4.71rad/s，即 0.75Hz 时，系统输出达到谐振峰值，之后输出开始衰减，相位滞后，系统带宽为 0～5.98Hz，均与实际情况大致吻合。

本节所建立的城轨车辆横向动力学系统模型充分考虑了铁路车辆横向运动中的各个自由度，对车体、前/后转向架、4 个轮对的横摆、摇头、侧滚运动进行了运动机理分析；同时，对一、二系各弹簧阻尼器以及各轮对都一一区分，使得模型描述更为具体并符合实际，适用性更强。从车辆模型的零极点分布情况及频域响应结果

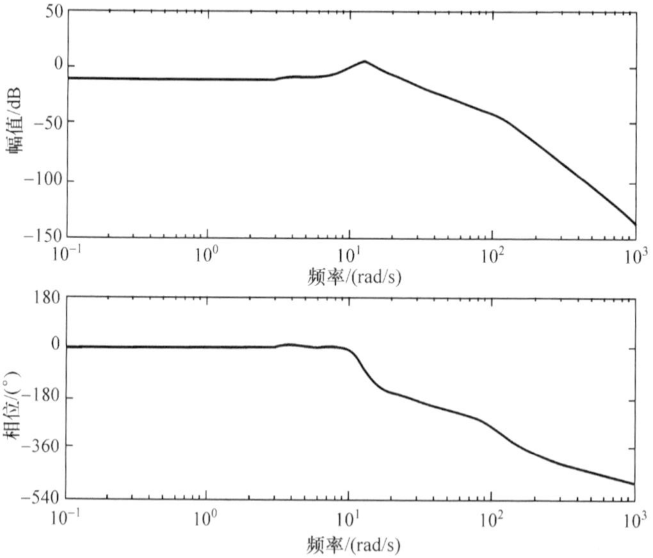

图 2.21　1位轮对轨道横向激励对转向架质心横向位移伯德图

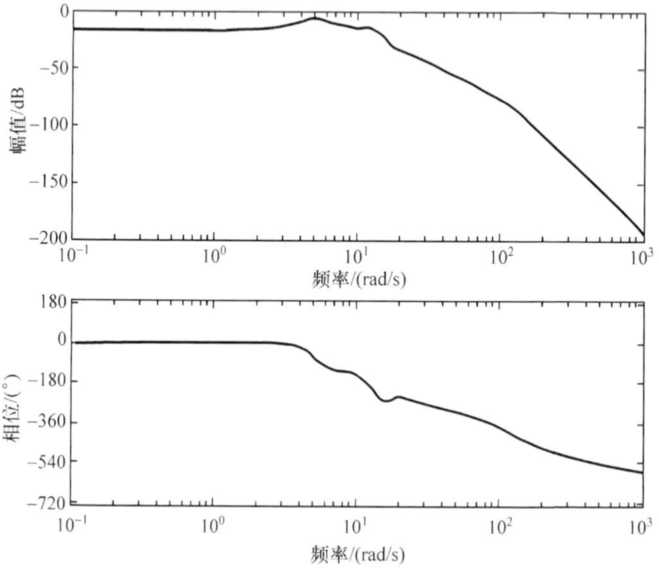

图 2.22　1位轮对轨道横向激励对车体质心横向位移伯德图

可以看出,所建城轨车辆横向动力学系统模型合理可靠,可以为后面城轨车辆整车动力学仿真实验模型的搭建、检测信号的数据处理技术及算法的研究所用。然而,本节所建立的城轨车辆横向动力学系统模型也存在一些局限,例如,在质心向四角转化过程中对部分摇头侧滚产生的较小横移量忽略不计,这与实际情况会有一定出入;将车体、转向架等部件都视为刚体,并将一、二系弹簧及减振器完全线性化等,这些因素对模型的准确性将产生影响。

2.3 SIMPACK 城轨车辆整车动力学仿真实验模型

2.3.1 SIMPACK 软件介绍

SIMPACK 是由德国 INTEC 公司开发的多体力学分析软件包,是专门用于机械系统动力学仿真分析与计算的软件,主要针对机械、动力学仿真等场合的应用,包含了多个专业模块以及专业的虚拟样机系统软件。SIMPACK 复杂机械系统可以简化为刚体和柔性体组合而成的多体系统(multibody system,MBS)。因此,机械系统动力学可以看作对由刚体和柔性体组成的系统经历空间、时间运动时的动力学行为的研究。在 SIMPACK 仿真环境下建立轨道交通车辆模型的本质就是将车体、转向架、轮对等车辆的主要组成部分简化为刚性体或柔性体,根据车辆结构参数定义以上物体之间的铰接、约束以及力元关系的过程,确定车辆各组成部分的物理特性及连接关系后,软件将形成一系列系统动力学方程并求解[4-6]。SIMPACK软件不仅能够准确描述各种机械系统的动力学性能,还可以分析系统的受力情况、振动状况以及各个零部件运动的加速度、速度、位移等。

SIMPACK 软件的轮轨模块是目前世界上著名的、功能最强大的轨道车辆系统动力学分析的数值仿真软件之一。该模块已经过大量铁路车辆试验验证,具有高精度、高效率的仿真功能,具备整车系统振动特性、各组成部分的受力情况、运动速度、运动加速度、位移等方面的分析计算功能,可用来对铁路复杂系统的动力学特性进行综合仿真分析。同时它还能与有限元分析(finite element analysis,FEA)、CAD/CAE 和 CACE 等软件进行接口,方便用户的使用[7-9]。

在轮轨模块中,轨道线路的不平顺可以单独处理和生成,这主要得益于 SIMPACK 采用整体线路与不平顺线路叠加的方式生成用户所需轨道线路。定义一条完整的线路,需要设定线路的长度、弯曲方向、半径、超高、不平顺等参数,其中线路的长度、半径等参数可以根据实际模拟的对象或建模要求直接设定。钢轨的不平顺主要有三种确定方式:采用正弦函数、阶跃函数等一致确定性函数描述轨道不平顺随线路长度变化的关系;采用功率谱密度(power spectral density,PSD)多项式形式定义轨道不平顺、将利用轨检车或运营车辆所测量的实际轨道不平顺作为激励文件输入到线路中。根据模型需要可以在不同侧的钢轨上加载不同类型的轨道不平顺,做成随两股钢轨轨距变化的函数。轮轨模块除提供常见的钢轨型面参数外还允许用户在不同的线路长度范围内设置不同的横截面,形成变截面钢轨,这就为道岔的建立提供了理论基础。

在 SIMPACK 仿真环境下，多体系统主要由 4 个要素组成：物体、铰接、外力和力元。

(1) 物体(body)。物体要素即多体系统中的构件。多体系统的力学模型中物体的定义与研究目的有关，力求在计算精度的前提下提高计算效率，因此，应当保留对计算结果有影响的全部构件，将这些构件以物体的形式表现在仿真环境中，对于不会影响计算结果的构件应该省略。静止不动的构件应定义为系统的参考系，选定需要定义的构件后确定物体的刚性或柔性，物体有刚性体(刚体)和柔性体(柔体)之分，刚体和柔体都是对零部件的模型化，刚体是指质点间的始终距离保持不变的质点系，柔体是指质点间的距离会发生一定变化的质点系。

(2) 铰接(joint)。在多体系统中，相对运动的构件间的活动连接称为铰接。用 SIMPACK 软件实现多体系统的建模时，物体与铰接是相关的，即定义了物体自然而然地就会存在一个与之相关的铰接。

(3) 外力/偶(external force/moment)。在由多个物体组成的系统中，系统之外的物体对该系统的作用称为外力。重力是对系统作用的典型外力。需要注意的是在外力的定义中，对于刚体，力的作用与其作用点是无关的；而对于柔性体，力的作用与其作用点是息息相关的，外力不仅影响其大范围的运动，还影响弹性体的弹性变形。

(4) 力元(force element)。在多体系统中物体间的相互作用定义为力元，也称为内力。在多体系统中，相邻或非相邻的物体间存在如弹簧、阻尼器等元件。若忽略这些元件的质量，而以某种方式等效到所连接的物体上，那么这种联系仅限于力的作用而不附加任何运动学上的约束，这就是多体系统的内力。

在 SIMPACK 仿真环境下，有惯性坐标系、标记和约束三个建模名词，具体定义如下。

(1) 惯性坐标系(inertial coordinate system)。即系统的参考坐标系，用以定义物体的绝对运动。

(2) 标记(maker)。是惯性坐标系上或者物体上的一些点，可以是固定也可以是移动的，但必须与某个惯性坐标系或者物体有关，一个物体上的标记是相对于它的连体坐标系的。标记可以用来定义力的作用点、构件运动副的连接点等。

(3) 约束(constraint)。即对系统中物体或物体同运动的限制。

本书基于 SIMPACK 软件建立列车的多体动力学模型，即建立一个具有一定拓扑关系的由物体、铰、外力和力元等要素组成的系统。典型的多体系统组成如图 2.23 所示。

对于实测的轨道数据(垂向、水平曲率、线路超高等)，也都可以通过 ASCII 格式的文件读入模型中。本书采用美国轨道五级谱作为轨道的不平顺激励输入模型。

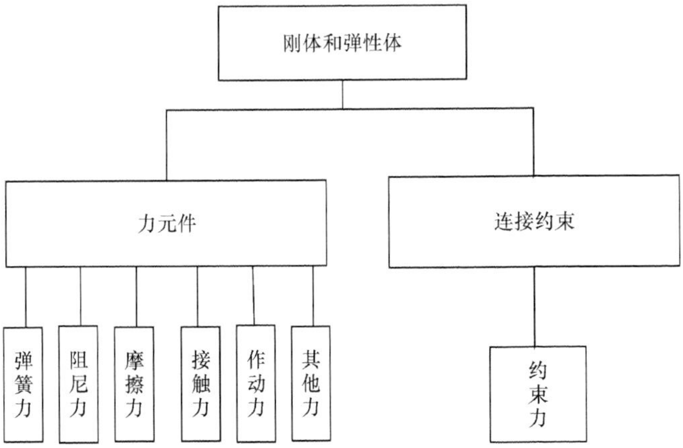

图 2.23　典型的多体系统

SIMPACK 软件最新版本的轮轨模块可以解决目前几乎所有的铁路机车车辆的动力学仿真问题,能够满足在频域或时域中的车辆动力学仿真计算,并通过时频积分计算获得车辆稳态及动态曲线通过时的结果。当对含有轨道不平顺的线路进行时频分析时,主要观察轮轨作用力、脱轨系数、可靠性等指标[10]。2.3.2 节将详细介绍城轨车辆整车动力学仿真实验模型搭建的过程。

2.3.2　城轨车辆整车动力学仿真实验模型的搭建

拓扑结构是多体系统中的一个基本概念,多体系统中各个物体之间的联系方式称为系统的拓扑构型,简称拓扑[11]。拓扑图的好坏有时不仅牵涉模型建立的正确与否,还关系着模型的规模大小和复杂程度,因此画好拓扑图是建立 SIMPACK 模型重要的前期工作。为了便于理解和画多体系统的拓扑图结构,表 2.4 给出了一些简单常用的拓扑示意符号,建立的整车模型结构拓扑示意图如图 2.24 所示。

表 2.4　SIMPACK 中的拓扑示意符号

名称	英文表述	示意	注释
参考框架	reference frame		惯性坐标系
体	body	body	体的名称
铰接	joint	α	铰接的状态位置 α、β、γ、X、Y、Z 表示 6 个自由度
约束	constraint	α	约束限制是运动自由度 α、β、γ、X、Y、Z 表示 6 个自由度
力元	force element	05	05 表示力元类型

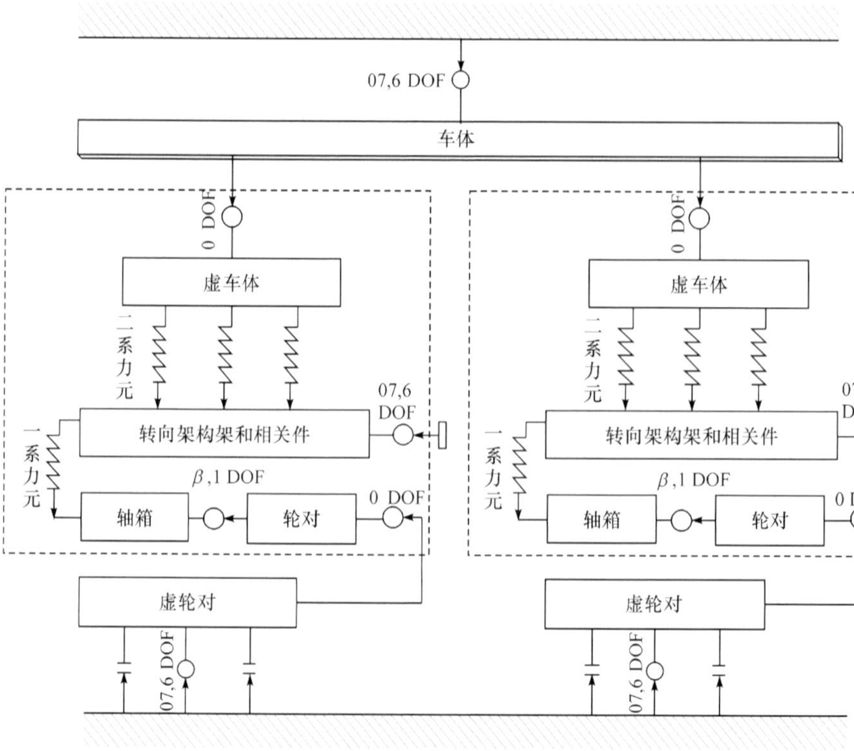

图 2.24　车辆模型拓扑结构

通过在 SIMPACK 中构造轮对、构架和车体，并设置相应的参数，再在各个位置加上铰接、力元、约束和传感器等元素，生成线路并添加轨道激励，就可以完成 SIMPACK 车辆建模。完成后的城轨车辆整车模型如图 2.25 所示。

在上述建模工作完成后，还需要进行整车模型的称重(即名义力计算)。称重后，若各体的加速度满足要求，就可以进行下一步工作，设置仿真条件，进行仿真分析。

本书通过加速度传感器对原始信号进行采集，因此，要求在模型中布设的传感器既可以尽量避免车辆固有构件的振动，又可以有效反映钢轨的健康状态。具体的传感器布置方案如图 2.26 所示，所用传感器为 x-y-z 三向加速度传感器，可以获取布设位置处 3 个方向的振动加速度信号。

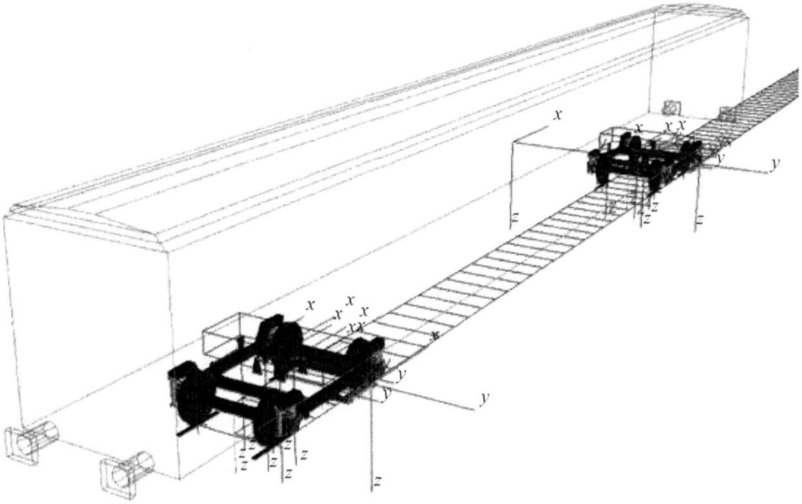

图 2.25 整车动力学模型

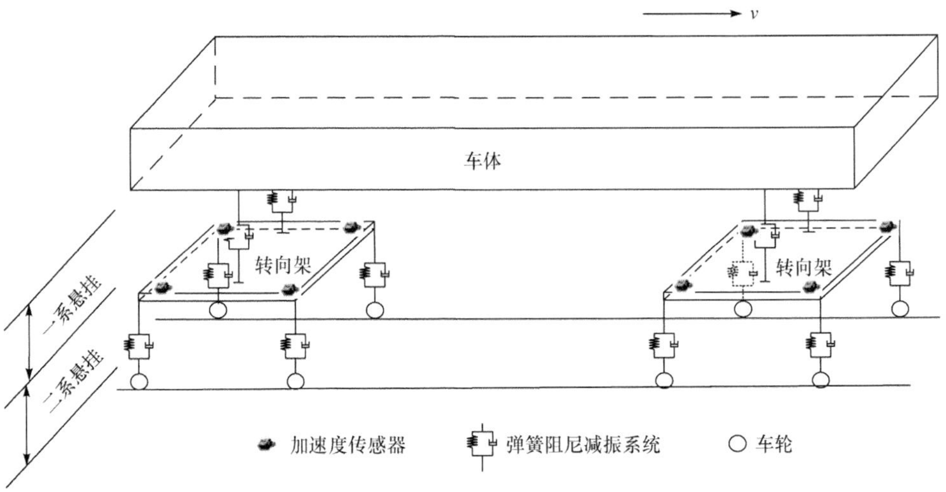

图 2.26 传感器布置示意图方案

2.4 本章小结

本章在分析车-轨耦合运动机理的基础上，建立了城轨车辆系统横向动力学模型，利用 MATLAB/Simulink 模块，根据所获得的车辆系统子结构状态空间表达式和车辆整体系统状态空间表达式分别建立模型连接图，验证了所建模型的正确性与可靠性。另外，利用 SIMPACK 软件搭建了城轨车辆整车动力学仿真实验模型。

参考文献

[1] 赵宇，郭孔辉，丁海涛. 车辆动力学方程解算方法的构建[J]. 东北师大学报，2009，41(3)：40-43.

[2] 南玲，宋荣荣. 垂向减振器对铁道车辆动力学性能的影响分析[J]. 设计与研究，2009，36(4)：9-14.

[3] 王开云，翟婉明，蔡成标. 机车车辆横向动力学性能仿真——车辆-轨道耦合模型与传统车辆模型的比较[J]. 西南交通大学学报，2003，38(1)：17-22.

[4] 李海涛，王成国. 基于轨道车辆频域模型的二系垂向悬挂元件状态监测[J]. 铁道机车车辆，2008，28(2)：1-5.

[5] 朱玉环. 轴箱垂向单向阻尼对车辆动力学性能的影响[J]. 机车车辆工艺，2010，(4)：28-31.

[6] Sun Y Q，Dhanasekar M. A dynamic model for the vertical interaction of the rail track and wagon system[J]. International Journal of Solids and Structures，2002，(39)：1337-1359.

[7] 朱浩. 基于多体动力学理论的车辆主动悬挂的控制策略研究[D]. 长沙：中南大学，2006.

[8] 陈春俊，王开云. 高速列车横向半主动悬挂系统建模研究及分析[J]. 振动与冲击，2006，25(4)：151-155.

[9] 吴学杰，王月明，张立民. 高速列车横向悬挂主动、半主动控制技术的研究[J]. 铁道学报，2006，28(1)：50-54.

[10] Liu X Z，Lian S L. Influence analysis of irregularities on vehicle dynamic response on curved track of speed-up railway[C]. International Conference on Transportation Engineering，Chengdu，2011.

[11] 刘扬. 轨道不平顺与车轨动力响应之间的关系分析[J]. 石家庄铁道学院学报，2009，22(1)：33-37.

第 3 章　轨道检测数字信号处理基础

3.1　时域分析理论

在利用振动信号对钢轨病害进行检测时，通常采用信号的时域和频域这两种基本形式对振动信号进行描述。所谓信号的时域波形，即振动信号的幅值大小随时间的变化形式，这种图像可以在时域上显示出振动信号的整体变化趋势[1]。因此，对于一些基于钢轨病害的振动信号，其时域波形往往出现异常波动，从而可以从直观上与正常信号区分开，特别是当振动信号中包含明显的周期成分、简谐成分或瞬时脉冲成分时，病害振动信号的异常波动会更为明显，检测效果会更好。但是，有些病害的振动信号仅仅通过比较其时域波形并不会出现明显的差异，从而不能够轻易区分出振动信号中的病害成分，这时就可以通过计算一些时域特征值对振动信号进行进一步分析，这些特征量也可以称为指示性指标[2]。

对于有限长度的离散时序数据 $x_i(i=1,2,\cdots,n)$，常用的有量纲时域特征量包括均值、均方根值、峰值、峭度和峰峰值[3-5]。

(1) 均值为

$$X_{\mathrm{u}} = \frac{1}{n}\sum_{i=1}^{n} x_i \tag{3.1}$$

(2) 均方根为

$$X_{\mathrm{RMS}} = \sqrt{\frac{1}{n}\sum_{i=1}^{n} x_i^2} \tag{3.2}$$

(3) 峰值为

$$X_{\mathrm{P}} = \max|x_i| \tag{3.3}$$

(4) 峭度为

$$X_{\mathrm{k}} = \frac{1}{n}\sum_{i=1}^{n} x_i^4 \tag{3.4}$$

(5) 峰峰值为

$$\mathrm{PK2PK} = \max(A) - \min(A) \tag{3.5}$$

在这 5 种特征指标中，均值和均方根值均是描述动态信号的信号强度的指示性指标，而对幅值进行平方时就有能量的意义，因此均值也可表示单位时间内的平均功率；此外，振动信号的均方根值是一个有幅值的量纲，在工程实际应用中也称为有效值，该指标对早期的病害不敏感，但稳定性较好，其幅值会随着病害程度的加深表现出单调增大的趋势。峰值指标可以显示出信号的变化范围，能够对信号强度进行描述。峭度则对信号周期比较敏感。峰峰值(peak to peak，pk to pk)是指波形图中最大的正值和最大的负值之间的差。峰峰值分析的原理很简单，将窗内所有点的最大幅值减去所有点的最小幅值，能比较直观地表现出振动剧烈的轨道的位置，以及振动的剧烈程度。

3.2　频域分析理论

3.2.1　频谱分析

1807 年，法国数学家和物理学家傅里叶提出了傅里叶变换的信号变换分析方法，可以实现信号从时域向频域的映射，即可建立信号时域与频域之间一一对应的变换关系，因此，傅里叶变换在信号处理、统计学、物理学、组合数学、结构动力学、光学以及声学等领域都得到了广泛的应用[6-11]。

傅里叶变换是一种特殊但常见的积分变换，其实质主要是通过某种积分变换，把满足一定条件的函数表示成正弦基函数的线性组合或积分函数形式。在工程应用中，对于非周期信号 $x[k]$ 与其相对应的傅里叶变换形式，具体表示如下[6]。

非周期信号 $x[k]$ 的傅里叶变换可表示为

$$x[k]=\mathrm{IDTFT}\{X(\mathrm{e}^{\mathrm{j}\Omega})\}=\frac{1}{2\pi}\int_{\langle 2\pi\rangle}X(\mathrm{e}^{\mathrm{j}\Omega})\mathrm{e}^{\mathrm{j}\Omega k}\,\mathrm{d}\Omega \tag{3.6}$$

式中

$$X(\mathrm{e}^{\mathrm{j}\Omega})=\mathrm{DTFT}\{x[k]\}=\sum_{k=-\infty}^{\infty}x[k]\mathrm{e}^{-\mathrm{j}\Omega k}$$

式中，$X(\mathrm{e}^{\mathrm{j}\Omega})$为离散非周期信号 $x[k]$的频谱密度函数；$X(\mathrm{e}^{\mathrm{j}\Omega})$为周期为 2π 的周期连续谱。

傅里叶变换可以将时域信号表示成正弦信号的线性组合形式，即可以将信号从时域以一定的对应关系转换成频域形式，并且正弦信号的线性组合中对应的加权系数就是信号的频谱函数，其可以反映信号中的各频率正弦信号的分布特性[7-9]。

信号的傅里叶变换建立了信号时域及频域之间的一一对应转换关系，为分析信号的频域分量提供了理论支持。因此，在分析检测信号的动力学性能时，不仅可以对其进行时域分析，还可以通过信号的傅里叶变换得到其对应的频谱函数，从而对信号进行频域分析，以便得到检测信号的频域特性。

3.2.2 频域特征值

频域分析是采用傅里叶变换将时域信号变换为频域信号,从而可以从另一个角度来了解信号的特征。信号频谱表征出信号在不同频率分量成分的大小,相对于时域信号波形来说,能够提供更加丰富和直观的信息。

频域分析研究信号的频率结构,以输入信号的频率为变量,研究系统在频率域的结构参数和性能关系,从而可以表征信号时间特性与其频率特性之间的关系以及信号内在的频率特性。频域分析中无需求解微分方程以及图解法(即频域特性图),间接体现出系统性能,并且指出了改进性能的方向,同时易于实验分析,能够推广应用于如含有延迟环节的系统的某些非线性系统以及能有效抑制噪声的系统的设计,体现出十分明显的优点。频域分析可以分析系统的频率响应、频率特性、幅频特性、相频特性以及由幅频特性与相频特性一起构成的系统频率特性。

因此,在分析检测信号的动力学性能时,不仅可以对其进行时域分析,还可以通过信号的傅里叶变换得到其对应的频谱函数,从而对信号进行频域分析,以便得到检测信号的频域特性。本书中主要对基于钢轨波磨的转向架加速度进行功率谱分析。

一般情况下,时域特征值可以宏观体现机电、机械系统总体是否正常运行,可以对病害进行监测并能适当预测其未来发展趋势,但是在实际病害检测工程应用中,往往希望通过一些指标可以确定病害的具体部位和类型,甚至可以判断病害的严重程度,在这些方面,频域指标就发挥了重要的作用[10-13]。

频域指标主要有频域中心、频域均方根和频域均方差,具体定义如下所述。

(1) 频域中心为

$$\mathrm{FC}=\frac{\int_0^{+\infty} f s(f)\mathrm{d}f}{\int_0^{+\infty} s(f)\mathrm{d}f} \tag{3.7}$$

(2) 频域均方根为

$$\mathrm{RMSF}=\left[\frac{\int_0^{+\infty} f^2 s(f)\mathrm{d}f}{\int_0^{+\infty} s(f)\mathrm{d}f}\right]^{1/2} \tag{3.8}$$

(3) 频域均方差为

$$\mathrm{RVF}=\left[\frac{\int_0^{+\infty} (f-\mathrm{FC})^2 s(f)\mathrm{d}f}{\int_0^{+\infty} s(f)\mathrm{d}f}\right]^{1/2} \tag{3.9}$$

式中,$s(f)$为信号的功率谱。

在上述 3 个频域指标中,频域中心 FC 和频域均方根 RMSF 可用来表征信号主频率的变化位置,而频域均方差 RVF 可用以描述振动信号的收敛性。

3.3　小波分析的基本原理

小波分析理论虽然承袭了短时傅里叶变换中的局部化特性,但弥补了其在时域内的无定位(不具备局部时段的频率信息)性缺陷及固定窗(窗口大小固定不随频率变化)的劣势,利用变换窗口的可变和平移使时间窗口在高频处变窄而频率窗口在低频处变窄,即具有多分辨率特性[14-17],对检测信号具有自适应性。

小波变换的实质是利用一个小波基函数来逼近或表示一个信号,而所谓的小波基函数可以定义为一个由基本小波函数(小波母函数)$\psi(t)$通过平移或伸缩的方式而派生出的函数族$\{\psi_{a,b}(t)\}$[18],得

$$\psi_{a,b}(t)=|a|^{-\frac{1}{2}}\psi\left(\frac{t-b}{a}\right),\quad a,b\in\mathbb{R}\text{ 且 }a\neq 0 \tag{3.10}$$

式中,a 为伸缩尺度参数;b 为平移尺度参数;$\psi_{a,b}(t)$为依赖于尺度参数 a、b 的小波基函数。

通过式(3.10)可以知道,当改变伸缩尺度参数 a 时,小波基函数的窗口形状会发生变化,小波基覆盖的频率范围相应得到调整,从而实现了其在频域范围的平移;同理,当改变平移尺度参数 b 的大小时,小波基函数中的时域窗口位置会发生变化,从而实现小波窗口在时间域的平移变化。因此,小波分析对检测信号具有自适应性,可以根据信号的时频特点对时频窗口进行变换,从而具有多分辨率的分析优势[19]。

此外,$\psi(t)$为一个基本小波函数,又称小波母函数,它必须满足以下条件[20]:

(1) $\psi(t)$为一个平方可积函数,即满足 $\psi(t)\in L^2(\mathbb{R})$。

(2) 其傅里叶变换 $\hat{\psi}(\omega)$要满足[21]的关系为

$$C_{\psi}=\int_{-\infty}^{\infty}\frac{|\hat{\psi}(\omega)|^2}{|\omega|}\mathrm{d}\omega<\infty \tag{3.11}$$

其中,式(3.11)为小波函数的可容许条件,通过该条件可以知道小波函数具有零均值,即 $\psi(0)=0$。

因此,检测信号 $X(t)$的小波变换可以定义为

$$\mathrm{WT}_X(a,b)=\langle X,\psi_{a,b}\rangle=|a^{-\frac{1}{2}}|\int_{-\infty}^{\infty}X(t)\psi\left(\frac{t-b}{a}\right)\mathrm{d}t \tag{3.12}$$

由上述小波母函数的容许条件可知其具有波动性,另外根据小波基函数的定义可知其在 $t=b$ 附近也具有波动性,且其波动范围受伸缩尺度参数 a 影响:$a<1$ 时,小波函数波动范围减小;$a>1$ 时,其波动范围增大。即小波基函数的波动范围

能够随尺度参数变化，从而使小波变换可以对检测信号任意指定点处进行精细化分析，因此利用小波变换对检测信号进行时频分析时具有时频局部化的能力。

3.3.1　连续小波变换

对于属于 $L^2(\mathbb{R})$空间的任意函数 $g(t)$，将其在小波基函数下展开，得到的展开变换式称为函数 $g(t)$的连续小波变换 CWT，其表达式为[22]

$$\mathrm{CWT}_g(a,b)=\langle g,\psi_{a,b}\rangle=|a^{-\frac{1}{2}}|\int_{-\infty}^{\infty}g(t)\bar{\psi}\left(\frac{t-b}{a}\right)\mathrm{d}t \tag{3.13}$$

式中，$\bar{\psi}(t)$为 $\psi(t)$的共轭函数；当 $\psi(t)$是实函数时，有 $\psi(t)=\bar{\psi}(t)$。

由式(3.13)可知，连续小波函数的时域宽度取决于伸缩尺度参数 a，而其中心位置取决于平移尺度参数 b。

在满足小波函数容许条件时，可对信号进行连续小波变换的逆变换，其表达式为

$$g(t)=\frac{1}{C_\psi}\int_{-\infty}^{\infty}\frac{\mathrm{d}a}{a^2}\int_{-\infty}^{\infty}\mathrm{CWT}_g(a,b)\cdot\psi\left(\frac{t-b}{a}\right)\mathrm{d}b \tag{3.14}$$

通过上述连续小波变换的定义可知：①小波变换其实是把检测信号分解成为一系列小波基函数的和的形式，并对其进行时频域联合分析；②小波分析没有直接将信号频率作为输入，而是将频率参数隐含在伸缩尺度参数 a 中：a 增大时，小波中心频率降低，频率窗口宽度自动减小；反之，a 减小时，小波中心频率升高，频率窗口宽度自动增大，从而实现了时频窗口随信号特征自适应的改变，对于非平稳信号的分析有傅里叶变换所没有的优势。

3.3.2　小波包分解

小波包分解(wavelet packet decomposition)也称为小波包(wavelet packet)，或子带树(subband tree)及最佳子带树结构(optimal subband tree structuring)。其概念是用分析树来表示小波包，即利用多次迭代的小波转换分析输入信号的细节部分。小波包分析(wavelet packet analysis)是小波分析中一种更为精细的信号分析方法，它将待分析信号在全频带范围内划分到若干层次频带进行分析，不仅具有小波变换特有的时频局部化优势，而且可以进一步分解小波变换所不能分解的高频频带，因此大大提高了信号分析的频带分辨率[23]。

将尺度空间 V_j 和小波子空间 W_j 用一个新的子空间进行统一表征，得

$$\begin{cases}U_j^0=V_j\\U_j^1=W_j\end{cases},\quad j\in\mathbb{Z} \tag{3.15}$$

此时，可以用 U_j^n 的分解对空间 $L^2(\mathbb{R})$的正交分解 $V_{j+1}=V_j\oplus W_j$ 进行统一，得

$$U_{j+1}^0 = U_j^0 \oplus U_j^1, \quad j \in \mathbb{Z} \tag{3.16}$$

令函数 $u_n(t)$ 的闭包空间为 U_j^n，函数 $u_{2n}(t)$ 的闭包空间为 U_j^{2n}，且 $u_n(t)$ 满足下列双尺度方程：

$$\begin{cases} u_{2n}(t) = \sqrt{2}\sum\limits_{k\in\mathbb{Z}} h(k)u_n(2t-k) \\ u_{2n+1}(t) = \sqrt{2}W_j \sum\limits_{k\in\mathbb{Z}} g(k)u_n(2t-k) \end{cases} \tag{3.17}$$

式中，$g(k)=(-1)^k h(1-k)$，说明两系数正交。

当 $n=0$ 时，式(3.17)可直接简化为

$$\begin{cases} u_0(t) = \sum\limits_{k\in\mathbb{Z}} h_k u_0(2t-k) \\ u_1(t) = W_j \sum\limits_{k\in\mathbb{Z}} g_k u_0(2t-k) \end{cases} \tag{3.18}$$

此时，式(3.18)即为尺度函数 $u_0(t)$ 和小波函数 $u_1(t)$ 的双尺度方程。

由式(3.16)构造得到的序列 $\{u_n(t)\}(n\in\mathbb{Z})$ 即称为由小波基函数 $u_0(t)=\phi(t)$ 确定的彼此正交的小波包。又因 $\phi(t)$ 只能由 h_t 唯一确定，所以 $\{u_n(t)\}(n\in\mathbb{Z})$ 也被称为关于序列 $\{h_k\}$ 正交的小波包。

所谓小波包分解，就是按照二进制分式对小波包族 $\{u_n(t)\}(n\in\mathbb{Z})$ 的子空间 W_j 进行频率细分(令 $n=1,2,\cdots;j=1,2,\cdots$)，分解过程为[24]

$$\begin{cases} W_j = U_j^1 \\ W_j = U_{j-1}^2 \oplus U_{j-1}^3 \\ W_j = U_{j-2}^4 \oplus U_{j-2}^5 \oplus U_{j-2}^6 \oplus U_{j-2}^7 \\ \vdots \\ W_j = U_{j-k}^{2^k} \oplus U_{j-k}^{2^k+1} \oplus \cdots \oplus U_{j-k}^{2^{k+1}-1} \\ \vdots \\ W_j = U_0^{2^j} \oplus U_0^{2^j+1} \oplus \cdots \oplus U_0^{2^{j+1}-1} \end{cases} \tag{3.19}$$

小波包分析包括信号的小波包分解和小波包重构两个步骤，因此，小波包算法也包括两部分，即小波包分解算法和小波包重构算法。

令 $g_j^n(t)\in U_j^n$，此时，g_j^n 可表示[25]为

$$g_j^n(t) = \sum_l d_l^{j,n} u_n(2^j t - l) \tag{3.20}$$

则小波包分解和重构算法的计算方法如下：

(1) 小波包分解算法：利用 $\{d_l^{j,2n}\}$ 和 $\{d_l^{j,2n+1}\}$ 求 $\{d_l^{j+1,2n}\}$，得

$$\begin{cases} d_l^{j,2n} = \sum_k a_{k-2l} d_k^{j+1,n} \\ d_l^{j,2n+1} = \sum_k b_{k-2l} d_k^{j+1} \end{cases} \tag{3.21}$$

(2) 小波包重构算法：利用$\{d_l^{j,2n}\}$和$\{d_l^{j,2n+1}\}$求$\{d_l^{j+1,2n}\}$，得

$$d_l^{j+1,n} = \sum_k h_{l-2k} d_k^{j,2n} + g_{l-2k} d_k^{j,2n+1} \tag{3.22}$$

以信号 $f(t)$的三层为例，图 3.1 为对该信号进行小波分解及小波包分解的直观示意图，其中字母 A 代表高频，字母 D 表示低频[26]。

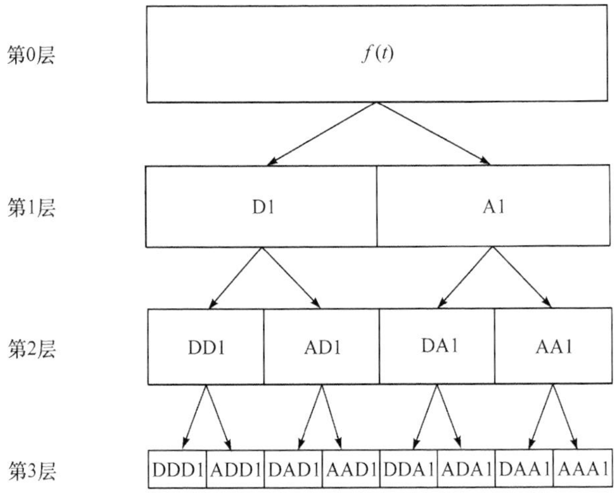

图 3.1 小波包分解示意图

比较简单的小波分解和小波包分解可以发现：二者都具有多分辨率的优势，但小波包分解把一般小包分解中没有再分解的高频部分又进行了更为精细的高低频分解，故其频率分辨率更高，从而具有更好的时频特性。

3.4 希尔伯特-黄变换

根据小波分析理论可知，小波变换的实质是找到一个小波基函数，以此来逼近或表示检测信号，这就意味着小波基函数的选取至关重要。利用小波变换对信号进行分析，往往是根据先验知识来确定能够表现出最好分析效果的小波基函数，但是实际应用中的检测信号大部分是非平稳信号，这就说明所选取的小波基函数在信号的某一位置具有最好的小波分析效果，但并不保证在信号的任意位置都能具有理想的分析效果，而且小波基函数一旦选定就不能更改，因此小波分析不能针对检测信号自适应地选择最优基函数进行分解。希尔伯特-黄变换恰恰可以根据检

测信号的固有特性自适应地利用检测信号的本身特征进行有效分解，这对非平稳及非线性信号的分析具有非常大的意义[27]。

希尔伯特-黄变换即 Hilbert-Huang 变换，可简称为 HHT。对检测信号进行希尔伯特-黄变换实质是对信号进行平稳化处理，包括两个信号分析过程，即经验模态分解（empirical mode decomposition，EMD）和希尔伯特变换。通过信号的EMD，可以将原始信号中的不同尺度的波动或者趋势按照频率由高到低的次序依次分解开来，从而得到原始检测信号的若干个本征模态函数（intrinsic mode function，IMF）分量；此时，再对这些 IMF 分量进行希尔伯特变换，就可以得到原始信号中的瞬时频率及其幅值。因此，希尔伯特-黄变换对检测信号的时频分辨率极高，具有较好的时频聚集性，对平稳态、非线性信号的处理分析非常适合[25]。

1. 希尔伯特变换的定义

对于检测信号 $X(t)$，记它的希尔伯特变换为 $\hat{x}(t)$，可以表示为

$$\begin{aligned}\hat{x}(t) &= \frac{1}{\pi}\int_{-\infty}^{\infty} x(\tau)\left(\frac{1}{t-\tau}\right)\mathrm{d}\tau \\ &= \frac{1}{\pi}\int_{-\infty}^{\infty} x(t-\tau)\left(\frac{1}{\tau}\right)\mathrm{d}\tau\end{aligned} \tag{3.23}$$

即 $\hat{x}(t)$ 为函数 $X(t)$ 与 $1/(\pi t)$ 的卷积积分（ $*$ ），常记为

$$\hat{x}(t)=H[x(t)] \tag{3.24}$$

此外，希尔伯特变换也存在逆变换形式，定义为

$$x(t)=-\hat{x}(t) * \frac{1}{\pi t} \tag{3.25}$$

从上述希尔伯特变换的定义可以看出，对信号进行希尔伯特变换的实质是对检测信号中的频率成分进行移相处理。具体表现为：对信号 $X(t)$ 进行希尔伯特变换就是在保持检测信号频率成分振幅不变的前提下，对检测信号中的正频成分移相 $-90°$，并将信号 $X(t)$ 中的负频信号移相 $+90°$；同理，希尔伯特逆变换实质也是信号频率成分的移相处理，将检测信号中的正频成分移相 $+90°$，而将信号 $X(t)$ 中的负频信号移相 $-90°$，这与希尔伯特变换正好相反，从而将希尔伯特变换信号移回到原始信号的相位。

2. 希尔伯特变换的性质

希尔伯特变换的实质是对检测信号的正、负频成分进行相应的移相处理，故信号的希尔伯特变换具有以下性质[28]。

(1) 对检测信号 $X(t)$ 进行希尔伯特变换得到 $\hat{x}(t)$，则 $\hat{x}(t)$ 与原始信号 $X(t)$ 具有相同的振幅谱和功率谱。

(2) 检测信号 $X(t)$与其希尔伯特变换结果 $\hat{x}(t)$正交，即

$$\int_{-\infty}^{\infty} x(t)\hat{x}(t)\mathrm{d}t = 0 \tag{3.26}$$

(3) 若令信号 $x(t)$、$x_1(t)$、$x_2(t)$的希尔伯特变换结果分别为 $\hat{x}(t)$、$\hat{x}_1(t)$、$\hat{x}_2(t)$，并且满足 $x(t)=x_1(t)*x_2(t)$，则有 $\hat{x}(t)=\hat{x}_1(t)*x_2(t)=x_1(t)*\hat{x}_2(t)$。

3. 瞬时频率

实际工程应用的检测信号往往是非稳态信号，而这种信号的频率会随时间而变化，因此需要引入一种分析非稳态信号的频率概念，即瞬时频率。信号一般分为单分量信号和多分量信号两类，对于单分量信号，其唯一的频率即瞬时频率；而对于多分量信号，其在某一时刻具有多个不同的瞬时频率，需要将多分量信号分解成多个单分量信号以得到其瞬时频率。

令信号 $X(t)$的希尔伯特变换信号为 $\hat{x}(t)$，引入解析函数 $Z(t)$的定义，为

$$Z(t) = x(t) + \mathrm{j}\hat{x}(t) \tag{3.27}$$

也可以写成如下复数形式，为

$$Z(t)=a(t)\mathrm{e}^{-\mathrm{j}\theta(t)} \tag{3.28}$$

式中，$a(t)$为希尔伯特变换的包络；$\theta(t)$为瞬时响应信号。

此时，包络 $a(t)$可以定义为

$$a(t)=\sqrt{x(t)^2+\hat{x}(t)^2} \tag{3.29}$$

解析信号的相位为

$$\theta(t)=\arctan\frac{\hat{x}(t)}{x(t)} \tag{3.30}$$

综上，瞬时频率的定义为

$$f_i(t)=\frac{1}{2\pi}\frac{\mathrm{d}}{\mathrm{d}t}[\arg z(t)] \tag{3.31}$$

在希尔伯特-黄变换中，通过解析函数可以取得检测信号的瞬时频率，为了赋予瞬时频率计算物理意义而定义了 IMF。直观上，IMF 的极值点数与过零点数目相同，且其波形与对一个标准正弦信号进行调幅调频得到的信号波形相似。黄锷等提出将 IMF 作为信号的基本单位，因此，任意复杂的信号都可以看作若干个 IMF 的叠加。

判断一个函数是否为 IMF，可以通过以下两点考虑[29]。

(1) 在信号的整个数据序列中，信号极值点数与过零点数相同，或者二者数目至多相差一个。

(2) 在任意时刻或任一点处，由信号的所有局部极大值点相连而成的上包络线与由信号所有局部极小值点相连而成的下包络线的均值为零，即信号的上包络

线与其下包络线关于时间轴局部对称。

第一个约束与平稳过程中对传统窄带信号的要求相似，而第二个约束保证了信号瞬时频率不受本征模态的不对称影响，从而使由 IMF 求得的信号瞬时频率都具有物理意义。

由 IMF 的定义可知，IMF 代表了信号的固有振动模式，可以反映信号的固有波动特性。在 IMF 的一个周期中并不一定只是窄带信号，可以是调幅信号或调频信号，也可以是非稳态信号，而且每个周期都有一个波动模态，这就避免了多波动模态混叠现象的出现。

上面提到，IMF 可看作信号的组成单位，即任何复杂信号都可看作若干 IMF 的叠加，因此，黄锷等提出了 EMD 方法，它是一种经验模态分解算法，即通过“筛分”过程将实际应用中的任意复杂信号都分解成若干个 IMF 与一个余项(res)的叠加形式。1998 年，黄锷及其同事将 EMD 与希尔伯特变换结合，提出了比较完整的希尔伯特-黄变换，即 HHT，其中 EMD 是 HHT 方法的重要组成。

信号的 EMD 认为实际应用中的任何信号均是由若干个线性或非线性的经验模态分量组成，并且每一个经验模态分量都满足其定义条件，因此，对于任何复杂信号，都可以利用 EMD 算法将其“筛分”成若干个 IMF 和的形式，但是 EMD 过程需要基于以下假设进行[30]。

(1) 信号至少存在一个极大值点和一个极小值点。

(2) 信号的时域特性取决于信号的极值间隔。

(3) 当检测信号没有极值点而只有拐点时，可以通过微分-分解-积分的方式获得 IMF。

对信号进行 EMD 的基本思想是首先利用原始信号的上、下包络线均值确定信号的固有模态分量，并将其提取出来，然后通过三次样条函数拟合信号的极大值点和极小值点，最后得到拟合的信号上、下包络线。

根据以上假设，利用 EMD 算法对任意信号 $x(t)$进行“筛分”的过程如下。

(1) 求取检测信号的所有极大值点和极小值点，并利用三次样条函数进行拟合以得到信号 $x(t)$的上、下包络线；其中，为保留原始信号的自身特性，局部极大值既要大于前一时刻的值也要大于后一时刻的值，同理，局部极小值既要小于前一时刻的值也要小于后一时刻的值。

(2) 计算信号上、下包络线的均值 $m_1(t)$，求原始信号 $x(t)$与包络线均值 $m_1(t)$的差值 h_1，为

$$h_1=x(t)-m_1(t) \tag{3.32}$$

(3) 判断 h_1 是否已经满足 IMF 的定义条件：如果 h_1 已经满足 IMF 的定义，则认为 h_1 为检测信号的第一个本征模态函数；若 h_1 不满足 IMF 的定义，则将其作为原始数据并重复步骤(1)，直到得到的 h_1 满足 IMF 的定义。令原始信号 $x(t)$

的第一个 IMF 分量即 imf1 为 c_1，则 c_1 为原始信号中最高频率的经验模态分量：

$$c_1 = h_1 \tag{3.33}$$

(4) 从原始信号 $x(t)$ 中将 c_1 分离出来，则得到剔除 imf1 的差值信号 r_1：

$$r_1 = x(t) - c_1 \tag{3.34}$$

把差值信号 r_1 当作原始信号再重复进行步骤(1)～步骤(3)的处理，得到信号 $x(t)$ 的第 2,3,…,n 个 IMF 分量 $c_i(t)$，再依次求取差值信号 r_i，得

$$\begin{cases} r_2 = r_1 - c_2 \\ r_3 = r_2 - c_3 \\ \vdots \\ r_n = r_{n-1} - c_n \end{cases} \tag{3.35}$$

若 r_n 是单调函数并且从中不能再提取满足 IMF 条件的分量，则认为信号的 EMD 过程结束，且信号 $x(t)$ 可以表示成经验模态分量 c_i 与残余函数 r_n 的叠加形式，得

$$x(t) = \sum_{i=1}^{n} c_i + r_n \tag{3.36}$$

式中，参与函数 r_n 是单调函数或常数，代表信号的趋势项；各个经验模态分量 c_1，c_2，…，c_n 代表原始信号中频率由高到低的模态分量，其包含了信号中从高到低不同频率段的固有振动模态。

上述 EMD 过程即所谓的信号“筛分”，EMD 可以消除信号的叠加模态波形，并使信号的波形轮廓更具对称性。

对经过上述 EMD 得到的各 IMF 分量进行希尔伯特变换，即原始信号 $x(t)$ 就可以表示为

$$\begin{aligned} x(t) &= \mathrm{Re}\left\{ \sum_{i=1}^{n} a_i(t) \mathrm{e}^{\mathrm{j}\theta_i t} \right\} \\ &= \mathrm{Re}\left\{ \sum_{i=1}^{n} a_i(t) \mathrm{e}^{\mathrm{j}\int \omega(t) \mathrm{d}t} \right\} \end{aligned} \tag{3.37}$$

式中，残差项 r_n 忽略不计；Re 表示经希尔伯特-黄变换后信号的实部。

因此，式(3.37)也成为检测信号的希尔伯特谱，则检测信号的瞬时振幅在频率及时间平面可为

$$H(\omega, t) = \mathrm{Re}\left\{ \sum_{i=1}^{n} a_i(t) \mathrm{e}^{\mathrm{j}\int \omega_i(t) \mathrm{d}t} \right\} \tag{3.38}$$

在希尔伯特谱的基础上可进一步得到希尔伯特边际谱 $H(\omega)$ 的定义为[21]

$$H(\omega) = \int_0^l H(\omega, t) \mathrm{d}t \tag{3.39}$$

式中，l 表示检测信号数据序列的长度；$H(\omega)$ 表示在整个时间域上原始信号中每一个频率成分所占的累积幅度；$H(\omega, t)$ 表示检测信号的幅度随频率、时间的变化

规律。

虽然希尔伯特边际谱和传统的傅里叶频谱反映的都是信号不同频率成分在时间上的能量累积,但是傅里叶变换需要有完整的振动波周期来完成局部频率值的定义,而希尔伯特-黄变换方法由于引入瞬时频率的概念可以更准确地反映信号的局部特性,因此对于非稳态信号,希尔伯特-黄变换更能反映信号本身的固有振动特性。

3.5　支持向量机的基本原理

在工程实际中,不仅要分析不同病害类型信号的时域、频域特征,更重要的是要实现不同病害类型的识别,因此有必要采用故障分离技术对不同道岔病害类型进行识别。本节对书中采用的分类算法——支持向量机(SVM)进行简单的介绍。

3.5.1　支持向量机概述

在样本足够多的前提下,故障分离可以采用发展成熟的统计模式识别方法实现,样本数越大,识别精度往往越高,但统计模式识别对样本数量的要求是工程实际中难以满足的,因此,传统的模式识别方法在故障分离领域的应用存在很大的局限性。针对上述问题,20世纪60年代,Vapnik等提出一种适用于小样本的统计理论——统计学习理论(statistical learning theory,SLT),之后,又相继提出VC维(Vapnik Chervonenkis dimension)理论、结构风险最小化理论、最优边界分类器等,这些理论基础为线性分类器提供另一种设计最佳准则,使线性分类器的应用范围扩展到线性不可分和非线性函数中,这种分类方法就是SVM[31,32]。SVM能够较好地实现结构风险最小化,为解决小样本分类、非线性函数等问题提供新的思路。SVM的分类对象实质上仍然是线性可分的问题,对于非线性可分问题,SVM采用非线性映射算法将低维空间中的非线性可分样本转化为高维的特征空间实现线性可分性[32]。

SVM具有以下特征。

(1) 通过最大化决策边界的边缘来控制模型的能力,用户通过提供核函数、引入松弛变量等参数设置来设定最大决策边界的边缘。

(2) SVM的学习方法可以表示为凸优化问题,可以利用已知的有效算法发现目标函数的全局最小值,而常用的基于规则的分类器或者人工神经网络分类原理都是采用一种基于贪心学习的策略来搜索假设空间,这种搜索方法一般只能获得局部最优解。因此,SVM分类方法在解决全局最优的问题上有更大优势。

3.5.2　支持向量机分类原理

在 n 维空间范围内考虑分类问题，假设训练样本集合 $\{(x_1, y_1), \cdots, (x_i, y_i), \cdots, (x_I, y_I)\}$ 由 I 个数据样本组成，其中，$x_i \in \mathbb{R}^n$ 是输入向量，$y_i \in \{1, -1\}$ 是输出向量，$i=1,2,\cdots,I$。分类器的目标就是将这 I 个数据分成两类，即寻找一个规则函数将 $\mathbb{R}^n$ 上的点分成规则函数两侧的两部分。上述分类能够实现二元分类问题。但在故障分离应用中，经常会要求分离出多种故障类型，这就需要引入多元的分类问题。二元分类与多元分类的区别在于：二元分类的输出取两个值，即 1 或 -1；而多元分类的输出必须能够取尽实际情况需要的多个值。

SVM 分类的原理是建立在统计学习理论之上的，其基本思想是构造一个超平面作为分类判别平面，使要分类的数据样本之间的间隔最大。SVM 训练与分类的过程如图 3.2 所示。

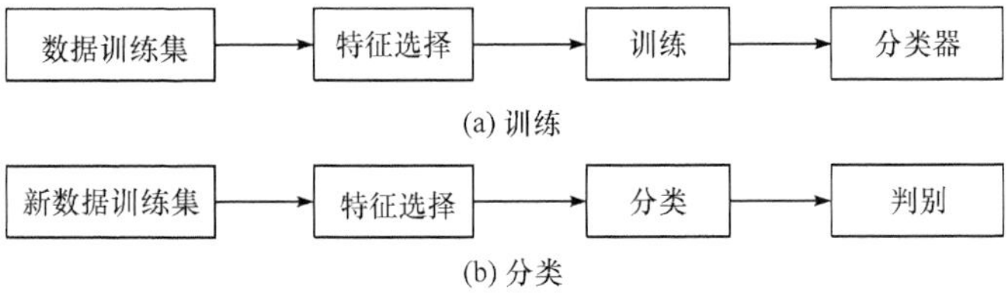

图 3.2　SVM 的训练和分类过程

SVM 最初是为了解决线性可分情况下的分类问题而提出的，在线性可分的前提下，其基本思想可用平面中最优分类线的理论说明。用图 3.3 中的圆形和三角形代表两类不同的数据样本，则 H 可以作为两类样本的分类线，H_1 和 H_2 是平行于 H 且离图中两类不同的点最近的两分类，d 为 H_1 和 H_2 之间的距离。若存在 H 能将两类不同的样本分开，使训练错误为 0，且满足 d 最大这一条件，那么 H 为

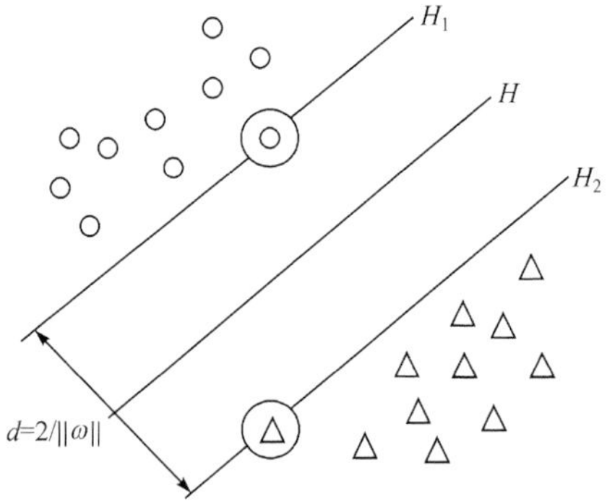

图 3.3　最优分类面示意图

最优分类线。将这一思想推广到高维空间,上述最优分类线就是SVM所要寻找的最优分类面。

SVM解决非线性问题关键在于核函数的引用,核函数能够解决高维数运算复杂、耗时长的问题。核函数方法就是用非线性变换 γ 将 n 维空间中的随机矢量 X 映射到高维特征空间,常用的核函数有如下3种。

(1) d 次多项式形式的核函数为

$$k(x,y)=(x\cdot y+1)^d \tag{3.40}$$

(2) 径向基形式的核函数为

$$k(x,y)=\exp(-\gamma\|x-y\|^2) \tag{3.41}$$

(3) sigmoid形式的核函数为

$$k(x,y)=\tanh(\gamma x\cdot y-\theta) \tag{3.42}$$

引用 d 次多项式核函数的SVM实质上是一个 d 次多项式的分类器,引用径向基形式的核函数的SVM能够实现径向分类,引用sigmoid核函数的SVM是一个两层的多层感知器,神经网络隐层的节点数是通过算法自动确定的,算法不存在困扰神经网络的局部极小点的问题。

3.6 本章小结

本章对钢轨故障诊断过程中常用的数据处理方法进行了总结,并详细说明了各种方法的原理及所反映的数据特征含义,包括时域分析理论、频域分析理论,以及目前较为常用的小波分析、希尔伯特-黄以及支持向量机等理论方法,这些方法在钢轨故障诊断中的具体应用将由后文具体说明,并在具体的故障类型中,对各信号处理方法的效果进行对比与分析。

参考文献

[1] 卢观健,杨克. 钢轨伤损的形态特征及其失效机理[J]. 铁道学报,1996,18(3):120-124.

[2] 周素霞,陶永忠,张志华,等. SIMPACK 9 实例教程(下)[M]. 北京:北京联合出版公司,2013.

[3] 唐向宏,李齐良. 时频分析与小波变换[M]. 北京:科学出版社,2008.

[4] 钟佑明,秦树人,汤宝平. 希尔伯特-黄变换中边际谱的研究[J]. 系统工程与电子技术,2004,26(9):1323-1326.

[5] Dempsey P J,Afjeh A A. Integrating oil debris and vibration gear damage detection technologies using fuzzy logic[J]. Journal of the American Helicopter Society,2002,49(2):109-116,8.

[6] 程正兴,杨守志,冯晓霞. 小波分析的理论算法进展和应用[M]. 北京:国防工业出版社,2007.

[7] 赵新民,张寅. 离散傅里叶变换量化效应的研究[J]. 计量学报,1992,13(3):214-220.
[8] 祁才君,陈隆道,王小海. 应用插值 FFT 算法精确估计电网谐波参数[J]. 浙江大学学报,2003,37(1):112-116.
[9] 杨富康. 基于 FFT 的电网谐波检测方法的研究[D]. 西安:西安科技大学,2009.
[10] 吴婷,颜国正,杨帮华. 基于小波包分解的脑电信号特征提取[J]. 仪器仪表学报,2007,28(12):2230-2234.
[11] 李海涛,王成国,许跃生. 基于 EEMD 的轨道-车辆系统垂向动力学的时频分析[J]. 中国铁道科学,2007,28(5):24-31.
[12] 刘彩云,郭爱煌,崔炳胜. 高速铁路轨道不平顺的时频特征分析[J]. 电子测量技术,2009,32(7):29-32.
[13] 练松良,陆惠明,杨文忠. 轨道不平顺分析程序[J]. 中国铁道科学,2006,27(1):68-71.
[14] 陈宪麦. 轨道不平顺时频域分析及预测方法的研究[D]. 北京:铁道科学研究院,2006.
[15] 张德丰. MATLAB 小波分析[M]. 北京:机械工业出版社,2010.
[16] 易正红. 浅谈线上钢轨伤损探测[J]. 铁道工程学报,1997,14(4):107-110.
[17] 程人杰. 内燃机主轴承润滑性能研究[D]. 太原:中北大学,2010.
[18] 王芳. 小波分析在信号去噪中的应用研究[D]. 成都:西华大学,2008.
[19] 石为人,罗雪松,胡宁. 基于小波多分辨率分析的信号消噪[J]. 重庆大学学报,2002,25(6):59-62.
[20] 李坤肾. 高速列车安全性态评估数据的多重分形特征分析[D]. 成都:西南交通大学,2013.
[21] 易雄. 基于小波分析的机械故障特征提取与诊断技术研究[D]. 杭州:浙江工业大学,2009.
[22] 李永进. 基于小波分析的故障诊断系统的研究与实现[D]. 武汉:武汉科技大学,2005.
[23] 陈亦文. 基于小波多分辨率分析和小波包分解的电能质量谐波分析方法的研究[D]. 福州:福州大学,2004.
[24] 连海宁. 傅里叶、小波及希尔波特-黄变换在地震工程领域的应用研究[D]. 哈尔滨:中国地震局工程力学研究所,2004.
[25] 安怀志. 希尔伯特-黄变换理论和应用的研究[D]. 哈尔滨:哈尔滨工程大学,2008.
[26] 陈双喜,林建辉,陈建政. 基于希尔伯特-黄变换提取车辆轨道耦合系统时频特性[J]. 振动与冲击,2013,32(5):43-47.
[27] 宋飞. 基于希尔伯特-黄变换的齿轮箱故障特征提取与消噪技术研究[D]. 太原:中北大学,2010.
[28] 贾春花. 希尔伯特-黄变换及其在信号处理中的应用研究[J]. 电力学报,2013,28(2):148-151.
[29] 吴育锋,朱文耀,王铭军. 基于小波包和改进多远 LS-SVM 的滚动轴承故障模式识别[J]. 西南师范大学学报,2014,39(1):1-6.
[30] 文进爱,彭仲,欧瑜枫. 小波分析及其应用研究[J]. 大众科技,2009,(8):30-31.
[31] 于正涛,郭剑毅,毛存礼,等. 模式识别原理及应用[M]. 北京:科学出版社,2014.
[32] 郭淑萍. 城轨列车悬挂系统故障诊断研究及其工程实现[D]. 北京:北京交通大学,2014.

第 4 章 基于运营车辆的轨道不平顺检测系统与超限等级标准

本章主要介绍基于运营车辆的轨道不平顺检测系统与不平顺超限等级管理标准的制定方法，在此基础上验证超限等级标准的可用性、准确性和钢轨不平顺检测方法的可重复性，即验证检测区段的钢轨不平顺符合制定的超限等级标准的等级划分，以及短时间隔内轨道不平顺检测系统对钢轨不平顺检测结果可重复一致的特性。

4.1 轨道不平顺检测系统的组成

轨道不平顺检测系统的总体结构如图 4.1 所示。根据检测轨道不平顺的类型需要，将加速度传感器的安装位置选在车体四角和转向架四角，分别检测车体和转向架的振动情况。

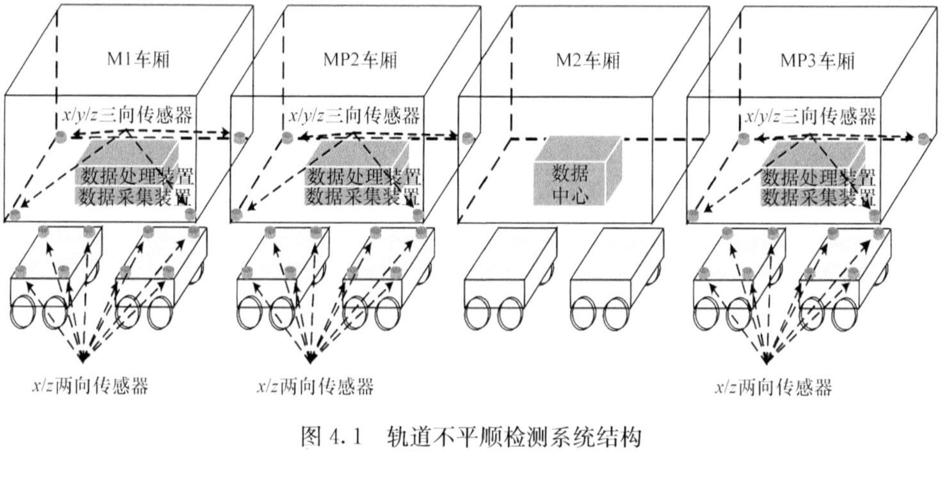

图 4.1 轨道不平顺检测系统结构

如图 4.1 所示，M1、MP2、M2、MP3 分别为上海地铁 1 号线 0117 车的第 2～5 节车厢。其中，M1、MP2、MP3 为该列车的动车车厢。在这三节车厢地面的四角安装可测 x(横向)、y(纵向)、z(垂向)三个方向加速度的传感器来检测车体的振动情况。每节车厢都有两个转向架，在 M1、MP2、MP3 车厢每个转向架的四角处安装可测 x(横向)、z(垂向)两个方向加速度的传感器来测量列车运行过程中轨道不平顺引起的转向架振动情况。在 M1、MP2、MP3 三节车厢的底部设置数据采集单元和数据处理单元用来对检测到的轨道不平顺数据进行数据采集和一些简单处理,并向数据中心发送数据。M2 车厢的数据处理中心用来收集传感器采集到的加速度数据,把所有传感器采集到的加速度数据进行融合处理并存储。图 4.2 为轨道不平顺检测系统的每一部分的功能及硬件连接图。

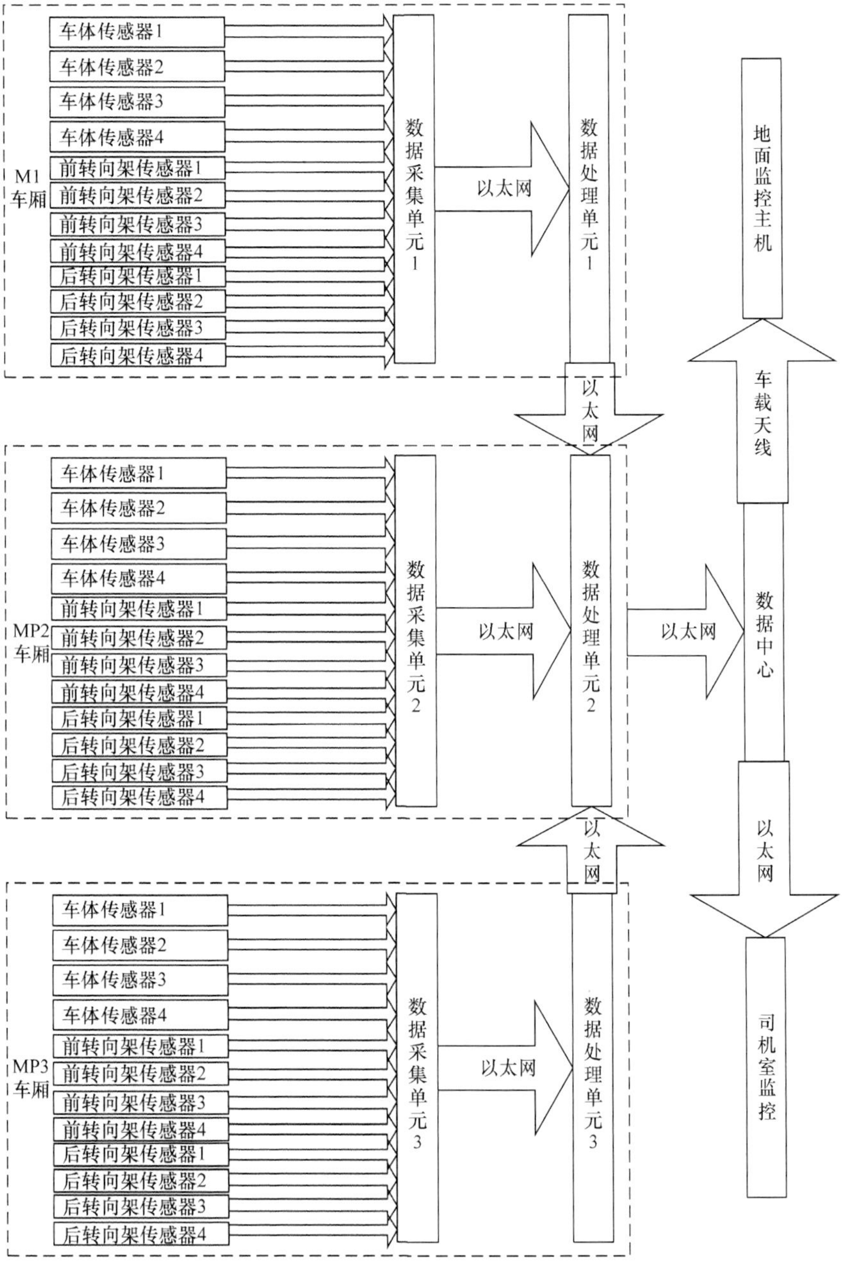

图 4.2　轨道不平顺检测系统各硬件设备连接图

4.2　传感器的选用标准

本章所述的轨道不平顺检测系统采用加速度传感器采集列车的振动信号，因此对加速度传感器的选择需要考虑很多问题，包括加速度的检测方向、灵敏度、量程、分辨率等。表 4.1 中选取了这几项重要的传感器参数作为选用传感器的标准。

表 4.1　轨道不平顺检测系统传感器参数

安放位置	检测方向	灵敏度/(mV/g)	频率范围/Hz	量程/g	分辨率/g
车体	$x/y/z$	2500	0.1～400	±2	0.00001
转向架	x/z	500	0.1～2000	±10	0.0004

加速度传感器把机车车辆的振动转化成电信号，经过传输线路传给数据采集装置，数据采集装置中按照所使用传感器的参数标准将电信号转换成相应的振动加速度信号。

4.3　轨道不平顺检测系统数据采集设备

数据采集设备是传感器和数据处理设备中间的连接装置，负责数据的采集和转发。另外，在转发数据之前还对检测数据做了消噪滤波、数据拆分、按照通信协议进行数据格式转换等处理。轨道不平顺数据采集设备由三个加速度采集单元、一个交换单元以及一个电源单元组成，如图 4.3 所示。加速度采集单元负责采集

图 4.3　轨道不平顺检测系统加速度采集装置

加速度信号;交换单元负责各数据单元之间的数据通信以及数据采集设备和数据处理设备之间的数据传输;电源单元为各个单元提供电源,电源单元的输入电压为DC110V,输出电压为DC24V。

轨道不平顺数据采集设备的功能及信号流程图如图4.4所示。

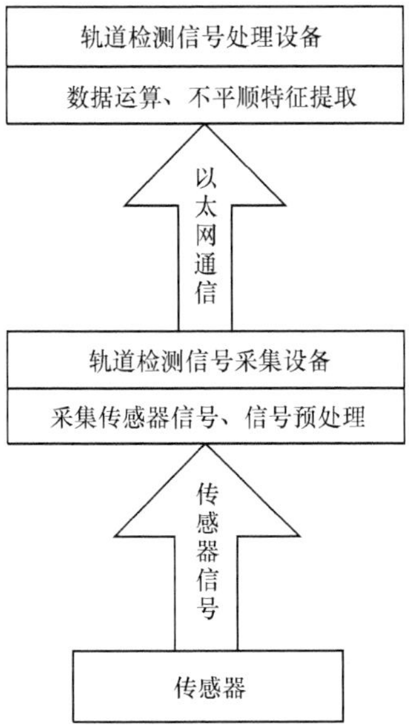

图4.4　轨道不平顺采集设备功能及信号流

4.4　轨道不平顺检测系统数据处理设备

轨道不平顺数据处理设备在整个轨道不平顺检测系统中主要负责连接数据采集设备和数据中心。在接收和转发数据的同时对采集到的数据进行运算处理,包括一些轨道不平顺的特征提取、轨道不平顺检测项的计算等。轨道不平顺数据处理设备由数据处理单元、数据交换单元和电源单元三部分组成。其中,数据处理单元主要用来接收数据、计算轨道不平顺参数、轨道不平顺特征值提取。交换单元与采集设备中的功能大致相同,提供本设备各单元之间数据交换以及向数据中心的数据传输。图4.5为项目上应用的轨道不平顺数据处理设备。

图4.6为轨道不平顺数据处理设备功能及信号流向图。

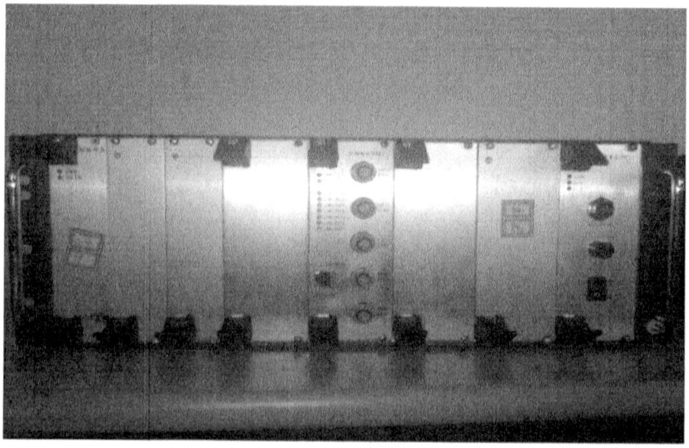

图 4.5　轨道不平顺数据处理设备

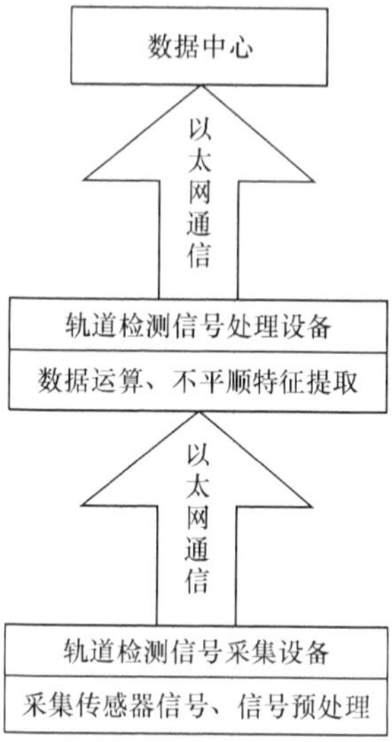

图 4.6　轨道不平顺数据处理设备功能及信号流图

4.5　轨道不平顺检测系统软件

4.1 节～4.4 节全面介绍了轨道不平顺检测系统的硬件组成，本节对轨道不平顺检测系统的软件功能进行详细描述。轨道不平顺检测系统软件包括两个模块，即数据采集模块和数据处理模块。数据采集模块包括采集模块、预处理模块和管理模块；数据处理模块包括接入模块、分析模块和管理模块。轨道不平顺检测系统软件结构如图 4.7 所示。

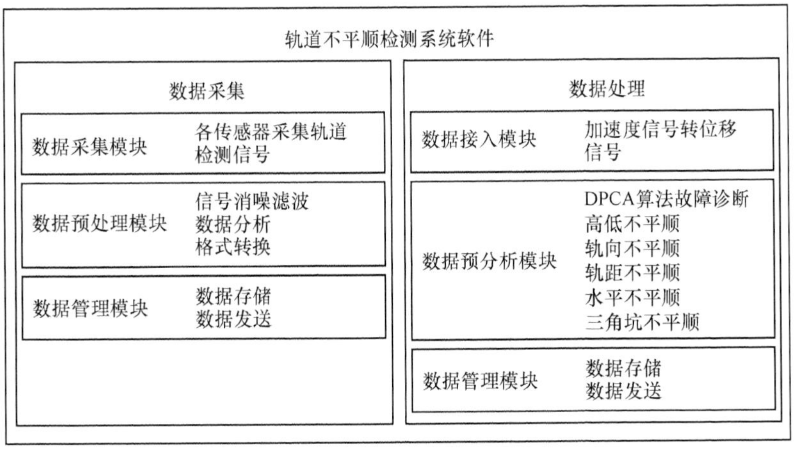

图 4.7 轨道不平顺检测系统软件结构

为更全面地反映轨道不平顺状态，这里详细介绍数据分析模块的各项轨道不平顺的算法设计，第 3 章计算各项轨道不平顺也是基于此算法。根据轨道不平顺的检测原理，将轨道不平顺检测系统计算的各项轨道不平顺的算法总结如下。计算各项轨道不平顺的算法是基于一节车厢两个转向架设计的。例如，计算左轨高低不平顺时可以利用前转向架上前左位置处的加速度检测装置测得的左轨垂向加速度(FB_FLZ)进行二次积分求得，以此类推。

左轨高低：$\iint_t \mathrm{FB\_FLZ}$、$\iint_t \mathrm{FB\_RLZ}$、$\iint_t \mathrm{RB\_FLZ}$、$\iint_t \mathrm{RB\_RLZ}$

右轨高低：$\iint_t \mathrm{FB\_FRZ}$、$\iint_t \mathrm{FB\_RRZ}$、$\iint_t \mathrm{RB\_FRZ}$、$\iint_t \mathrm{RB\_RRZ}$

左轨轨向：$\iint_t \mathrm{FB\_FLY}$、$\iint_t \mathrm{FB\_RLY}$、$\iint_t \mathrm{RB\_FLY}$、$\iint_t \mathrm{RB\_RLY}$

右轨轨向：$\iint_t \mathrm{FB\_FRY}$、$\iint_t \mathrm{FB\_RRY}$、$\iint_t \mathrm{RB\_FRY}$、$\iint_t \mathrm{RB\_RRY}$

水平不平顺：

$\iint_t \mathrm{FB\_FLZ} - \iint_t \mathrm{FB\_FRZ}$、$\iint_t \mathrm{FB\_RLZ} - \iint_t \mathrm{FB\_RRZ}$

$\iint_t \mathrm{RB\_FLZ} - \iint_t \mathrm{RB\_FRZ}$、$\iint_t \mathrm{RB\_RLZ} - \iint_t \mathrm{RB\_RRZ}$

三角坑：

$$\iint_t \mathrm{FB\_FLZ} - \iint_t \mathrm{FB\_FRZ} - \left(\iint_t \mathrm{FB\_RLZ} - \iint_t \mathrm{FB\_RRZ}\right)$$

$$\iint_t \mathrm{RB\_FLZ} - \iint_t \mathrm{RB\_FRZ} - \left(\iint_t \mathrm{RB\_RLZ} - \iint_t \mathrm{RB\_RRZ}\right)$$

转向架加速度：
横向为 FB_FLY、FB_RLY、FB_FRY、FB_RRY
垂向为 FB_FLZ、FB_RLZ、FB_FRZ、FB_RRZ
各检测量的命名意义如表 4.2 所示。

表 4.2　轨道不平顺检测信号命名意义

符号名	意义
FB_FLY	前转向架前方左侧横向加速度
FB_FLZ	前转向架前方左侧垂向加速度
FB_FRY	前转向架前方右侧横向加速度
FB_FRZ	前转向架前方右侧垂向加速度
FB_RLY	前转向架后方左侧横向加速度
FB_RLZ	前转向架后方左侧垂向加速度
FB_RRY	前转向架后方右侧横向加速度
FB_RRZ	前转向架后方右侧垂向加速度
RB_FLY	后转向架前方左侧横向加速度
RB_FLZ	后转向架前方左侧垂向加速度
RB_FRY	后转向架前方右侧横向加速度
RB_FRZ	后转向架前方右侧垂向加速度
RB_RLY	后转向架后方左侧横向加速度
RB_RLZ	后转向架后方左侧垂向加速度
RB_RRY	后转向架后方右侧横向加速度
RB_RRZ	后转向架后方右侧垂向加速度

4.6　轨道动态不平顺超限等级标准概述

2006 年中华人民共和国铁道部发布的《铁路线路维修规则》(铁运〔2006〕146 号)[1]中关于轨道动态不平顺的等级标准有详细的描述。轨道动态不平顺是轨道不平顺的真实反映，关于动态不平顺的检测主要通过轨检车进行。轨道不平顺项包括轨向、轨距、高低、水平、三角坑、垂向振动加速度、横向振动加速度七项。其中，每个轨道不平顺项都划分为四个等级(即Ⅰ级：保养标准；Ⅱ级：舒适度标准；Ⅲ级：临时补修标准；Ⅳ级：限速标准)。各等级划分详情见表 4.3，其中 v_{max} 为轨检车检测时的运行速度。该轨道动态不平顺超限等级管理标准适用于轨检车对铁路线路的状态检测，由于轨道动态不平顺受列车运行速度影响较大，故将轨检车检测时运行速度划分为三个等级，即 $v_{max} \leqslant 120$km/h、120km/h$\leqslant v_{max} \leqslant 160$km/h、$v_{max} >$

160km/h。在每个速度等级中又把各项轨道不平顺划分为四级超限等级标准来表示轨道不平顺的严重程度。

表 4.3　轨道动态质量容许偏差管理值[1]

不平顺类型	$v_{max}>160$km/h 正线				120km/h$<v_{max}\leqslant160$km/h 正线				$v_{max}\leqslant120$km/h 正线			
	Ⅰ级	Ⅱ级	Ⅲ级	Ⅳ级	Ⅰ级	Ⅱ级	Ⅲ级	Ⅳ级	Ⅰ级	Ⅱ级	Ⅲ级	Ⅳ级
轨距/mm	+4 −3	+8 −4	+12 −6	+15 −8	+6 −4	+10 −7	+15 −8	+20 −10	+8 −6	+12 −8	+20 −10	+24 −12
水平/mm	5	8	12	14	6	10	14	18	8	12	18	22
高低/mm	5	8	12	15	6	10	15	20	8	12	20	24
轨向/mm	5	7	10	12	5	8	12	16	8	10	16	20
扭曲(三角坑)/mm	4	6	9	12	5	8	12	14	8	10	14	16
车体垂向加速度/g	0.10	0.15	0.20	0.25	0.10	0.15	0.20	0.25	0.10	0.15	0.20	0.25
车体横向加速度/g	0.06	0.10	0.15	0.20	0.06	0.10	0.15	0.20	0.06	0.10	0.15	0.20

4.7　轨道不平顺检测数据及处理流程

本章数据源于安装在上海地铁 1 号线 0117 车的轨道不平顺检测系统，数据采集时间为 2013 年 11 月 21 日、2014 年 2 月 27 日(三次)、2014 年 5 月 8 日，数据采集区间为上海南站站至锦江乐园站，数据采集频率为 2000Hz。本章使用的轨检车数据为上海地铁 1 号线轨检车做例行检查时检测的轨道不平顺数据，检测区间为上海南站站至锦江乐园站，采样频率为 4 点/m。轨检车的检测准确性已经得到权威部门认证。本章用到的轨道不平顺检测系统采集到的数据为加速度传感器采集到的横向和垂向加速度信号。由于采集到的信号为加速度信号，要进行轨道不平顺的状态分析还需要经过一系列的处理，具体处理流程如图 4.8 所示。

图 4.8 中的 1、2、3、4 号传感器分别为 0117 车 MP3 车厢前转向架四角放置的传感器。其中，左前方的传感器为 1 号、右前方的传感器为 2 号、左后方的传感器为 3 号、右后方的传感器为 4 号。需要说明的是，每个传感器都可以测得横向和垂向的加速度信号。通过滤波和二次积分后可以得到相应的传感器测得的横向和垂向的振动位移信号。最后根据四个传感器测得的横向和垂向位移信号计算出各项轨道不平顺。根据第 2 章介绍的轨道不平顺参数算法流程计算各项轨道不平顺。

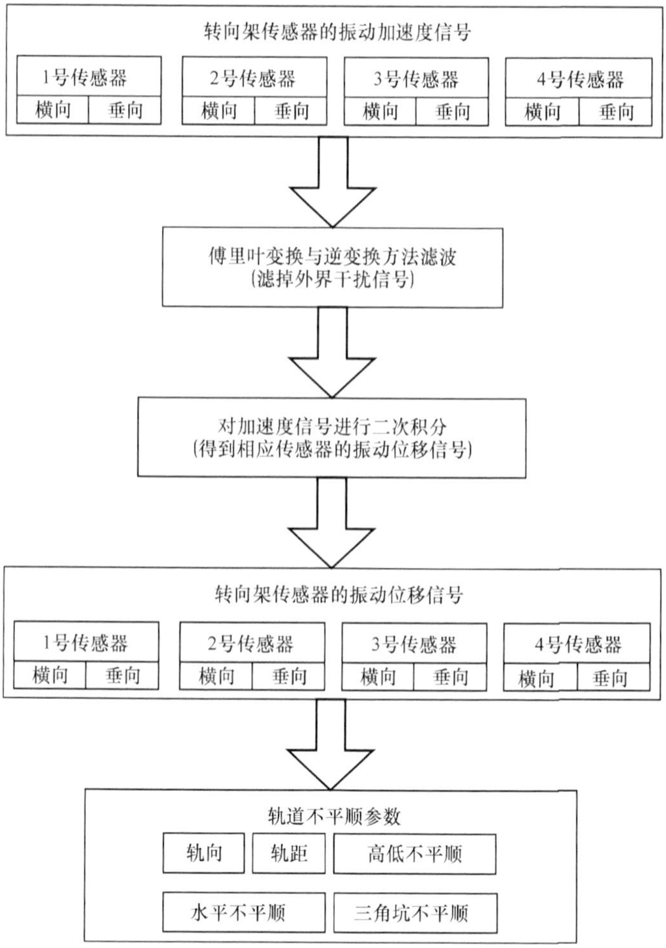

图4.8 基于运营车辆的轨道不平顺检测系统数据处理流程图

4.8 轨道不平顺数据分析举例及超限等级标准制定

轨道不平顺检测系统的检测数据显示，轨检车检测的轨道不平顺超限位置处，轨道不平顺检测系统在相应位置附近也会测得较大幅值，不同的是轨检车和轨道不平顺检测系统测得的幅值大小有差异。因此，对基于运营车辆的轨道不平顺超限等级标准制定方法就可以描述为对轨道不平顺检测系统检测不平顺超限幅值特征的统计。把轨检车测得的不平顺数据和轨道不平顺检测系统测得的不平顺数据进行对比。由于轨道不平顺检测系统通过传感器测得的数据中混杂着来自不同部分的干扰，在分析数据之前要先对其进行滤波，使得滤波后得到的数据能够真实地反映轨道的不平顺状态。本章内容分横向和垂向两个方面对数据进行分析，下面分别以轨向不平顺（横向）和高低不平顺（垂向）两个方面为例，来制定基于运营车辆的轨道不平顺超限等级管理标准。

4.8.1　高低不平顺数据分析及超限等级标准制定方法

图 4.9 和图 4.10 分别为轨检车[2-4]和轨道不平顺检测系统检测的轨道高低不平顺随钢轨线路位置变化的图形。横坐标为线路位置，纵坐标为检测得到的高低不平顺幅值。图中标注的 A～K 点为检测的高低不平顺超限点，图 4.9 中超限点是根据轨检车检测数据结合 2006 年铁道部发布的《铁路线路维修规则》（铁运〔2006〕146 号）中关于轨道动态不平顺的等级标准进行描述的。详见 4.6 节。由于本章研究内容是以上海地铁为载体，而上海地铁线路速度上限为 80km/h，因此基于运营车辆的轨道不平顺超限等级标准应结合表 4.3 中 $v_{max}\leqslant$120km/h 速度等级标准制定。

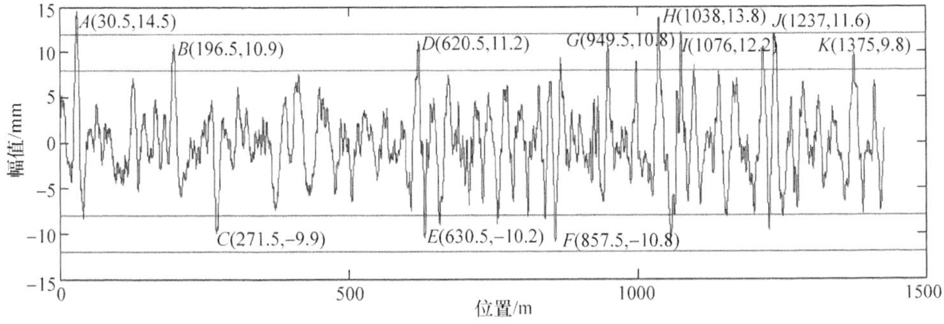

图 4.9　轨检车测轨道高低不平顺

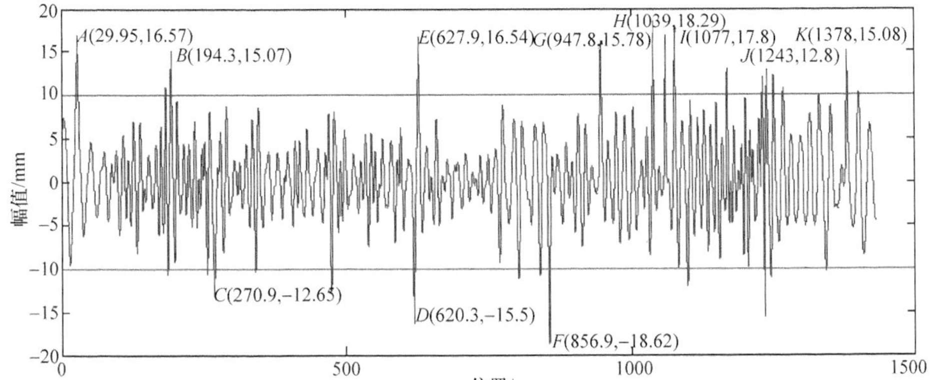

图 4.10　轨道不平顺检测系统测轨道高低不平顺

由表 4.3 中轨道动态不平顺标准得到，图 4.10 中标注点是对照轨检车超限点位置附近找到的轨道不平顺检测系统检测的高低不平顺幅值较大的点。

从图 4.9 和图 4.10 中可以粗略地看到，当轨检车测得的高低不平顺超限时，轨道不平顺检测系统测得的高低不平顺值幅值也很大，从中可以大致寻找到一定的规律。两图中相同标记的点为两种检测方式相对应的点。可以看出轨道不平顺检测系统在不平顺幅值上检测的有区别，但是检测的不平顺超限位置基本一致，可能轨道不平顺检测系统检测的轨道不平顺幅值相对于轨检车检测的要大，这是检测方式和检测装置的不同所致。因此，轨道不平顺检测系统可以检测轨道不平顺状态，而基于轨检车的超限等级标准不适用于本书的轨道不平顺检测系统，有必要制定轨道不平顺检测系统的超限等级标准。

由大量的数据分析及图形对比可以得出基于运营车辆的轨道不平顺检测系统的轨道状态检测高低不平顺超限等级管理标准，如表 4.4 所示。

表 4.4 轨道不平顺检测系统高低不平顺超限等级标准

速度	Ⅰ级	Ⅱ级	Ⅲ级	Ⅳ级
$v\leqslant$120km/h	±10mm	±15mm	±20mm	±22mm

由于篇幅所限，以上述的数据分析对比为例，对轨道不平顺检测系统和轨检车的高低不平顺检测进行相关性分析，如表 4.5 所示。

表 4.5 两种检测方式高低不平顺对比

轨检车测高低不平顺						
超限点	*A*	*B*	*C*	*D*	*E*	*F*
超限位置/m	30.5	196.5	271.5	620.5	630.5	857.5
超限等级	Ⅱ	Ⅰ	Ⅰ	Ⅰ	Ⅰ	Ⅰ
超限点	*G*	*H*	*I*	*J*	*K*	—
超限位置/m	949.5	1038	1076	1237	1375	—
超限等级	Ⅰ	Ⅱ	Ⅱ	Ⅰ	Ⅰ	—
轨道不平顺检测系统测高低不平顺						
超限点	*A*	*B*	*C*	*D*	*E*	*F*
超限位置/m	29.95	194.3	270.9	620.3	627.9	856.9
超限等级	Ⅱ	Ⅰ	Ⅰ	Ⅰ	Ⅰ	Ⅰ
超限点	*G*	*H*	*I*	*J*	*K*	—
超限位置/m	947.8	1039	1077	1243	1378	—
超限等级	Ⅰ	Ⅱ	Ⅱ	Ⅰ	Ⅰ	—

对两种检测方式的超限位置做相关性分析，由超限位置的相关性可知轨道不平

顺检测系统检测的超限位置的准确度。由图 4.11 可知轨道不平顺检测系统和轨检车测得的高低不平顺状态具有很强的线性相关性[5]。计算其相关系数：$r=0.985$。

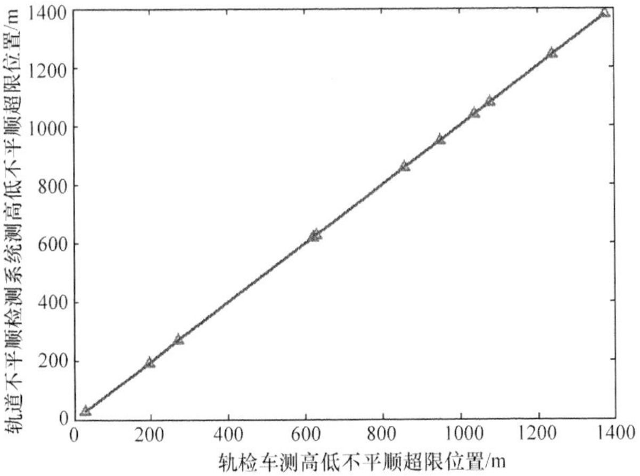

图 4.11　两种检测方式高低不平顺相关性分析

4.8.2　轨向不平顺数据分析及超限等级标准制定方法

对于轨向不平顺，也类似于高低不平顺，观察图 4.12 和图 4.13 可知，轨道不平顺检测系统的轨向不平顺检测数据幅值相对于轨检车检测的略有不同，但是产生较大不平顺幅值的位置都大致相同，误差在允许范围内。产生这种超限位置误差可能是运营车辆和轨检车检测时运行速度不同造成的。从大量的数据分析对比中总结出轨向不平顺的轨道不平顺检测系统超限等级标准，如表 4.6 所示。

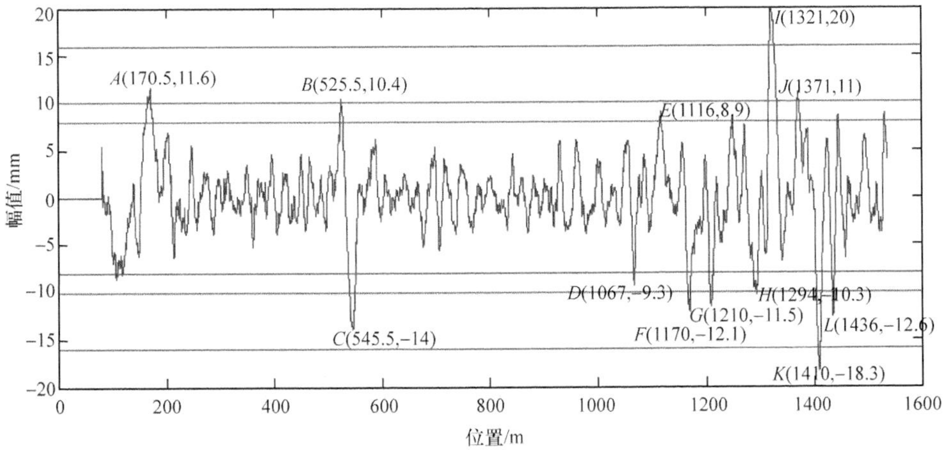

图 4.12　轨道不平顺检测系统轨向不平顺检测

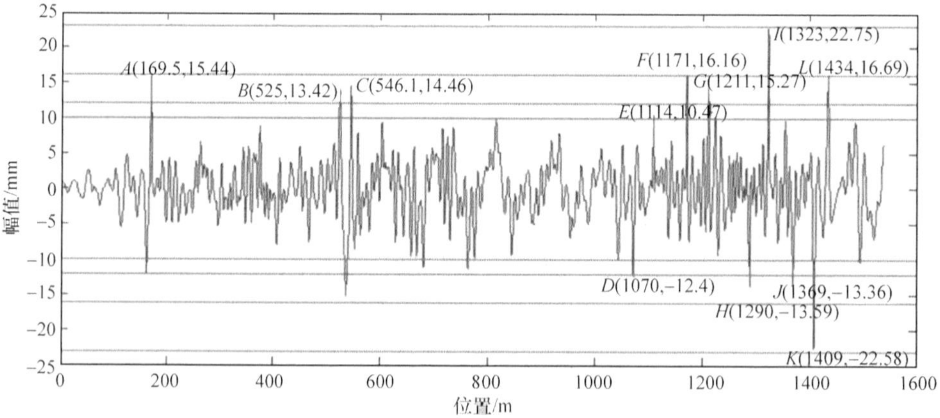

图 4.13　轨检车轨向不平顺检测

表 4.6　轨道不平顺检测系统轨向不平顺分级标准

速度	Ⅰ级	Ⅱ级	Ⅲ级	Ⅳ级
$v \leqslant 120$km/h	±10mm	±12mm	±16mm	±23mm

基于表 4.6 的轨向不平顺超限等级标准保证了轨道不平顺检测系统检测轨向不平顺各超限点超限等级的一致。在两种检测方式检测轨向不平顺超限点超限等级相同的情况下对两种检测的超限位置做相关性分析，进一步说明轨道不平顺检测系统对轨道状态检测的准确度，以及轨道不平顺检测系统的实用性。

两种检测方式轨向不平顺检测的对比如表 4.7 所示。

表 4.7　两种检测方式轨向不平顺检测对比

轨检车测轨向不平顺						
超限点	A	B	C	D	E	F
超限位置/m	170.5	525.5	545.5	1067	1116	1170
超限等级	Ⅱ	Ⅱ	Ⅱ	Ⅰ	Ⅰ	Ⅱ
超限点	G	H	I	J	K	L
超限位置/m	1210	1294	1321	1371	1410	1436
超限等级	Ⅱ	Ⅱ	Ⅲ	Ⅱ	Ⅲ	Ⅱ
轨道不平顺检测系统测轨向不平顺						
超限点	A	B	C	D	E	F
超限位置/m	169.5	525	546.1	1070	1114	1171
超限等级	Ⅱ	Ⅱ	Ⅱ	Ⅰ	Ⅰ	Ⅱ
超限点	G	H	I	J	K	L
超限位置/m	1211	1290	1323	1369	1409	1434
超限等级	Ⅱ	Ⅱ	Ⅲ	Ⅱ	Ⅲ	Ⅱ

对两种检测方式的超限位置做相关性分析，由超限位置的相关性可知轨道不平顺检测系统检测的超限位置的准确度。由图 4.14 可知两种检测的轨向不平顺超限位置具有很强的线性相关性，计算其相关系数为 0.9907。

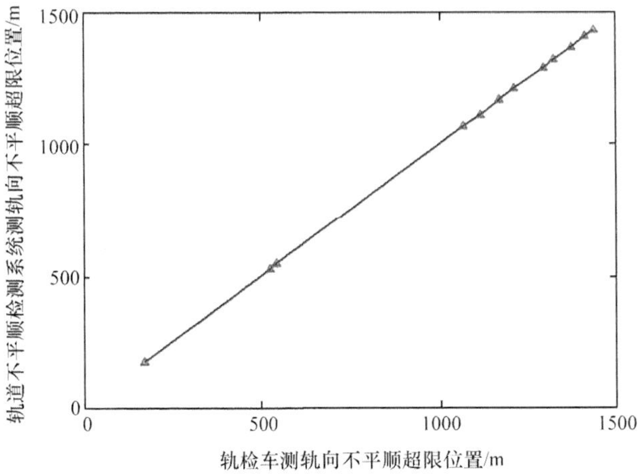

图 4.14　两种检测方式轨向不平顺相关性分析

以上分别从高低不平顺和轨向不平顺两个方面讨论了轨道不平顺检测系统超限等级标准的制定，并利用线性相关性理论进行了轨道不平顺检测系统与轨检车检测结果的相关性分析。结果表明，在大量的数据分析中得到的轨道不平顺检测系统的高低不平顺和轨向不平顺的超限等级标准能够很好地体现轨道高低和轨向不平顺的真实状态。通过相关性分析也能知道，轨道不平顺检测系统的不平顺超限位置的检测能和轨检车的超限位置检测达到很好的线性相关性。由于篇幅所限，不一一列举其他不平顺项目的超限等级标准的制定过程。根据上述的计算过程可以得出在地铁车辆上安装的轨道不平顺检测系统的超限等级标准，如表 4.8 所示。

表 4.8　轨道不平顺检测系统超限等级标准($v\leqslant 120$km/h)

不平顺类型	Ⅰ级	Ⅱ级	Ⅲ级	Ⅳ级
轨距/mm	+10 −8	+15 −10	+20 −15	+26 −18
水平/mm	11	16	20	24
高低/mm	10	15	20	22
轨向/mm	10	12	16	23
扭曲/mm	12	15	20	23

4.9　轨道不平顺检测系统超限等级标准可用性验证

为了对表 4.8 中的轨道不平顺检测系统等级标准的可用性进行验证，现从采集到的大量数据中，选取上海地铁 1 号线上海南站站到锦江乐园站之间某段钢轨的检测数据进行分析，本次采用检测时间间隔较长的距离上海南站站 400～600m 区段数据为样本来验证，分析不平顺状态的变化。

轨道轨向不平顺四次检测的图形如图 4.15 所示。图中，由点 *X*1、*X*2、*X*3 处的变化情况可以得知轨道的轨向不平顺是随时间不断变化的，并且随着时间的增长，不平顺的状态不断恶化，例如，*X*3 点从开始的幅值为 6.912mm（不超限），增长为幅值为 23.74mm（Ⅳ级超限）。这一恶化过程符合常规的轨道不平顺的恶化过程，从而也可以看出制定的超限等级标准是可以使用的。另外，各种不确定原因也可能促使某次测量的点不准，例如，第四次测量的 *X*1、*X*2 点与前三次测量的有很大差异。但是，轨道不平顺检测系统检测的数据显示，钢轨不平顺存在的超限位置是不变的。以上充分说明了超限等级标准的可用性。

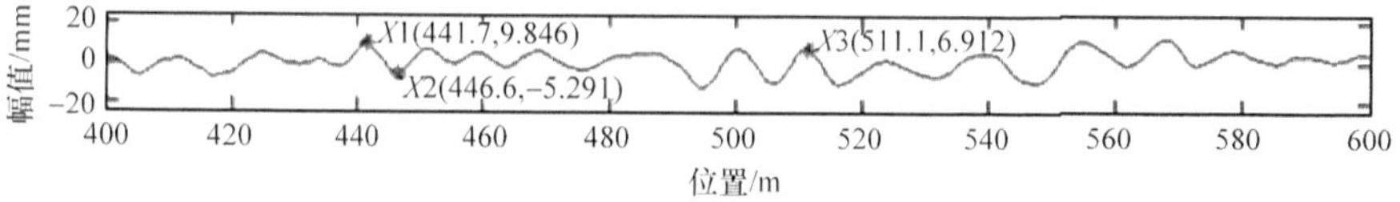

(a) 轨向不平顺1

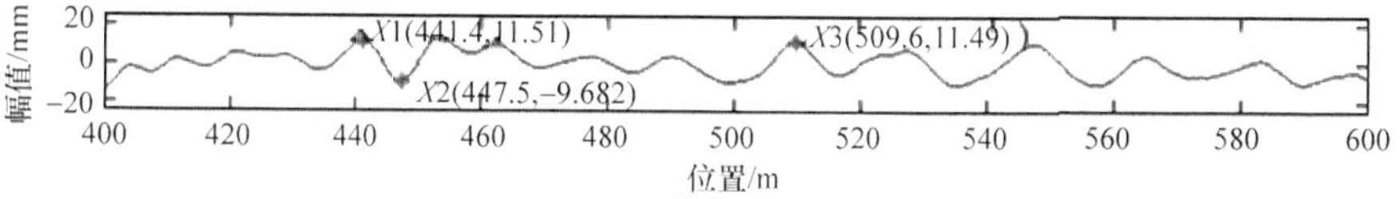

(b) 轨向不平顺2

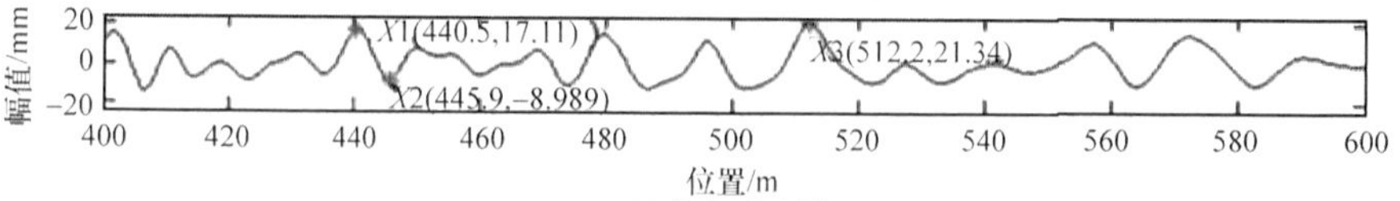

(c) 轨向不平顺3

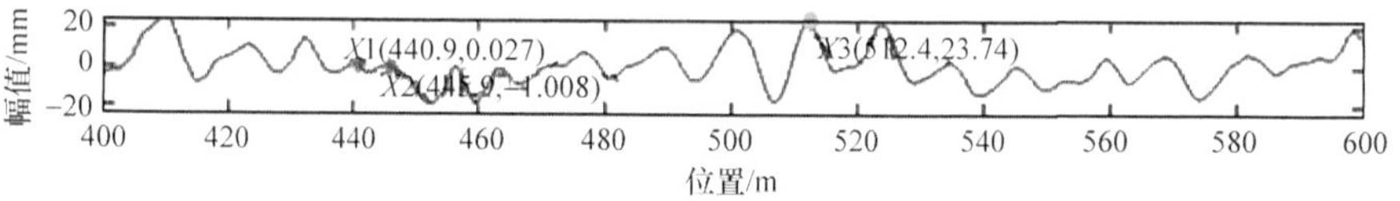

(d) 轨向不平顺4

图 4.15　四次检测得到的轨向不平顺图形

与轨向不平顺一样，图 4.16 中点 *X*1、*X*2、*X*3 处的高低不平顺也是在随时间的增加而不断恶化的，例如，*X*2 点从开始的 13.56mm（Ⅰ级超限），到幅值为 22.69mm（Ⅳ级超限）。这是一个轨道高低不平顺恶化过程的振动幅值的宏观体现。此外，从图 4.16 中能够明显看出第四次检测到的轨道不平顺的超限点数明显多于第一次检测得到的超限点数。因此，制定的超限等级标准可用于现行的轨道不平顺检测系统对轨道横向和垂向的不平顺检测。

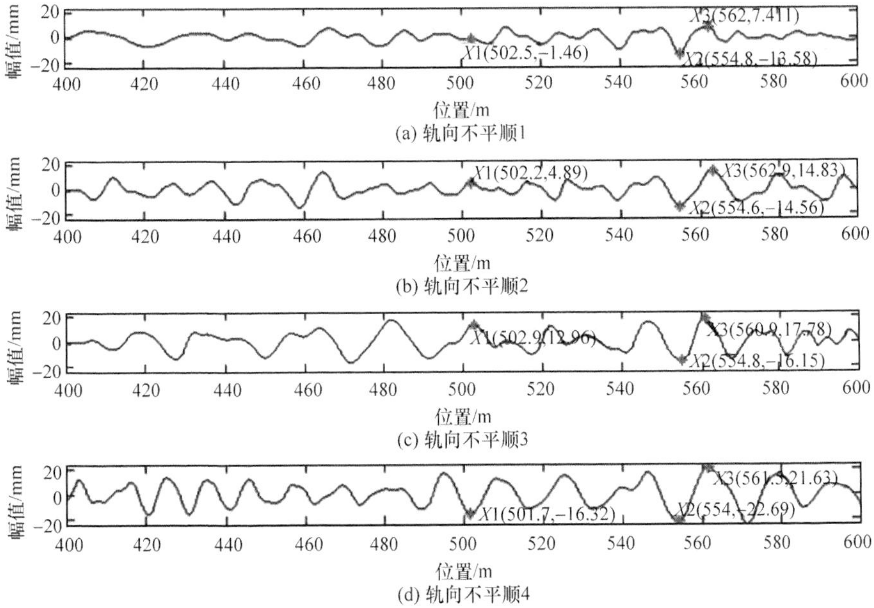

图 4.16　四次检测得到的高低不平顺图形

轨道几何不平顺检测数据的波形对比可以直观地展示轨道不平顺状态随时间发生的变化，通过对几何不平顺波形变化的分析可以看出：根据制定的超限等级标准，轨道几何不平顺随时间和通过总重的累积，不平顺位置超限等级逐渐变大的过程符合轨检车检测结果的变化过程。因此，制定的超限等级标准是可用的。

4.10　轨道不平顺检测系统检测可重复性验证

轨道不平顺检测系统检测可重复性是指在检测条件几乎相同的情况下，轨道不平顺检测系统对同一段轨道短时间隔内检测的结果稳定、一致的特性。现取五次检测时间间隔不长的上海南站站到锦江乐园站的数据做相关性分析，五次检测过程中的列车运行速度如图 4.17 所示。由于检测间隔时间不长，五次检测的轨道的真实状况不会有太大的变化，故从相关性上能够很好地体现这个特点。现从左轨和右轨两个轨道的检测上分别计算相关性，如果相关性不好，则说明轨道不平顺检测系统每次检测的结果都有很大的不同，即检测不具有可重复性；反之，则说明轨道不平顺检测系统对于轨道不平顺的检测结果是可重复的。由于对轨道的检测有时会受到列车运行速度的影响，本次数据截取列车匀速运行时的数据做相关性分析，从图 4.17 可以知道列车运行的状态均为先加速后匀速再减速的过程，截取距离出发点 400m 开始至距离出发点 1200m 结束这 800m 的数据进行分析，尽量把由于速度不同带来的检测误差降到最低。

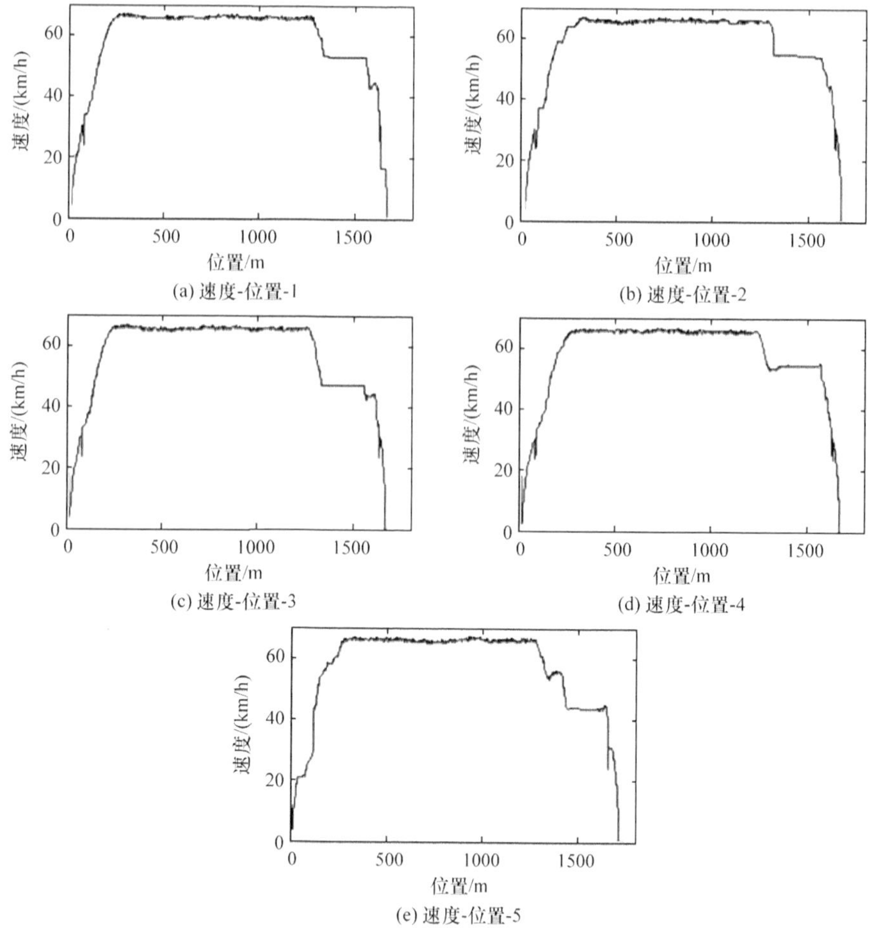

图 4.17　五次轨道不平顺检测数据对应的列车运行速度

需要说明的是，本节所用数据的详细情况如表 4.9 所示。

表 4.9　本文分析数据详细信息

数据	检测时间	检测区间
第一次检测数据	2013.11.21　07:39	
第二次检测数据	2014.02.27　12:43	
第三次检测数据	2014.02.27　15:09	上海南站站至锦江乐园站
第四次检测数据	2014.02.27　17:34	
第五次检测数据	2014.05.08　13:59	

图 4.18～图 4.21 为上述截取的 400～1200m 处第一、二次检测的轨道不平顺的图形，可以看出两次检测的数据具有很高的相似度，某些点处存在误差，由于不是同时检测的数据，所以存在误差是可以理解的。为了更好地说明两次检测的结果有很好的相关性，利用 MATLAB 编程计算相关性系数为 $r=0.9831$，从相关性强度来讲为高度相关。以上述方法分别计算两次检测的右轨高低不平顺、左轨轨向不平顺以及右轨轨向不平顺的相关性系数。具体情况详见表 4.10。

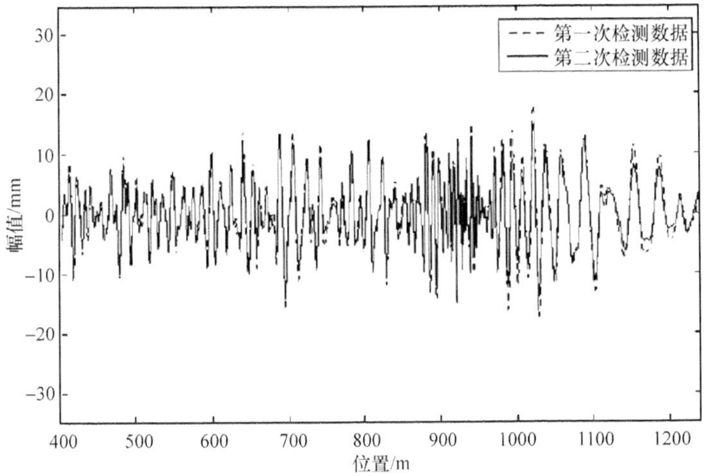

图 4.18　第一、二次数据检测左轨高低不平顺对比图

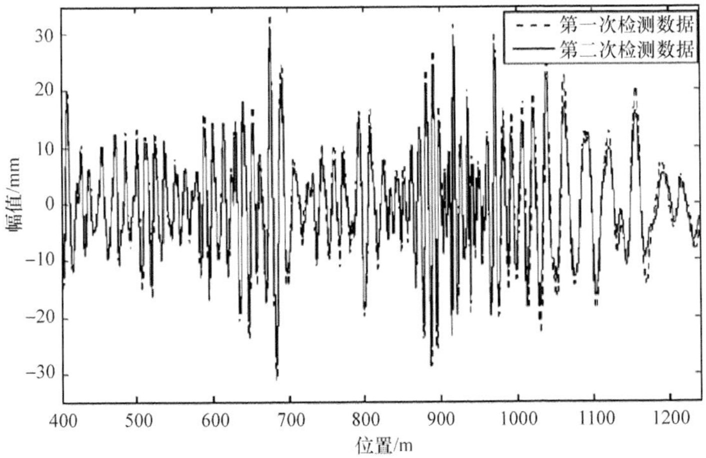

图 4.19　第一、二次数据检测右轨高低不平顺对比图

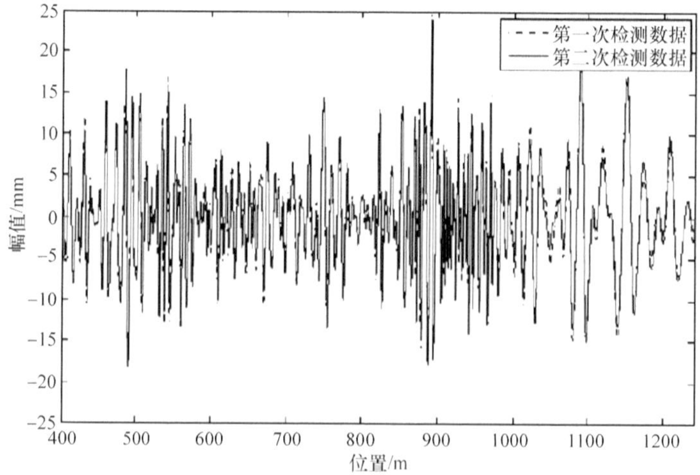

图 4.20　第一、二次数据检测左轨轨向不平顺对比图

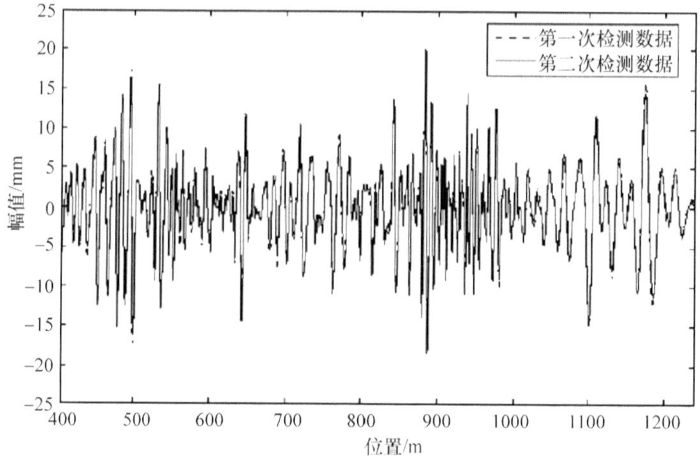

图 4.21　第一、二次数据检测右轨轨向不平顺对比图

表 4.10　第一、二次检测各项轨道不平顺数据相关性系数

不平顺类型	左轨高低	右轨高低	左轨轨向	右轨轨向
相关性系数(r)	0.9831	0.9903	0.9847	0.9909

表 4.11 显示了第二、三次检测数据相应的相关性系数。图 4.22～图 4.25 分别为第二、三次检测结果的对比图。

表 4.11　第二、三次检测各项轨道不平顺数据相关性系数

不平顺类型	左轨高低	右轨高低	左轨轨向	右轨轨向
相关性系数(r)	0.8790	0.8779	0.8745	0.8629

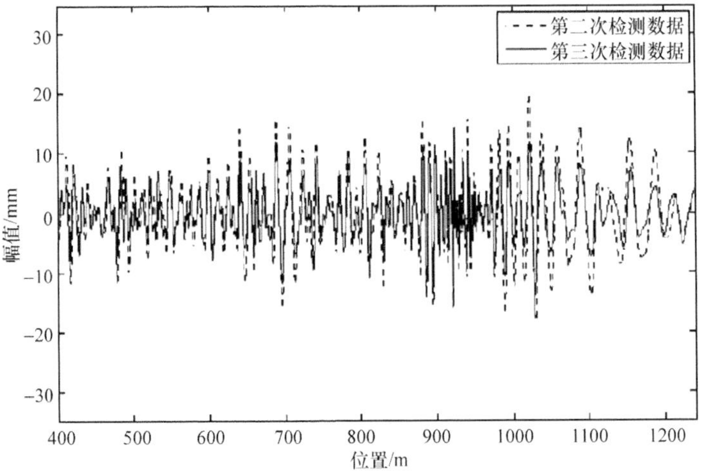

图 4.22　第二、三次数据检测左轨高低不平顺对比图

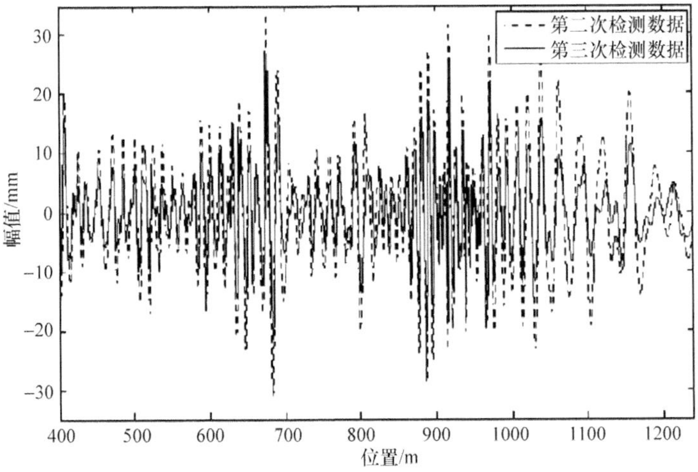

图 4.23　第二、三次数据检测右轨高低不平顺对比图

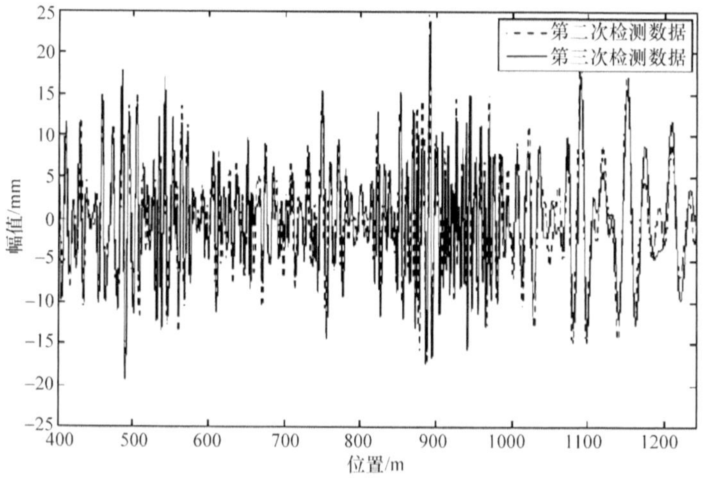

图 4.24　第二、三次数据检测左轨轨向不平顺对比图

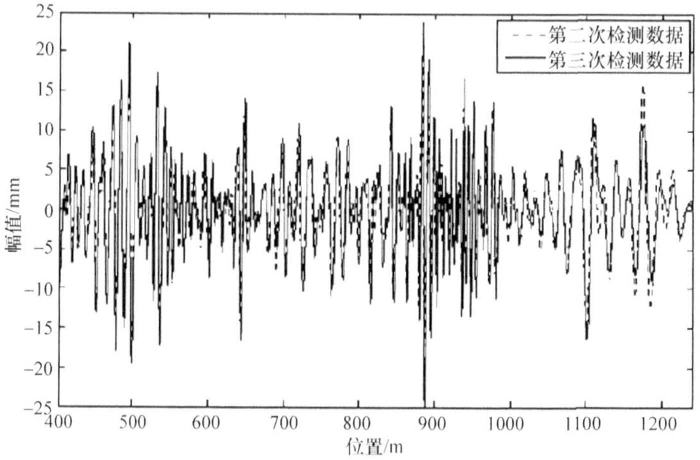

图 4.25　第二、三次数据检测右轨轨向不平顺对比图

表 4.12 显示了第三、四次检测数据相应的相关性系数。

表 4.12　第三、四次检测各项轨道不平顺数据相关性系数

不平顺类型	左轨轨向	右轨轨向	左轨高低	右轨高低
相关性系数(r)	0.8330	0.7923	0.9279	0.9121

图 4.26～图 4.29 分别为第三、四次检测结果的对比图。

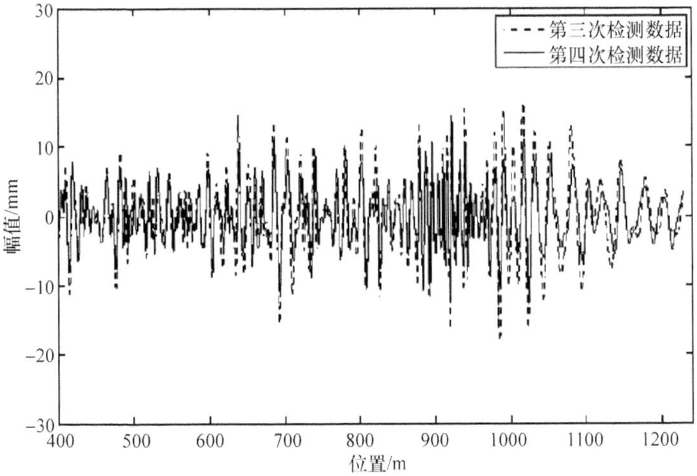

图 4.26　第三、四次数据检测左轨高低不平顺对比图

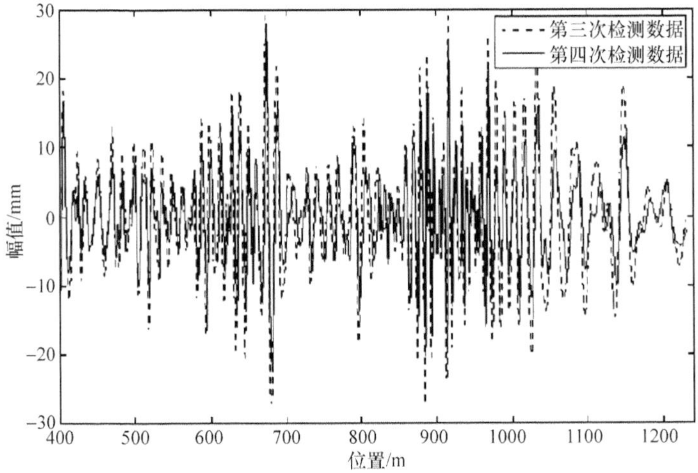

图 4.27　第三、四次数据检测右轨高低不平顺对比图

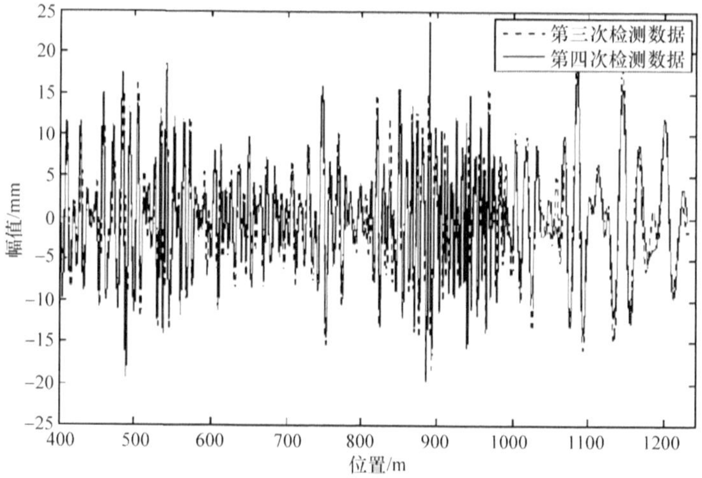

图 4.28　第三、四次数据检测左轨轨向不平顺对比图

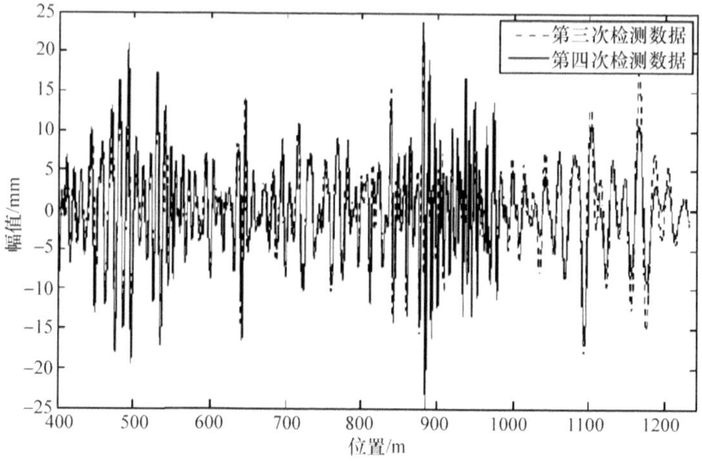

图 4.29　第三、四次数据检测右轨轨向不平顺对比图

表 4.13 显示了第四、五次检测数据相应的相关性系数。

表 4.13　第四、五次检测各项轨道不平顺数据相关性系数

不平顺类型	左轨轨向	右轨轨向	左轨高低	右轨高低
相关性系数(r)	0.9607	0.9843	0.8799	0.9792

图 4.30～图 4.33 分别为第四、五次检测结果的对比图。

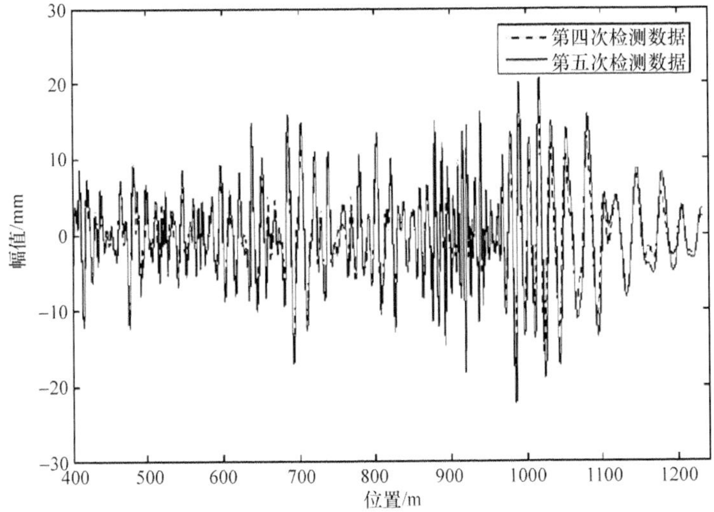

图 4.30　第四、五次数据检测左轨高低不平顺对比图

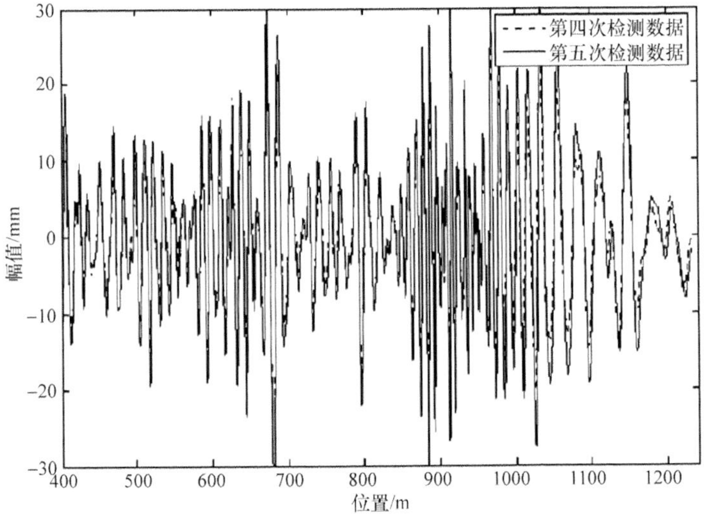

图 4.31　第四、五次数据检测右轨高低不平顺对比图

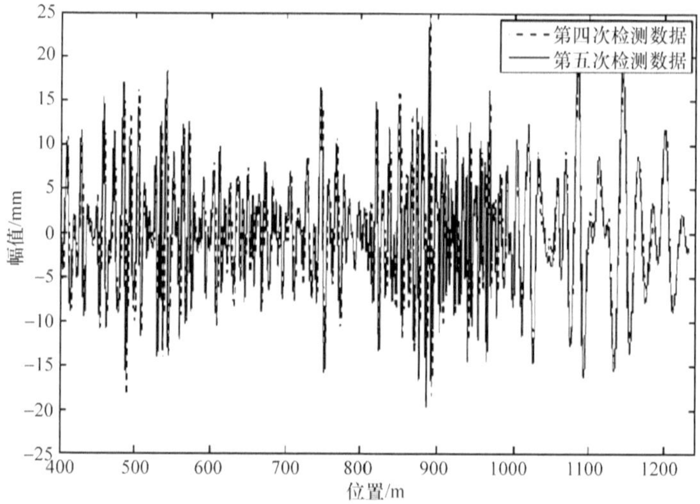

图 4.32 第四、五次数据检测左轨轨向不平顺对比图

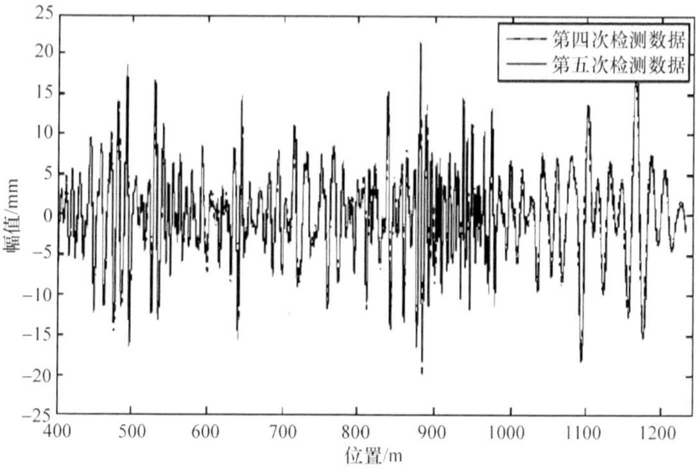

图 4.33 第四、五次数据检测右轨轨向不平顺对比图

通过对图 4.18～图 4.33 及相关性系数的对比分析可知，五次检测到的轨道不平顺数据均能得到很好的一致性。这说明轨道不平顺检测系统对轨道不平顺的检测结果是可重复的，进一步为本章前面几节数据能否反映钢轨的真实不平顺状态提供了保证。

4.11 本章小结

本章主要从轨道不平顺检测系统的硬件系统组成和软件系统结构两方面介绍基于运营车辆的轨道不平顺检测系统。其中，在硬件系统组成中详细介绍了传感器选用标准、数据采集设备和数据处理设备，在软件系统中详细介绍了软件系统的组成及各项轨道不平顺参数的算法设计。

本章还介绍了基于运营车辆的轨道不平顺检测系统的超限等级管理标准的制定方法。由轨道不平顺检测系统检测数据显示，在轨检车检测不平顺超限位置附近轨道不平顺检测系统也会检测到较大幅值，只是幅值大小会有所差异。基于此原则，对大量检测数据进行统计分析总结出了一套轨道不平顺检测系统的超限等级管理标准。垂向以高低不平顺为例、横向以轨向不平顺为例来说明超限等级标准的制定方法，详细分析上海南站站至锦江乐园站之间一段 800m 的区段不平顺状态的变化验证超限等级管理标准的可用性。对短时间隔内检测的五次数据进行了相关性分析，验证轨道不平顺检测系统检测的可重复性。

参考文献

[1] 中华人民共和国铁道部. 铁路线路维修规则(铁运〔2006〕146 号)[Z]. 北京：中国人民共和国铁道部，2006：89-90.

[2] 韩丙虎，张正宏，刘淑梅. 铁路轨道不平顺动态检测的一种方法[J]. 山东科学，2006，19(1)：69-71.

[3] 陈东生，田新宇. 中国高速铁路轨道检测技术发展[J]. 铁道建筑，2008，(12)：82-86.

[4] Ono S, Numakura A, Odaka T. High-speed track inspection technologies[J]. JR East Technical Review, 2002, (2): 9-13.

[5] 杨文忠. 基于小波的轴箱加速度与轨道不平顺关系的研究[D]. 上海：同济大学，2008.

第 5 章　钢轨健康状态检测

钢轨的健康状态直接影响运行车辆振动激烈程度、安全性以及轨道车辆部件的使用寿命,因此钢轨健康状态监测早已引起了铁路工务部门的重视。特别是在城市轨道交通快速发展的今天,钢轨健康状态监测更是重中之重。钢轨不平顺的幅值和波长对车辆、轨道动力特性都产生重要影响,而钢轨不平顺信号的谱分析能从波长和幅值两方面反映钢轨健康状态和幅频特性。本章采用快速傅里叶变换[1,2]对钢轨检测信号进行幅值谱分析,主要介绍钢轨检测信号与钢轨健康状态之间的关系,确定影响钢轨健康状态较大的不平顺的波长;采用均方根及峰峰值分析钢轨健康状态随轨道线路空间位置的变化,为提高列车的运行品质和工务部门的线路维修养护质量提供技术支持。

5.1　各项轨道不平顺振动谱分析

5.1.1　轨道不平顺度简介

轨道不平顺的定义是轨道的空间几何位置及尺寸相较于其理想状态或标准位置的偏差[3]。轨道不平顺对机车车辆来说是一种外部干扰,是让车体产生振动的主要来源。它的存在不仅影响着列车运行平稳性,而且当这个形变累加到一定程度时会极大地削弱轨道的强度和结构稳定性,并对列车的运行安全产生严重影响。

轨道不平顺根据干扰机车车辆运行方向的不同可以分为横向、垂向和复合轨道不平顺三类。横向轨道不平顺包括轨道方向不平顺(图 5.1、图 5.2)、轨距不平顺和横向周期不平顺。垂向轨道不平顺包括轨道高低不平顺(图 5.3、图 5.4)、轨道水平不平顺(图 5.5)和轨道扭曲(三角坑)不平顺(图 5.6)等。复合轨道不平顺则是指一定区段范围内的钢轨轨道在垂向、横向不平顺共存的情况下的轨道不平顺。

基于上面介绍的理论,对轨道不平顺振动位移信号进行离散傅里叶变换,采用 MATLAB 编程实现快速傅里叶变换[4]算法(时间抽取基 2-FFT)。本章从幅值谱分析的角度对第 4 章介绍的上海南站站至锦江乐园站下行线的五次数据进行分析,找出其频域特性,弥补时域分析的不足。

5.1.2　轨道不平顺的分类

1. 轨向不平顺

图 5.1 和图 5.2 分别为左轨轨向、右轨轨向的轨道不平顺幅值谱分析图形。其中横坐标为不平顺信号波长，纵坐标表示轨向不平顺幅值谱。由于轨道不平顺的波长范围较大，为了能清晰表示出整个波长范围内的幅值谱的分布情况，轨道不平顺幅值谱图横坐标取对数来表示。图 5.1 和图 5.2 可以看出轨向不平顺的主要不平顺波长范围是 5～30m，其中左轨峰值波长为 10m 左右，右轨峰值波长为 12m 左右，但是值得注意的是两幅图中第三次检测数据比同一天测得的第二、四次检测数据的整体波长范围稍大，这种情况可能是列车运行速度的差异导致检测波长的偏差。而两幅图中第一次检测数据和第四次检测数据检测的轨向不平顺略大于其他三次检测数据，这是因为早晚高峰时段的客流量较大，导致列车的载荷过高，速度相近的情况下载荷过大时振动幅值要偏小。通过轨向不平顺的幅值谱分析可以知道由轨向不平顺引起的周期性振动幅值都在 1 附近，说明由轨向不平顺引起的列车横向振动影响较小。

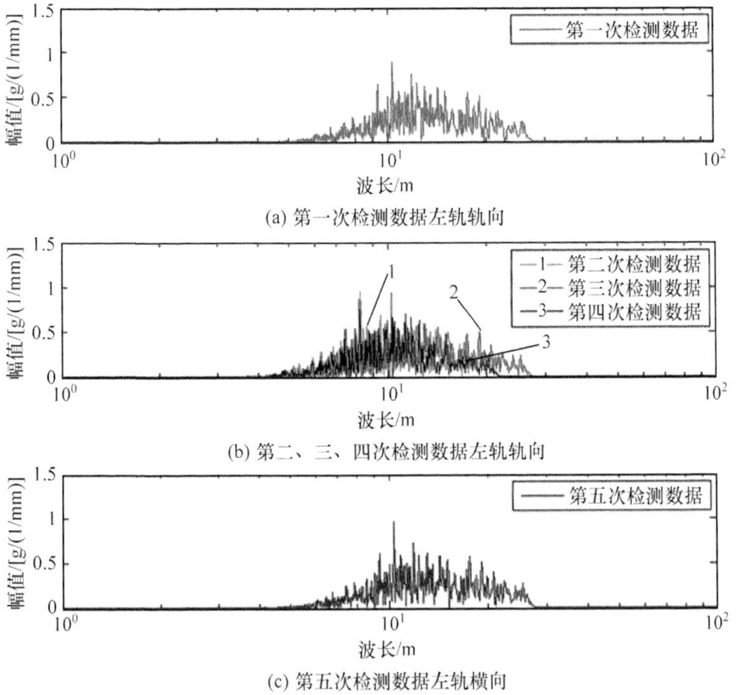

(a) 第一次检测数据左轨轨向

(b) 第二、三、四次检测数据左轨轨向

(c) 第五次检测数据左轨横向

图 5.1　左轨轨向不平顺

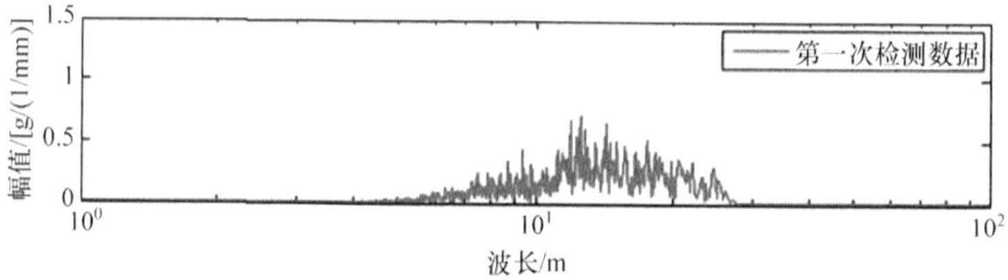

(a) 第一次检测数据右轨轨向

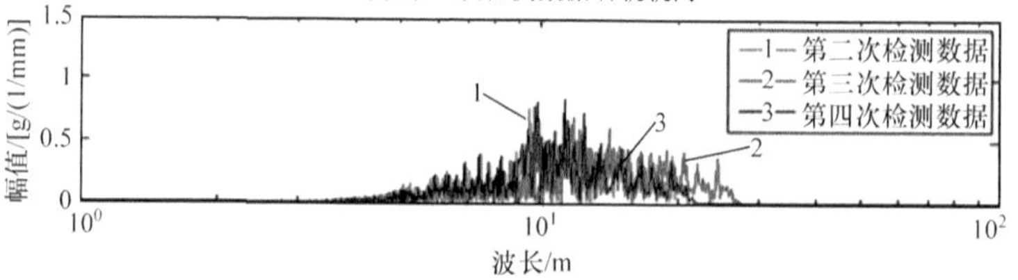

(b) 第二、三、四次检测数据右轨轨向

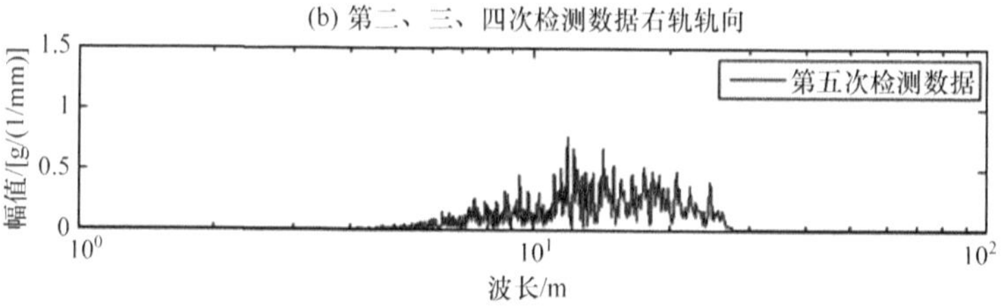

(c) 第五次检测数据右轨轨向

图 5.2　右轨轨向不平顺

2. 高低不平顺

高低不平顺与轨向不平顺的幅值谱分析大致相同，图 5.3 和图 5.4 中值得注意的也同轨向不平顺一样，需要注意客流高峰时段列车载荷不同和列车运行速度不同导致的振动幅值略有不同和几次检测数据检测波长的偏差。但是需要说明的是高低不平顺的峰值波长为 19m 处，高低不平顺的波长范围 6～30m。通过观察，右轨高低不平顺引起的振动明显比左轨高低不平顺引起的振动强烈，说明右轨高低不平顺状态较左轨高低不平顺状态差。

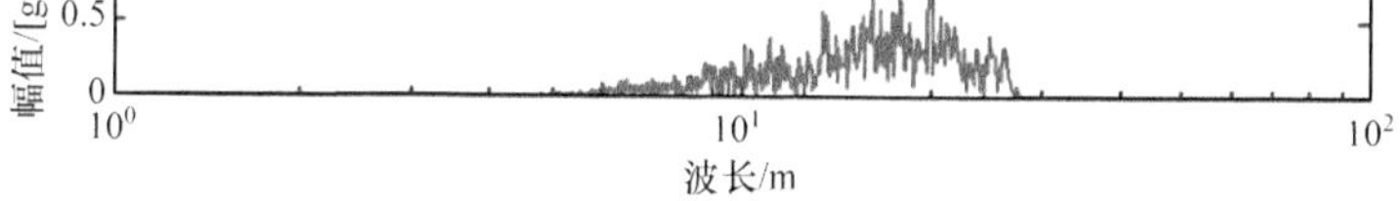

(a) 第一次检测数据左轨高低

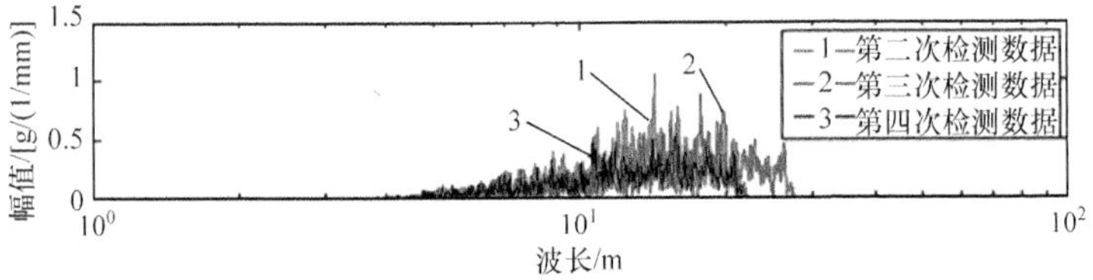

(b) 第二、三、四次检测数据左轨高低

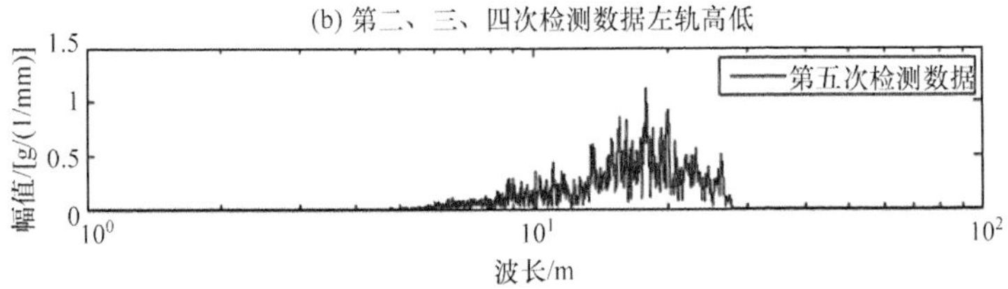

(c) 第五次检测数据左轨高低

图 5.3　左轨高低向不平顺

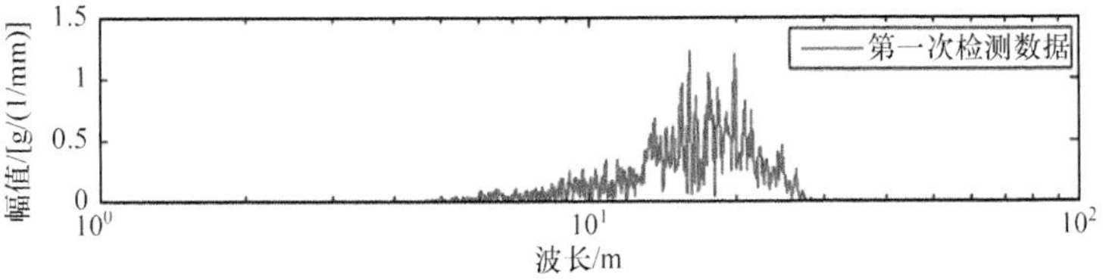

(a) 第一次检测数据右轨高低

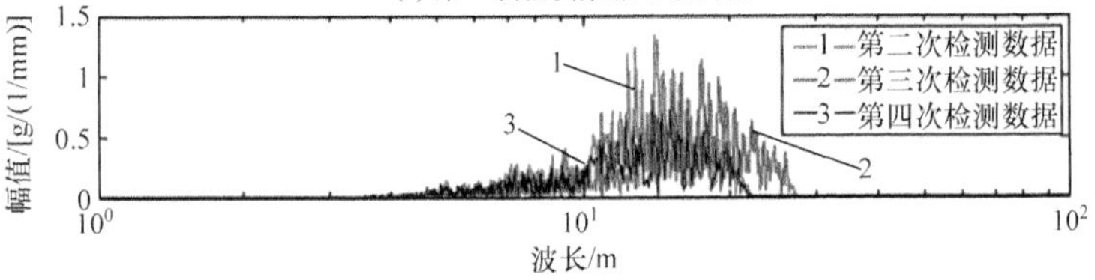

(b) 第二、三、四次检测数据右轨高低

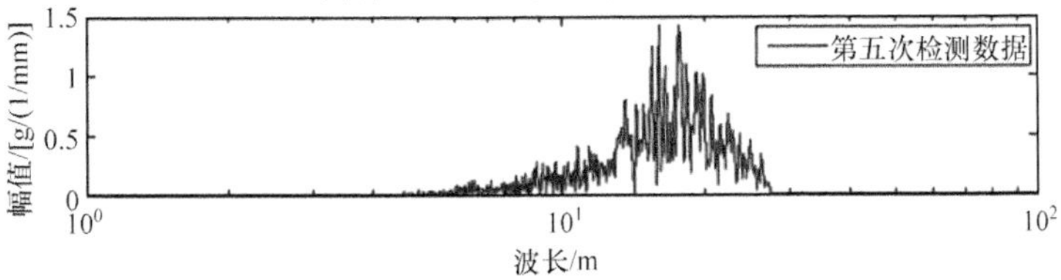

(c) 第五次检测数据右轨高低

图 5.4　右轨高低向不平顺

3. 水平不平顺

水平不平顺(图 5.5)的波长范围为 5～12m,其中峰值波长为 10m。列车客流高峰时段载荷和运行速度的不同也体现在了水平不平顺的幅值谱中。

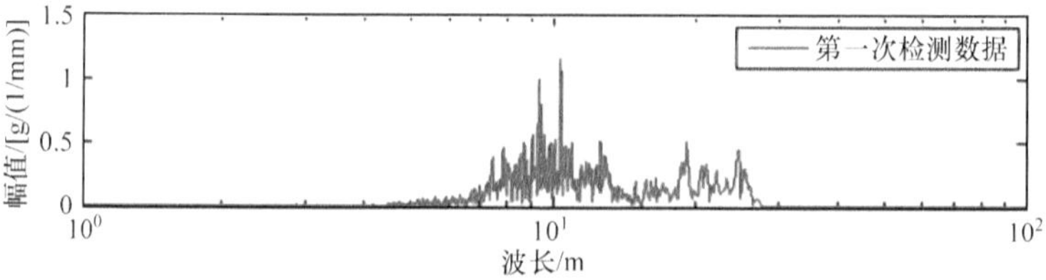

(a) 第一次检测数据水平不平顺

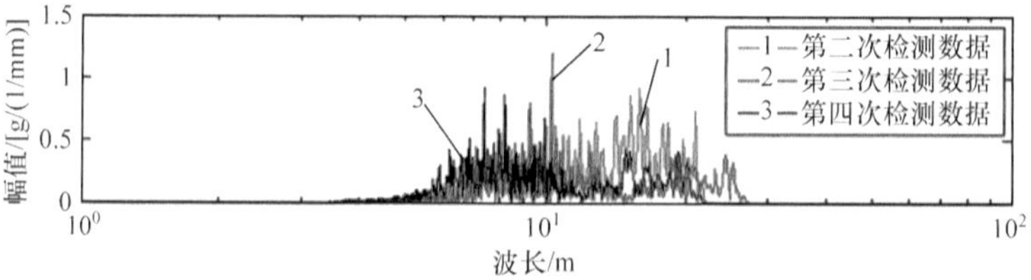

(b) 第二、三、四次检测数据水平不平顺

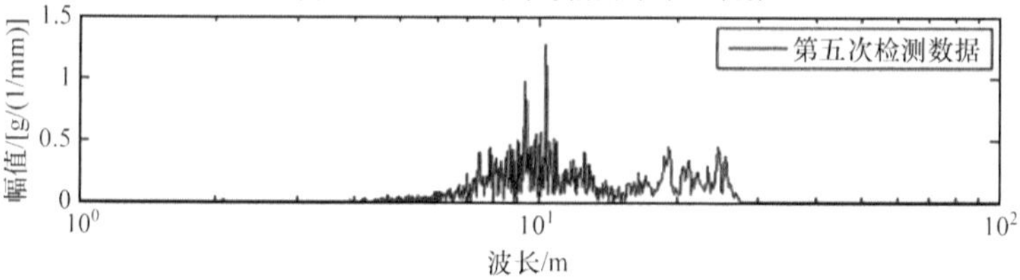

(c) 第五次检测数据水平不平顺

图 5.5　水平不平顺

4. 扭曲不平顺

图 5.6 为扭曲不平顺的幅值谱分析图形。值得注意的是，扭曲不平顺的幅值谱幅值很小，表明由扭曲引起的列车振动不明显。《铁路线路维修规则》（铁运〔2006〕146 号）第 6.2.1 条规定线路轨道静态几何尺寸检查时三角坑的基长为 6.25 米，轨道动态检测时三角坑的基长为 2.4 米。由于转向架前后轴距离刚好在 2.4m 左右，所以这种动态检测三角坑的方法是可行的。从三角坑的幅值谱图可以知道，在该时间段内该段轨道的三角坑不平顺对列车运行没有产生明显的影响，状态较好。

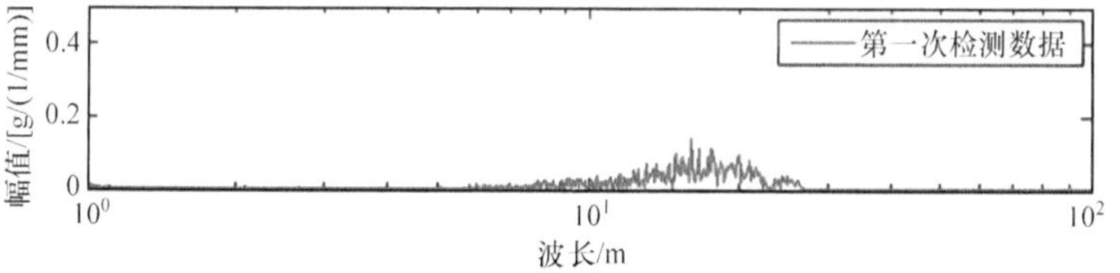

(a) 第一次检测数据扭曲不平顺

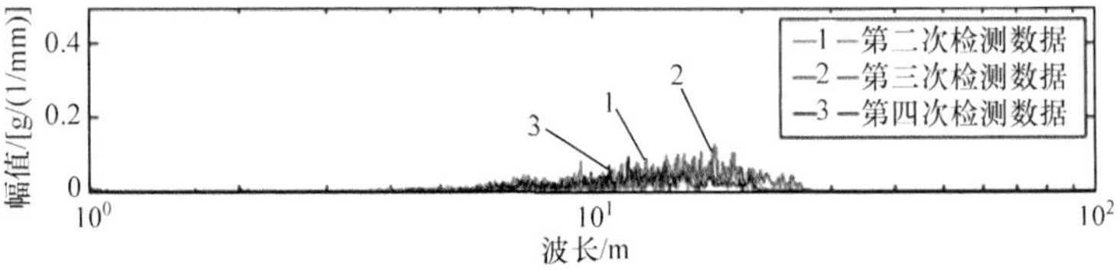

(b) 第二、三、四次检测数据扭曲不平顺

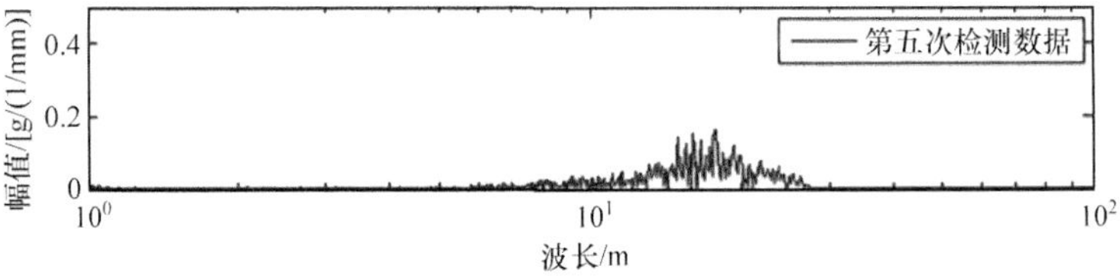

(c) 第五次检测数据扭曲不平顺

图 5.6　扭曲不平顺

据此分析方法可以研究各项轨道不平顺波长与钢轨健康状态之间的关系，确定该区段钢轨存在的不利波长范围，从幅值的大小可以看出哪种钢轨不平顺对健康状态影响较严重，为提高地铁列车运行品质和工务部门的线路维修养护质量提供技术支持。根据上述分析总结如表 5.1 所示。

表 5.1　上海南站站至锦江乐园站各项轨道不平顺峰值波长及波长范围

不平顺类型	左轨轨向	右轨轨向	左轨高低	右轨高低	水平	扭曲
峰值波长/m	10.34	12.32	19.92	19.70	10.00	18.50
波长范围/m	[5,30]	[6,30]	[6,27]	[6,28]	[5,28]	[7,27]

5.2　基于转向架振动加速度谱的钢轨健康状态分析

通过对轨道不平顺检测系统检测的振动加速度进行幅值谱分析，可以获得该线路钢轨不平顺的垂向和横向的不利波长成分及相应的幅值大小。检测的振动加速度是钢轨不平顺激扰引起的车辆响应，振动加速度的大小与钢轨的健康状态和行车安全都有密切关系，振动过大可能危及行车安全，导致脱轨和轨道不平顺的恶化，也可能导致车体的剧烈振动。国内外常通过监视轨道不平顺引起的车辆振动情况来间接了解钢轨健康状态的动态变化。图 5.7～图 5.10 给出了上海南站站至锦江乐园站由轨道不平顺引起的横向和垂向振动加速度的幅值谱分析图形。横坐标为钢轨不平顺波长取对数，纵坐标为振动加速度的幅值谱。

通过对图 5.7～图 5.10 观察可知，左、右两轨引起的横向和垂向振动加速度的幅值谱在波长约为 0.1m、1m、10m 处均出现峰值，而 0～2m 为短波不平顺，2～

30m 为中波不平顺。可见，该段轨道的不平顺类型主要为短波和中波不平顺。值得注意的是，前面的各项轨道不平顺振动位移谱分析时峰值波长均在 10m 左右，因此可以判定引起峰值波长为 10m 的振动加速度的轨道不平顺类型可能是前面分析的中波类型(见表 5.1)的各项轨道不平顺。同时，通过振动位移和振动加速度的谱分析也使得检测准确性得到了相互验证。另外，与前面的分析类似，由不同载荷引起的振动幅值的不同和列车运行速度的不同导致检测不平顺波长的偏差，同样可以在加速度的幅值谱分析中找到相应的规律。

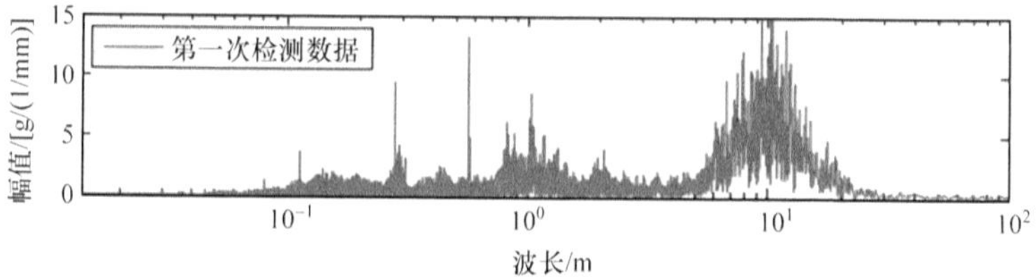

(a) 第一次检测数据左轨横向加速度

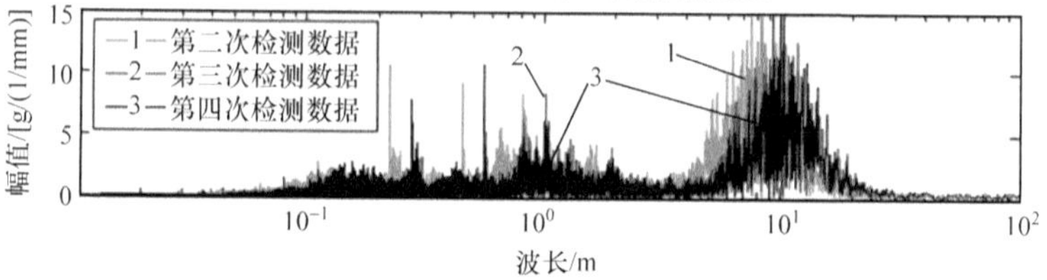

(b) 第二、三、四次检测数据左轨横向加速度

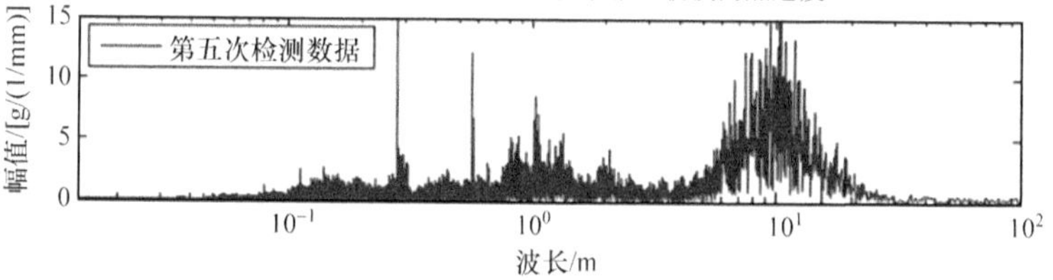

(c) 第五次检测数据左轨横向加速度

图 5.7　左轨横向振动加速度频谱图

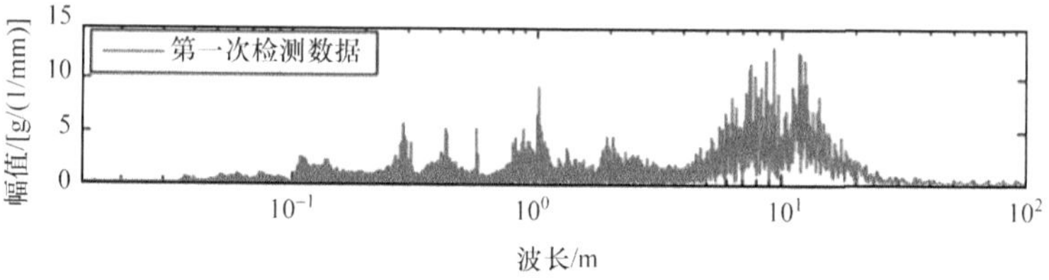

(a) 第一次检测数据右轨横向加速度

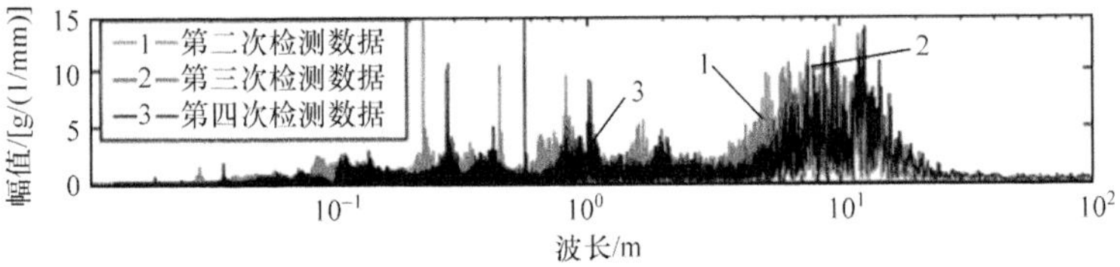

(b) 第二、三、四次检测数据右轨横向加速度

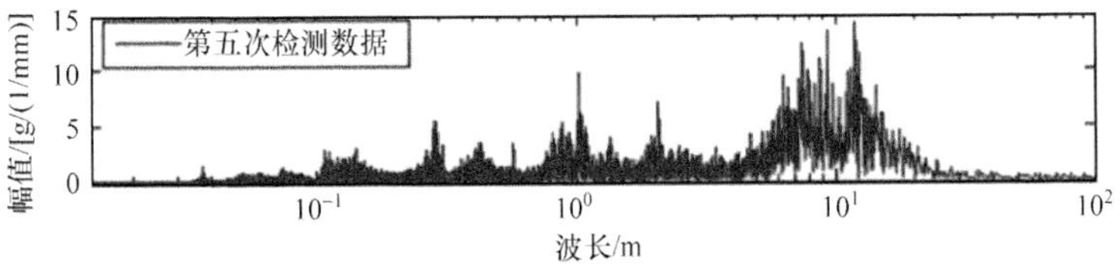

(c) 第五次检测数据右轨横向加速度

图 5.8　右轨横向振动加速度频谱图

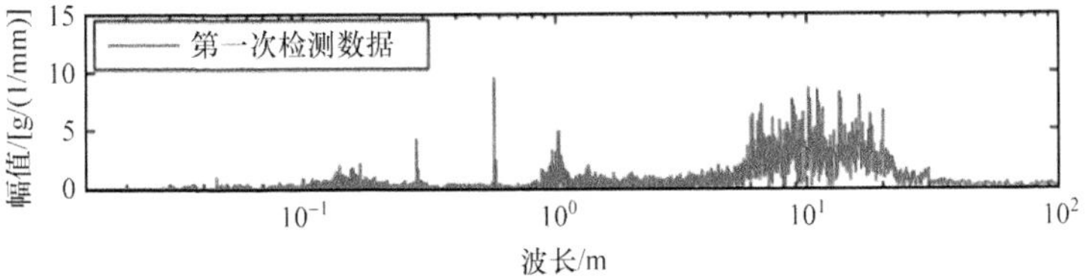

(a) 第一次检测数据左轨垂向加速度

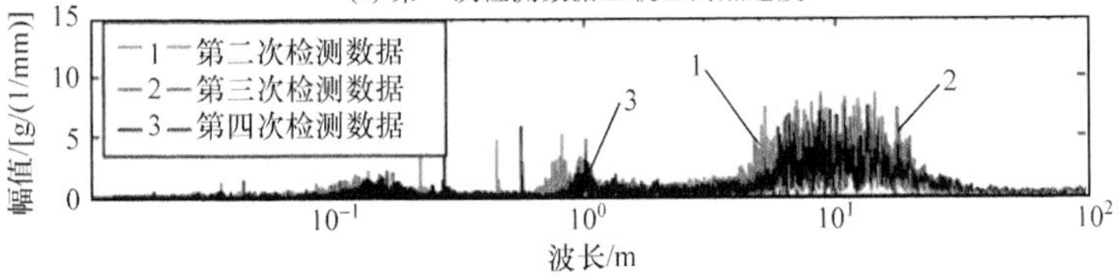

(b) 第二、三、四次检测数据左轨垂向加速度

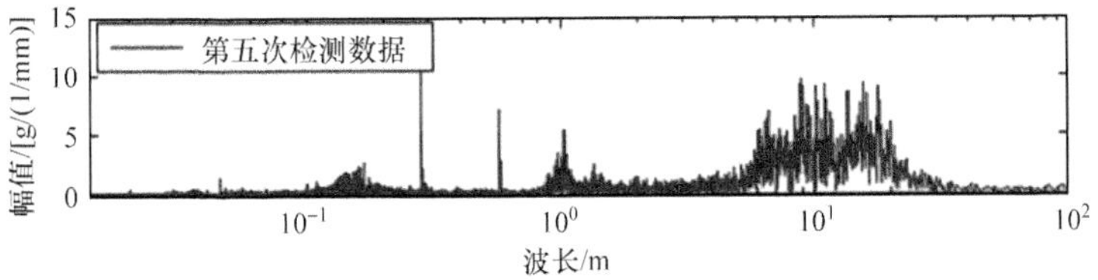

(c) 第五次检测数据左轨垂向加速度

图 5.9　左轨垂向振动加速度频谱图

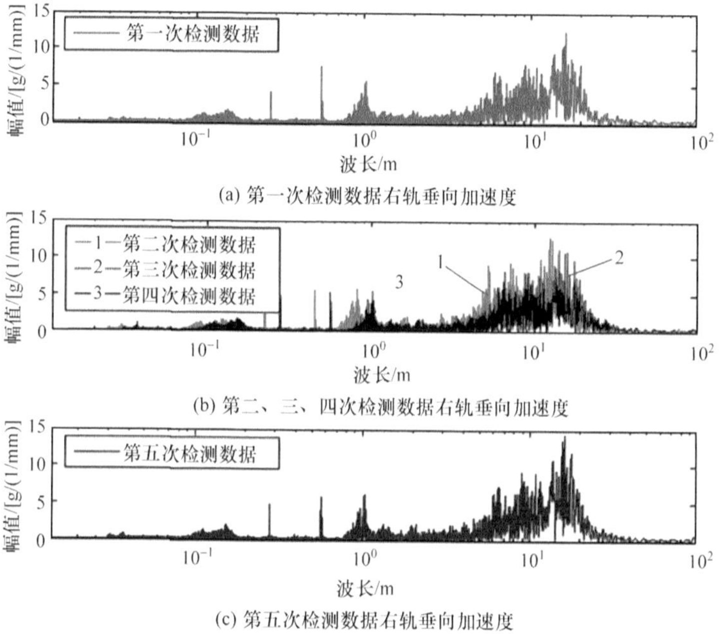

(a) 第一次检测数据右轨垂向加速度

(b) 第二、三、四次检测数据右轨垂向加速度

(c) 第五次检测数据右轨垂向加速度

图5.10 右轨垂向振动加速度频谱图

由上述分析可以看出,轨道不平顺是随里程变化的随机过程,包含十分丰富的波长成分。对于众多波长成分的轨道不平顺,没必要对每一种波长都进行管理,因为众多波长成分中有些波长成分对车辆运行品质影响很大,而有些影响较小,所以实际上只对列车运行安全和轨道恶化影响最大的不平顺波长进行管理即可。按波长类型,分为0～2m波长的短波不平顺和2～30m的中波不平顺。短波不平顺主要由轨面擦伤、焊缝、波纹磨耗等钢轨病害产生,对轮轨动力相互作用以及钢轨的恶化快慢有重要影响;而中长波不平顺主要由轨道高低不平顺、轨向不平顺、扭曲不平顺等钢轨不平顺产生,影响列车运行的平稳性。

由图5.11左轨垂向振动加速度的幅值谱分析可以看出,该段区间轨道的短波不平顺主要为波长为0.1～0.2m的短波不平顺和波长为1m左右的短波不平顺。其中,引起0.1～0.2m波长的短波不平顺的原因可能是轨面擦伤、波纹磨耗等,而引起1m波长的短波不平顺可能是轨面的波浪形磨耗,具体原因还要对其进行特征提取。该区段的中波不平顺主要为4～20m波长的不平顺,而前面也提到了引起中长波不平顺的原因可能是高低不平顺、三角坑等。这也能够与前面的轨道高低不平顺的幅值谱图的不平顺波长得到相互验证。

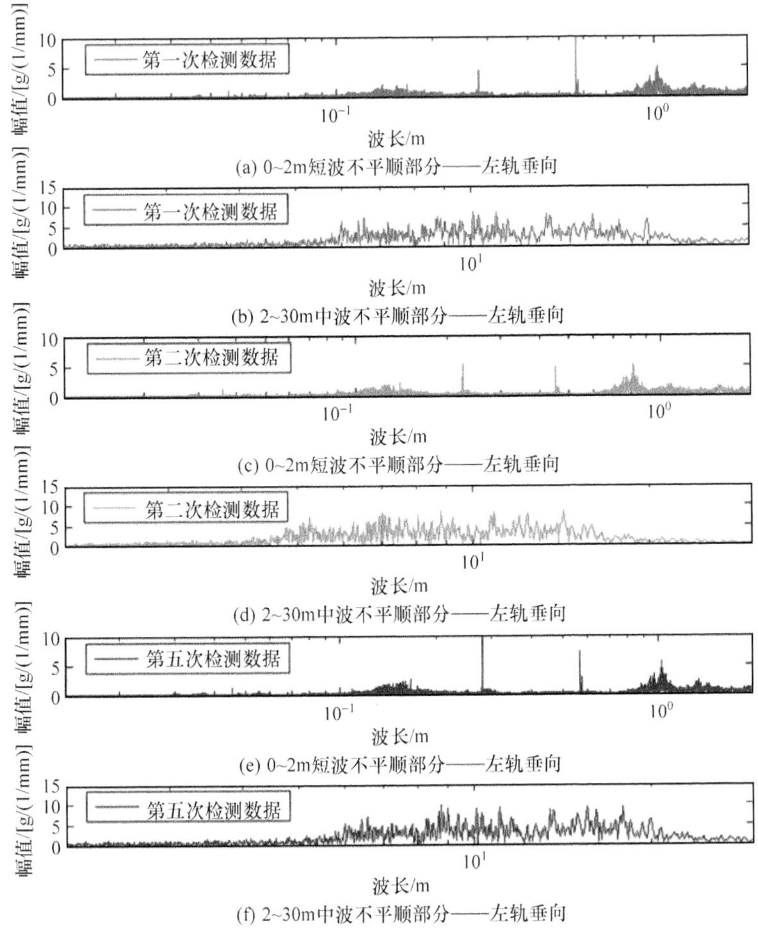

图 5.11　左轨垂向振动加速度幅值谱

由图 5.12 的右轨垂向振动加速度的幅值谱分析图形可以看出，与左轨垂向振动加速度的幅值谱相比，在短波范围内主要的振动能量所在波长范围没有太大变化，峰值波长也极为相近。不同之处在于右轨垂向振动加速度的中长波部分峰值波长要比左轨的峰值波长大。

图 5.13 中左轨横向振动加速度的幅值谱短波部分振动峰值主要集中在 0.2m 和 1m 左右。短波不平顺引起的振动能量主要集中在 1m 波长的短波不平顺，可以在轨道维护工作中对该类波长的不平顺引起重视。由中波不平顺的幅值谱图可以看出该段轨道的中波不平顺也是主要集中在 4～20m 波长范围内。峰值波长为 10m 左右，因此，在对轨道的高低、水平、三角坑等不平顺的维护中要特别注意 10m 左右波长不平顺。

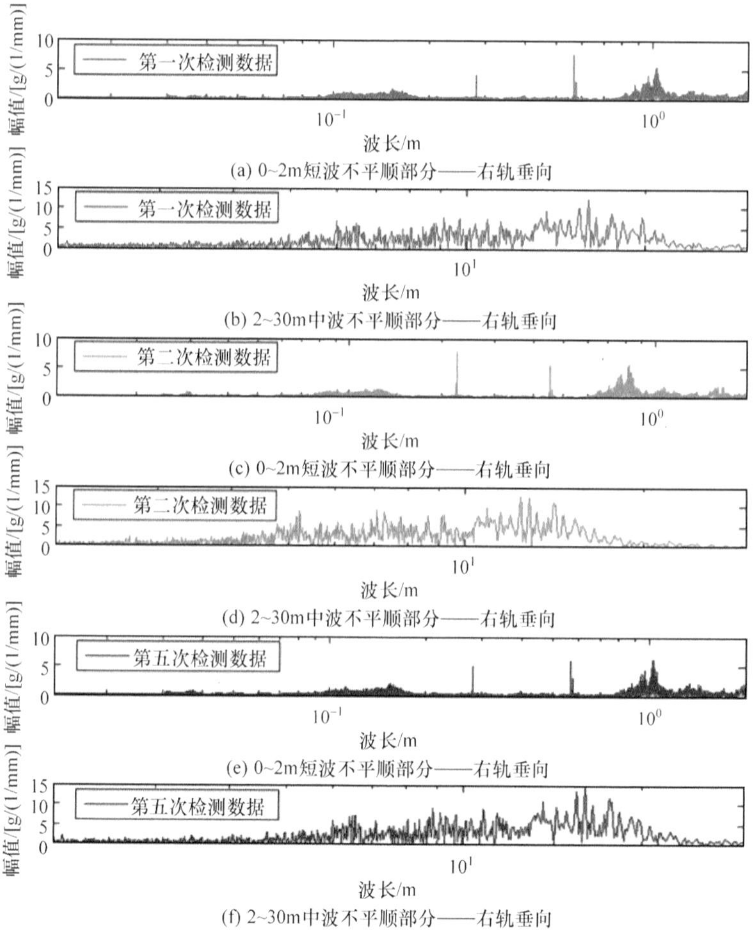

图 5.12　右轨垂向振动加速度功率谱

由图 5.14 的右轨横向振动加速度幅值谱图可以看出，和左轨横向振动加速度幅值谱相比，右轨短波不平顺集中在峰值波长为 0.3m 和 1m 的周期性波长处，而中波不平顺的峰值波长不在 10m 处。

由以上的加速度幅值谱图可以看出，所有图形的中波不平顺振动的幅值均比相应的短波不平顺的振动幅值大一个数量级。因此，由高低、水平、轨向、三角坑等中波不平顺引起的列车振动明显比由轨面擦伤、波磨等短波不平顺引起的列车振动强烈。在轨道工作人员进行维修时，可以根据该区段的短波敏感波长改善轨道的质量，根据该区段的中波不平顺敏感波长改善列车运行的振动幅度及乘客的舒适性。

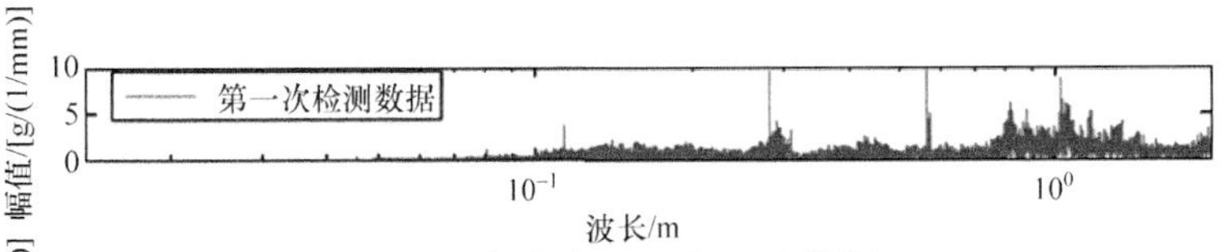

(a) 0~2m短波不平顺部分——左轨横向

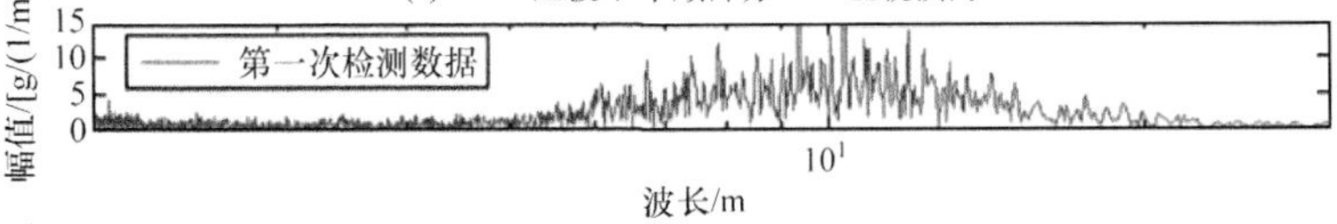

(b) 2~30m中波不平顺部分——左轨横向

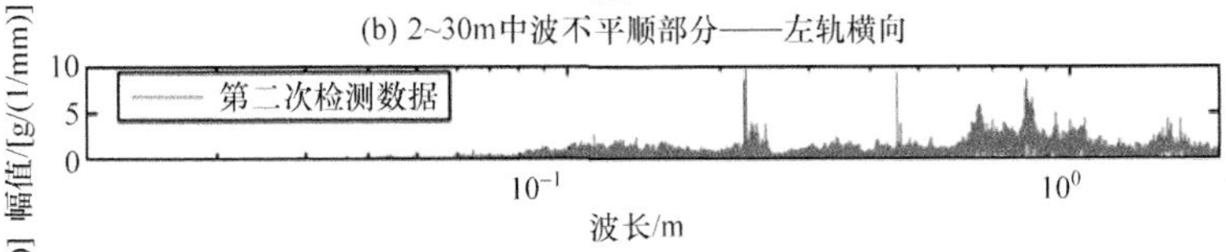

(c) 0~2m短波不平顺部分——左轨横向

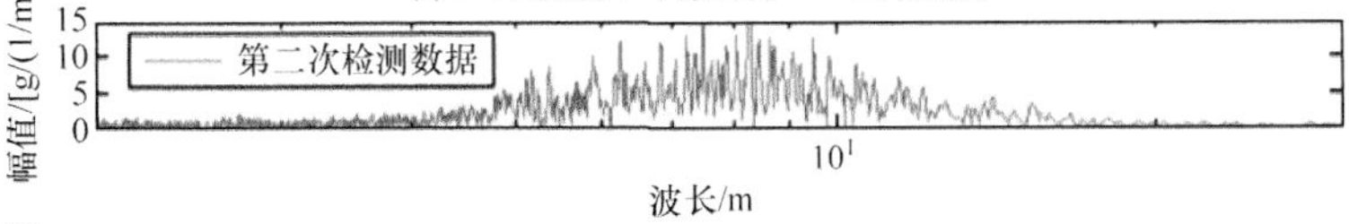

(d) 2~30m中波不平顺部分——左轨横向

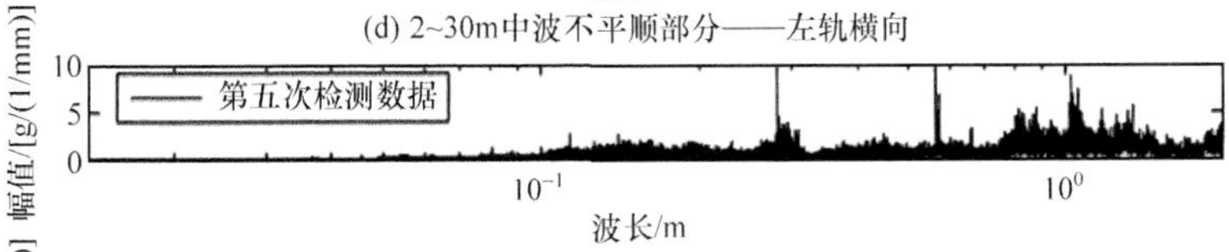

(e) 0~2m短波不平顺部分——左轨横向

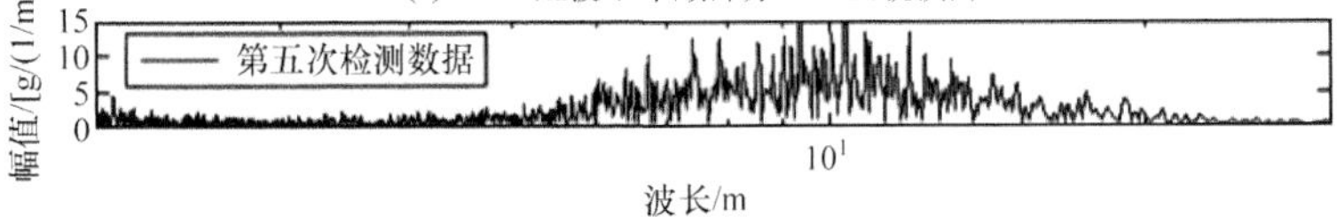

(f) 2~30m中波不平顺部分——左轨横向

图 5.13 左轨横向振动加速度功率谱

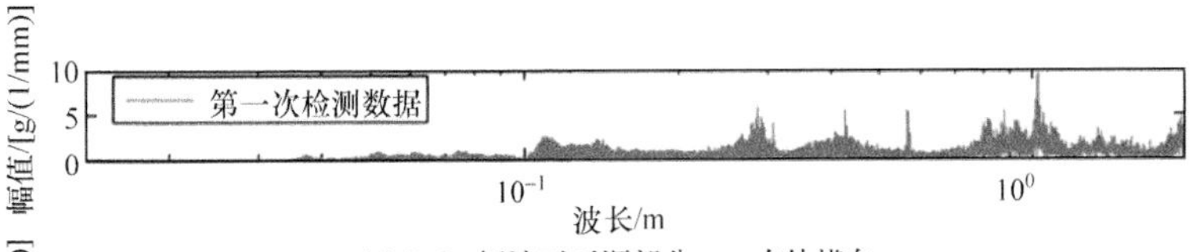

(a) 0~2m短波不平顺部分——右轨横向

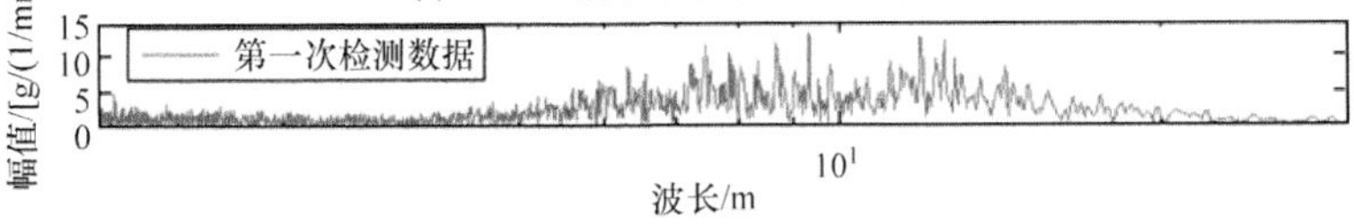

(b) 2~30m中波不平顺部分——右轨横向

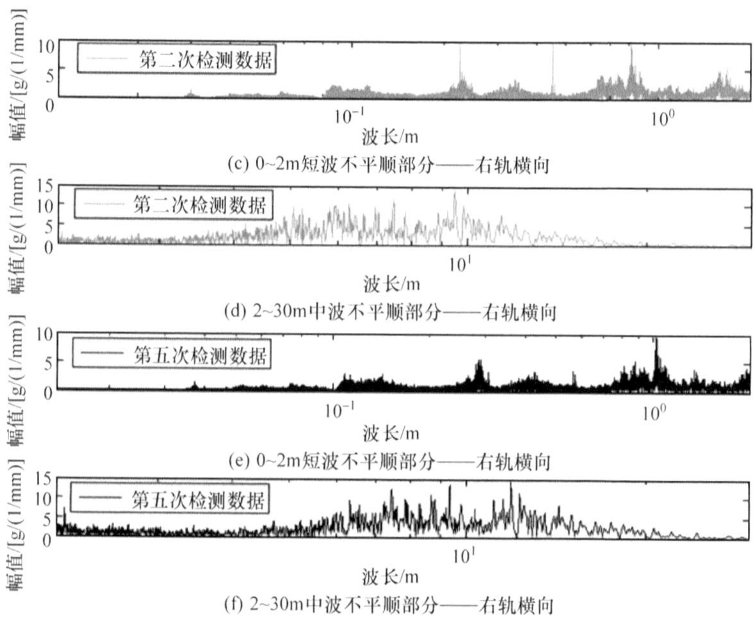

图5.14　右轨横向振动加速度幅值谱

5.3　基于均方根及峰峰值的钢轨健康状态分析

对于均方根(RMS)和峰峰值(PK2PK)分析，为去除列车载荷和运行速度带来的对轨道不平顺检测系统的影响，选取第一、二、五次检测数据进行分析。图5.15～图5.18为上海南站站至锦江乐园站五次检测数据的均方根和峰峰值分析，其中，横坐标为位置信息，单位为m(米)；纵坐标为加速度信息，单位为g(重力加速度)。实线表示的是均方根分析图形，虚线表示峰峰值分析图形。在此，RMS与PK2PK分析都是以1s为单位步长的时间窗计算其均方根及峰峰值，从均方根和峰峰值图形的峰值处可以找出振动能量较大的位置，进而知道该处钢轨健康状态较差。

由图5.15～图5.18可以看出RMS与PK2PK分析图形虽然没有完全重合但是都有相同的变化趋势，0～200m处的图形可以显示列车在刚开始运动加速过程中钢轨不平顺引起的振动逐渐变大的过程，这是符合列车运动规律的。

400～1200m区间列车均以约为65km/h的速度匀速运行。该区段内三次检测的轨道不平顺不受列车运行速度差异的影响。左轨横向在约为550m处出现峰值，在实际检测中可对该处进行检查并维护。左轨垂向振动较平稳。右轨横向和右轨垂向在约为1000m处都出现峰值，峰值位置处的钢轨健康状态较差。

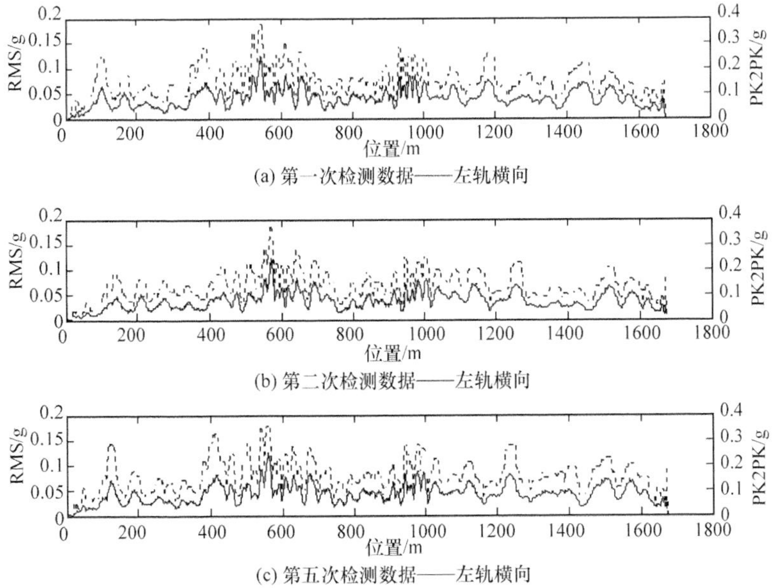

(a) 第一次检测数据——左轨横向

(b) 第二次检测数据——左轨横向

(c) 第五次检测数据——左轨横向

图 5.15　左轨横向振动加速度 RMS 与 PK2PK 分析

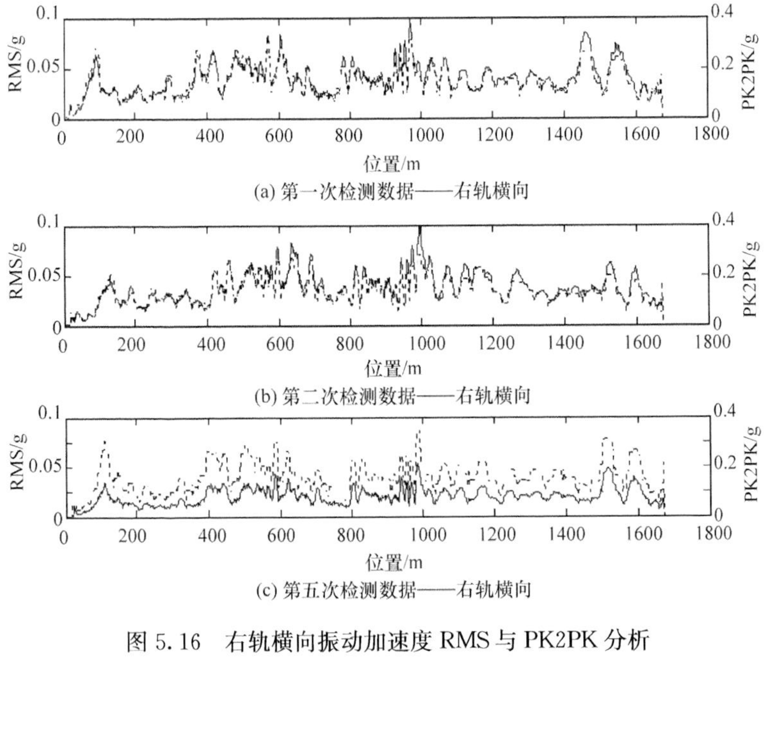

(a) 第一次检测数据——右轨横向

(b) 第二次检测数据——右轨横向

(c) 第五次检测数据——右轨横向

图 5.16　右轨横向振动加速度 RMS 与 PK2PK 分析

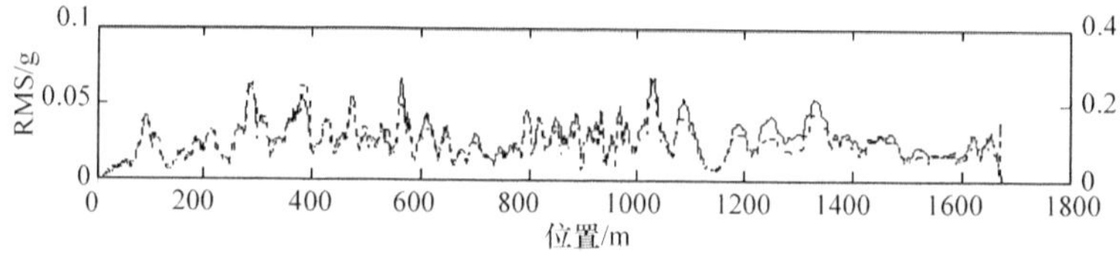

(a) 第一次检测数据——左轨垂向

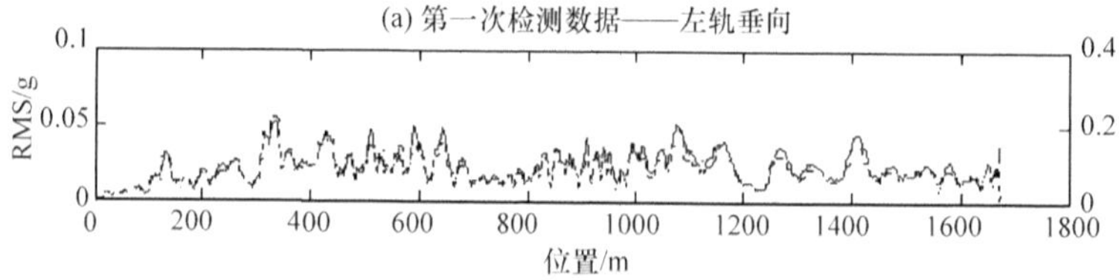

(b) 第二次检测数据——左轨垂向

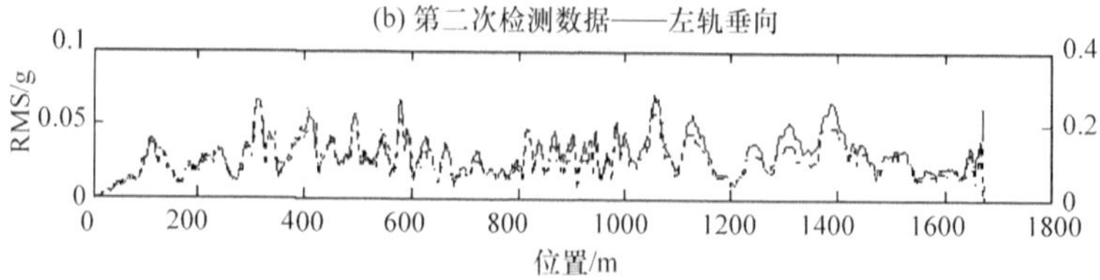

(c) 第五次检测数据——左轨垂向

图 5.17 左轨垂向振动加速度 RMS 与 PK2PK 分析

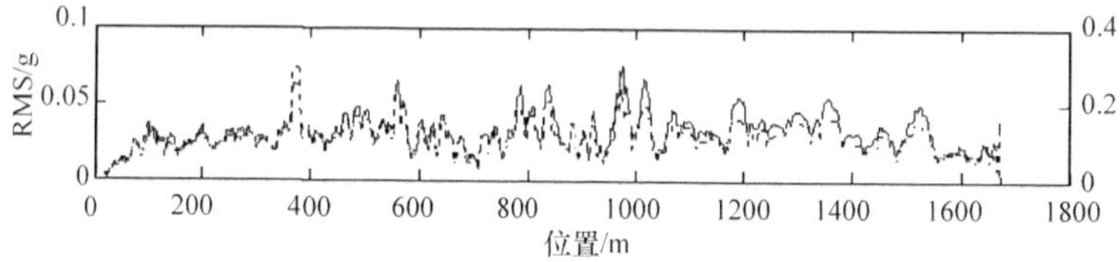

(a) 第一次检测数据——右轨垂向

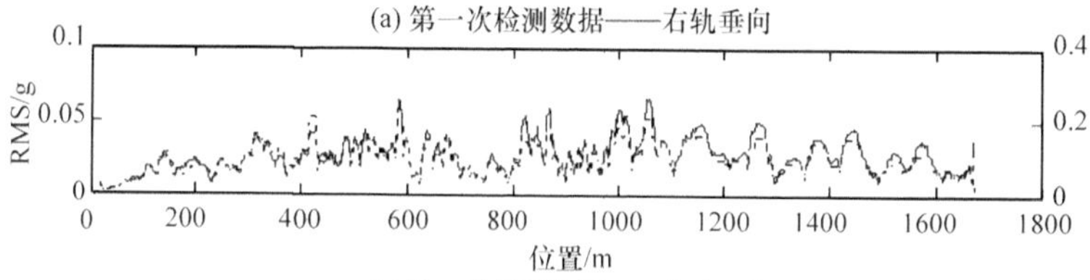

(b) 第二次检测数据——右轨垂向

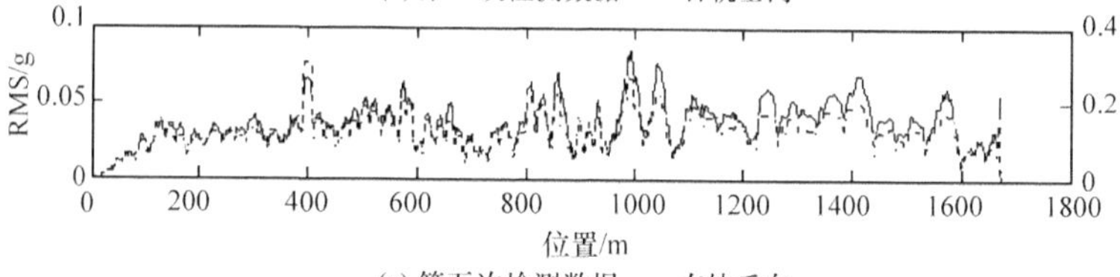

(c) 第五次检测数据——右轨垂向

图 5.18 右轨垂向振动加速度 RMS 与 PK2PK 分析

5.4 本章小结

本章主要从谱分析的角度来分析钢轨健康状态，分别计算了左轨轨向不平顺、右轨轨向不平顺、左轨高低不平顺、右轨高低不平顺、水平不平顺、三角坑不平顺的幅值谱，从而得出这几项不平顺的主要波长范围，确定影响钢轨健康状态的峰值波长。其中，第二、三、四次数据为一天中运行时段和运行速度均不同的三次不平顺检测，对这三次数据的对比分析可知，列车载荷和运行速度对钢轨不平顺波长检测也有一定的影响。对振动加速度的频谱分析得出钢轨在几个峰值波长处健康状态较差，同时可以找到短波不平顺的波长范围，根据需要适当地改善钢轨的健康状态，这对改善列车的运行舒适性及保证列车安全运行具有重要意义。对钢轨检测数据进行的均方根及峰峰值处理，可以分析线路不同位置处的钢轨健康状态。

参考文献

[1] 祁才君，陈隆道，王小海. 应用插值 FFT 算法精确估计电网谐波参数[J]. 浙江大学学报，2003，37(1)：112-116.

[2] 杨富康. 基于 FFT 的电网谐波检测方法的研究[D]. 西安：西安科技大学，2009.

[3] Weston F，Ling C S，Goodman C J，et al. Monitoring lateral track irregularity from in-service railway vehicles[J]. Proceedings of the Institution of Mechanical Engineers，Part F：Journal of rail and rapid transit，2007，221(1)：89-100.

[4] 吴婷，颜国正，杨帮华. 基于小波包分解的脑电信号特征提取[J]. 仪器仪表学报，2007，28(12)：2230-2234.

第 6 章　钢轨核伤建模与检测技术研究

钢轨的健康状态直接影响车辆运行安全及乘客的乘坐舒适性，在城市轨道交通快速发展的今天，对钢轨服役状态的实时检测尤其重要。本章主要讨论一种基于运行车辆转向架加速度信号的核伤病害检测方法。钢轨核伤病害是一种产生于钢轨内部的滚动接触疲劳伤损，是最常见、破坏性最大的钢轨病害之一。对于早期核伤病害，可以通过打磨钢轨的方式进行消除，而对于中后期核伤病害，只能通过替换钢轨的方式进行处理，否则将会导致钢轨断裂。因此，钢轨核伤病害的存在对城市轨道交通的安全运营形成了极大的安全隐患，尽早发现钢轨核伤，提高钢轨核伤的检测命中率、减少钢轨核伤的产生，已成为当前一项相当紧迫的工作。本章利用 SIMPACK 多体动力学软件搭建基于运营车辆的车辆-轨道动力学模型，在钢轨上实现各种典型核伤病害的建模；对转向架加速度信号分别进行经典时频分析、小波分析及希尔伯特分析，并与正常钢轨上的检测信号相比，提取钢轨核伤病害的时频特征；引入上海地铁 1 号线实际运行数据的分析，验证基于运营车辆转向架加速度进行钢轨核伤检测的可行性。

6.1　钢轨核伤病害

6.1.1　钢轨核伤的产生机理及扩展

钢轨核伤是一种始于钢轨踏面的钢轨伤损，是最危险的钢轨短道伤损之一。钢轨核伤的产生与两个因素有关：一个是钢轨自身内部存在的缺陷，另一个是外力的反复交替作用[1]。在外力作用下，在钢轨缺陷处会产生应力集中，当其超出钢轨材料的屈服极限时，由于变形的不均匀性，就有可能形成裂纹并持续扩展，最终导致钢轨核伤的产生[2]。根据钢轨核伤的产生原因划分，目前城市轨道交通系统中常见的钢轨核伤有以下 4 种：①钢轨钢中夹杂物导致的核伤；②钢轨内部微裂纹导致的核伤；③钢轨焊接缺陷导致的核伤；④其他原因导致的钢轨核伤。

钢轨核伤的产生过程可以分为 3 个阶段[3,4]：第一阶段是在轮轨的接触应力作用下，在钢轨轨头踏面以下 4～10mm 处出现密集分布的纵向水平裂纹，也称接触疲劳裂纹，这种裂纹在扩展过程中所引起的钢轨掉块俗称剥离掉块；第二阶段是接触疲劳裂纹发展到较大尺寸，会导致钢轨踏面出现局部塌陷，此时的钢轨表面往往呈暗斑状，也称局部凹陷；第三阶段，接触疲劳裂纹在钢轨纵向某个位置发生转折，并沿与行车方向成70°左右的方向或沿着钢轨轨腰方向继续向钢轨轨头横向扩展，在钢轨内部形成横向裂纹，一般认为此时钢轨已出现核伤伤损。习惯上，将第二、三阶段的钢轨伤损状态并称为钢轨核伤，这也是本书研究的钢轨核伤状态。钢轨核伤的发展过程示意如图6.1所示[5-7]。

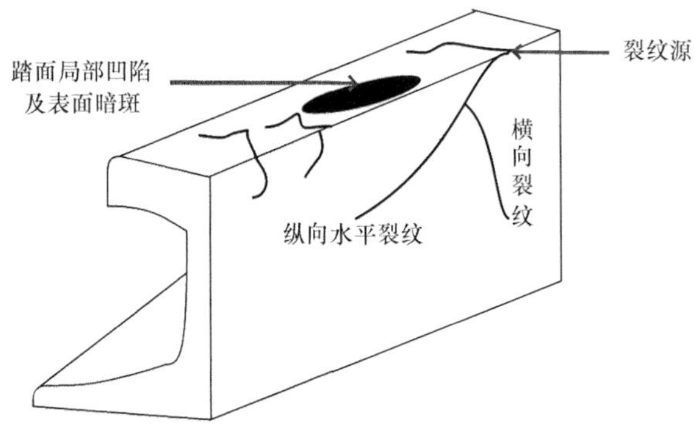

图6.1 钢轨核伤产生及发展过程示意

根据上述钢轨核伤的产生机理，核伤可分为早期核伤、中期核伤和后期核伤，或者A、B、C级核伤。早期钢轨核伤是在轮轨接触应力下钢轨踏面上出现的滚动接触疲劳裂纹，它没有中后期核伤的典型特点。在中后期，钢轨轨面上会出现肺叶形局部凹陷，并伴随有弧形或V形裂纹，而且会加宽钢轨运行带。典型的钢轨核伤如图6.2所示。

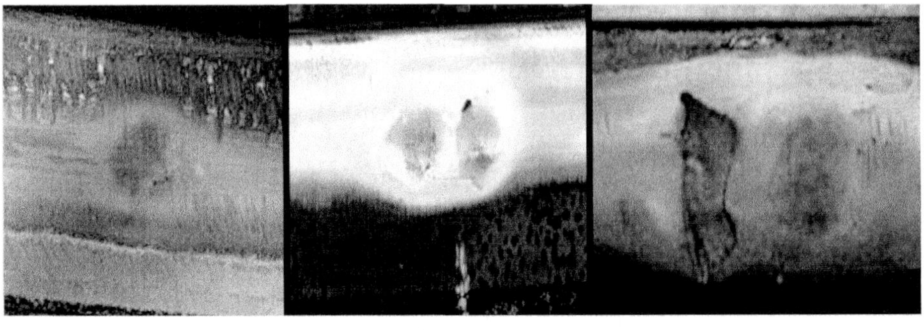

(a) 早期核伤　(b) 中期核伤　(c) 后期核伤

图6.2 不同时期的钢轨核伤

研究发现，并不是所有的钢轨踏面病害都会演变成钢轨核伤，根据其形成及扩展机理，可以把钢轨踏面病害分为主动型和被动型两种。主动型踏面病害，如波浪形磨损、不均匀磨损及变形等，都是自发出现而非受外力影响；被动型踏面病害，如那些由车轮打滑或缩进而造成的轨面缺陷，当其较小时，均可以通过打磨钢轨轨面或通过塑性变形的方式消除。

如果钢轨踏面病害的大小超过一个界限，那么该缺陷往往会发展成为钢轨核伤。研究发现，在荷兰铁路网中，在机车的牵引、制动力保持最大的情况下，钢轨踏面病害演变为钢轨核伤的界限为纵向及横向尺寸均达到 4～6mm。因此，那些轮廓大小超过该界限的轨面缺陷即可认为是早期核伤，而暂时不考虑未达到该界限的轨面缺陷[8]。

如图 6.2(a)所示的早期钢轨核伤，能够激发出一定波长且具有一系列峰值的动态接触力，这些动态接触力会在每个轮道的同一位置反复出现峰值，从而造成钢轨局部不均匀磨损或者使钢轨产生不均匀的塑性变形，最终由动态接触力峰值造成的钢轨塑性变形积累导致钢轨轨面出现肺叶形的中期核伤，如图 6.2(b)所示。后期核伤的物理特性可以从图 6.2(c)中反映出来：伴随着 V 形轨面裂纹的两片肺形局部凹陷、黑色生锈区域以及加宽的钢轨运行带。考虑核伤的 V 形裂纹，一般认为钢轨核伤的波长及二次谐波为 28mm[8]。

6.1.2　钢轨核伤拟合模型

本章主要研究钢轨核伤的几何特性与车辆转向架加速度峰值及频域分量之间的关系，因此需要对不同几何尺寸的钢轨核伤处的轮轨接触进行一系列仿真。首先，需要对典型钢轨核伤的长度和深度进行估计，R. Dollevoet 提出对于钢轨上的压痕，只有当其大小超过 8mm 时，才有可能发展成钢轨核伤。通过现场的实际跟踪观察发现，钢轨上 10mm 长的压痕会慢慢发展成为钢轨核伤[2]。因为本章针对的是钢轨早期核伤和中期核伤，所以在进行钢轨核伤的建模时，核伤的大小要比 10mm 的临界值略大。

虽然本章的内容主要针对早、中期核伤，但是也要对后期核伤进行仿真，以便分析钢轨核伤的伤损程度对转向架加速度的时、频特性的影响，从而可以依据转向架的加速度信号对钢轨核伤的严重状态进行预测和评估。Z. Li 等研究发现，钢轨核伤的扩展与轮轨动态接触力的波长有关，而这往往是轮轨耦合系统的一个自然特征。对于荷兰铁路网，其轮轨动态接触力的波长为 20～40mm，但是较严重的钢轨核伤处的轮轨接触力波长可以达到 60mm。造成钢轨核伤处轮轨接触力波长增大的因素有：几何偏差引起的车辆-轨道系统的低频振动；钢轨紧固件或轨枕处的病害导致钢轨弹性减低，从而引起的钢轨固有振动频率的改变；钢轨核伤的裂纹引起的钢轨抗弯刚度的降低等。

在本章中，选取 60mm 作为钢轨核伤仿真的最大长度，核伤深度要大于加载铁路的一般缩进值(0.05mm)，又因为通过 RAILPROF 测量仪测得的钢轨核伤处的钢轨垂-纵轮廓的最大偏离值不超过 0.2mm，但得到的该测量值并不是从钢轨核伤的最深处测取，所以早、中期核伤的仿真深度可以取 0.1～0.4mm。

钢轨核伤在垂-纵面的外形轮廓与正弦波形很相似,因此钢轨核伤的典型轮廓建模可通过式(6.1)进行拟合[9]:

$$C_{LD}=\frac{D}{2}\cos\left(\frac{2\pi x}{L}\right)-\frac{D}{2} \tag{6.1}$$

式中,x 为坐标轴,即钢轨纵向、横向坐标,m;D 为钢轨核伤的深度,mm;L 为钢轨核伤的长度,mm。

本书中的每个模拟核伤都以 C_{LD} 的形式表示,其中 L 为两位数字,代表核伤的长度,D 为一位数字,代表钢轨核伤深度的 10 倍,单位均为 mm。例如,C_{601} 代表长度为 60mm、深度为 0.1mm 的钢轨核伤。C_{601}、C_{602}、C_{451} 的几何轮廓如图 6.3 所示。

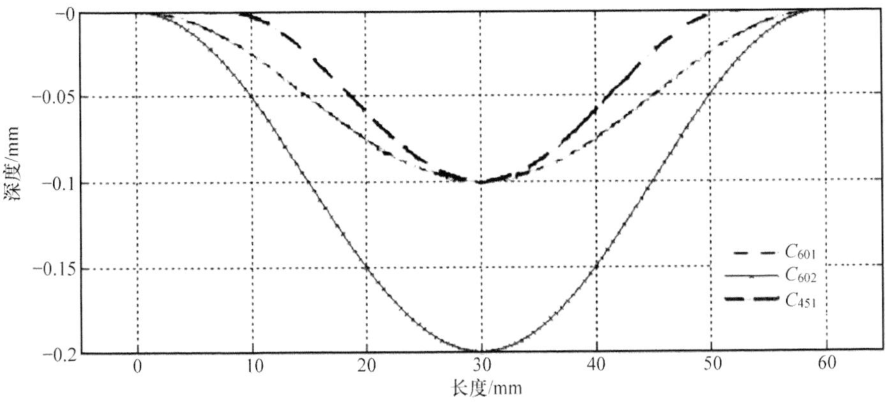

图 6.3 C_{601}、C_{602}、C_{451} 的几何轮廓

钢轨核伤是一种钢轨滚动接触疲劳内部伤损,在工程实际中对其进行检测非常困难。现有的基于钢轨探伤仪的钢轨核伤检测技术存在检测精度不高、适用范围受限、投入资金大、可探测的钢轨核伤形式和程度受探伤设备约束等弊端。

6.1.3 SIMPACK 弹性体建模

鉴于本书需要搭建存在核伤病害的弹性刚轨模型,在此简要介绍 SIMPACK 环境下的弹性体建模过程。

对于刚体的运动,SIMPACK 软件一般是通过小变形的非线性叠加表示,而对柔性体的变形是通过数量相对较少的模态坐标进行描述。许多非线性机械系统中包括一些刚性体,这时利用 SIMPACK 软件对控制器和非线性组件进行多体系统分析是非常高效的。然而对于质量较轻的组件,一般不能忽略其柔性变形,为了保持较小的数值作用力,SIMPACK 软件对柔性体变形进行了减缩表示[10-12]。

有限元分析是对系统组件进行变形和应力分析的较完善的方法。一个有限元

模型通常具有 10^6 数量级以上的自由度。相反，对完整系统进行分析常采用多体系统，如对车辆动力系统的分析，这些模型整个系统大约含有 500 个自由度。若有必要对完整系统中的单独组件进行分析，则可以通过将柔性体与多体系统连接起来而完成。将柔性体组合成整体时只允许系统有 100 个左右的自由度。因此，完整有限元模型必须减缩为少量自由度，这样才能组合成多体模型。这就意味着对车辆动力学系统的某一组件进行 SIMPACK 动力学分析时，需要先建立缩减的有限元模型，一个完整的有限元模型可以通过静态或动态减缩的方法进行减缩[11]。

在有限元模型减缩的过程中，应通过考虑反作用力和所研究的组件在 SIMPACK 环境中所经历的运动类型来定义必要的边界条件。在有限元模型中，边界条件施加于节点上，这些节点将被用作铰接附加点。减缩节点在 SIMPACK 环境中被描述为标记点。SIMPACK 将对铰接进行定义，铰接可以在特定的方向上传递约束力，而这些方向将在模态分析的过程中予以限定。

6.2　基于核伤钢轨的整车动力学模型

本书构建车辆-核伤钢轨动力学模型的基本思路是先将整个仿真系统分成 4 个子系统，分别为刚性轮轨接触建模、整车系统建模、弹性钢轨建模、钢轨核伤病害建模，然后在 SIMPACK 仿真环境中通过参数设置将上述 4 个子系统进行耦合，从而得到包含核伤病害的车辆-轨道动力学模型。

6.2.1　刚性轮轨接触模型的建立

SIMPACK 软件的轮轨模块是目前世界上功能最强大的车辆系统动力学分析的数值仿真软件之一，具有整车系统振动特性、各部分的受力状态、运动速度、运动加速度及位移等方面的分析计算功能，而且具有计算精度高和计算效率高的优势。

在 SIMPACK 软件中，将轮对接触模型等效为两个滚轮的接触，并在滚轮上建立动坐标系，通过动坐标系之间的相对运动来描述轮轨接触运动学。轮轨接触问题的约束方程通常在不运动的剖面参考坐标系 y-z 平面上通过相对于此坐标系的矢量导数给出。滚轮上的动坐标系示意如图 6.4 所示[2]。

SIMPACK 软件吸收了国际上先进的接触力建模理论，用以描述车辆运行时轮对与轨道间的相互作用，具体表现在轮轨接触的切向力 T_x 和 T_y（分别作用在接触面的纵向和切向方向上）可以利用 SIMPACK 轨道接触力元计算。此外，SIMPACK 软件切向力单元可以自动地识别当前车辆总体设定中激活的接触方程，并从一个总体数组读入轮轨接触法向力。此单元使用的主切向力准则是简化的 Kalker 非线性理论。由此，SIMPACK 总是认为接触面是由赫兹接触状态得到的椭圆。轮轨接触力示意如图 6.5 所示。

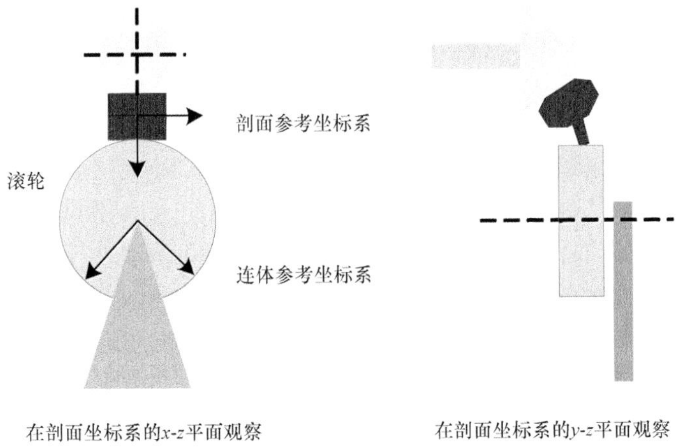

图 6.4　滚轮上的剖面坐标系

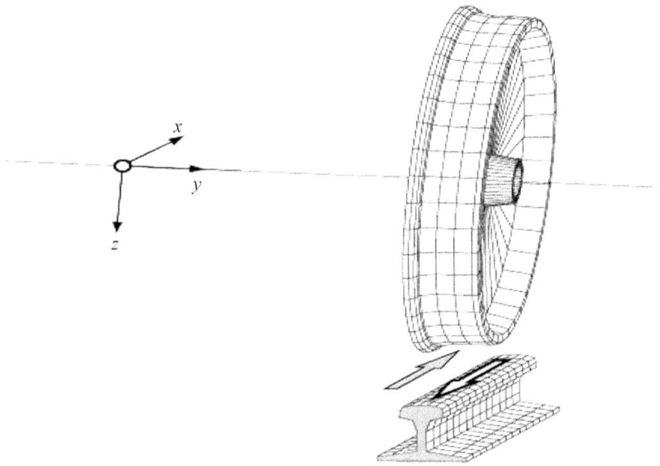

图 6.5　纵向方向上的轮轨切向力

本节基于城市轨道交通钢轨的基本参数(表 6.1),建立了如图 6.6 所示的轮轨接触模型,模型中坐标系的设置规则为:x 轴方向平行于轨道平面并指向列车运行方向;y 轴方向平行于轨道平面并垂直于列车运行方向,且指向列车运行方向的右侧;z 轴方向垂直于轨道平面并指向轨道平面。

表 6.1　轮轨接触建模参数

名称	单位	数值
轮对质量	kg	1760
轮对绕 x 轴转动惯量	kg · m^2	985

续表

名称	单位	数值
轮对绕 y 轴转动惯量	$kg \cdot m^2$	140
轮对绕 z 轴转动惯量	$kg \cdot m^2$	985
轨枕质量	kg	244
轨枕距	m	0.6
轨道长度	m	600
道床弹性系数	MN/m	45
道床阻尼	MN · s/m	32

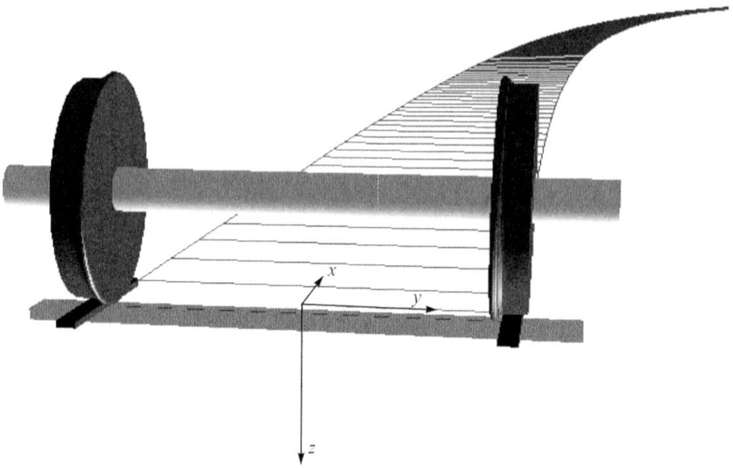

图 6.6　轮轨接触模型

另外，在 SIMPACK 仿真环境下的轮轨接触模型中，根据道床的阻尼和弹性系数参数，通过如图 6.7 所示的 SIMPACK 参数设置建立了弹性轨道地基。

6.2.2　车辆仿真模型的建立

本节参照北京地铁 A 型车的相关参数建立了车辆仿真模型，建模时忽略车体、构架及轮对本身的弹性，而将其视作刚体，并且在转向架 4 个角处安装加速度传感器，以采集车辆转向架的振动加速度信号，具体建模参数见表 6.2。

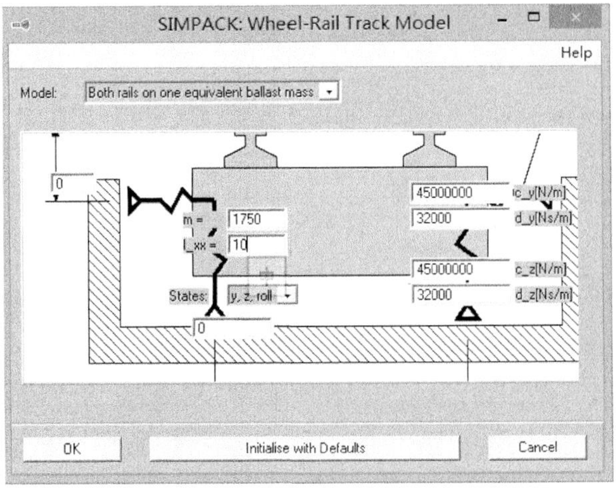

图 6.7　弹性地基定义

表 6.2　车辆模型参数

名称	单位	数值	名称	单位	数值
车体质量	kg	22800	一系横向刚度	N/m	10.4×10^6
转向架质量	kg	2500	一系纵向刚度	N/m	7.0×10^6
车体绕 x 轴转动惯量	kg · m²	14890	二系横向阻尼	N · s/m	1.5×10^4
车体绕 y 轴转动惯量	kg · m²	66200	二系垂向阻尼	N · s/m	3×10^4
车体绕 z 轴转动惯量	kg · m²	617310	二系垂向刚度	N · s/m	2.75×10^5
转向架绕 x 轴转动惯量	kg · m²	1050	二系横向刚度	N · s/m	1.5×10^5
转向架绕 y 轴转动惯量	kg · m²	2410	二系纵向刚度	N · s/m	1.5×10^5
转向架绕 z 轴转动惯量	kg · m²	1980	抗侧滚扭杆刚度	N · m/rad	1.0×10^6
一系垂向阻尼	N · s/m	5000	二系弹簧间距	m	1.85

根据表中的建模参数，在 SIMPACK 仿真环境中利用其固有建模模块设置相应参数，并在各位置添加铰接、力元、约束及传感器等元素，然后将搭建的车辆模型耦合到 6.2.1 节所搭的轮轨接触模型中，即得到本章所用的整车动力学模型。

本章利用车辆驶过钢轨核伤病害时所产生的振动加速度信号作为钢轨核伤病害检测的原始信号，并通过加速度传感器对原始信号进行采集，因此，要求在模型中布设的传感器既可以尽量避免车辆固有构件的振动，又可以有效地反映钢轨的健康状态。鉴于利用轴箱振动加速度信号进行钢轨核伤检测时存在一些弊端，而且经过悬挂系统的减振作用，车体的振动加速度不能准确地反映钢轨状态，因此本章将加速度传感器布设于转向架上，具体的实物布设位置如图 6.8 所示。

图 6.8　传感器布设位置

6.2.3　存在核伤病害的弹性钢轨建模

利用车辆的振动信号检测钢轨的健康状态时，要求所搭建的仿真模型能够尽可能反映钢轨实际状态，即应在车辆-轨道动力学模型中载入弹性钢轨模型，而利用 SIMPACK 软件对弹性体的动力学分析需要基于有限元减缩模型进行，因此若要得到更有效的仿真数据，就需要先利用 ANSYS 有限元软件建立弹性钢轨模型，然后利用 SIMPACK 软件的有限元接口程序 FEMBS 将减缩有限元弹性钢轨模型导入 SIMPACK 环境中，最后与整车动力学模型耦合得到完整的车辆-轨道动力学模型。具体步骤如下。

(1) 利用城市轨道交通系统的钢轨参数在 CAD 中画出钢轨 3D 模型，根据上述钢轨核伤病害的拟合模型确定核伤病害的几何轮廓，将其设置在钢轨的某一位置。

(2) 利用 CAD 与有限元软件 ANSYS 的接口将该核伤钢轨导入 ANSYS 环境中进行网格划分形成弹性核伤钢轨的有限元模型，具体如图 6.9 所示。

(3) 将 ANSYS 环境下的核伤钢轨有限元模型进行静态减缩形成减缩有限元模型，此时再通过 SIMPACK 软件的有限元接口(图 6.10)将带有核伤病害的弹性钢轨有限元模型导入 SIMPACK 仿真环境中，与建立完成的车辆动力学模型耦合，最终得到考虑轨道核伤存在情况下的车辆-弹性轨道动力学模型，如图 6.11 所示，图中深色部分为考虑核伤的弹性体轨道。

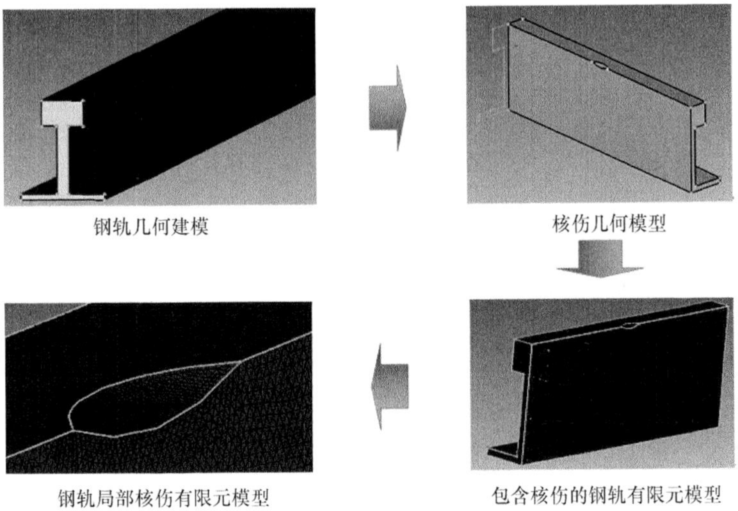

图 6.9　包含核伤的弹性轨道

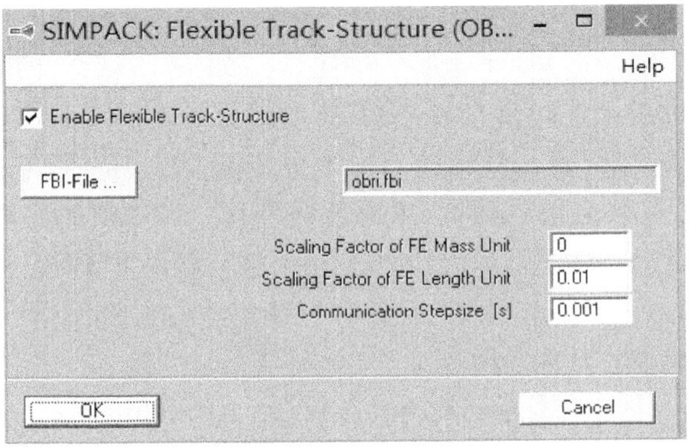

图 6.10　弹性有限元钢轨的导入

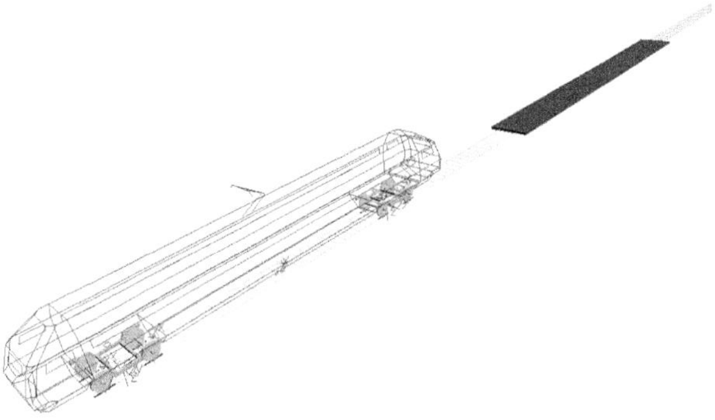

图 6.11　考虑轨道核伤存在情况下的车辆-轨道动力学模型

6.3　钢轨核伤处转向架加速度信号的时频分析

6.3.1　时域分析

由 6.2 节可知，在 SIMPACK 仿真环境下可以仿真不同几何轮廓即不同深度、不同长度的钢轨核伤的病害状态，本节以长度为 30～45mm、深度为 0.1～0.4mm 的钢轨核伤为分析对象，对其对应的车辆转向架加速度信号进行时域分析说明。

1. 时域波形对比

由图 6.12(a)可知，钢轨上出现核伤病害时，转向架加速度(bogie acceleration，BA)的时域波形出现波动，对比加速度信号幅值发现，恶化程度越严重的钢轨核伤激发的转向架加速度幅值越大，将图 6.12(a)椭圆内的图像放大得到图 6.12(b)，从图上可以看出：钢轨核伤深度相同时，核伤长度越小，转向架加速度幅值越大；钢轨核伤长度相同时，核伤深度越大，转向架加速度幅值越大。此外，对比图 6.12 中各个钢轨核伤处的转向架加速度波形可发现，基于不同几何轮廓的钢轨核伤病害，运营车辆转向架加速度的时域波长并没有明显的差距，仅仅是幅值大小不同，因此可以认为检测信号的幅值大小受核伤大小的影响较大，而其波形对钢轨核伤的长度、深度不敏感。

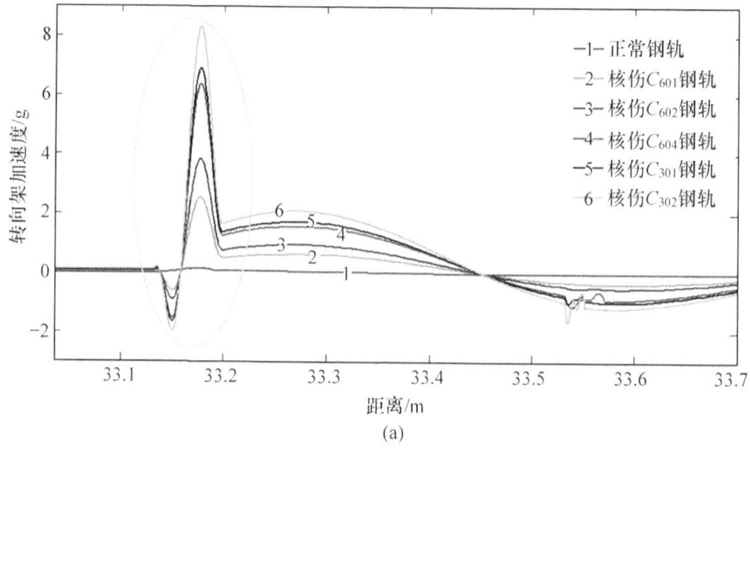

(a)

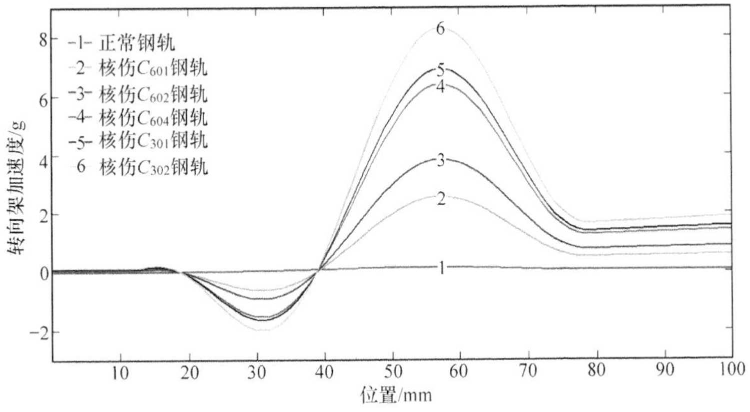

(b)

图 6.12　转向架加速度信号(z 方向)时域波形对比图

2. 时域特征值对比

从时域波形图可以看出，当列车经过钢轨核伤时，转向架加速度的幅值出现较大波动，但仅从时域波形图仍无法看出更为明细的差别，因此需要计算钢轨核伤处转向架加速度的时域特征值，并与正常钢轨处的 BA 时域特征值进行对比分析，具体如表 6.3 所示(这里取近似值进行比较)。

表 6.3　不同钢轨状态的 BA 时域特征值对比表

钢轨状态	均值/g	均方根值/g	峰值/g	峭度
正常钢轨	7.181	8.778	14.514	1.646
核伤 C_{601} 钢轨	9.924	13.117	25.049	1.677
核伤 C_{602} 钢轨	14.892	19.681	37.576	1.676
核伤 C_{604} 钢轨	24.741	32.707	62.490	1.678
核伤 C_{451} 钢轨	29.791	39.370	75.163	1.676
核伤 C_{452} 钢轨	31.294	41.358	78.956	1.676
核伤 C_{454} 钢轨	37.235	49.207	93.957	1.677
核伤 C_{301} 钢轨	26.802	35.424	67.638	1.677
核伤 C_{302} 钢轨	32.264	42.641	81.429	1.677
核伤 C_{304} 钢轨	49.786	65.756	125.496	1.675

表 6.3 中列出了本章所仿真的不同钢轨核伤状态下的转向架加速度信号的 4 种时域特征值数据，通过对比可发现钢轨上出现核伤病害时，转向架加速度的时域特征值均出现相应变化，且不同时域特征值对钢轨核伤的敏感度也不一样；此外，

钢轨核伤的严重程度对转向架加速度时域特征值的变化也有重要的影响。图 6.13所示为车辆经过长 60mm,深度分别为 0.1mm、0.2mm、0.4mm 的 3 种核伤钢轨及正常钢轨时的转向架加速度时域特征值对比。

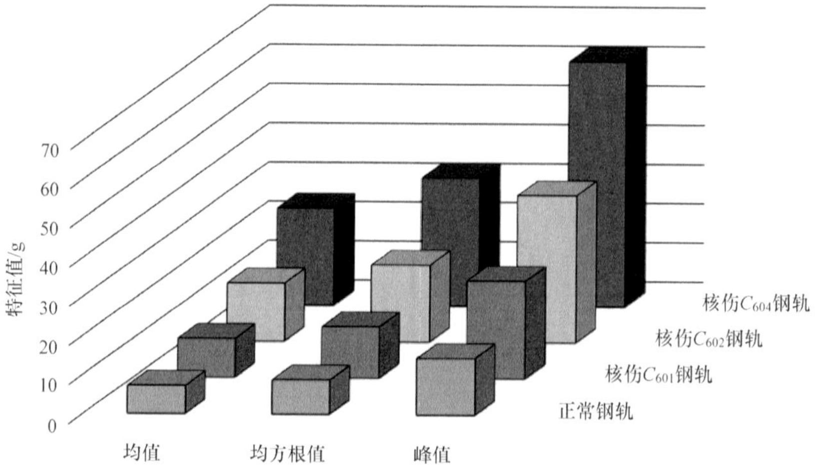

图 6.13　不同核伤处转向架加速度时域特征值对比图

图 6.13 验证了钢轨核伤的出现会导致运营车辆的振动加剧,其中转向架加速度的均值、均方值及峰值这 3 种时域特征值有很明显的增加,且峰值对钢轨核伤的出现最为敏感,例如,当钢轨上出现核伤 C_{601}病害时,车辆转向架加速度的峰值由 14.514g 增大到 25.049g,增幅为 72.6%,均值和均方值的增幅分别为 38.2%和 49.4%。此外,这 3 类特征值在核伤 C_{601}钢轨、核伤 C_{602}钢轨、核伤 C_{604}钢轨处也表现出了依次增大的趋势,即说明钢轨核伤恶化程度越严重,转向架加速度的均值、均方根值、峰值越大。因此,均值、均方根值及峰值可以作为钢轨核伤病害检测的指示性特征值指标,并且可用于初步比较不同钢轨核伤的严重程度。

6.3.2　频域分析

前面用 SIMPACK 动力学软件构建了不同几何轮廓的钢轨核伤仿真模型,本节将利用时域分析法的典型时域变换对基于不同钢轨核伤的转向架加速度的频域特性进行分析。

1. 幅值谱

在 SIMPACK 仿真环境下,在钢轨上分别构建不同几何轮廓的钢轨核伤(如 C_{601}、C_{602}、C_{604}、C_{452}、C_{454}、C_{302}、C_{304}等),对基于这些钢轨核伤的转向架加速度信号与正常钢轨上的检测信号进行傅里叶变换[6],并对比其幅值谱图像。图 6.14 所示为基于不同钢轨状态(正常钢轨、核伤 C_{601} 钢轨、核伤 C_{602} 钢轨、核伤 C_{604} 钢轨、核伤 C_{302} 钢轨、核伤 C_{304} 钢轨)的转向架加速度信号(z 方向)的幅值谱对照示意图。

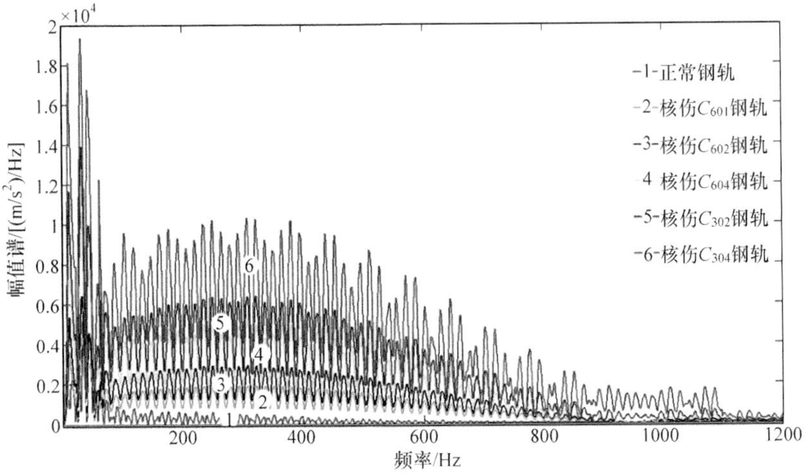

图 6.14　基于不同钢轨核伤的转向架加速度(z 方向)幅值谱对比图

从图 6.14 中可以知道:①与正常钢轨上的转向架加速度信号幅值谱波形相比,当钢轨上出现核伤病害时,转向架加速度信号的幅值谱幅值明显增大,且钢轨上的核伤越严重,对应的转向架加速度幅值谱幅值越大;②在 200～400Hz 的频带内,转向架加速度信号的幅值谱有较大的谐波,且基于不同钢轨核伤病害的检测信号的最大幅值均出现在该频带内;③检测信号在频带 0～50Hz 处远远大于其他频带内的信号幅值,但是其振动波长较短,而且几乎不存在谐波现象。为了探究上述检测信号幅值谱反映的问题,接下来分析检测信号的功率谱。

2. 功率谱

图 6.15 所示的幅值谱波形是对检测信号进行傅里叶变化得到的,是一个时间平均的概念,故从图 6.15 中仅仅可以发现在 200～400Hz 的频带内不同钢轨核伤环境下的转向架加速度信号的幅值谱出现了一种突出的趋势,但并不明显到足够说明该趋势的具体情况。而功率谱恰恰可以表现单位频带内信号功率随频率变化的情况,因此,可以通过对比基于不同钢轨核伤的转向架加速度(z 方向)的功率谱,进一步分析基于钢轨核伤的转向架加速度信号的频域特性,具体如图 6.15 所示。

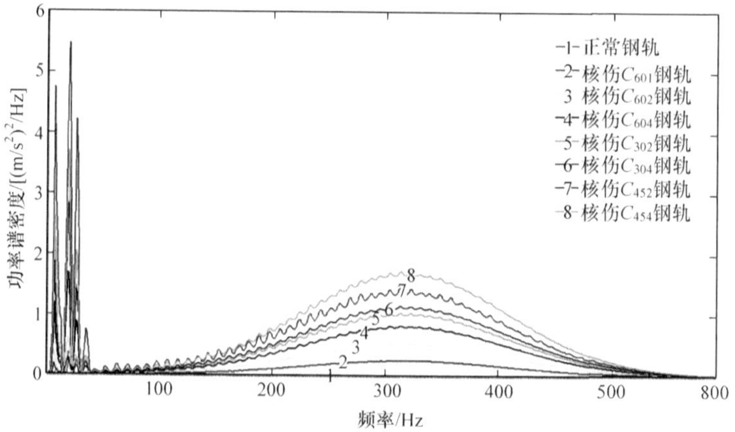

图 6.15　基于不同钢轨核伤的转向架加速度(z 方向)功率谱对比图

通过图 6.15 中的各种钢轨状态下的加速度功率谱波形可以发现,检测信号的功率谱仍然出现了两个波动比较突出的频带,即 0～50Hz 频带和 200～400Hz 频带。在 200～400Hz 频带内:①基于正常钢轨的运营车辆转向架加速度信号的功率谱几乎为零,而基于不同恶化程度核伤病害钢轨的转向架加速度信号的功率谱均大于零,且均在图中虚线所对应的频率(约 300Hz)处出现局部值,钢轨核伤恶化程度越重,对应的功率谱幅值越大;②检测信号在该频带内的波形很相似;③基于不同钢轨核伤的检测信号功率谱曲线中均存在谐波分量,钢轨核伤伤损程度越严重,检测信号中的谐波分量越密集。图 6.15 中的另一个特征频带为 0～50Hz,在该频带内,检测信号的功率谱幅值远远大于信号在其他频带的振动功率谱幅值,且随钢轨核伤恶化程度的加深而增大,此外,检测信号在该频带内又可以再细分成 4 个特征频带,详见图 6.16。

通过图 6.16 可以发现,在 0～50Hz 的频带内,检测信号的功率谱仍存在 4 个比较明显的特征响应频带,依次为 5～15Hz、16～25Hz、26～35Hz、36～45Hz,观察检测信号这 4 个频带内的功率谱曲线可以发现:①基于正常钢轨与基于不同钢轨核伤病害的检测信号在这 4 个频带内均有明显波动,且有最大值;②检测信号的功率谱在该频带内波形很相似,与频带 200～400Hz 内信号波形最大的区别是,0～50Hz 频带内检测信号的功率谱中不存在谐波分量。

通过分析图 6.15 和图 6.16 可以认为,检测信号功率谱图中的谐波现象是由钢轨核伤导致的,其频率 300Hz 的振动与钢轨核伤也有关系。为进一步研究 300Hz 功率谱与钢轨核伤病害几何轮廓的关系,图 6.17 给出了基于正常钢轨及不同钢轨核伤的转向架振动加速度信号 300Hz 功率谱最大值(单位为$(m/s^2)^2/Hz$)的对比曲线,图中上曲线代表相同长度但不同深度核伤之间的 PSD_{300Hz} 最大值关

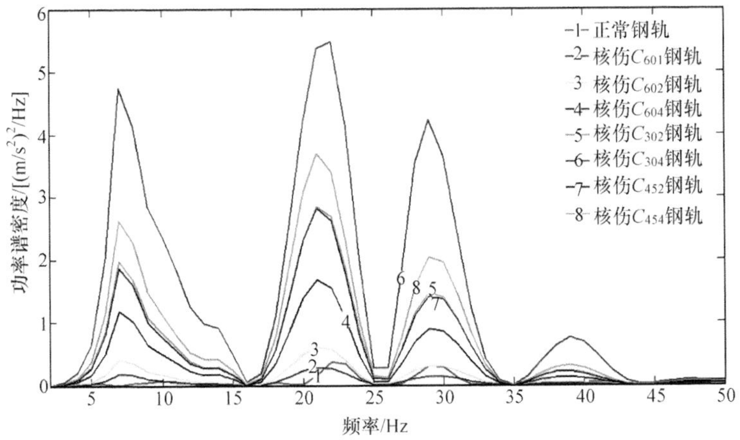

图 6.16　基于不同钢轨核伤的转向架加速度(z 方向)功率谱对比图(0～50Hz)

系;下曲线代表相同深度但不同长度核伤之间的 PSD_{300Hz} 最大值关系;黑色圆点表示基于正常钢轨的运营车辆转向架振动加速度信号的 300Hz 功率谱。

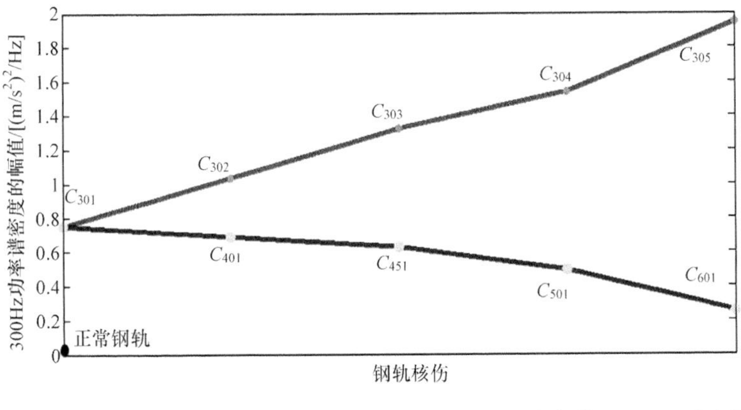

图 6.17　基于不同钢轨核伤的转向架加速度(z 方向)功率谱(300Hz)对比图

对于相同长度的钢轨核伤,深度越深,则说明此时钢轨核伤病害恶化越严重;同样,对相同深度的钢轨核伤而言,其长度越小,则对该钢轨上的运营车辆的冲击越大,即说明钢轨核伤病害恶化越严重。通过图 6.17 可以发现:①当钢轨上仅存在不平顺干扰而没有钢轨核伤病害时,运营车辆转向架振动加速度信号的 PSD_{300Hz} 几乎为零(图 6.17 中黑色圆点),远远小于存在核伤病害的情况;②钢轨上出现核伤病害时,检测信号的 PSD_{300Hz} 不再为零,核伤的恶化程度越严重,基于该核伤钢轨的运营车辆转向架振动加速度信号的 PSD_{300Hz} 幅值越大,且在核伤长度(深度)一定时,其幅值随深度(长度)呈明显的线性变化;③通过对比不同核伤长度或不同核伤深度下检测信号的 PSD_{300Hz} 发现,对于核伤 C_{301}～C_{305},即固定核伤长度而增大核伤深度时，检测信号 PSD_{300Hz} 由 0.75 增大到 1.95，增大了 1.6 倍；同样对于核伤 C_{301}～C_{601}，即固定其深度而逐渐增大核伤长度时，检测信号的 PSD_{300Hz} 由 0.75 减小到 0.27，仅仅减小了 64%，这就说明检测信号的 PSD_{300Hz} 对核伤病害的深度更敏感。

综上分析，对于长度在 30～60mm 且深度在 0.1～0.5mm 的钢轨核伤，300Hz 振动频率是一个特征响应频率，并且基于该核伤的运营车辆转向架加速度信号的 PSD_{300Hz} 值随钢轨核伤的伤损程度的加重而增大。

6.3.3 不同车速下的车辆转向架振动加速度信号时频特性

利用运营车辆的轴箱振动加速度进行钢轨核伤病害的检测时，由于检测信号对车速的依赖性强，所以利用其检测钢轨核伤的命中率也受到影响。本章选用车辆的转向架振动加速度信号作为钢轨核伤检测的输入信号，为避免出现上述情况从而影响对钢轨核伤的检测命中率，本节通过多次仿真模拟对运营车速与转向架振动加速度的关系进行研究分析，以期消除车速对检测信号的影响。

在本节的 SIMPACK 仿真模型中，设置的钢轨核伤为 C_{304}，运营车辆的速度为 15～120km/h。接下来分别从时域和频域两方面探讨车速对检测信号的影响。

1. 时频特性

因为转向架振动加速度信号的波长往往依赖于车辆的运行速度，所以本节先在时域内对比不同车速下的转向架振动加速度信号，具体如图 6.18 所示。检测信号的采样频率为 20000Hz，为方便在同一时域图中比较不同车速时检测信号的波长，这里将时间变换成位移，即图中横坐标为钢轨纵向位移，从而使信号的起始波动点重合。此外，纵坐标为转向架振动加速度，表示检测信号大小，单位为 g。

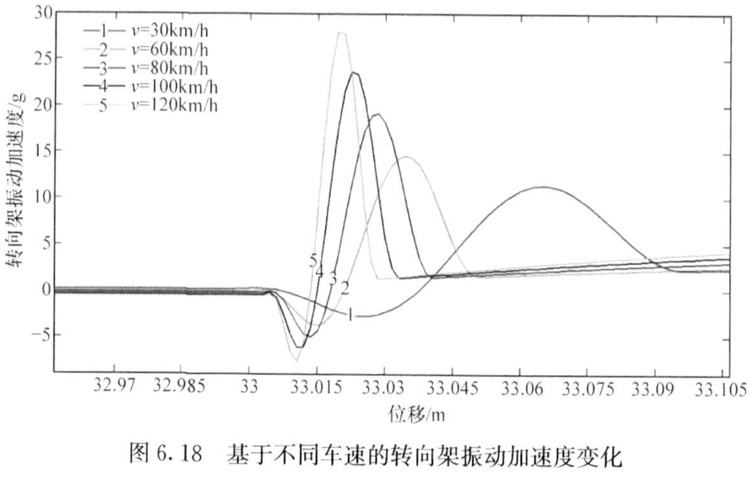

图 6.18　基于不同车速的转向架振动加速度变化

通过图 6.18 可以看出：①转向架振动加速度信号的幅值依赖于车辆运行速度，即速度越高，转向架振动加速度的幅值越大，其中，车辆以 120km/h 运行时，转向架振动加速度幅值相比以 30km/h 运行时增大了 1.49 倍；②转向架振动加速度信号的波形也受运行车速影响，车速越高，由钢轨核伤引起的振动信号波长越短，其中，车辆以 30km/h 运行时，转向架振动加速度信号的振动波长为 90mm，而运行车速升高到 120km/h 时，检测信号的波长减小为 24mm，足足缩短了 73.3%，即运行车速对检测信号的波长有非常大的影响；③车辆运行车速高于 60km/h 时，运行车速对检测信号波长的影响明显减弱，例如，车辆以 100km/h 运行时，转向架振动加速度信号的振动波长为 28.5mm，相比车速为 120km/h 时仅仅增加了 18.75%，远远低于 30km/h 时的 73.3%，这说明当运行车速升高到一定程度时，其对检测信号波长的影响逐渐减弱。

为进一步探究运行车速对转向架振动加速度信号幅值的影响，本节给出了不同车速下的检测信号幅值关系，如图 6.19 所示。图中横坐标表示车辆的运行速度，纵坐标代表车辆以对应车速驶过钢轨核伤病害时的转向架最大振动加速度。图中的 9 个点依次代表车辆以速度 15km/h、30km/h、45km/h、60km/h、75km/h、83km/h、90km/h、105km/h、120km/h 驶过带有核伤病害（C_{304}）的钢轨时车辆转向架的最大振动加速度值，为分析二者之间的数学关系，利用 SPSS 统计分析软件对数据进行回归分析得到了图中拟合曲线，其表达式为

$$BA_{max}=0.00009v^3-0.0273v^2+2.9679v+1.2974,v\in[15,120] \tag{6.2}$$

式中，v 为列车运行车速，km/h；BA_{max}为车辆转向架最大振动加速度，g。

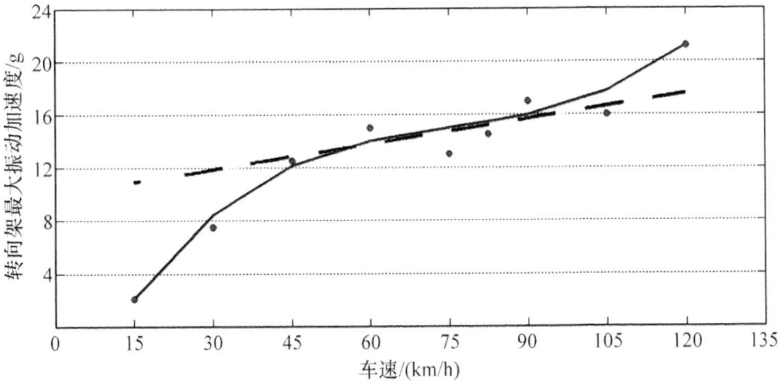

图 6.19　转向架最大振动加速度与运行车速的关系

从图 6.19 中可以发现，车辆的运行车速在 15～45km/h 范围内，或运行车速高于 105km/h 时，转向架的最大振动加速度随运行车速的提高呈现快速增大的趋势，例如，车速由 15km/h 提高到 45km/h 时，对应的转向架最大振动加速度由 2g 增大到 13.2g，增幅高达 5.6 倍，即随车速变化剧烈；车辆运行速度在

45～105km/h范围内时，转向架的最大振动加速度值变化很平缓，仅仅从 13.2g 增大到 16g，增幅为 21.2%。因此，当车辆运行速度介于 45km/h 与 105km/h 时，车速与转向架最大振动加速度的数学关系可以用一个相对简单的线性函数（图 6.19 中虚线）进行拟合，该线性函数表达式为

$$BA_{max}=0.2383v+89.766,\quad v\in[45,105] \tag{6.3}$$

式中各项定义同式(6.2)。

综上，根据列车转向架最大加速度与车速的数量关系可以知道，转向架的振动加速度对运营车辆的行驶速度有一定的依赖性，但是当车速介于 45km/h 与 105km/h 时，转向架的振动加速度随运行车速变化得很缓慢，并且二者之间呈现出式(6.3)所示的线性关系。但是，上述对二者之间数量关系的分析仅仅是基于一种钢轨核伤即 C_{304}，要想进一步探究转向架振动加速度与运行车速的关系，还需要同时考虑运行车速及钢轨核伤几何轮廓这两个影响因素，是今后要研究的工作。

2. 频谱特性

图 6.20 所示为列车分别以 30km/h、60km/h、80km/h、100km/h、120km/h 的车速驶过核伤 C_{304} 钢轨时转向架振动加速度信号的功率谱图。从图中可以看出，列车运行车速的改变对检测信号的振动频率的影响并不大，检测信号的振动频率始终有两个特征频带，分别为 0～50Hz 的低频带和 200～400Hz 的中频带，其中在低频带的振动功率谱幅值要远远大于中频带的幅值。为了具体分析车速对检测信号在这两个特征频带的响应特性，本节分别将频带 0～50Hz 和频带 200～400Hz 内检测信号的功率谱图像进行了局部放大处理，如图 6.20 所示。

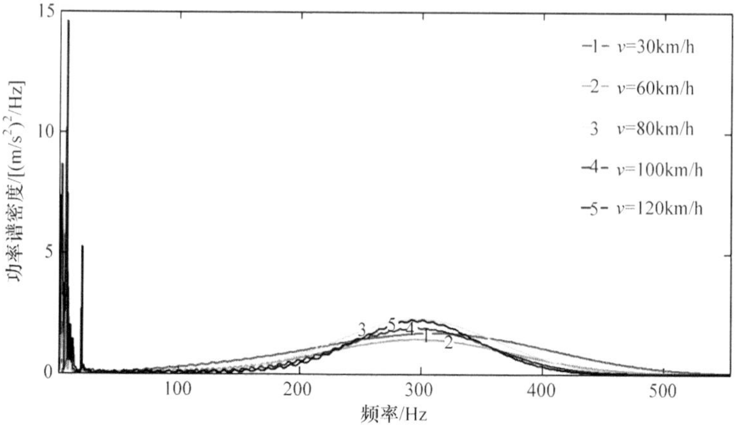

图 6.20　基于不同车速的检测信号功率谱(核伤 C_{304} 钢轨)

比较图 6.21(a)与图 6.21(b)可以发现，车速对检测信号在 200～400Hz 内的振动影响更明显，具体表现在随着运营线车速的提高，检测信号的中频振动越来越集中，频域范围越来越窄；检测信号的 PSD_{300Hz} 也与车速有关。

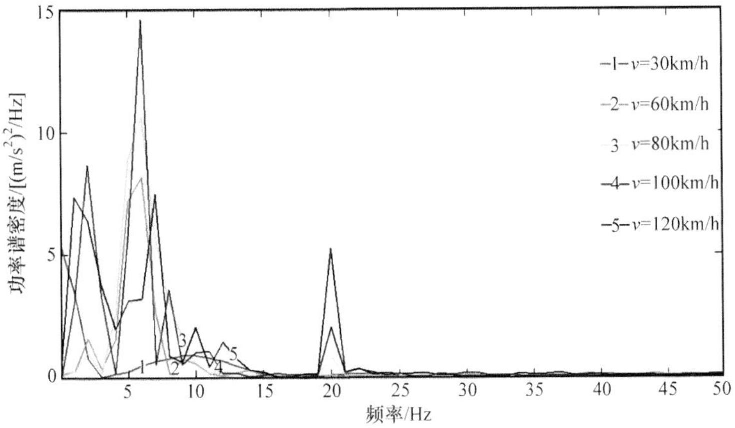

(a) 特征频带1(低频带)

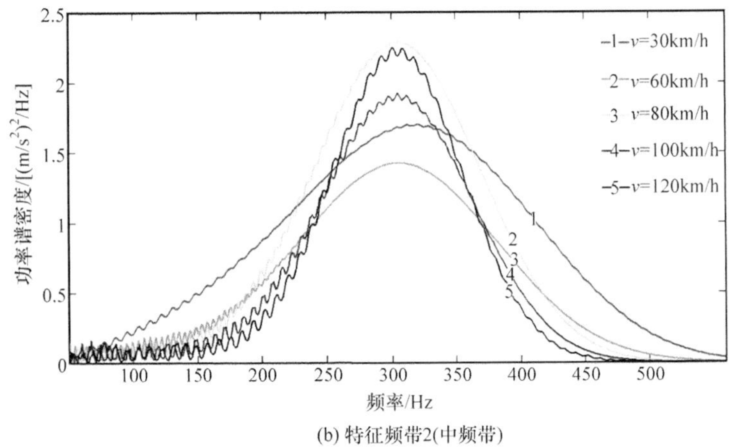

(b) 特征频带2(中频带)

图 6.21　基于不同车速的检测信号功率谱部分示意(核伤 C_{304} 钢轨)

图 6.22 所示为运行车速与检测信号的 PSD_{300Hz} 的关系，横坐标表示基于核伤 C_{304} 钢轨的车辆运行速度，纵坐标代表转向架振动加速度信号的 PSD_{300Hz}，图中的点分别代表车速为 15km/h、30km/h、45km/h、60km/h、70km/h、75km/h、90km/h、105km/h 时转向架振动加速度信号的 PSD_{300Hz}，仍然利用回归分析方法对其进行统计分析，拟合方程为

$$PSD_{300Hz}=0.00032v^3-0.093v^2+8.357v-121.58,\quad v\in[15,120] \tag{6.4}$$

式中，PSD_{300Hz} 为检测信号 300Hz 的振动功率谱；v 为运营车辆的运行速度，km/h。

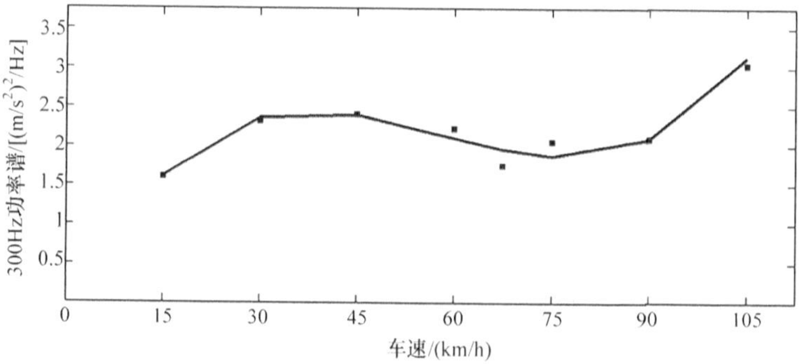

图 6.22 转向架振动加速度信号的 300Hz 功率谱与运行车速的关系

通过图 6.22 可以知道，基于钢轨核伤病害的转向架振动加速度 300Hz 功率谱对运行车速的变化不敏感，具体表现为运行车速为 15～30km/h 或 90～105km/h 时，检测信号的 PSD_{300Hz} 随运行车速的变化有明显波动，但最大变化率仅为 32.7%(车速为 90～105km/h)；当车辆的运行车速为 30～90km/h 时，检测信号的 PSD_{300Hz} 对运行车速的变化非常不敏感，具体表现为运营车辆的速度每提高 10km/h，其相应的 PSD_{300Hz} 的变化率均为 1%～5%。因此，可以认为在实际的工程应用中(车速一般为 20～80km/h)，运营车辆转向架振动加速度信号的 PSD_{300Hz} 对运行车速的依赖性很小，故可以不考虑运行车速对其的干扰。

6.4 小波分析与希尔伯特-黄变换在钢轨核伤检测中的应用

6.4.1 小波分析在钢轨核伤检测中的应用

本章利用 SIMPACK 仿真模型得到小波包分解的原始信号，对正常模型及核伤病害模型的仿真时间均为 10s，采样频率为 20000Hz，剔除前 2s 的仿真数据后对剩余数据进行小波包分析，具体如下所述。

依据振动信号的频域特点，对正常钢轨状态及核伤 C_{604} 钢轨状态下的转向架加速度信号进行小波包分解处理(这里采用的是 db1 小波)，随后对第 3 层的 8 个节点信号进行重构处理(S30 表示对第 3 层[3,0]节点信号的重构，S31 表示对第 3 层[3,1]节点信号的重构，其他依次类推)，图 6.23 所示为上述小波包分解的结果。

由图 6.23 可知，钢轨核伤状态下的转向架加速度信号经过分层后，各层信号的振动强度均比正常钢轨状态下检测信号的振动强度大 5～10 倍。其中，第 3 层的第 8 个节点(S37)的检测信号振动强度最大。观察图 6.23 可发现，正常钢轨状态下检测信号在第 3 层的第 8 个节点(S37)处的变化范围为－0.02～0.02，而出现

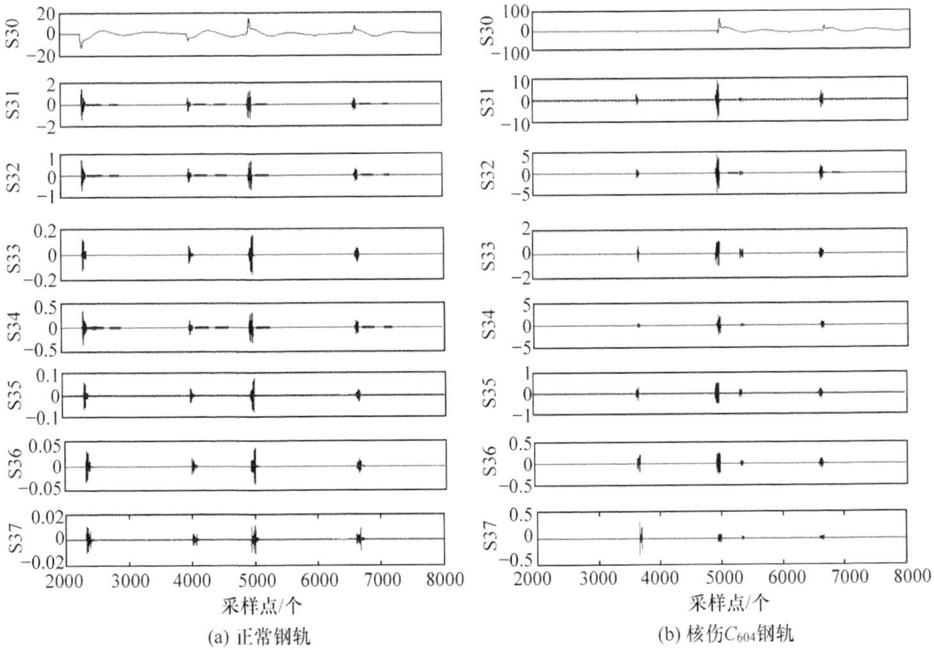

图 6.23　振动信号的小波包分解

钢轨核伤 C_{604} 之后，检测信号在该节点处的变化范围增大到 −0.5～0.5，振动强度增大了 25 倍之多(具体见图 6.24)，验证了钢轨上出现核伤等钢轨病害时，会对其上运营车辆造成较大激扰，导致车辆系统经过病害钢轨时出现较高频率的振动这一结论。

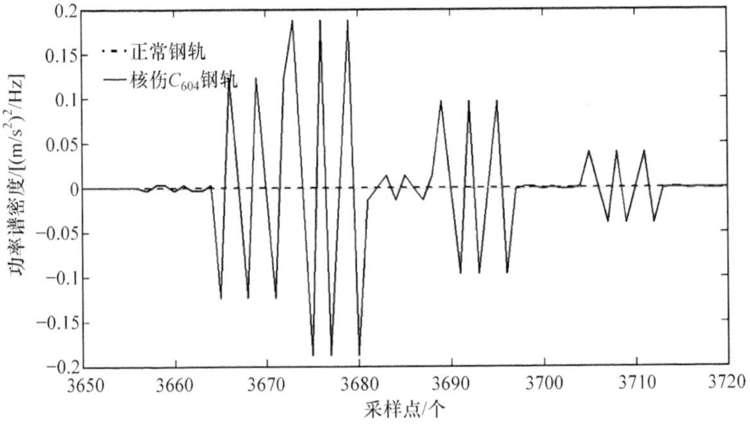

图 6.24　节点 S37 振动信号的小波包分解

计算分解后各层检测信号的功率值，得到了如图 6.25 所示的功率谱图。

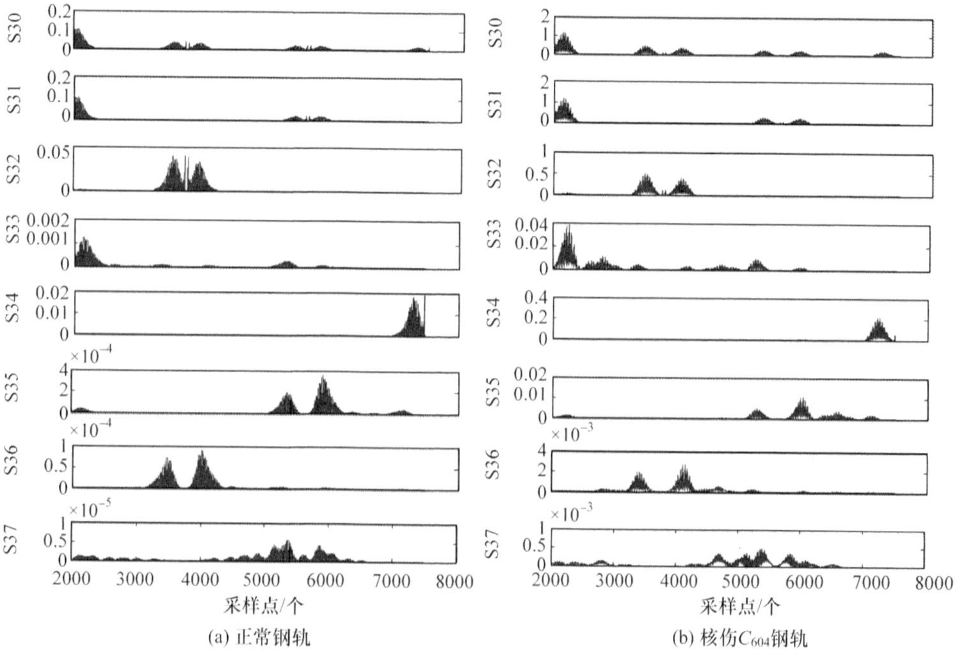

图 6.25　各层信号的功率谱图

分析图 6.25 可知，钢轨出现核伤病害后，对应的转向架加速度信号经小波包分解后，各层信号的功率远远大于正常钢轨状态下的各层转向架加速度信号的功率，其中第 3 层第 8 个节点(S37)的转向架加速度信号的功率差距最大，即出现钢轨核伤病害后，该节点的信号功率值是正常钢轨状态对应信号功率值的 100 倍之大，这是因为钢轨核伤的出现导致了车辆设备的振动加剧；另外，对比第 3 层第 4 个节点(S33)检测信号的功率谱发现，相比正常钢轨状态，当钢轨上出现核伤病害时，检测信号的高频振动越加明显，具体表现为 3000Hz、4000Hz、5000Hz 的振动。

由上述分析可知，钢轨上一旦出现核伤病害，运营车辆转向架的振动会变得更剧烈，即转向架振动加速度信号的功率谱可以判断钢轨核伤的出现与否。为了进一步研究钢轨核伤的严重性对转向架振动加速度信号的影响，本节对不同核伤状态(C_{304}、C_{604})下的转向架振动加速度信号进行了小波包分解处理，如图 6.26 所示。

由图 6.26 可知，C_{304} 核伤状态下的车辆转向架加速度信号经小波包分层后，其每一层信号的振动强度均比 C_{604} 核伤状态下的振动强度大得多。其中 C_{304} 核伤状态下，第 3 层第 8 个节点(S37)的信号变化范围为−10～10，而 C_{604} 核伤状态下，第 3 层第 8 个节点(S37)的信号变化范围仅为−0.5～0.5，振动差距最大为 20 倍

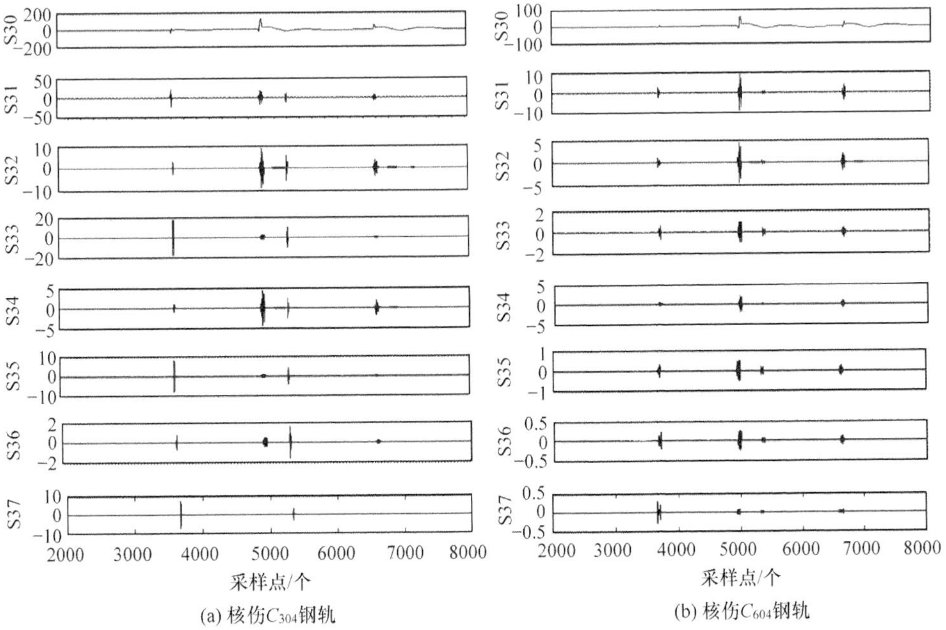

图 6.26　C_{304}、C_{604}核伤状态下的振动信号小波包分解

(具体见图 6.27),这说明钢轨上的核伤越严重,引起的车辆设备振动越剧烈,这也验证了利用运营车辆转向架的振动加速度信号评估钢轨核伤程度的可行性。

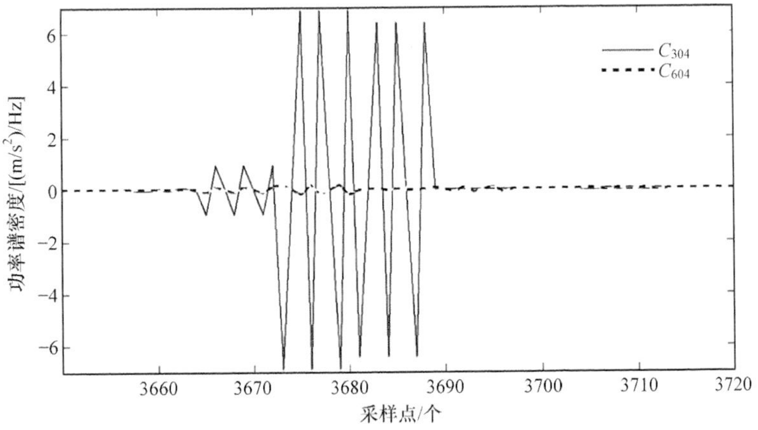

图 6.27　C_{304}、C_{604}核伤对应的节点 S37 振动信号的小波包分解

信号的连续小波分析具有明显的物理意义,在对检测信号进行连续小波变换之后,仍能保留原始检测信号的幅值和相位信息[13]。此外,连续小波变换的图像可以认为是检测信号在时频域的能量分布,即振动信号的不同振动强度在图形上

会以不同的颜色表现，图中颜色越重、越亮的部分表示检测信号振动越剧烈。研究表明，在对检测信号进行小波包分解的基础上，再结合连续小波变换，可以从时域、空间域以及频域分析得到钢轨病害位置、振动频率以及振动能量，从而弥补单纯进行频域分析的不足，可以对钢轨病害实现空间定位。

对基于正常钢轨状态及基于核伤 C_{304} 钢轨的运营车辆转向架振动加速度信号进行连续小波变换，此时钢轨核伤病害均设置在钢轨 33m 处，车速为 30km/h，仿真时间为 6s，检测信号的采样频率为 20000Hz，具体结果如图 6.28 所示，横坐标表示钢轨纵向位移，纵坐标换算为频率，单位为 Hz。同样地，图上颜色越浓且越亮的部分，运营车辆的振动越剧烈。换算频率可由下列公式计算：

$$f=\frac{f_0}{a}f_s \tag{6.5}$$

式中，f 为由钢轨病害引起的车辆振动频率；f_0 为中心频带频率，此处为各节点的中心频率；a 为尺度因子；f_s 为钢轨检测信号的采样频率。

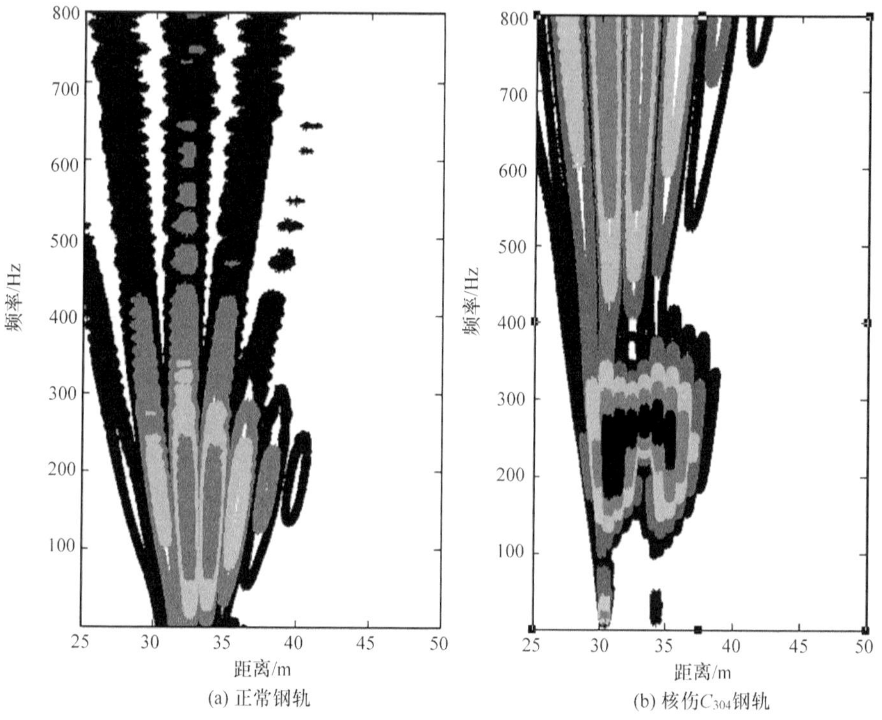

图 6.28　基于正常钢轨及核伤 C_{304} 钢轨的转向架加速度信号的连续小波分析

从图 6.28 中可以看出：①无论钢轨上是否存在核伤病害，在仿真模型的运行区段运营车辆的振动频率均在 0～800Hz 的频带，其中在钢轨 30～40m 区段内，车辆振动相对较剧烈；②从图 6.28(a)中可以看出，车辆运行至钢轨 30～40m 区段时，振动加剧，其中在 30～35m 这 5m 范围的振动相对更剧烈，图中车辆剧烈振动的频率为 50～250Hz 的低频带；③从图 6.28(b)中可以看出，当钢轨上存在一个长 30mm、深 0.4mm 的核伤病害时，车辆同样是在钢轨 30～35m 区段内的振动明显加剧，但其剧烈振动的频带有 3 个：第一个是 0～50Hz 的低频带，第二个是 150～350Hz 的中频带，第三个是 550～800Hz 的高频带，其中车辆在 200～300Hz 频带的振动最剧烈；④比较基于有无核伤病害的钢轨时，从运营车辆检测信号的连续小波变换图像可以看出，钢轨上出现核伤病害后车辆的振动加剧，且振动频带提高，即核伤病害导致了运营车辆的中高频振动。因此，利用检测信号的连续小变换可以判断钢轨上是否有核伤病害出现，即可用于钢轨核伤病害的初步检测。

为了探究不同几何轮廓钢轨核伤对车辆振动频率频率特性的影响，本节对基于不同核伤 C_{301}、C_{304} 钢轨的车辆转向架振动加速度信号进行了连续小波分析和对比分析。同样地，运行车速为 30km/h，仿真时间为 6s，检测信号的采样频率为 20000Hz，在进行仿真模拟时，两种核伤均设置在钢轨 33m 处同一位置，图 6.31 所示为基于核伤 C_{301} 和核伤 C_{304} 的检测信号连续小波分析结果。

对比图 6.29 中基于核伤 C_{301} 钢轨和核伤 C_{304} 钢轨的检测信号连续小波变换频谱可以发现：①钢轨上存在核伤病害时，不论是核伤 C_{301} 还是核伤 C_{304}，在钢轨 30～35m 的区段，检测信号的连续小波变换频谱均出现了 200～300Hz 频带的振动，但观察基于核伤 C_{304} 钢轨的运营车辆检测信号的连续小波变换图像可以发现，延至钢轨 35m 处，检测信号在该频带内的振动能量仍然很高，这说明检测信号在

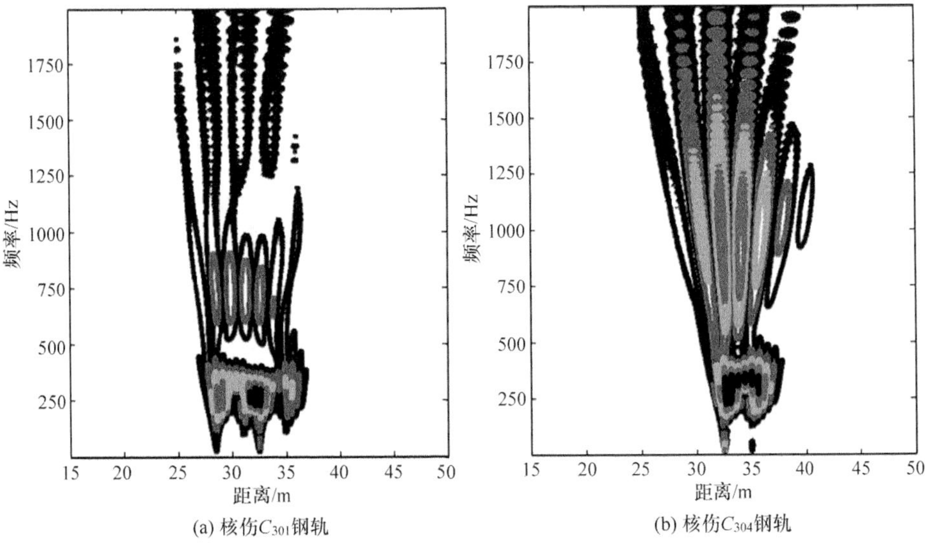

图 6.29　基于核伤 C_{301} 钢轨及核伤 C_{304} 钢轨的转向架加速度信号的连续小波分析

该频带的振动更剧烈,因此,核伤恶化程度越重,基于该核伤钢轨的车辆在 200～300Hz 频带的振动就越剧烈;②当钢轨上的核伤由 C_{301} 变为更严重的 C_{304} 时,检测信号在高频带的振动也变得更剧烈,具体表现为基于核伤 C_{301} 钢轨的车辆振动高频带为 600～900Hz,而基于核伤 C_{304} 钢轨的车辆振动高频带为 600～1500Hz,并且振动相对更剧烈,这说明核伤病害恶化程度越严重,运营车辆在核伤病害处的高频振动越明显、越剧烈。

综合对比图 6.28 和图 6.29 可知:①当钢轨上出现核伤病害时,运营车辆会出现高于 200Hz 的中高频振动;②一旦钢轨上出现核伤病害,车辆运行至该病害处均会出现频率为 300Hz 的振动,并且核伤越严重,车辆以 300Hz 的频率进行振动的时间就越长;③钢轨上的核伤病害越严重,越能激发车辆的高频振动,具体表现在核伤恶化程度越重,车辆的振动频率就越高。

6.4.2 希尔伯特-黄变换在钢轨核伤检测中的应用

钢轨核伤作为一种钢轨滚动接触疲劳伤损,其形成机理复杂,且几何轮廓不具有真正的统一性,因此基于钢轨核伤的运营车辆转向架振动信号具有非平稳且非线性的特性。希尔伯特-黄变换作为一种既可针对线性稳态信号又可用于非线性且非稳态信号进行分析的、具有高度自适应性的时频分析方法,利用其对基于钢轨核伤的运营车辆转向架振动加速度信号进行分析,对钢轨核伤的时频特性研究具有非常重要的价值[3]。

本章采用希尔伯特-黄变换(HHT)分析方法对基于不同钢轨核伤的运营车辆转向架振动加速度信号进行经验模态分解(EMD),并对信号的希尔伯特谱和边际谱进行对比分析,从而根据信号的瞬时频率响应及特征响应频带分析钢轨核伤病害对运营车辆振动信号的时频响应影响,得出钢轨核伤的特征时频响应,为钢轨核伤的检测提供理论依据。

1. EMD

图 6.30～图 6.32 所示分别为运营车辆以某一特定速度基于某一种钢轨核伤运行时的转向架加速度信号的 EMD 结果。图中的原始信号表示运营车辆经过存在某一大小钢轨核伤病害的钢轨时的转向架振动加速度原始信号,imf1～imf5 分别表示对原始信号进行 EMD 后得到的信号振动固有模态分量,其是根据频率由高至低的顺序所提取的,即 imf1 代表了原始信号中频率最高的振动模态,imf5 代表原始信号中频率最低的振动模态;res 代表对原始信号进行 EMD 后的残余误差,按照 EMD 理论,残余误差一般为趋势项或常数项,代表检测信号的变化趋势,一般可以不考虑。

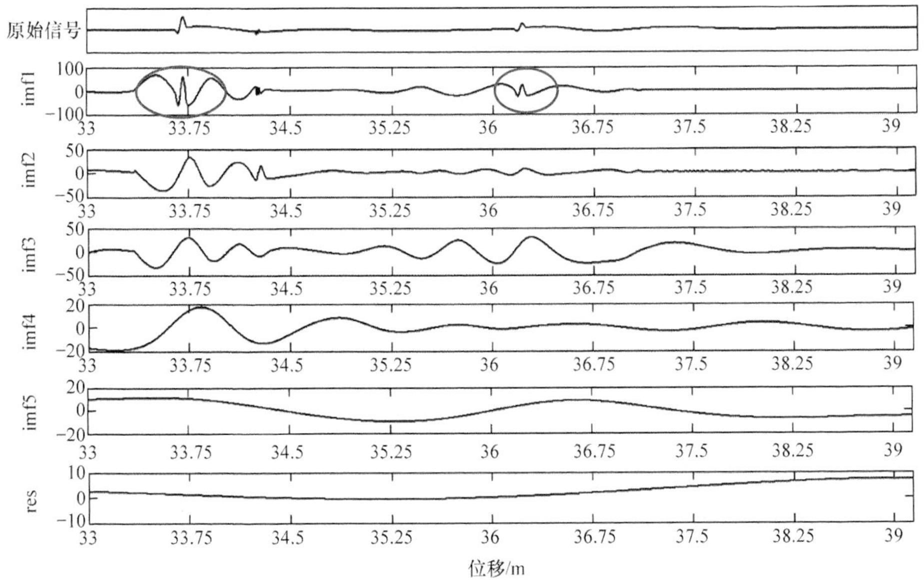

图 6.30　基于核伤 C_{304} 的转向架加速度信号的 EMD(车速为 30km/h)

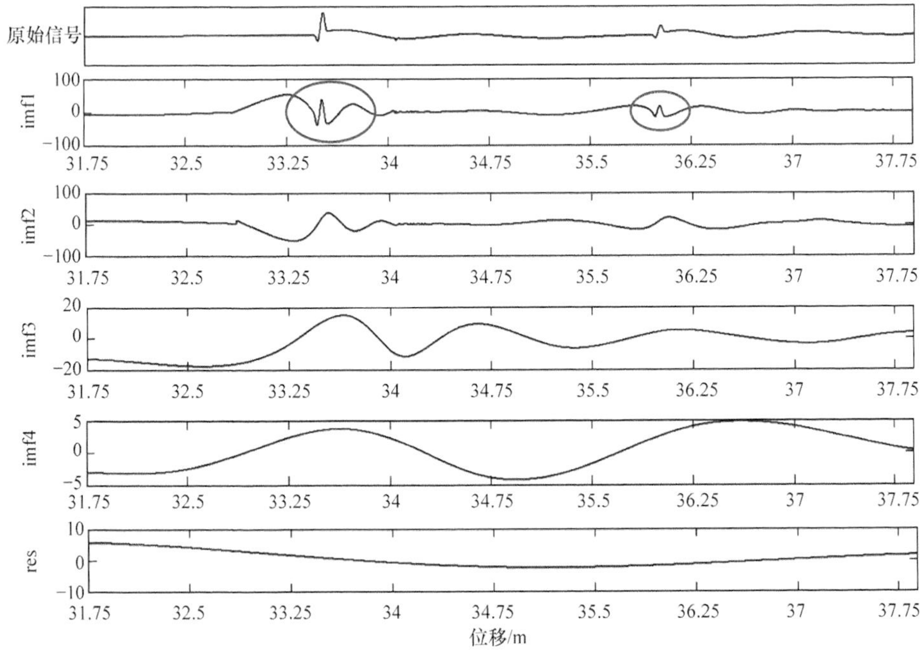

图 6.31　基于核伤 C_{302} 的转向架加速度信号的 EMD(车速为 30km/h)

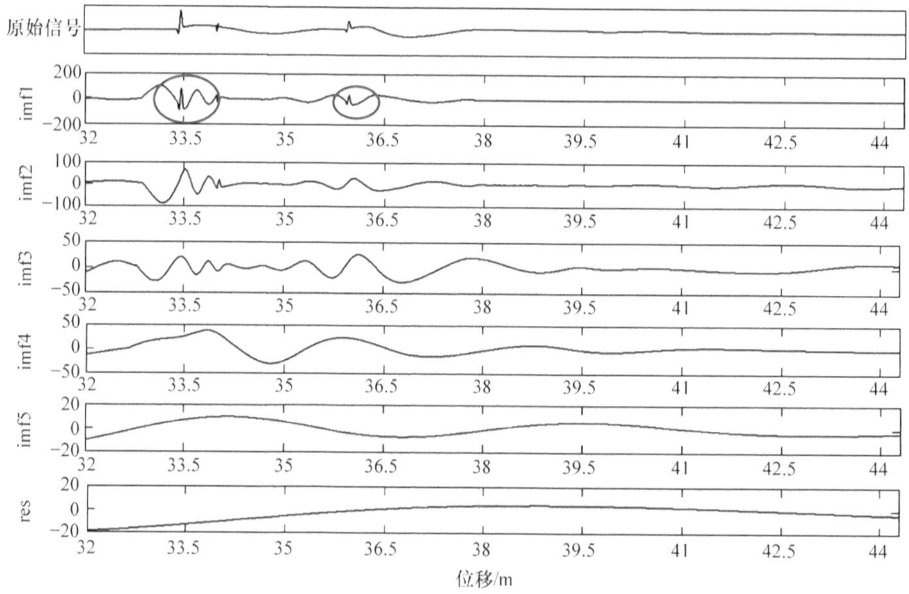

图 6.32　基于核伤 C_{304} 的转向架加速度信号的 EMD(车速为 60km/h)

通过运营车辆转向架振动加速度信号 EMD 得到的经验模态分量(imf)可以提取钢轨核伤病害。例如,对比图 6.30～图 6.32 可以发现,尽管图中的原始信号是基于不同几何轮廓的钢轨核伤,或基于同一钢轨核伤、不同车辆运营速度,但对比发现,图 6.30～图 6.32 的第一个振动模态分量(imf1)有一个明显的共同特点,即在钢轨同一位置处的振动幅值明显大于钢轨其他位置的信号振动模态幅值,且信号的振动均表现为图中椭圆所标注的 W 形模态,具体如图 6.33 所示。因此,可以认为钢轨在图示位置出现了钢轨核伤病害,并且该种病害会导致运营车辆的转向架振动加速度信号出现这种 W 形振动模态,或者可以认为钢轨出现核伤病害后,基于该种病害的运营车辆转向架加速度信号的振动特征模态就是 W 形波形。即对检测信号进行 EMD,若在得到的各经验模态分量中发现上述 W 形振动模态,就可以认为钢轨在该振动模态对应的位置出现了钢轨核伤病害。

另外,对比图 6.30 和图 6.31,此时车辆的运行速度均为 30km/h,但钢轨上的核伤病害分别是 C_{304} 和 C_{302},结果发现车辆转向架加速度信号的第一层经验模态分量(imf1)中 W 形模态的幅值分别为 51.3 和 83.7,相差约 63%,即钢轨核伤越严重(即 C_{304}),其幅值则相对而言较大;然而对比图 6.30 和图 6.32,此时钢轨上的核伤病害均为 C_{304},但车速分别为 30km/h 和 60km/h,再对比检测信号的 W 形模态幅值发现,60km/h 车速下的 W 形模态幅值是 30km/h 车速下相应幅值的 2 倍之多,即车速越高,转向架振动加速度信号的特征模态(即 W 形模态)会越明显,并

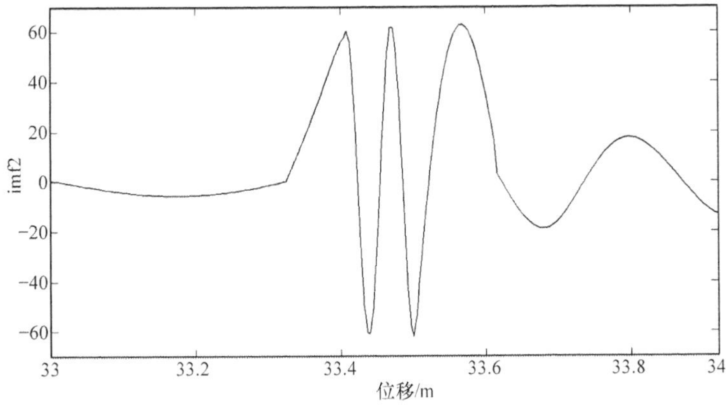

图 6.33　基于钢轨核伤的转向架振动加速度振动模态

且该模态的幅值受车速的影响更大。因此,通过对比检测信号的 W 形振动模态幅值,可以初步评估出现的核伤的大小。

2. EMD 分解希尔伯特谱及边际谱分析

对上面通过 EMD 分解得到的经验模态分量进行希尔伯特变换以得到其对应的希尔伯特谱,由此可以看出检测信号的经验固有模态分量的频率随时间或位移的变化,即瞬时频率或某一特定位置处的振动频率。

这里以基于钢轨核伤 C_{304} 的运营车辆转向架加速度信号 EMD 的第一个经验模态分量即 imf1 为例,其希尔伯特谱如图 6.34 所示,其中横坐标为钢轨纵向位移,纵坐标为频率值,图像的颜色代表了信号的振动强度,即颜色越深,说明在钢轨相应位置车辆的振动越剧烈。

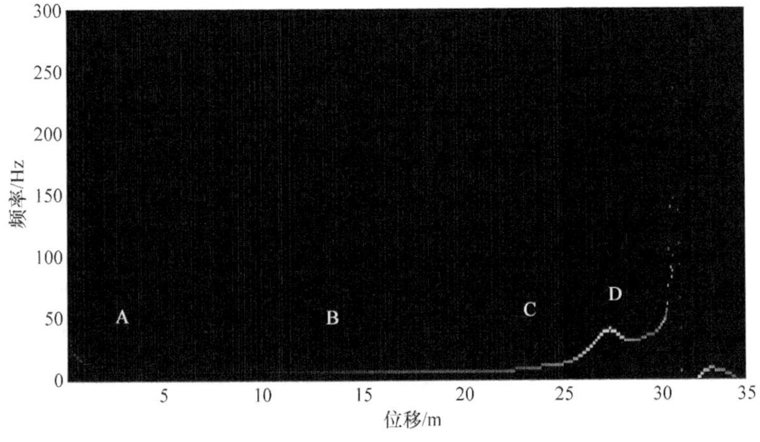

图 6.34　基于钢轨核伤的转向架振动加速度信号的 HHT 谱

从图 6.34 中可以看出，在钢轨 0～35m 的范围内车辆转向架均有一定频率的振动，具体为：在钢轨 0 到 4m 的范围内(图中 A 区段)，运营车辆转向架加速度信号的第一阶经验固有模态分量(imf1)的瞬时频率值由 50Hz 逐渐下降为约 10Hz；在钢轨 4m 到 22m 的区段(图中 B 区段)，检测信号的固有振动模态的频率值基本保持在平稳状态，振动强度变化较小；在钢轨 22～25m 的区段内(图中 C 区段)，检测信号的振动频率开始出现波动；在钢轨 25～35m 的区段内(图中 D 区段)，检测信号的振动频率波动明显，而且不同频率的振动越来越剧烈，最后在大概钢轨 33m 处检测信号的瞬时频率达到最高值，约为 300Hz。

为进一步研究基于钢轨核伤病害的检测信号的主要频率分布情况，以便分析钢轨核伤病害的特征频带，由上述内容可知，在对基于钢轨核伤的运营车辆转向架加速度信号进行 EMD 时，检测信号的高频振动固有模态即 imf1 有较为明显的特性，因此，本节采集了两组不同钢轨状态的检测信号数据，即基于钢轨不平顺且存在核伤病害的钢轨状态(钢轨状态 a)、仅仅存在钢轨核伤病害而没有钢轨不平顺激扰的钢轨状态(钢轨状态 b)，分别对基于这两种钢轨状态的检测信号进行 EMD，并对其第一阶固有振动模态进行边际谱分析，结果如图 6.35 和图 6.36所示。这里设定的钢轨核伤为 C_{304}，车辆运行速度为 60km/h，图中的横坐标为检测信号的振动频率，纵坐标为频率幅值。

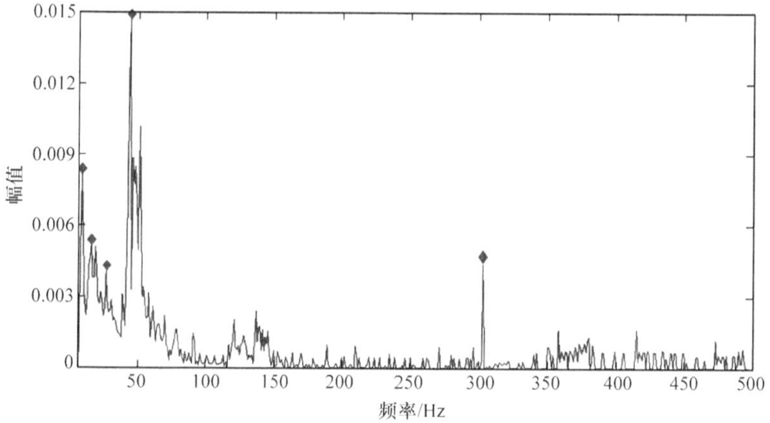

图 6.35 基于钢轨状态 a 的转向架振动加速度信号的边际谱(车速为 60km/h)

图 6.35 中的检测信号是在既有不平顺激扰又有核伤病害的钢轨上测得，从图中可以看出检测信号的边际谱图中出现了 5 个特征频率，分别为 7.5Hz、23Hz、28Hz、44Hz、300Hz(见图中黑色标注)；图 6.36 中的检测信号源于仅仅存在钢轨核伤病害而没有不平顺激扰的钢轨，从图中可以看出检测信号的边际谱中出现了两个特征频率(见图中的黑色标注)，分别为 44Hz 及 300Hz。鉴于这两种钢轨状

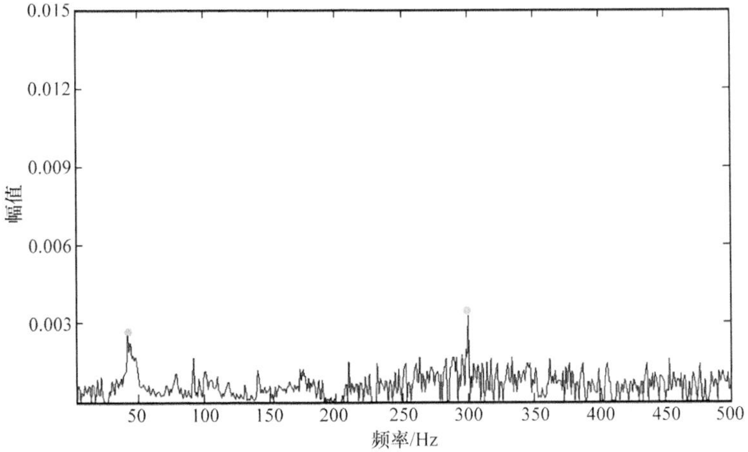

图 6.36　基于钢轨状态 b 的转向架振动加速度信号的边际谱(车速为 60km/h)

态的检测信号出现了两个相同的特征频率，说明 44Hz 及 300Hz 正是由钢轨核伤病害造成的振动频率，而 7.5Hz、23Hz、28Hz 这 3 个响应频率均是由钢轨不平顺激扰导致的振动响应频率，即 44Hz 和 300Hz 均为钢轨核伤病害的特征频率。此外，对比图 6.35 和图 6.36 可以发现，基于不同钢轨状态的检测信号其边际谱幅值不同，当钢轨上仅存在核伤病害而没有不平顺干扰时，检测信号的边际谱幅值相对较小，这是因为钢轨上既有不平顺干扰又有核伤病害干扰时，两种干扰的叠加加剧了运营车辆的振动。

在利用车辆转向架的振动加速度信号检测钢轨核伤病害时，车辆的运行速度是不可忽略的影响因子，因此，本节在对检测信号进行希尔伯特边际谱分析时，也对车辆运行速度这一因子进行了研究分析。

图 6.37 所示为同一钢轨状态(核伤 C_{304})下，车辆分别以 80km/h、100km/h 的速度驶过钢轨核伤病害时，转向架振动加速度信号的希尔伯特边际谱。通过对比图 6.35、图 6.37(a)、图 6.37(b)可以发现：①在钢轨核伤病害以及钢轨不平顺激扰下，检测信号在 0～500Hz 的频带内均有不同幅度的振动，具体表现为车速越高，检测信号的振动幅值越大，但变化相对平缓，以检测信号 300Hz 频率分量的振动幅值为例，当车速由 80km/h 提高到 100km/h 时，该值由 0.0065 增加到 0.007，增幅仅为 7.7%；②在仿真钢轨区段上设置同一核伤病害后，基于不同车速的检测信号边际谱均出现相同的 5 个主要频带，这说明车速对检测信号的主要振动频率影响较小；③运行车速提高后，转向架振动加速度信号的振动频率明显提高，对比图 6.37(a)和图 6.37(b)可以发现在 100km/h 的车速下，检测信号在频带 400～500Hz 的振动明显增强。

图 6.37 中只是改变了车辆的运行车速，但均基于同一种钢轨状态，即基于一种钢轨核伤，要想深入研究运行车速对检测信号边际谱的影响，下一步还需要同时考虑车辆的不同运行速度和不同伤损程度的钢轨核伤。

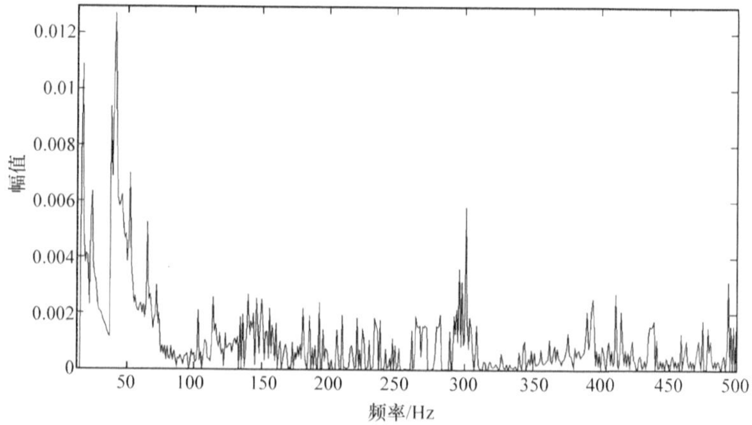

(a) 运营车速为80km/h

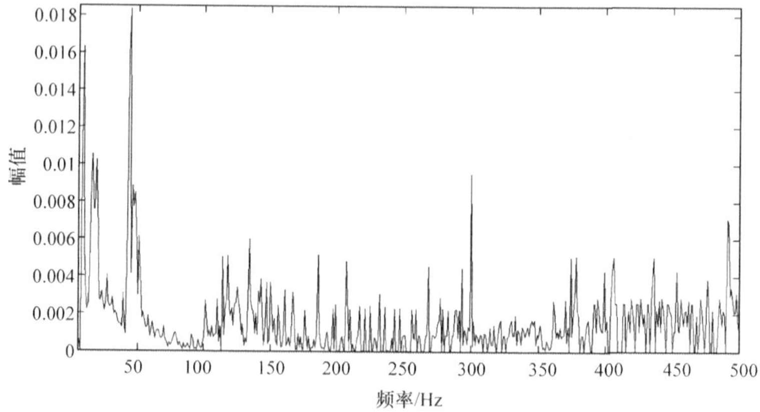

(b) 运营车速为100km/h

图 6.37　基于钢轨核伤 C_{304} 的转向架振动加速度信号的边际谱

6.4.3　系统模态分析

本节分别采用传统的(频谱分析)和现代最新的(小波分析及希尔伯特-黄分析)信号分析方法，对车辆-轨道动力学仿真模型中的转向架振动加速度信号进行分析处理，可以得出以下三点结论。

(1) 对于本书在 SIMPACK 仿真模型中模拟的所有核伤病害(长为 15～60mm，深为 0.1～0.4mm)，转向架振动加速度信号的主要频率都在相同的两个频率范围内：一个是 0～50Hz 的频率范围(以 5Hz、10Hz、20Hz 及 30Hz 等为主要振动频率)，另一个是中频带 200～400Hz(具体是指 300Hz 的振动频率)。

(2) 钢轨上存在不同恶化程度的钢轨核伤病害时，虽然检测信号的主要振动频率没有变化，但是检测信号在相应频率的振动能量能够反映核伤病害的严重程度，具体表现在核伤病害越严重，检测信号的振动能量就越高。

(3) 车速对检测信号的振动频率基本没有影响。

因此，可以认为 0～50Hz 及 300Hz 是钢轨核伤病害的特征频率，而且猜想这些频率与本书的车辆-弹性轨道动力学仿真模型的系统振动模态有关。为了验证该猜想，本节对仿真模型的固有振动模态进行了下述研究。

振动是任何物理系统的共有现象，而振动发生的频率和特定频率下的振型则依赖于系统的物理特性。当给系统提供一个特定的频率进行激励时，系统经历的这些振型即对应所谓的固有模态或称为正则模态[14,15]。

SIMPACK 中的柔性体常常是用有限元法对体在悬浮状态下所计算出的固有模态来表示的。为了描述力元、约束和柔性体上铰接等载荷的影响，常常推荐计算所谓的静模态。静模态是通过在附加点上施加静载荷来得到的。用有限元分析计算相应的变形，将此静态变形与固有模态相结合作为多体系统分析的模态振型[4]。因此，SIMPACK 提供了计算频率响应模态的可能性，可以将其理解为静模态法的扩展。表 6.4 所示为车辆-轨道动力学模型中整车模型的固有振动模态。

从表 6.4 中可以知道本书利用 SIMPACK 软件所建的整车动力学模型中共有 68 个自由度(不包括弹性钢轨的振动模态)，其中第 43～68 个自由度的固有振动模态恰恰可以与钢轨核伤的特征频率(5Hz、20Hz、30Hz)相对应，具体见表中加黑标注。

表 6.4　整车动力学模型的固有模态

序号	实部/(1/s)	虚部/(rad/s)	阻尼	频率/Hz
1	-2.7278×10^5	+0.0000	1.0000	0.0000
2	-2.2358×10^6	+0.0000	1.0000	0.0000
3	-2.2358×10^6	+0.0000	1.0000	0.0000
4	-2.3851×10^5	+0.0000	1.0000	0.0000
5	-2.2358×10^6	+0.0000	1.0000	0.0000
6	-5.5304×10^5	+0.0000	1.0000	0.0000
7	-4.6752×10^5	+0.0000	1.0000	0.0000
8	-4.6752×10^5	+0.0000	1.0000	0.0000
9	-5.5304×10^5	+0.0000	1.0000	0.0000
10	-5.5304×10^5	+0.0000	1.0000	0.0000

续表

序号	实部(1/s)	虚部(rad/s)	阻尼	频率/Hz
11	-4.6752×10^{5}	+0.0000	1.0000	0.0000
12	-2.6053×10^{2}	+0.0000	1.0000	0.0000
13	-2.0523×10^{2}	+0.0000	1.0000	0.0000
14	0.0000	+0.0000	0.0000	0.0000
15	0.0000	+0.0000	0.0000	0.0000
16	0.0000	+0.0000	0.0000	0.0000
17	0.0000	+0.0000	0.0000	0.0000
18	-1.2825×10^{-2}	+0.0000	0.0000	0.0000
19	-1.2918×10^{-2}	+0.0000	0.0000	0.0000
20	3.5338×10^{-3}	+0.0000	−1.0000	0.0000
21	-1.6355×10^{-4}	+0.0000	0.0000	0.0000
22	-2.5621×10^{-2}	+0.0000	1.0000	0.0000
23	-2.5699×10^{-2}	+0.0000	1.0000	0.0000
24	-7.9772×10^{-1}	+0.0000	1.0000	0.0000
25	-2.7373×10^{-2}	+0.0000	1.0000	0.0000
26	-4.1343×10^{-1}	+0.0000	1.0000	0.0000
27/28	-2.1108×10^{-3}	$\pm8.0702\times10^{-2}$	0.0261	0.0128
29/30	-7.7217×10^{-1}	±2.4785	0.2974	0.3945
31/32	−5.0931	±6.2832	0.6297	1.0000
33/34	−2.2890	±6.3880	0.3373	1.0167
35/36	−8.1849	±9.5461	0.6509	1.5193
37/38	−6.2918	±9.9134	0.5359	1.5778
39/40	-1.7330×10	$\pm1.3774\times10$	0.7828	2.1923
41/42	-1.5889×10	$\pm4.3654\times10$	0.3420	**6.9477**
43/44	-1.6029×10	$\pm4.6994\times10$	0.3228	**7.4793**
45/46	−5.3491	$\pm4.8158\times10$	0.1104	**7.6646**
47/48	−8.5198	$\pm4.8366\times10$	0.1735	**7.6977**
49/50	-2.1123×10	$\pm5.6113\times10$	0.3523	**8.9306**
51/52	-2.0851×10	$\pm5.7954\times10$	0.3385	**9.2236**
53/54	-8.6232×10^{-1}	$\pm7.7670\times10$	0.0111	**12.3651**
55/56	-1.5071×10	$\pm8.0880\times10$	0.1832	**12.8725**

续表

序号	实部(1/s)	虚部(rad/s)	阻尼	频率/Hz
57/58	-2.0507×10	$\pm8.9584\times10$	0.2231	**14.2577**
59/60	-7.6744	$\pm1.0971\times10^2$	0.0698	**17.4612**
61/62	-3.4820×10	$\pm1.5963\times10^2$	0.2131	**25.4060**
63/64	-3.4788×10	$\pm1.6032\times10^2$	0.2121	**25.5154**
65/66	-1.0616×10^2	$\pm1.8880\times10^2$	0.4901	**30.0479**
67/68	-1.0056×10^2	$\pm1.9175\times10^2$	0.4644	**30.5184**

由于本书所建的车辆-轨道动力学仿真模型中，弹性轨道的建模是在有限元分析软件 ANSYS 中完成的，SIMPACK 软件导出的系统模态并不包括轨道的振动模态。然而，针对轨道的振动模态，K. Knothe 和 B. N. Weiss 等利用锤试验和谐波分析的方法对三层轨道(钢轨-轨枕-道床)的垂向振动模态做了大量的分析和研究，并得出了表 6.5 所示的结论。

表 6.5　轨道的固有模态

谐波分析	无负重轨道模型	负重轨道模型	锤试验	轨道共振
—	90	38	100	全轨道共振
320	307	308	280	钢轨-轨枕共振
1000	1006	1012	1008	钢轨振动
1180	1192	1211	1150	Pin-pin 共振
—	1584	1587	1580	钢轨振动
1920	1926	1926	1880	钢轨振动

根据表中轨道的振动模态可知，钢轨核伤的另一特征频率 300Hz 是由钢轨-轨枕的共振模态[16-18]。

6.5　本 章 小 结

钢轨核伤病害是一种滚动接触疲劳伤损，会给城市轨道交通的安全运营带来隐患，更会严重威胁乘客的生命财产安全。本章提出的基于运营车辆的转向架振动加速度信号检测钢轨核伤病害的方法，主要是从谱分析的角度提取了核伤病害的典型时频特征，从而为实现核伤病害的早期检测提供了新思路及依据。首先利用 SIMPACK 多体动力学软件分别搭建了整车动力学模型、轮轨接触模型、包含核伤病害的弹性轨道(钢轨-轨枕-道床)模型，模拟了不同几何轮廓、不同严重程度的核伤病害。然后对采集到的车辆转向架振动加速度信号进行时频分析、小波分析及希尔伯特-黄变换等，基于分析结果总结出了核伤病害的时频特性，即核伤病害的特征响应频带为 0～50Hz 和 300Hz，其固有振动模态呈现 W 波形。最后根据该时频特性对上海地铁 1 号线 0117 车的实际轨道不平顺数据进行分析，验证了该检测方法的可行性和工程实用性。

参考文献

[1] 易正红. 浅谈线上钢轨伤损探测[J]. 铁道工程学报，1997，(4)：107-110.

[2] 石永生，张全才，李杰，等. 探伤车与探伤仪的轨头核伤检测能力对比分析[J]. 铁路技术创新，2012，(1)：99-101.

[3] 雷继尧，何世德，王嘉琛. 工程信号处理技术[M]. 重庆：重庆大学出版社，1990.

[4] Dempsey P J. Gear damage detection using oil debris analysis[J]. Gear Technology，2006，20(1)：12-17.

[5] Li Z，Dollevoet R，Molodova M. Squat growth—Some observations and the validation of numerical predictions[J]. Wear，2011，271(1/2)：148-157.

[6] Steenbergen M，Dollevoet R. On the mechanism of squat formation on train rails—Part I：Origination[J]. International Journal of Fatigue，2013，(47)：361-372.

[7] Chen X M，Tao X X，Cui G H. Analysis of track irregularity wavelet analysis theory[J]. Railway Engineering Society，2008，(1)：57-61.

[8] Molodova M. Detection of early squats by axle box acceleration[D]. Delft：Delft University of Technology，2012.

[9] Li Z，Zhao X，Esveld C，et al. An investigation into the causes of squats—Correlation analysis and numerical modeling[J]. Wear，2008，265(9/10)：1349-1355.

[10] 周素霞，陶永忠，张志华，等. SIMPACK 9 实例教程(上)[M]. 北京：北京联合出版公司，2013.

[11] 涂占宽，黎连修. 钢轨核伤探伤工艺改进的建议[J]. 南昌航空大学学报，2007，21(8)：71-74.

[12] 周素霞，陶永忠，张志华，等. SIMPACK 9 实例教程(下)[M]. 北京：北京联合出版公司，2013.

[13] 刘涛，李爱群，丁幼亮. 小波分析在结构损伤识别中的应用[J]. 地震工程与工程振动，2008，28(2)：29-35.

[14] Gullers P，Andersson L，Lunden R. High-frequency vertical wheel-rail contact forces—Field measurements and influence of track defects[J]. Wear，2008，265(9/10)：1472-1478.

[15] Li M X D，Berggren E G，Berg M. Assessment of vertical track geometry quality based on simulations of dynamic track-vehicle interaction[J]. Proceedings of the Institution of Mechanical Engineers，Part F：Journal of Rail and Rapid Transit，2009，223(2)：131-139.

[16] Molodova M，Li Z，Dollevoet R. Axle box acceleration：Measurement and simulation for detection of short track defects[J]. Wear，2011，271(1)：349-356.

[17] Berggren E G，Li M X D，Jan Spannar. A new approach to the analysis and presentation of

vertical track geometry quality and rail roughness[J]. Wear, 2008, 265(9/10): 1488-1496.
[18] Grassie S L. Measurement of railhead longitudinal profiles: A comparison of different techniques[J]. Wear, 1996, 194(1): 245-251.

第 7 章　波浪形磨耗建模与检测技术研究

本章提出一种基于运营车辆转向加速度的钢轨波浪形磨耗检测的方法。该检测方法依据实际测量到的各方向加速度数据对钢轨的波浪形磨耗病害进行分析，可通过普通城市轨道列车车载测量实现，所需设备简单，在提高效率的同时也能够降低成本。本章首先利用 SIMPACK 动力学软件建立城市轨道交通车辆-钢轨动力学模型，并在此基础上建立典型的钢轨波浪形磨耗模型，采集转向架的各方向振动加速度信号作为检测信号；然后分别利用经典的信号分析方法（时频域分析）和现代信号分析方法（小波分析、希尔伯特-黄变换）对基于正常状态和存在波浪形磨耗病害的钢轨的检测信号进行分析，得到波浪形磨耗信号的时频特性，从而验证利用转向架振动加速度进行波浪形磨耗检测的可行性和可靠性。

7.1　基于 SIMPACK 的钢轨波浪形磨耗建模

7.1.1　钢轨波浪形磨耗病害

1. 钢轨波浪形磨耗的产生机理及影响因素

钢轨波浪形磨耗，简称波磨，是指钢轨投入使用后，轨顶面沿纵向分布的周期性类似波浪形状的不平顺现象，是轨道损伤的一种主要形式（图 7.1）[1]。波磨有波长和波深两种属性参数（图 7.2），这两种参数结合起来共同反映波磨的轻重程度。列车通过波长和波深不同的轨道时，动力冲击的响应也不同[2]。

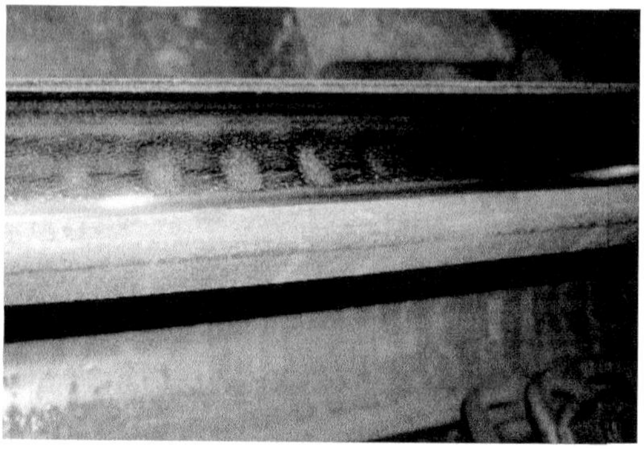

图 7.1　钢轨波磨

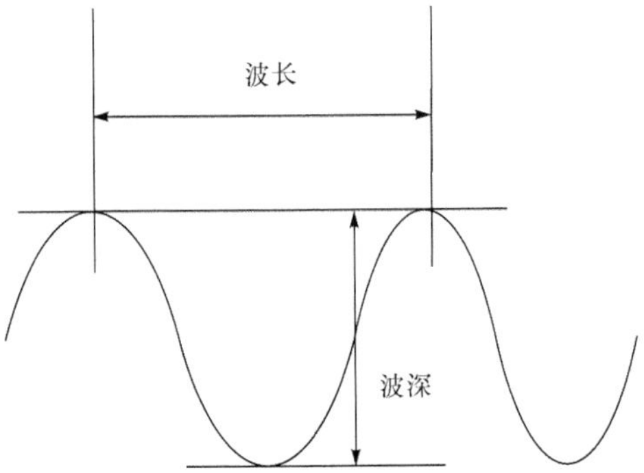

图 7.2　波磨示意图

自发现波磨以来 100 多年的时间里，世界各国学者都对波磨的形成机理进行了研究，但迄今为止，仍然没有提出一种被广泛认可的理论来解释波磨的形成机理。由于波磨是由轮轨之间相互作用的复杂现象造成的，所以分析波磨的形成机理，就要综合考虑轮轨之间相互作用的特点。钢轨波磨和轨道相互作用循环图如图 7.3 所示[3]。

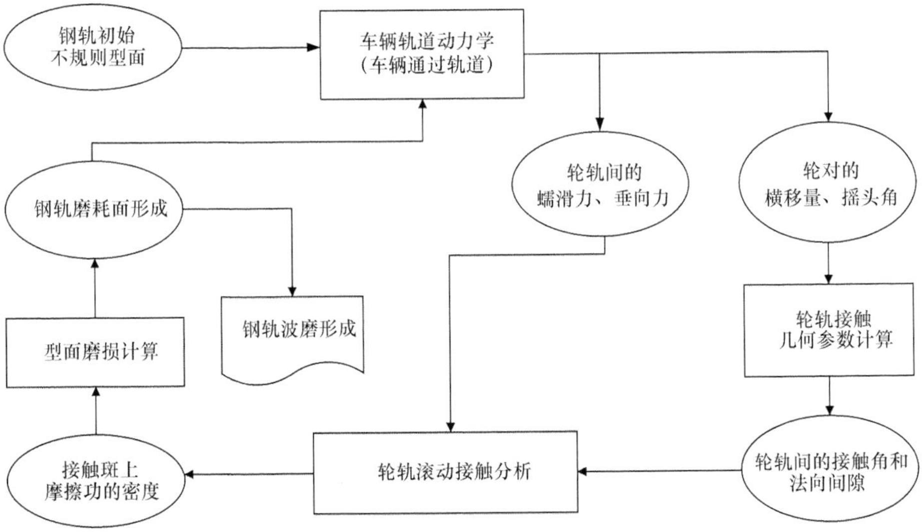

图 7.3　钢轨波磨和轨道相互作用循环图

钢轨波磨通常可分为发生和发展两个阶段。发生阶段指波磨开始产生的阶段，发展阶段则是指初始波磨产生之后波磨加剧的阶段。但是这两个阶段绝不是相互独立的，而是相辅相成、相互联系的。现阶段，波磨成因理论主要分为两类，即动力类和非动力类，分类情况如表 7.1 所示。

表 7.1　波磨成因理论分析[3]

动力类成因理论	非动力类成因理论
磨耗功波动理论	解除疲劳理论
轮轨系统垂向振动理论	应力限值理论
轨接触振动理论	残余应力理论
轮对横向振动理论	钢轨冶金性能理论
轮对扭转振动理论	均匀磨损及锈蚀理论
轮对弯曲振动理论	不均匀塑流理论

目前，世界各国都在积极地对钢轨波磨进行研究，研究表明，波磨产生有较多的影响因素[4-5]。下面就主要的几点影响因素进行说明。

(1) 轨道初始不平顺。通过调查可以发现，波磨发生处大多在钢轨接头以及不良焊缝处，这说明波磨成因与钢轨不平顺引起的冲击和振动相关；同时，如果钢轨比较平顺，波磨的发展也比较缓慢。

(2) 曲线半径。经调查，波磨更容易出现在曲线，尤其是小半径曲线。转向架通过小半径曲线时横向、纵向、垂向都有动力作用，这些动力作用会因为外轨轮缘摩擦、已存在的波磨、轮轨滑动出现不良转向等原因而增大，使得波磨更易出现在小半径曲线上。

(3) 轨道类型。波磨会出现在任何形式的轨道结构上，改变轨道结构也会有波磨出现。钢轨波磨的产生会受到轨道自身振动特性已有结构的影响。

(4) 车辆因素。研究表明，车轮的不圆顺、轮对的共振特性、不良轮对尺寸以及轮轨踏面高度共行是影响波磨的主要因素。

2. 钢轨波磨的拟合模型

城市轨道交通的钢轨会出现多种病害混合的情况，数据的结构比较复杂且很难分离，而本书要单独分析钢轨波磨的特征值，因此需要对波磨进行一系列的仿真。钢轨波磨有波长、波深两种属性参数，在垂向面(与轨道平面垂直的方向)的轮廓与正弦波形很相似，因此结合城市轨道交通波磨的特性，在垂向面上拟合如图 7.4所示的波形[2]。其最大波深：$h_{max}=0.6473$mm；平均波深：$h=0.6467$mm。

7.1.2　基于波磨钢轨的整车动力学模型

本章构建车辆-波磨钢轨动力学模型的基本思路是先将整个仿真系统分成 4 个子系统，分别为刚性轮轨接触建模、整车系统建模、钢轨建模、钢轨波磨病害建模，然后在 SIMPACK 仿真环境中通过参数设置将上述 4 个子系统进行耦合，从而得到包含波磨病害的车辆-轨道动力学模型。

本章依然参照北京地铁 A 型车建立车辆动力学仿真模型。

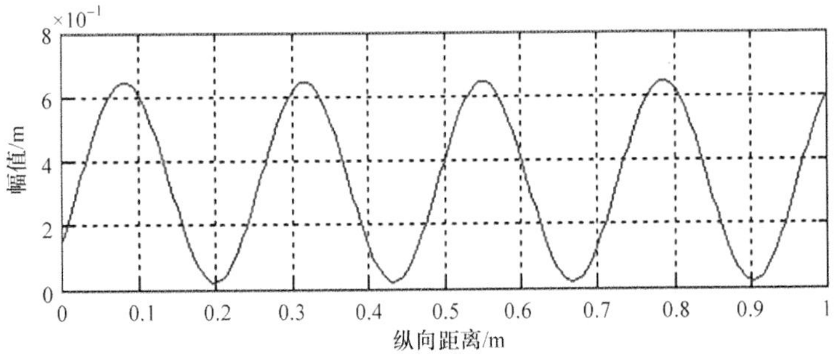

图 7.4　波磨波形图

在实际生产过程中,钢轨不可能是完全平顺、没有病害的,因此本书中的正常钢轨添加了如图 7.6 所示的不平顺激扰,为了与正常钢轨对比分析出钢轨波磨的特征,在 SIMPACK 建立模型时,将波磨病害中也相应地添加此不平顺激扰[6]。本章其余内容对于仅添加不平顺激扰信号的轨道称为正常钢轨,对于混合添加了不平顺激扰和波磨病害的轨道则称为波磨钢轨。

由于钢轨波磨多出现在小半径弯曲的轨道上,这里设定波磨激励出现在弯轨的内、外侧轨道。将仅含有不平顺激扰以及既有不平顺又有 7.1.1 节拟合的钢轨波磨数据,设置成为特定的、符合 SIMPACK 软件规则的数据格式,通过 SIMPACK 软件中的轨道生成器模块,生成格式为.tre 的文件,将生成的这种特定格式的文件导入建立的整车弯轨多体仿真模型中。根据城市轨道交通车辆运行速度,这里选择 80km/h 的列车运行速度进行仿真。

SIMPACK 整车弯轨仿真模型如图 7.5 所示,该弯轨总长为 237m,曲线半径为 300m,直线区段为 25m,过渡区段为 15m,曲线区段为 157m。

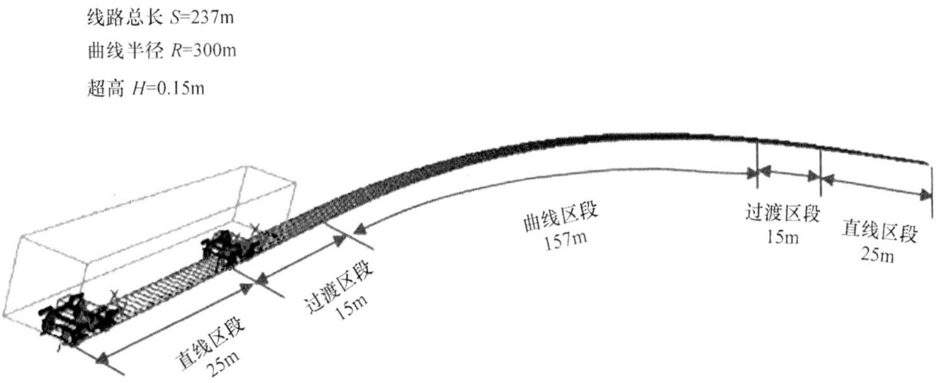

图 7.5　SIMPACK 整车弯轨仿真模型

将生成 9 处波磨以及轨道不平顺的.tre 文件导入所建立的车辆简化多体模型中，使其内、外轨道存在波磨激励，以 80km/s 的速度对动力学模型进行仿真。9 处波磨分布情况为：从内轨 42m 处开始，每处波磨长度为 1m，内外轨相对每隔 2m 出现 1 处波磨。其分布图如图 7.6 所示。

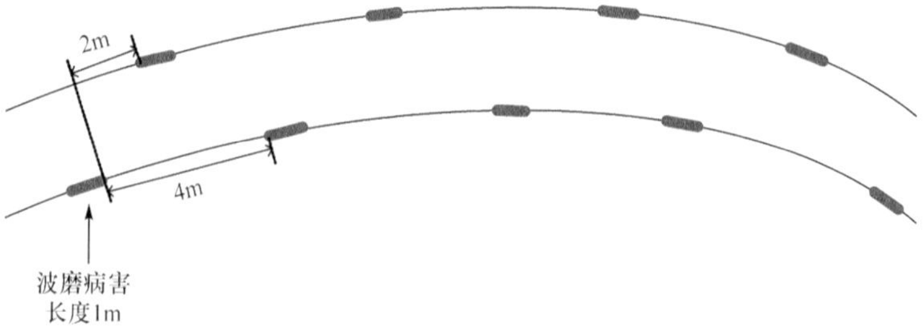

图 7.6　9 处波磨分布示意图

7.2　钢轨波磨处转向架加速度振动信号的时频分析

本章提出了一种基于运营车辆转向架加速度的钢轨波磨检测方法，利用车辆转向架处采集到的各方向加速度分析钢轨波磨的特征。利用振动信号对钢轨病害进行分析时往往采用时频分析法，这种方法常用且十分有效，本章正是基于时频分析方法，对从第 6 章中经 SIMPACK 软件后处理模块采集到的车辆转向架加速度信号进行分析，研究当钢轨波磨出现时转向架加速度信号的时频域特征提取方法。分析结果表明，当钢轨出现波磨时，其振动信号与基于正常钢轨的车辆转向架振动加速度信号相比，时频特性都有明显的特征，验证了基于运营车辆转向架加速度进行钢轨波磨检测的可行性。

7.2.1　时域分析

基于仿真分析的结果，本节以长度为 1m、在弯轨内外轨共出现 9 处的钢轨正常状态以及波磨病害状态为分析对象，通过 MATLAB 软件对其对应的车辆转向架振动加速度信号进行时域分析说明。

1. 时域波形对比

9 处钢轨正常以及波磨状态加速度信号对比如图 7.7 所示。

从图 7.7 中可以直观观察到，当在钢轨上添加 9 处波浪形磨耗病害时，其加速度信号图也会相应出现 9 处相似的、明显的波动，这说明仿真的精度比较高，误差较小，仿真分析得出的结果可以作为下一步信号分析的依据。

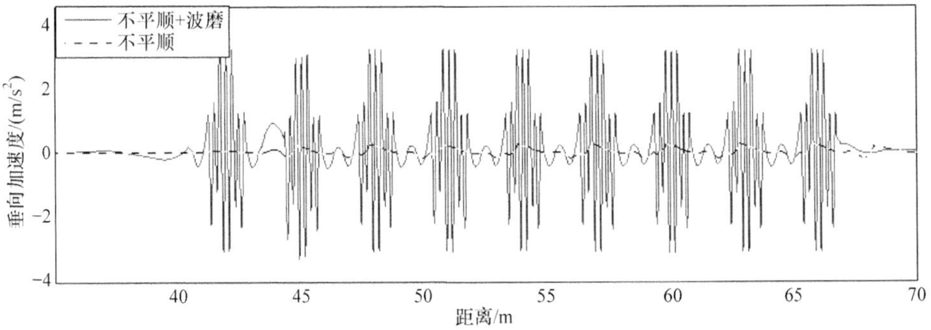

图 7.7　9 处钢轨正常以及波磨状态加速度信号对比图

2. 时域特征值对比

从时域波形图可以看出，当钢轨波磨病害产生时，列车转向架加速度的幅值出现较大波动，为了进一步分析钢轨波磨的时域特性，需要再计算钢轨波磨处的振动信号时域特征值，并与正常钢轨信号的特征值进行对比分析，其垂向加速度特征值对比结果如表 7.2 所示。

表 7.2　不同钢轨状态的垂向加速度时域特征值对比表

特征值	正常钢轨	波磨钢轨
均值/g	0.083445	2.691973
均方根值/g	0.106789	1.181675
峰值/g	0.253126	3.19272
峭度	2.691973	4.243398

表 7.2 中列出了本章所仿真的正常轨道以及波磨轨道状态下的垂向转向架加速度信号的 4 种时域特征值数据，通过对比可发现钢轨上出现波磨病害时，转向架加速度的时域特征值均出现相应变化，呈现出增大的趋势。为了更直观地观察检测信号在时域特征值上的变化，以垂向加速度为例，做出车辆经过波长 212mm 波磨钢轨及正常钢轨时的加速度时域特征值对比图，结果如图 7.8 所示。

图 7.8 验证了钢轨波磨的出现会导致运营车辆的振动加剧，转向架加速度在时域形式上的 4 种指示性指标都显示出明显的增加。其中，均值指标的增加幅度最大，增大为正常状态的 32 倍，而均方根、峰值、峭度则分别增加了 10 倍、11.5 倍和 0.5 倍，说明在时域特征值中，峰值对钢轨波磨的出现最为敏感，峭度则最不敏感。经分析可以得出结论，时域特征值可以作为描述钢轨波磨病害的依据。

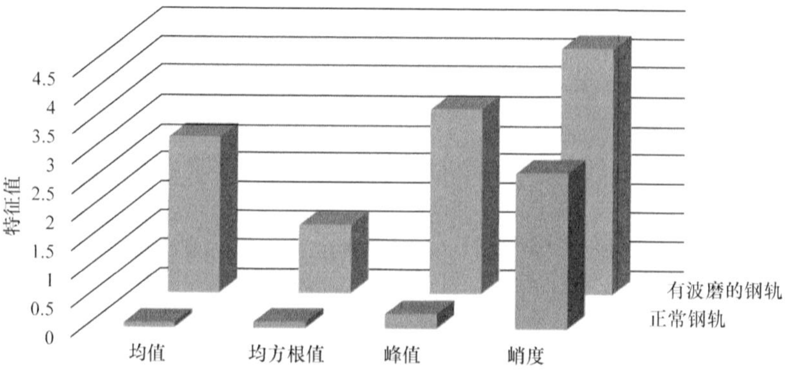

图 7.8　不同钢轨状态的垂向加速度时域特征值对比图

7.2.2　频域分析

本节应用 SIMPACK 动力学软件构建的正常及波磨钢轨仿真模型，利用时域分析法的典型时域变换对基于其转向架加速度的频域特性进行分析。

功率谱密度(power spectral density，PSD)定义了信号或者时间序列的功率如何随频率分布，也就是描述了信号谱密度对频率的函数变化，可以表现单位频带内信号功率随频率变化的情况。因此，对比基于正常钢轨及波磨钢轨的垂向转向架振动加速度的功率谱，可以分析具有波磨病害的转向架振动加速度信号的频域特性，其横坐标表示空间频率，纵坐标为轨道病害的功率谱密度，表示轨道不平顺的强度大小，具体如图 7.9 所示。

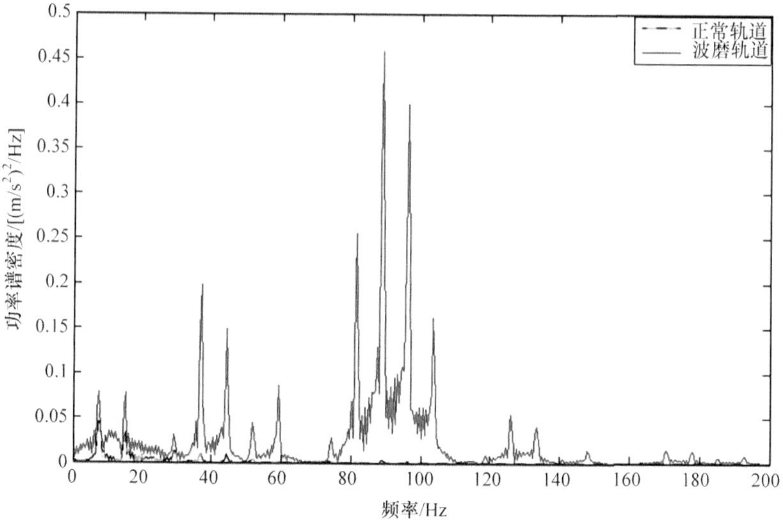

图 7.9　正常轨道及波磨轨道垂向转向架加速度功率谱密度对比图

通过图 7.9 中的两种状态下采集到的垂向加速度功率密度谱波形可以发现：

(1) 正常钢轨的转向架振动加速度功率谱密度几乎为零，而波磨钢轨的功率谱密度明显大于零，且在 80～110Hz 频带有十分突出的波动，最高波峰出现在 90Hz 左右。

(2) 正常钢轨在 0～60Hz 频带出现了较为明显的波动，同时波磨轨道在此频带也有相应的波动，说明此波动是由钢轨波磨中添加了不平顺信号引起的。

(3) 在 0～60Hz 频带，波磨轨道功率谱密度的波动比正常轨道相对剧烈，说明两种干扰叠加加剧了振动。

7.3 小波分析

本节旨在利用小波分析方法在检测的转向架加速度信号中提取钢轨波磨的频域特征，以期为钢轨波磨的检测提供更可靠的理论依据。

在对检测信号进行小波包分解的基础上，结合连续小波变换，可以从时域、空间域和频域分析得到钢轨病害位置、振动频率以及振动能量，从而弥补单纯进行频域分析的不足，可以对钢轨病害实现空间定位。

1. 小波包分解

本节利用仿真模型得到小波分析的原始信号，对正常钢轨模型及波浪形磨耗模型进行仿真，模型仿真时间设定为 10s，采样频率为 2000Hz，选取采样点 3600～6070，即对含有波磨信号的数据进行小波包分解。小波包分解结果如图 7.10 所示。

由图 7.10(a)可知，钢轨波磨状态下的转向架振动加速度信号经过分层后，各层信号的振动强度相对于正常钢轨振动强度增大了 10～50 倍。同时可以看出，正常信号第三层第 3 个节点(S32)与第 4 个节点(S33)的信号的变化范围为－0.02～0.02，而添加波磨信号后在该节点处的变化范围增大到－1～1；正常信号第三层第 5 个节点(S34) 与第 6 个节点(S35)的信号的变化范围为－0.01～0.01，而添加波磨信号后在该节点处的变化范围也增大到－0.5～0.5，这现象是波磨信号处于高频段所造成的。将图 7.10(a)的第 1、2 个节点放大得到图 7.10(b)，使其信号范围一致，可以明显看出钢轨的波磨状态与正常状态相比，出现了十分突出的波动。

对分解后的各层信号进行功率值计算，得到如图 7.11 所示的功率谱。

由图 7.11(a)中各层信号的功率谱图可知，添加波磨后，各层信号的功率远远高于正常信号的各层信号的功率，波磨信号功率值相对于正常钢轨信号最多增大了 10000 倍，以图中椭圆标记处为例，明显看出信号功率值远远增大。同样将图中第 1、2 个节点的功率谱进行放大，得到图 7.11(b)，使其功率范围一致，波磨信号

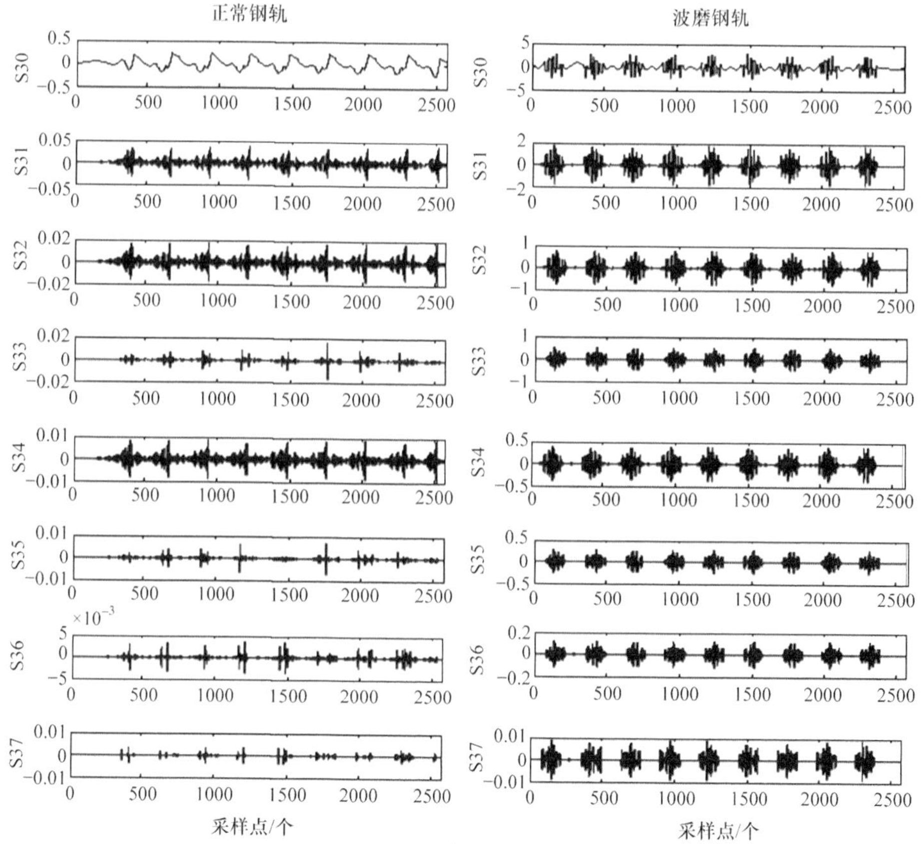

(a)

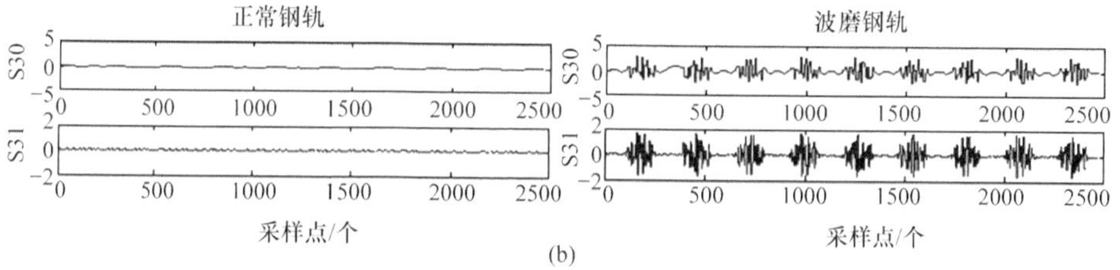

(b)

图 7.10　振动信号的小波包分解

的功率波动远大于正常信号，轨道不平顺信号的功率谱甚至可以忽略。这种现象是车体经过波磨轨道后振动加剧所致的。

由上述分析可知，当钢轨有波磨出现时，这种病害会对运营车辆造成极大的激扰，车辆系统经过病害钢轨时出现较高频率的振动。转向架加速度信号的小波分析以及功率谱可以作为判断波磨是否出现的依据。

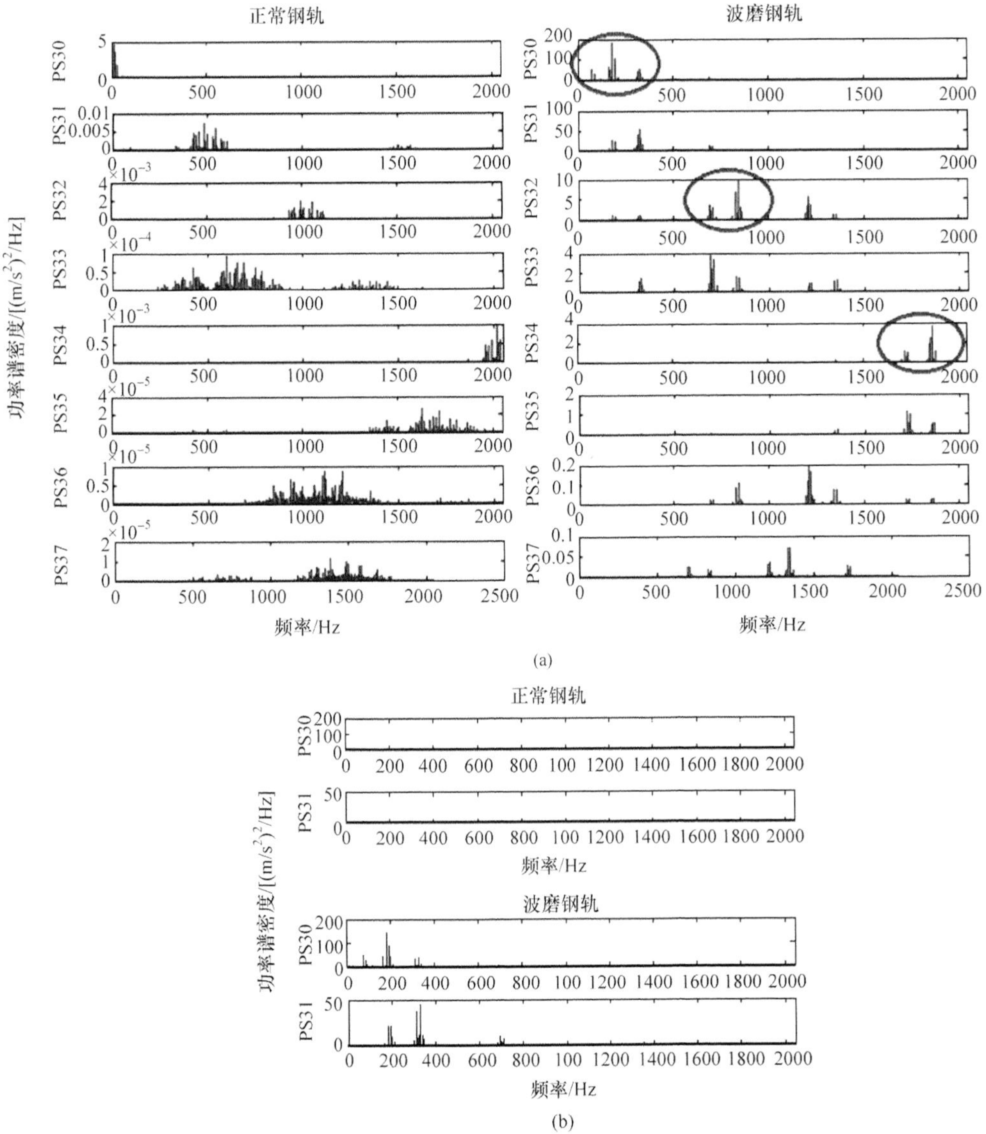

图 7.11　各层信号的功率谱密度图

2. 连续小波变换

对正常钢轨及波磨钢轨的运营车辆转向架加速度信号进行连续小波变换，此时钢轨波磨病害设置在钢轨 42m 弯曲处，一共设置 9 处，车速为 80km/h，仿真时间为 10s，检测信号的采样频率为 2000Hz。在变换得出的图像中，横坐标表示列车运行方向位移，纵坐标根据式(7.1)换算为频率，单位为 Hz：

$$f=\frac{f_0}{a}f_s \tag{7.1}$$

式中，f 为由钢轨病害引起的车辆振动频率；f_0 为中心频带频率，此处为各节点的中心频率；f_s 为钢轨检测信号的采样频率；a 为尺度因子。

同时，在图像中颜色亮度显示运营车辆在该部分的振动强度，即颜色越亮，振动越剧烈，这种颜色变化也可以反映检测信号在时频域的能量分布。其结果如图 7.12 所示。

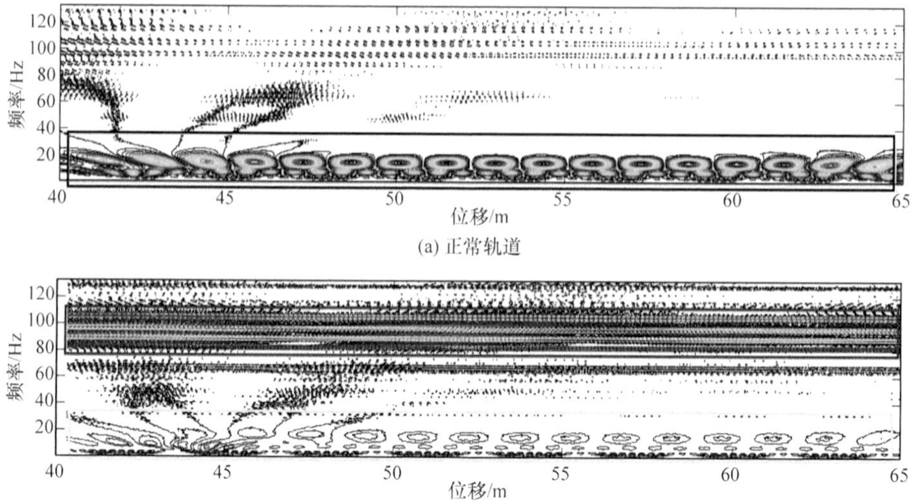

(a) 正常轨道

(b) 波磨轨道

图 7.12　正常钢轨及波磨钢轨转向架加速度信号的连续小波分析

分析其结果可以得出如下结论。

(1) 图 7.12(a)矩形框中的图像显示，在不存在波磨病害的正常钢轨上，其仿真模型的运行区段运营车辆在频率 20Hz 左右的低频带振动较为剧烈。

(2) 从图 7.12(b)可以看出两处的振动是相同的，这说明，波磨振动信号中，20Hz 左右的振动是由轨道不平顺引起的。因此综合波磨的连续小波变换结果可以得出，轨道不平顺所导致的振动相对于波磨引起的振动甚至可以忽略。

(3) 图 7.12(a)中波磨轨道矩形框位置相对于正常轨道有剧烈的振动，可以判断此频带的振动是由钢轨波磨病害引发的，从图 7.12(b)中可以看出，波磨病害的振动频率为 80～110Hz，与 7.2.2 节 PSD 分析的结果相符。

因此，通过连续小变换对转向架振动加速度进行分析可以判断出钢轨上是否有波磨病害出现，即可以利用连续小波变换对钢轨波磨病害进行初步检测。

7.4　希尔伯特-黄变换分析

采用小波变换分析方法对信号进行分析，往往依据先验知识来确定小波基函数，且小波基函数选定之后无法更改，但是实际的工程应用中，检测信号大部分是非平稳信号，即并不能保证任意位置检测信号的分析结果都是理想的，而希尔伯特-黄变换恰恰可以根据检测信号的固有特性自适应地利用检测信号的本身特征进行有效分解，这对非平稳信号的分析具有重要意义。

本节采用希尔伯特-黄变换分析方法对基于不同钢轨状态（正常状态以及波磨状态）的运营车辆转向架振动加速度信号进行经验模态分解，即 EMD，并对高频固有模态信号的希尔伯特谱进行分型，对比分析了两种不同状态钢轨产生信号的边际谱，从而得出钢轨波磨的特征时频响应，为钢轨波磨的检测提供理论依据。

1. EMD

令运营车辆通过添加了 7 处波磨的钢轨，对其转向架信号进行 EMD，其结果如图 7.13 所示。

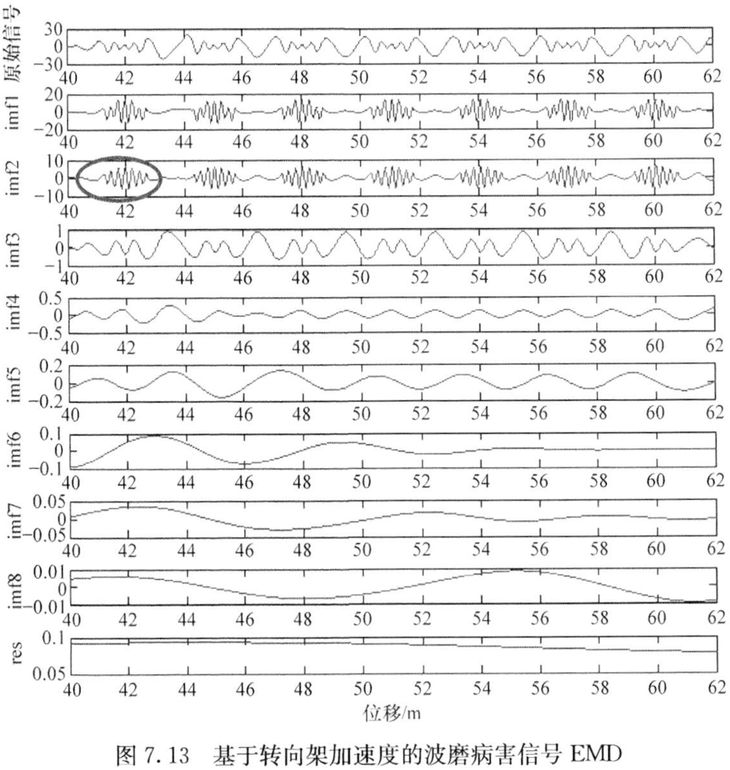

图 7.13　基于转向架加速度的波磨病害信号 EMD

通过图 7.13 得到的经验模态分量(imf)可以提取到钢轨波磨病害。例如,在原始信号中,虽然在不同位置添加了钢轨波磨,但对比第一、第二个振动模态分量(imf1、imf2),信号的振动在钢轨 7 处对应位置会显现出图中椭圆所标注的对称波浪形模态。因此,可以认为钢轨在该位置出现了波磨病害,并且该种病害会导致运营车辆的转向架振动加速度信号出现这种振动模态,可以认为一旦钢轨出现了波磨病害,基于此病害的运营车辆转向架加速度信号的振动特征模态就会呈现出这种对称波浪形波形。也就是说,如果对检测信号进行 EMD 的结果显示,其各经验模态分量中出现上述对称波浪形振动模态,就可以认为钢轨在该振动模态对应的位置出现了波浪形磨耗。

2. 希尔伯特谱及边际谱分析

通过 EMD 所得到的经验模态分量进行希尔伯特变换后,会得到其对应的希尔伯特谱,希尔伯特谱显示出某一特定位置处的振动频率或者瞬时频率,即检测信号的经验固有模态分量的频率随时间或者位移的变化。

本节以基于钢轨波磨的运营车辆转向架加速度信号 EMD 的第一个经验模态分量(imf1)为例,得到其希尔伯特谱,其横坐标为钢轨纵向位移,纵坐标为频率值,同样,图像的所显示出的颜色越深、越浓,说明车辆在此位置的振动越剧烈。得到的图像如图 7.14 所示。

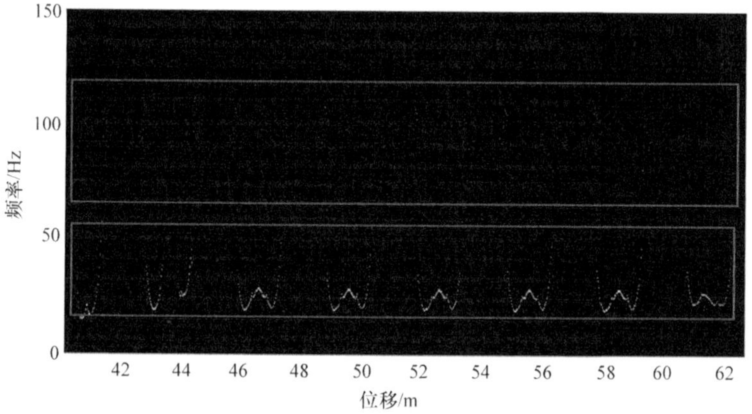

图 7.14　基于转向架加速度的钢轨波磨信号 HHT 谱

从图 7.14 中可以看出,在钢轨 42～62m 的范围内,车辆转向架产生了周期性的频率振动,具体表现为:在上下两个矩形框出现低频及高频两条频带,每条频带的瞬时频率呈现周期性变化,这说明钢轨波磨分 7 处出现在对应钢轨上。上方的矩形框内振动比较剧烈,表现为图像呈现为深色,且振动频率在 80～110Hz,这段振动是钢轨波磨造成的;下方的矩形框内振动相对较弱,呈现为亮度较低的浅色,且振动频率在 20Hz 左右波动,此波动是由轨道的不平顺激扰造成的。

由上述分析可以看出,检测信号 EMD 的高频率固有模态(imf1)呈现出比较明显的特性,为了进一步研究钢轨波磨信号的频率分布情况,从而确定波浪形磨耗的特征频带,本节将对不平顺钢轨和波磨钢轨两种状态的检测信号进行 EMD,并对其第一阶固有振动模态(imf1)进行边际谱分析,分析产生的图像结果如图 7.15 和图 7.16 所示,其中横坐标显示为信号振动频率,纵坐标则表征了频率幅值。

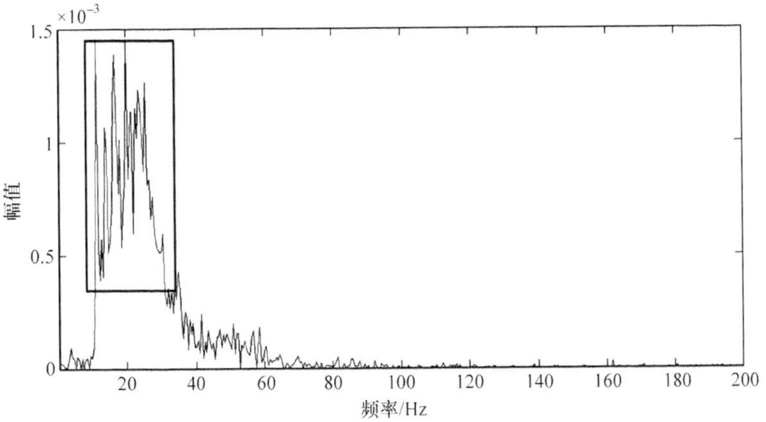

图 7.15 基于转向架加速度的不平顺信号边际谱

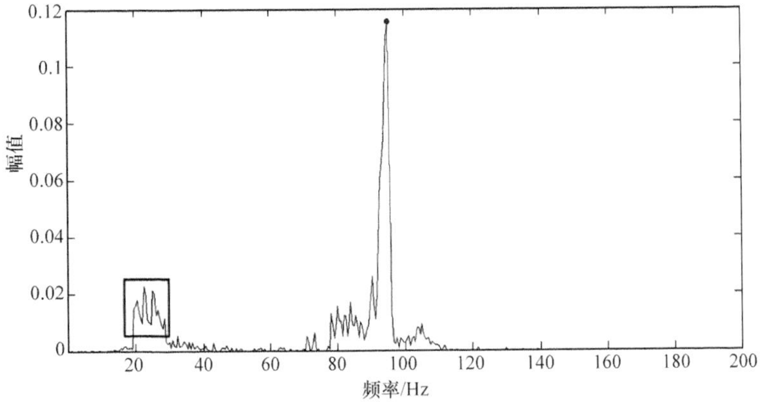

图 7.16 基于转向架加速度的波磨信号边际谱

对比分析两边际谱图像可以得出如下结论:

(1) 图 7.15 中的检测信号是在仅有不平顺激扰的钢轨上测得的,图像显示出检测信号的边际谱在 20Hz 左右时出现了特征频率(见图中矩形框)。

(2) 图 7.16 中的检测信号源于既存在钢轨不平顺激扰又有波磨病害的情况,

边际谱图像显示出检测信号的两个特征频率分别为 20Hz 左右(图中矩形框)及 90Hz(图中标注点)。

(3) 基于这两种钢轨状态的检测信号出现了一个相同的特征频率——20Hz,此振动频率正是由不平顺激扰造成的,而 90Hz 为钢轨波磨的特征频率。

(4) 将图 7.15 和图 7.16 对比可以发现,两种状态下钢轨转向架加速度的检测信号边际谱幅值不同,当钢轨上既存在不平顺干扰又存在波磨病害时,检测信号的边际谱幅值相对于只存在不平顺激扰的幅值较大,这说明两种干扰叠加加剧了车辆的振动。

7.5 本章小结

本章提出了一种基于运营车辆转向加速度的钢轨波磨检测方法。首先利用 SIMPACK 多体动力学仿真模拟模型,建立城市轨道交通车辆-轨道动力学系统,模拟不同状态的钢轨形态,从中提取出车辆转向架振动加速度信号;然后应用 MATLAB,采取经典信号分析方法(时、频分析)和现代信号分析方法(小波分析、希尔伯特-黄变换)对检测信号进行分析,从而获取钢轨波浪形的时频特性,进而验证基于运营车辆转向加速度的钢轨波磨检测方法的可行性。

参考文献

[1] 张波,刘启跃. 钢轨波浪形磨损的研究分析[J]. 西南交通大学学报,2001,36(5):500-504.

[2] 李宏锋. 地铁轨道波浪形磨耗检测系统研究[D]. 成都:西南交通大学,2014.

[3] 谷爱军,刘维宁. 国外城市轨道交通钢轨波浪形磨耗病害研究及治理[J]. 城市轨道交通研究,2011,14(12):51-55.

[4] Gullers P, Andersson L, Lunden R. High-frequency vertical wheel-rail contact forces—Field measurements and influence of track defects[J]. Wear,2008,265(9/10):1472-1478.

[5] 王立乾. 高速铁路钢轨波浪型磨耗研究及其防治建议[J]. 石家庄铁道大学学报(自然科学版),2013,26(4):83-86,90.

[6] 缪炳荣,方向华,傅秀通. SIMPACK 动力学分析基础教程[M]. 成都:西南交通大学出版社,2008.

第 8 章　轨缝低接头病害建模与检测技术研究

本章提出一种基于运营车辆转向加速度的轨缝低接头检测的方法。该检测方法可以依据实际测量到的各方向加速度数据对钢轨轨缝低接头病害进行分析，可通过普通城市轨道列车车载测量实现，所需设备简单，在提高效率的同时也能够降低成本。本章首先利用 SIMPACK 动力学软件建立城市轨道交通车辆-钢轨动力学模型，并在此基础上建立典型的轨缝低接头模型，采集转向架的各方向振动加速度信号作为检测信号；然后，分别利用经典的信号分析方法（时频域分析）和现代信号分析方法（小波分析、希尔伯特-黄变换）对基于正常状态和存在轨缝低接头病害的钢轨的检测信号进行分析，得到波磨信号的时频特性，从而验证利用转向架振动加速度进行轨缝低接头检测的可行性和可靠性。

8.1　基于 SIMPACK 的轨缝低接头建模

8.1.1　轨缝低接头的形成

钢轨在轨道中以连续梁的形式直接承受着车辆传来的荷载，为车轮提供连续、平顺和阻力最小的滚动表面。而钢轨接头由于构造上的原因破坏了钢轨的连续性，降低了轨道的承载强度，增加了列车的阻力和冲击力，在荷载作用下接头范围内钢轨、轨枕、道床所受的力及变形较其他部位成倍增加，因而钢轨接头是轨道中的薄弱环节。钢轨接头受力复杂，结构薄弱，承受较大的荷载冲击力。经过气候变化以及轮轨作用后，轨缝接头会渐渐变形、塌陷，轨缝低接头就会出现。当列车车轮压在钢轨上时，轨下部件发生弹性变形，钢轨会有一定下沉；当车轮离开时，钢轨就反弹上升。随着钢轨会上下波动，路基也跟着上下波动，钢轨头部的接缝处下沉幅度很大。下沉幅度越大，振动也就越强烈。因此，轨缝低接头是一种常见的接头病害[1,2]。

8.1.2　钢轨轨缝低接头拟合模型

钢轨轨缝接头如图 8.1 所示。在城市轨道交通线路中，轨缝一般分布在离车站较近的地方，是轨道中非常重要的部位，而钢轨低接头是常见的接头病害，故加强钢轨接头的养护和维修是十分重要的。轨缝低接头模型如图 8.2 所示。低接头的冲击速度一般用接头折角 α_1、α_2 与行车速度 V 之积来表示[1]：

$$V_0=2\alpha V=(\alpha_1+\alpha_2)V \tag{8.1}$$

式中，2α 为低头总折角，rad。

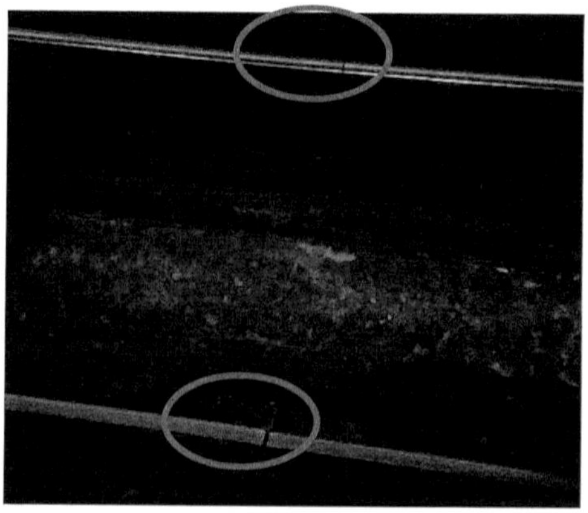

图 8.1 轨缝接头

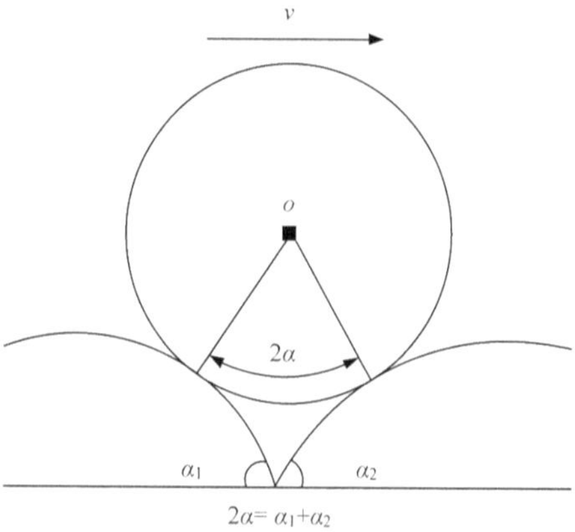

图 8.2 轨缝低接头模型示意图

钢轨低接头病害在垂-纵面的外形轮廓与余弦波形很相似，因此钢轨低接头的典型轮廓建模可通过式(8.2)进行拟合[3]，其几何轮廓如图 8.3 所示。

$$f(x)=\frac{d}{2}\times\left[1\pm\cos\left(\frac{\pi x}{L}\right)\right] \tag{8.2}$$

式中，x 为坐标轴，即钢轨纵向坐标，m；d 为钢轨接头下降的深度，mm；L 为钢轨低接头病害的长度，mm。

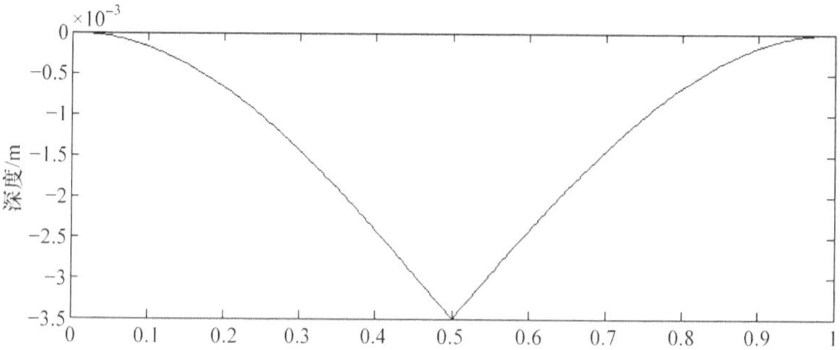

图 8.3 钢轨低接头示意图

将如图 8.3 所示的钢轨低接头病害导入所建立的车辆简化多体模型中，使其内、外轨道共存在 18 处低接头病害(在城市轨道交通中，接头一般分布在离车站较近的地方，且有病害的接头个数一般比较少，为了确保低接头病害检测的准确性和有效性，这里设置 18 处低接头病害)，以 65km/s 的速度对动力学模型进行仿真。18 处低接头分布情况为：从外轨 50m 处开始，内外、轨间隔 25m 出现 1 处低接头病害，其分布图如图 8.4 所示。

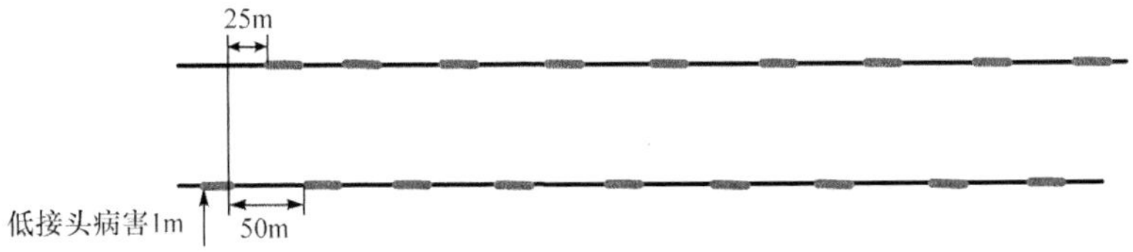

图 8.4　18 处低接头分布示意图

8.2　轨缝低接头处转向架加速度振动信号的时域分析

1. 时域波形对比分析

18 处钢轨低接头以及正常钢轨状态下的转向架加速度波形对比如图 8.5 所示，其中，图 8.5(a)表示正常状态与低接头状态下的转向架加速度对比图，图 8.5(b)为图 8.5(a)中椭圆区域的放大图。

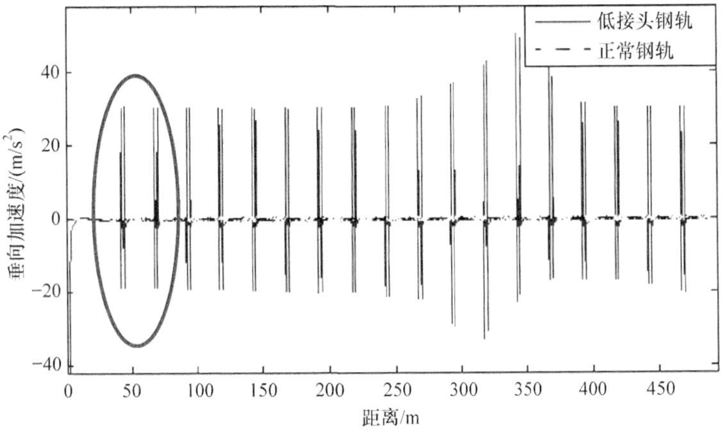

(a)

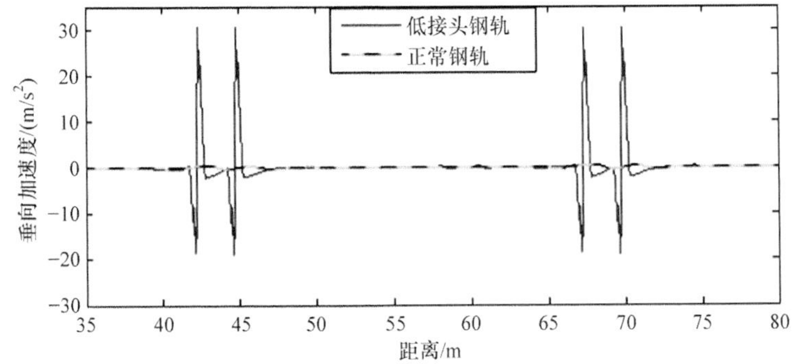

(b)

图 8.5　不同钢轨状态下的转向架加速度信号时域波形对比图

由图可知，当在钢轨上添加 18 处低接头病害时，其时域波形图也会相应出现 18 处明显的波动，且波形相似，每处波形都有两个峰值，这与第 1 章所述列车经过轨缝接头时其轮轨作用力有两个峰值的结论相一致，将该数据作为进一步信号分析的依据。

2. 时域特征值对比分析

从时域波形图可知，当轨缝低接头病害产生时，列车转向架加速度的幅值出现的波动较大，可计算其在该病害处的时域特征值，并与正常钢轨的时域特征值进行对比分析，其垂向加速度特征量对比结果见表 8.1。

表 8.1　不同钢轨状态下的垂向加速度时域特征值对比表

特征值	正常钢轨	低接头轨道
均值/g	0.021173	0.428164
均方根值/g	0.023841	0.819750
峰值/g	0.037772	3.054960
峭度	1.628210	7.153149

将正常钢轨状态以及钢轨低接头病害状态下的垂向加速度时域特征值绘制成更为直观的柱状图，如图 8.6 所示。

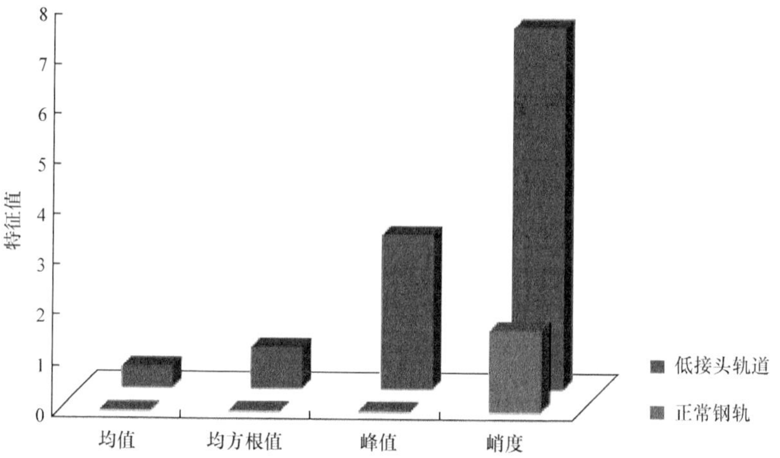

图 8.6　不同钢轨状态下的加速度时域特征值对比图

图 8.6 验证了轨缝低接头的出现会导致车辆转向架振动加剧的结论，转向架加速度的 4 种时域特征指标都有明显的增加。其中，峰值指标的增加幅度最大，变为正常状态的 81 倍，而均值、均方根、峭度则分别为正常状态的 20 倍、34 倍和 4 倍，说明在时域特征量中，峰值对钢轨低接头的出现最为敏感，均值则最不敏感。

8.3　轨缝低接头处转向架加速度振动信号的功率谱密度分析

图 8.7 中,图(a)表示两种钢轨状态下的转向架加速度功率谱密度对比,图(b)为图(a)中椭圆区域放大图,可得如下结论。

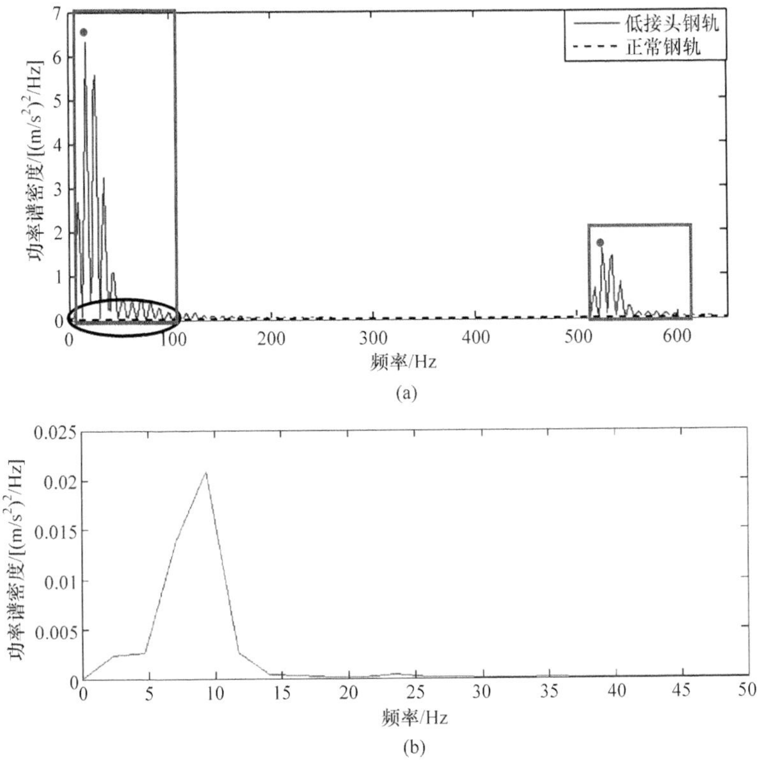

图 8.7　不同钢轨状态的转向架加速度功率谱密度对比图

(1) 检测信号的功率谱出现了两个波动比较突出的频带,即 30～100Hz 频带和 500～600Hz 频带,每个特征频带内的特征频率分别约为 40Hz 和 540Hz,且在 30～100Hz 频带内的转向架振动比在 500～600Hz 频带较为剧烈,如图 8.7(a)内方框的波形所示。

(2) 在 30～100Hz 频带和 500～600Hz 频带内,基于正常钢轨的运营车辆转向架振动加速度信号的功率谱密度主要集中在 4～15Hz,其余频带几乎为零,而基于低接头病害钢轨的转向架振动加速度信号的功率谱远远大于零,且两个频带均在图中方框内出现最大值(如黑点标注所示)。

(3) 检测信号在两个频带内的波形很相似。

(4) 功率谱密度幅值越高,对应的钢轨病害程度越严重。

8.4　轨缝低接头处转向架加速度振动信号的小波分析

1. 小波包分解

依据振动信号的频域特点，选取采样点 3600～43200 的数据，采用 db1 小波，对基于正常钢轨状态及轨缝低接头钢轨状态下采集的转向架加速度信号进行小波包分解，其分解结果如图 8.8 所示。

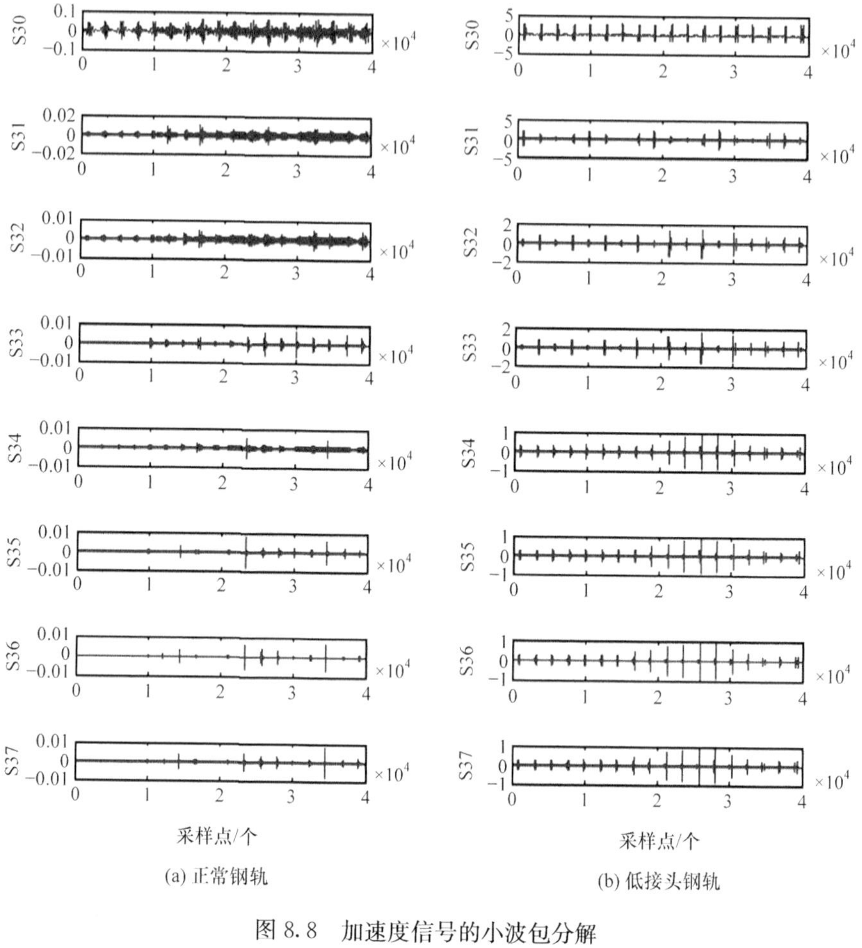

图 8.8　加速度信号的小波包分解

由图 8.8 可知，轨缝低接头钢轨状态下的转向架振动加速度信号经过分层后，各层信号的振动强度是正常钢轨振动强度的 50～250 倍。正常钢轨状态下检测信号在第 3 层的第 1 个节点(S31)处的变化范围为−0.02～0.02，而出现轨缝低接头病害之后，检测信号在该节点处的变化范围增大到－5～5，振动强度约为正常钢轨的 250 倍；正常钢轨状态下检测信号在第 3 层的第 4、5、6、7 节点，即 S34、S35、S36、S37 节点处的变化范围为－0.01～0.01，低接头钢轨下的检测信号在这 4 个节点处的变化范围增大到－1～1，振动强度增大了近 100 倍，说明轨缝接头病害会对车辆造成较大激扰，导致车辆系统经过病害钢轨时出现两个振动频带，这与前面得出的结论一致。

分别对正常钢轨和轨缝低接头钢轨两种状态下分解后的各层信号进行功率值计算，结果如图 8.9 所示，纵坐标为功率图密度，$(m/s^2)^2/Hz$。

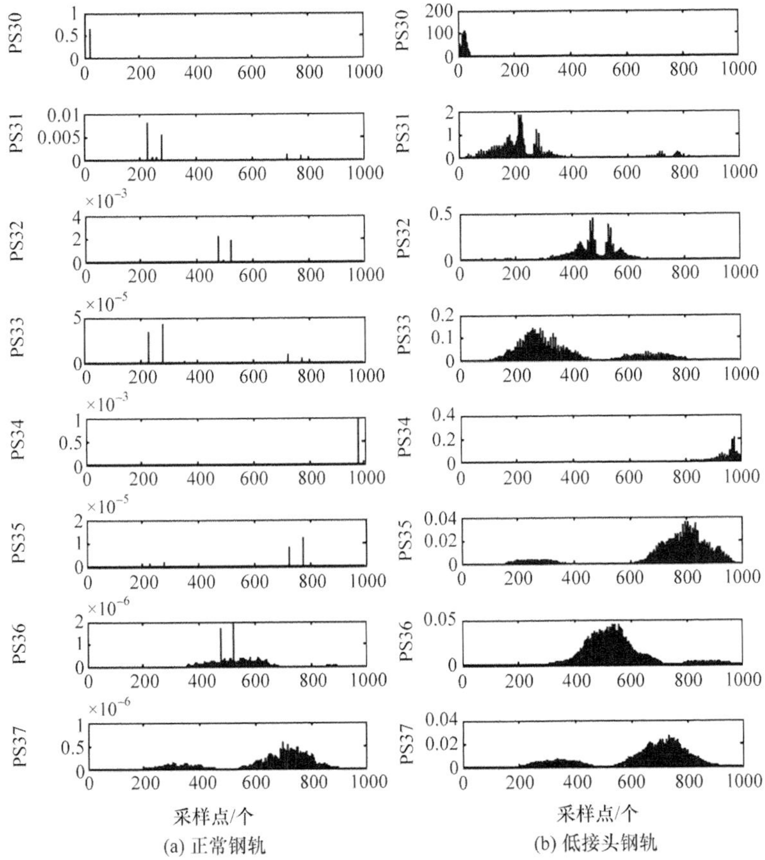

图 8.9　各层信号的功率谱密度图

由图 8.9 中各层信号的功率谱图可知，当钢轨出现轨缝低接头病害后，各层信号的功率远远高于正常信号的各层信号的功率，低接头信号功率值相对正常钢轨信号最多增大了 40000 倍。

由上述分析可知，当钢轨出现轨缝低接头时，车辆转向架系统会出现剧烈的振动，比之前钢轨波浪形磨耗检测时的信号功率谱值变化倍数更大，故小波包分解可以作为判断轨缝低接头病害出现与否的依据之一。

2. 连续小波变换

对正常钢轨及低接头钢轨的转向架加速度信号进行连续小波变换，如图 8.10 所示。此时钢轨共有 18 处低接头，车速为 65km/h，检测信号的采样频率为 2000Hz。

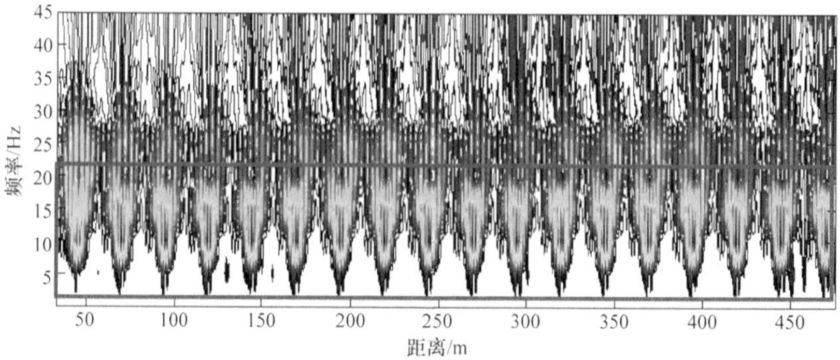

(a) 正常钢轨

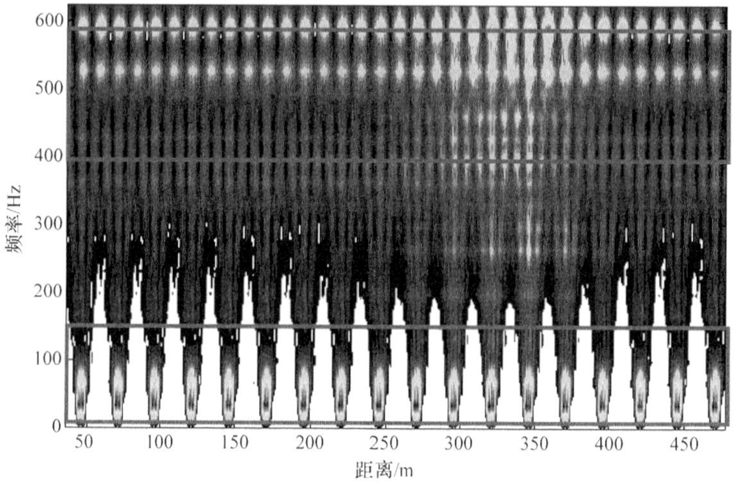

(b) 低接头钢轨

图 8.10　不同钢轨状态下的连续小波变换

从图 8.10 中可以得出如下结论。

(1) 在正常的状态下，钢轨的振动频率出现在 4～15Hz。

(2) 在全长为 500m 的钢轨上出现 18 处明亮部分，表明列车经过这 18 处时转向架发生了剧烈的振动，且其振动频率出现在 30～100Hz 和 500～600Hz 这两个频带。

(3) 列车在 30～100Hz 频带内的振动比在 500～600Hz 频带的振动剧烈，是由钢轨不平顺与钢轨低接头病害振动相叠加引起的。

(4) 比较钢轨有无轨缝低接头病害这两种状态下的转向架检测信号的连续小波变换图像，可以得出，当钢轨上出现低接头病害后时，车辆转向架的振动变得很剧烈，且出现了两个频带的振动。因此，利用检测信号的连续小波变换可以判断钢轨上是否有轨缝低接头病害出现，即可用于轨缝低接头病害的初步检测。

8.5 轨缝低接头处转向架加速度振动信号的希尔伯特-黄变换

8.4 节采用连续小波变换的分析方法可以初步得出轨缝低接头的频域特征，为了更准确地辨识出该病害，本节采用希尔伯特-黄变换分析方法分别对基于正常钢轨状态和轨缝低接头状态下的列车转向架振动加速度信号进行 EMD，并对存在明显特征模态的固有模态分量进行希尔伯特谱分析，同时对比分析了两种不同状态下的特征模态信号的边际谱，从而得出轨缝低接头的特征时频响应，为该病害的检测提供可靠的理论依据。

1. EMD

截取 18 处轨缝低接头病害中的 2 处病害的转向架加速度数据进行 EMD，其结果如图 8.11 所示。

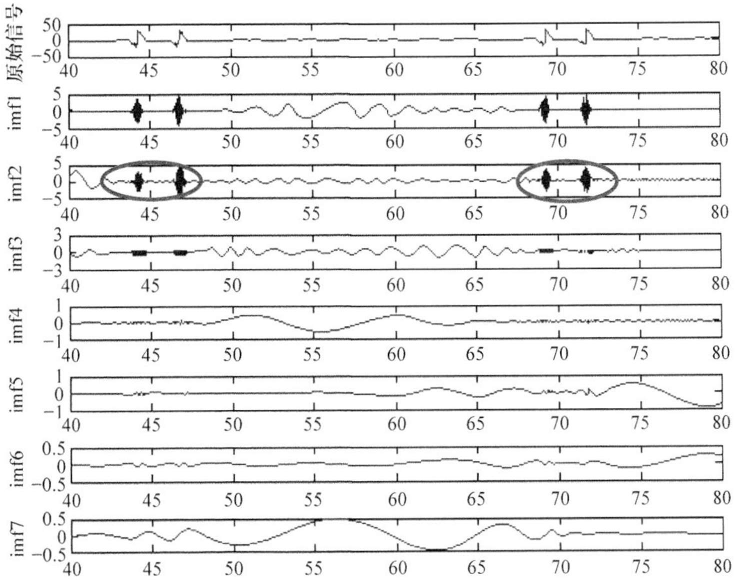

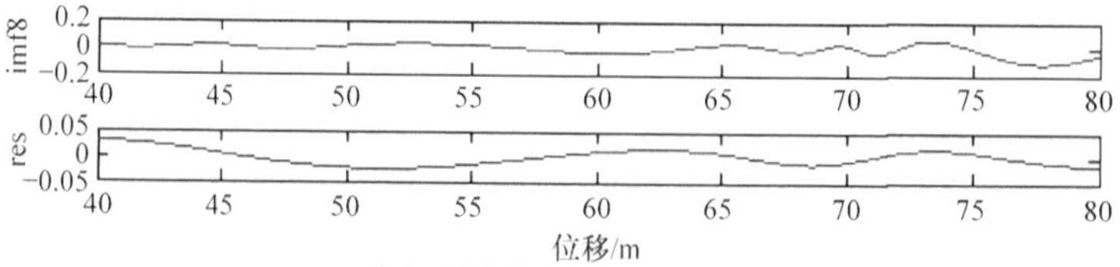

(a) 共有2处病害的转向架加速度信号EMD图

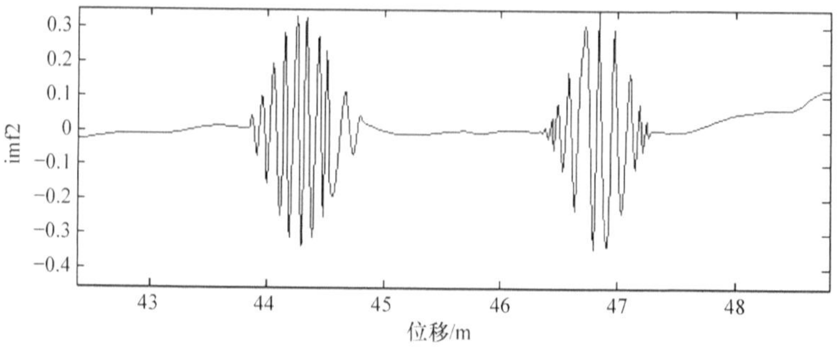

(b) 43~48处EMD的放大图

图 8.11　基于轨缝低接头病害的转向架加速度信号的 EMD

由图 8.11 可知，在原始信号中的不同位置添加了两处轨缝低接头，在振动模态分量 imf1、imf2 的相应位置处也出现了两处相似的波形，且每处的波形都有两个峰值，这与之前的时域分析得出的结论是一致的，如图中椭圆所标注波形所示。由此可知，钢轨在该位置出现了轨缝低接头病害，并且这种病害会造成转向架振动加速度信号出现椭圆内所示的振动模态。同样，对检测信号进行 EMD 的结果显示，有经验模态分量中出现图中椭圆内所示的振动模态，则可确定钢轨在该振动模态对应的位置出现了轨缝低接头病害。

2. 边际谱分析

为进一步研究轨缝低接头病害的主要频率分布情况，分别对正常钢轨和轨缝低接头钢轨进行 EMD，并对两种状态下的 imf2 固有振动模态进行边际谱分析，结果分别如图 8.12(a)和图 8.12(b)所示。

(1) 图 8.12 (a)为钢轨上仅有不平顺的情况下绘制的转向架加速度边际谱图，可知检测信号的边际谱在 4～15Hz 出现了特大波动(见图中矩形框)。

(2) 图 8.12 (b)为钢轨有自身不平顺且存在轨缝低接头病害时绘制的转向架加速度边际谱图，可知边际谱存在两个特征频带，分别为 30～100Hz 和 500～600Hz，在两个频带内的特征频率分别约为 40Hz 及 540Hz(图中黑色标注点)，这与之前所得的所有结论一致。

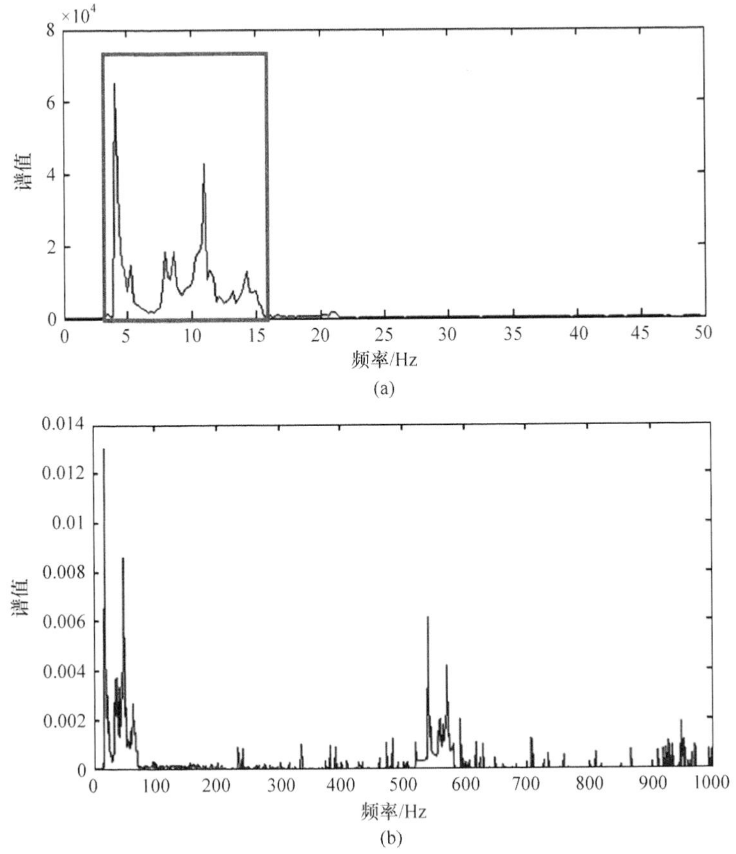

图 8.12　不同状态下的转向架加速度信号的边际谱

由之前车辆-轨道动力学模型系统模态分析可知，整车模型的固有振动频率为 0～30Hz，故综上所述，由轨缝低接头病害引起的振动频带为 30～100Hz 和 500～600Hz，其特征频率为 40Hz 及 540Hz，其特征波形为“”。

8.6　上海地铁 1 号线实际数据分析

本章利用上海地铁 1 号线实际数据对钢轨波浪形磨耗、核伤、轨缝低接头等钢轨病害的特征加以验证，现场数据采集区间为上海南站站至锦江乐园站，其平面图如图 8.13 所示，采集时间为 2014 年 2 月 27 日 17:34，采样频率为 2000Hz。

1. 现场实际数据的时频分析(400～1300m)

根据上海地铁 1 号线从上海南站站至锦江乐园站的轨道不平顺检测系统测得

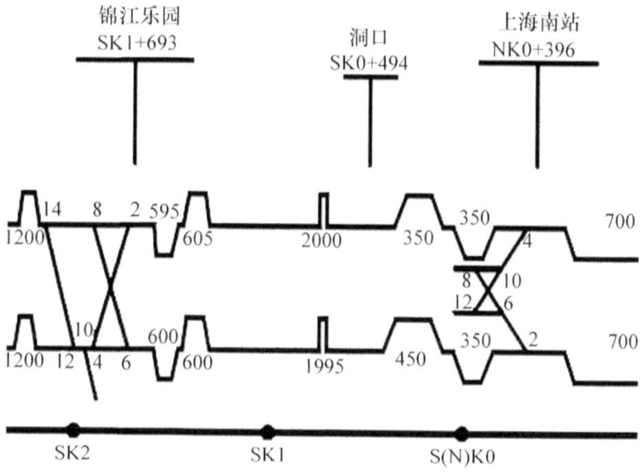

图 8.13　上海南站站至锦江乐园站线路平面图

的转向架加速度数据，选取其 600～1300m 的加速度信号，进行连续小波变换，得到如图 8.14 所示的连续小波图像。

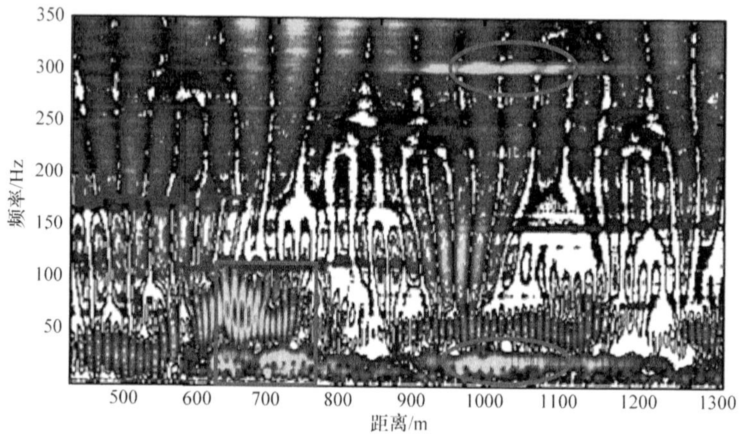

图 8.14　上海地铁 1 号线实际数据的连续小波图像

由图 8.14 可知：

(1) 振动比较剧烈的位置主要分布在 650～700m 和 1000m 附近。

(2) 在 650～700m 附近的钢轨上出现了某种引起车辆剧烈振动的病害，而且该病害引起了车辆转向架在 0～40Hz 和 50～110Hz 频带的剧烈振动。

(3) 在 1000m 附近的钢轨上也出现了导致转向架振动的某种病害，该病害导致转向架在 0～30Hz 频带和 300Hz 频率的剧烈振动。

连续小波变换只能大致判断出某种病害的振动频带，要想得到该振动频带内的具体频率成分，需分别对 650～700m 和 1000m 附近的转向架加速度信号进行希尔伯特边际谱分析，得到原始检测信号的边际谱图，如图 8.15 和图 8.16 所示，其横坐标表示振动频率，纵坐标即为振动谱值。

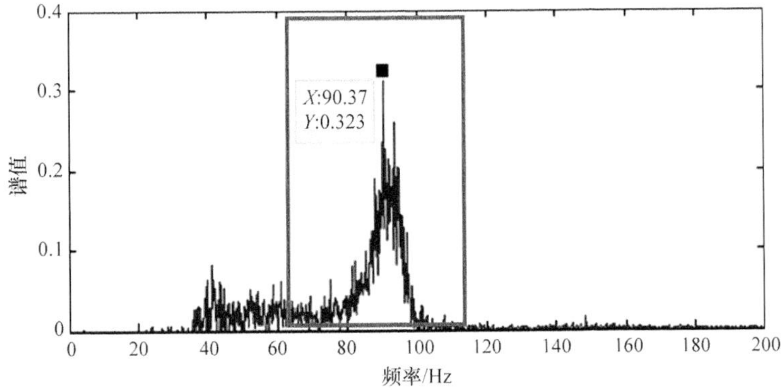

图 8.15　上海地铁 1 号线 650～700m 附近数据的边际谱

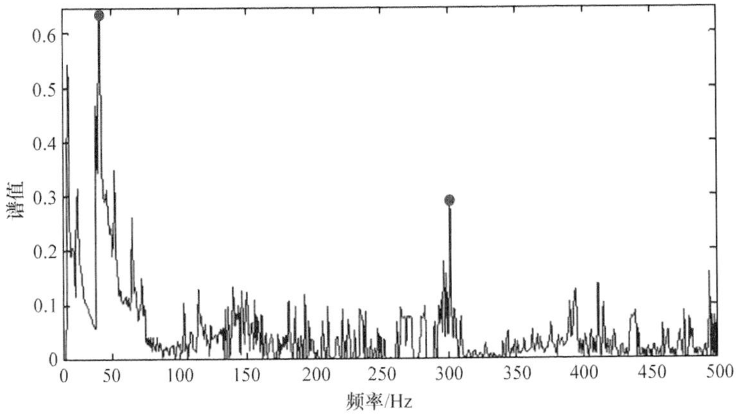

图 8.16　上海地铁 1 号线 1000m 附近数据的边际谱

从图 8.15 可以看出原始信号的主要振动频率分布在 80～110Hz 的中频带，且在检测信号的主要分布频带内存在的特征频率与仿真钢轨波浪形磨耗病害的特征响应频率相近，即 90Hz，故在 650～700m 处分布的病害可能是钢轨波浪形磨耗。

由图 8.16 可知，原始信号的主要振动频率分布约在 0～30Hz 频带、44Hz 以及 300Hz，其特征频率约为 44Hz 和 300Hz，与仿真模拟中所描述的钢轨核伤特征相应频率一致，故在 1000m 附近的病害可能是核伤。

为了验证钢轨病害的存在以及确定钢轨病害的类别，最后对 400～1300m 的数据进行 EMD，如图 8.17 所示。EMD 具有自适应性，可以在信号的任意位置选取最优基函数对信号加以分解,因此相比于其他方法,EMD对于现场实际数据这种既非平稳又非线性的信号分析具有不可替代的优点。

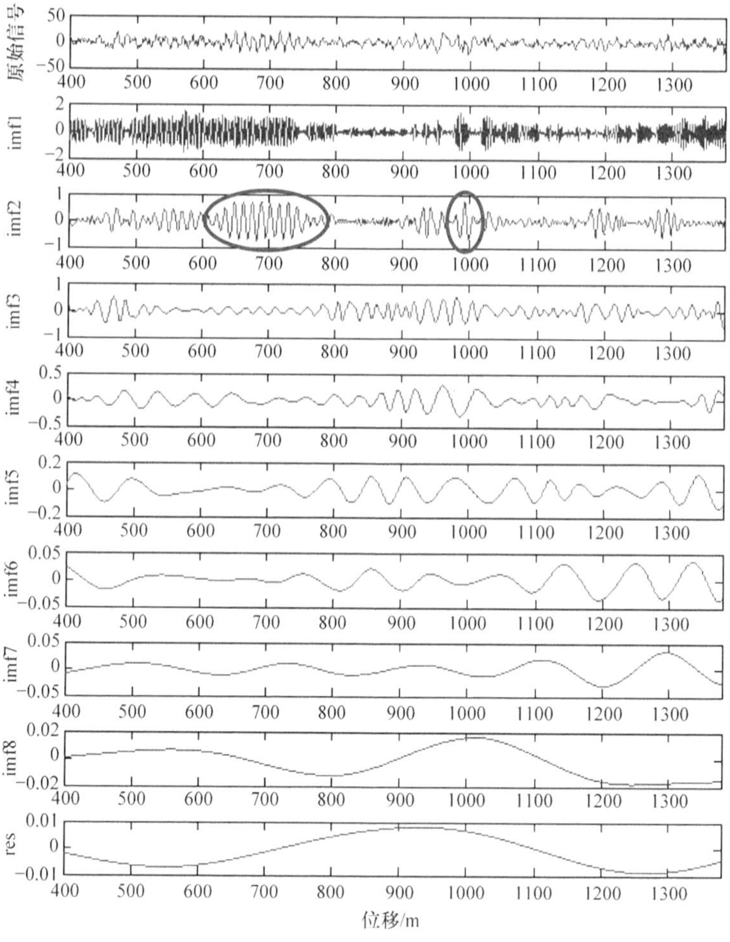

图8.17 地铁1号线实际数据截取时段的EMD

由图8.17的EMD结果,能从各个imf分量中提取出几处钢轨病害特征。例如,图8.18的imf2分量里可以提取出钢轨波浪形磨耗的特征波形,且病害位置大约在650～700m,故可以肯定前面的推断,该处的病害为波浪形磨耗病害。由图8.13可知,650～700m处的钢轨是该区间线路的弯道位置,容易产生波浪形磨耗。同时,imf2分量中还提取出钢轨核伤的特征波形W,且病害的位置在钢轨1000m附近,验证了之前对于该处病害类型的推断。

2. 现场实际数据的时频分析(1300～1500m)

由上海地铁 1 号线从上海南站站至锦江乐园站的轨道不平顺检测系统测得的转向架加速度数据，选取其 1300～1500m 的加速度信号，进行连续小波变换，如图 8.18 所示，在该区段确实没有明显的振动，图中的低频带分布在该段整个轨道上，故可暂时断定该低频带的振动是由钢轨固有的不平顺引起的。

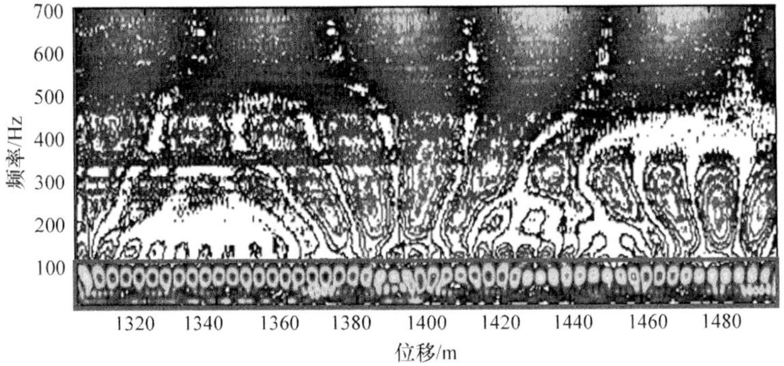

图 8.18　实际数据的连续小波变换图

为了确认该段钢轨病害是否存在，最后对上述两次数据中 1300～1500m 的数据进行 EMD，分解结果，如图 8.19 所示。

由图 8.19 可知，在 imf1 和 imf2 分量中提取的波形均比较平稳，波动较小，没有与前面仿真病害相似的特征波形，故确认钢轨 1300～1500m 内不存在病害。

3. 现场实际数据的时频分析(0～400m)

选取上海地铁 1 号线从上海南站站至锦江乐园站的轨道不平顺检测系统测得的 0～400m 的转向架加速数据，对其进行连续小波变换，如图 8.20 所示。

由图 8.20 可知：

(1) 在 130m 附近的钢轨上出现了某种病害，且该病害引起了车辆转向架在 0～30Hz、30～100Hz 和 500～600Hz 频带的剧烈振动。

(2) 在 340m 附近的钢轨上也出现了导致转向架振动的某种病害，该病害导致转向架在 0～30Hz 频带和 60～110Hz 的剧烈振动。

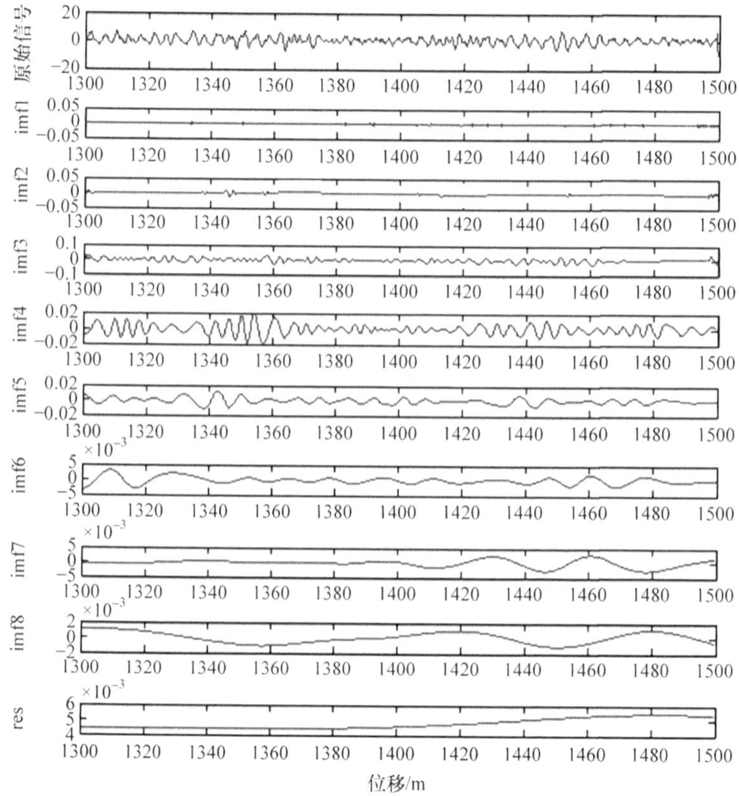

图 8.19　上海地铁 1 号线实际数据截取时段的 EMD

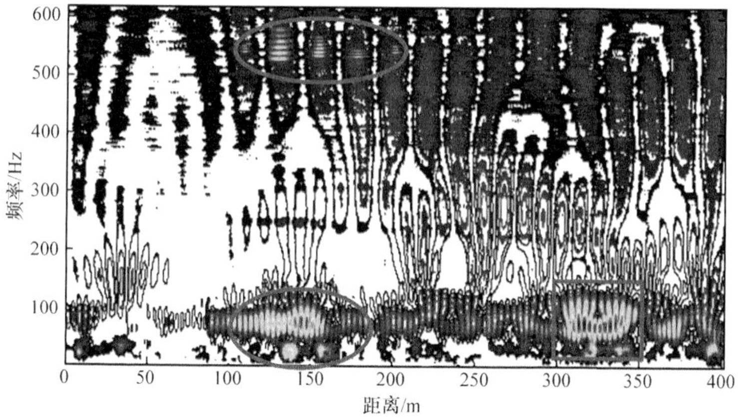

图 8.20　上海地铁 1 号线实际数据的连续小波图像

为了能分析出信号的频率成分，分别对 130m 和 340m 附近的转向架加速度信号进行希尔伯特边际谱分析，得到了检测信号的边际谱图，如图 8.21 和图 8.22 所示，图中横坐标表示振动频率，纵坐标为振动谱值。

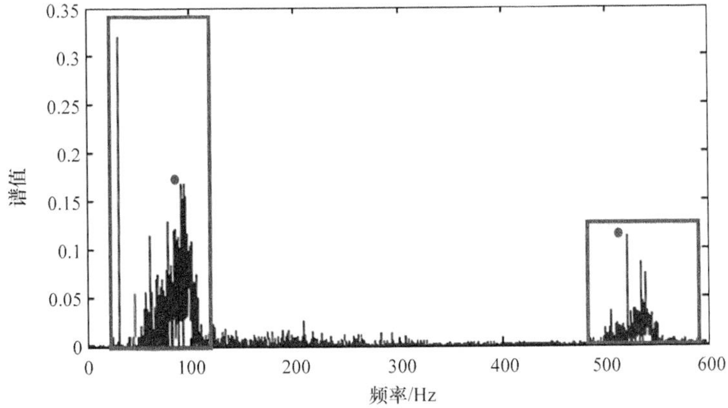

图 8.21　上海地铁 1 号线 130m 附近实际数据特定时段的边际谱

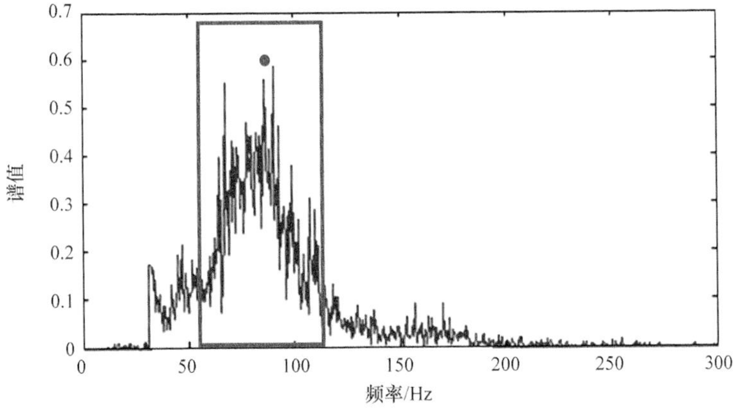

图 8.22　上海地铁 1 号线 340m 附近实际数据特定时段的边际谱

从图 8.21 可以看出原始信号的主要振动频率分布在 30～100Hz 和 500～600Hz 的频带，特征频率为 40Hz 和 540Hz，且检测信号的主要分布特征频带与仿真钢轨低接头病害的特征响应频带相近，特征频率相同，故在 650～700m 处分布的病害可能是轨缝低接头病害。

从图 8.22 可知，信号的主要振动频率分布在为 80～110Hz 的中频带，且在检测信号的主要分布频带内存在 90Hz 的特征频率，这与仿真钢轨波浪形磨耗病害的特征响应频率相近，故在 340m 处分布的病害可能是钢轨波浪形磨耗。

为了验证钢轨病害的存在以及确定钢轨病害的类别，最后对 0～400m 的数据进行 EMD,分解结果如图 8.23 所示。

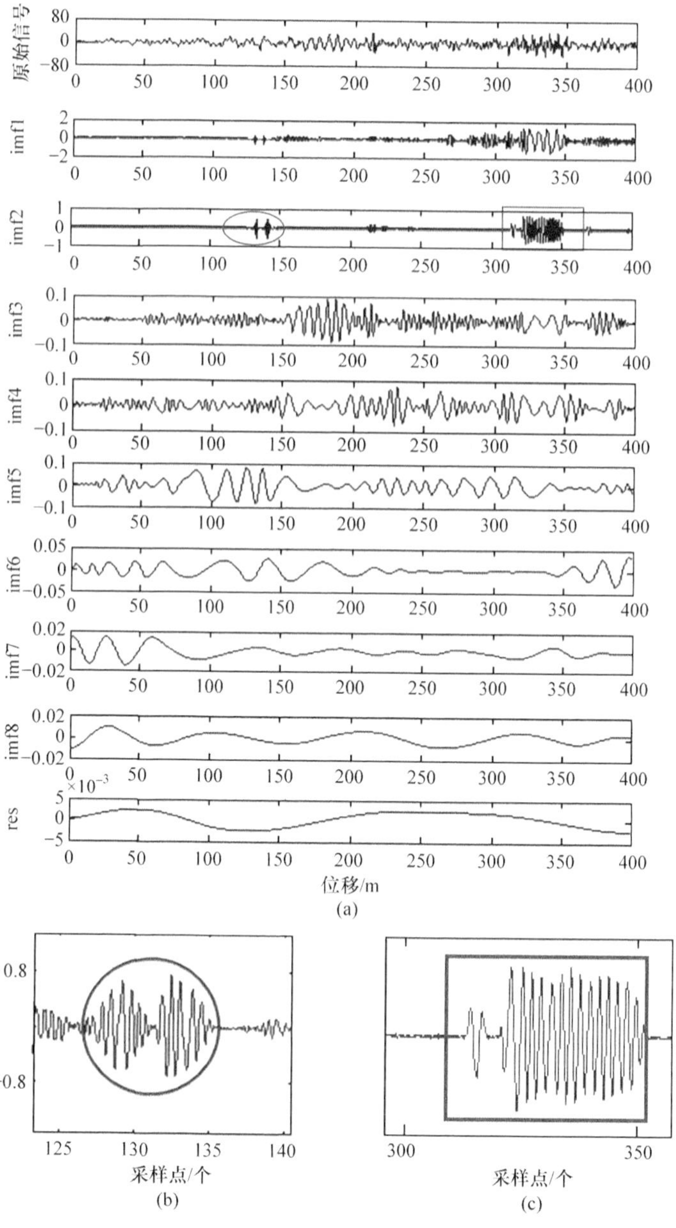

图 8.23　地铁 1 号线实际数据截取时段的 EMD

由图 8.23 可知,在 imf2 分量中提取出钢轨低接头的特征波形,即具有连续两个峰值的相似波形,如图中椭圆框内所示,且病害位置大约在 130m,由于城市轨道交通线路中钢轨每 25m 有一个轨缝接头，故可以断定，该处的病害为处在钢轨 125m 的低接头病害，而病害位置的检测误差是由在 0～400m 内列车的非匀速运行引起的；同时，imf2 分量中还提取出钢轨波浪形磨耗的特征波形，如图中矩形框内所示，且伤病害的位置在钢轨 340m 附近。根据图 8.13，340m 处的钢轨是线路的弯道位置，容易产生波浪形磨耗。

4. 现场实际数据的时频分析(1500～1650m)

选取上海地铁 1 号线从上海南站站至锦江乐园站的轨道不平顺检测系统测得的 1500～1650m 的转向架加速度信号，对其进行连续小波变换，如图 8.24 所示，该段内没有明显的振动，矩形框内的低频带分布在该段全部钢轨上，故可暂时得出该低频带振动是由钢轨固有不平顺引起的。

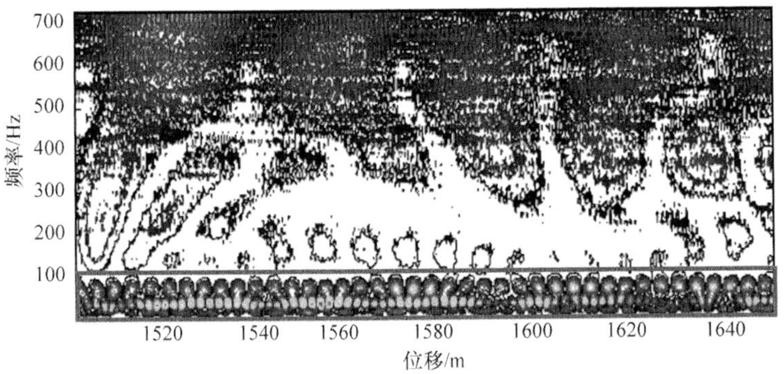

图 8.24　上海地铁 1 号线实际数据的连续小波图像

为了确认该段钢轨不存在病害，最后对 1500～1650m 的数据进行 EMD，分解结果如图 8.25 所示。

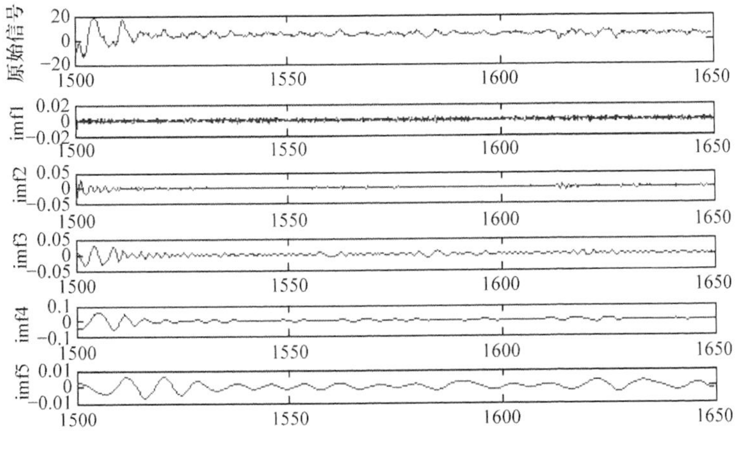

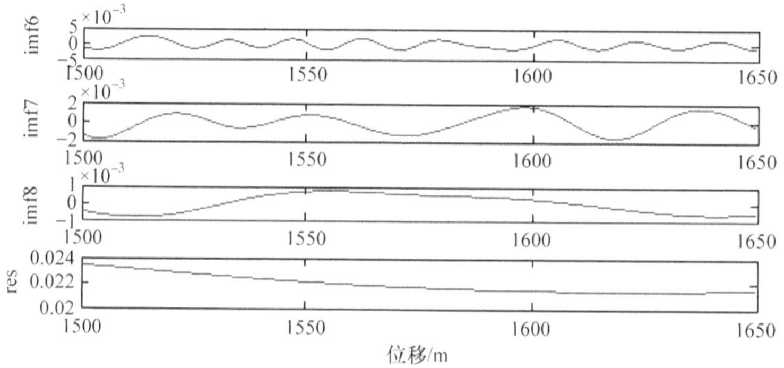

图 8.25　地铁 1 号线实际数据截取时段的 EMD

由图 8.25 可知，在 imf1 和 imf2 分量中提取的波形均比较平稳，且并未提取出与之前仿真病害相似的特征波形，故可以断定，在钢轨 1500～1650m 内不存在病害。

综上所述，通过对检测信号进行以上时频域分析可以检测并识别钢轨病害。

8.7　本章小结

本章利用时域和频域分析、小波分析以及希尔伯特-黄变换等分析方法分别对轨缝低接头病害状态和正常状态下的车辆转向架加速度数据进行对比分析，结果证明相比于正常钢轨的转向架加速度信号，轨缝低接头状态、高低焊缝状态下的加速度信号均有较为明显且可辨识的时频特征。

参考文献

[1] 韩坤. 高速列车高频振动特性分析[D]. 北京：北京交通大学，2011.
[2] Steffens D M. Identification and development of a model of railway track dynamic behaviour[D]. Brisbane：Queensland University of Technology，2005.
[3] 郭德振. 60kg/m 钢轨焊缝病害调查与整治[J]. 铁道建筑，1994，(10)：10-12.

第 9 章　车辆-道岔病害建模与检测技术研究

车辆-道岔动力学模型建立的基本思路是首先分别建立道岔子系统、车辆子系统和轮轨关系子系统，然后利用 SIMPACK 软件中的参数设置给定轮轨子系统的相关参数，将三部分子系统耦合成一个整体系统。

9.1　道岔建模

在道岔区域内，轨道的截面随着线路长度的变化而变化，在辙叉附近基本轨一侧需要设置护轨，本节结合国内轨道交通线路的实际情况，以 60kg/m 钢轨 9 号右侧单开道岔为例建立道岔模型。

9.1.1　道岔的构造

道岔是铁路轨道连接的重要设备，其功能是承受、传递由铁道车辆运行引起的各种载荷，引导车轮沿既定方向在轨道上行驶[1]。与普通轨道不同，道岔范围内轨道由一股分支成两股或多股，必须通过转辙器为车辆提供转线功能，在轨线平面交叉点需要设置构造复杂的辙叉来满足两向轮缘的通过要求。目前国内现役道岔中单开道岔应用最广泛，约占我国总道岔的 90%以上，其余为对称道岔、三开道岔、交叉道岔、交叉渡线等。单开道岔的侧线由主线向线路的左侧（左开道岔）或者右侧（右开道岔）岔出，具有代表性。本章仿真的道岔模型是右开道岔，如图 9.1 所示。

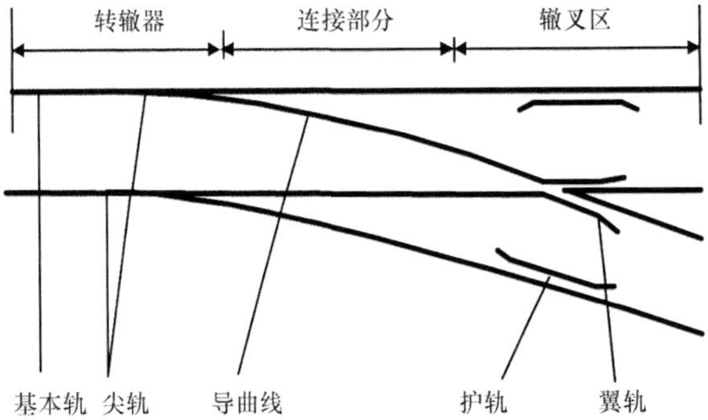

图 9.1　道岔结构图

9.1.2　道岔建模原理

在道岔的转辙区和辙叉区，钢轨截面会随着纵向距离的不同而发生变化。建立道岔仿真模型，首先要根据变截面区域的钢轨实际外形，得到关键截面的离散数据文件。尖轨处部分关键截面外形如图 9.2～图 9.4 所示。

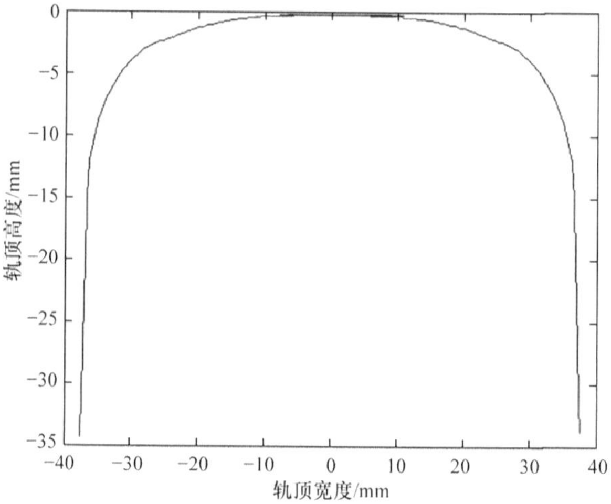

图 9.2　基本轨截面外形

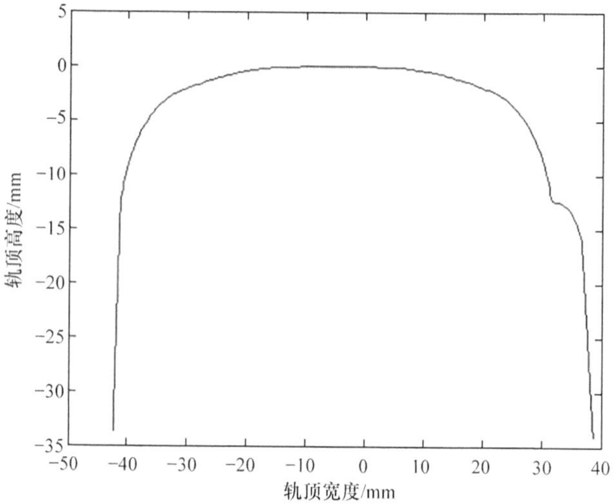

图 9.3　顶宽 5mm 处尖轨外形

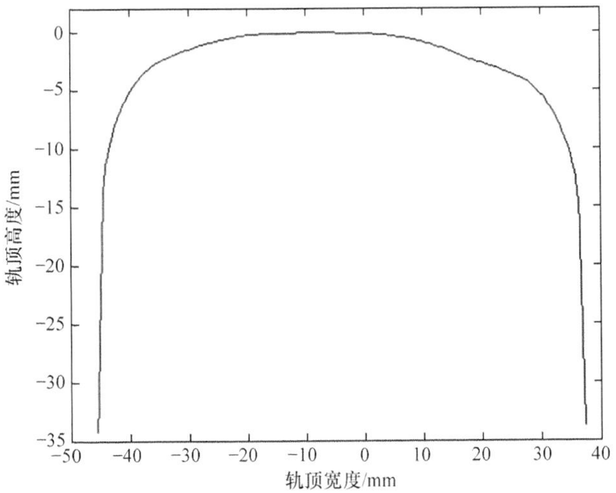

图 9.4　顶宽 20mm 处尖轨外形

在尖轨尖端之前，道岔的截面外形与区间线路相同，该模型中道岔的基本轨部分外形采用 60kg/m 标准钢轨外形，道岔轨头的轮廓离散可根据变截面钢轨的外形实现，考虑到轮轨接触点低于车轮轮缘高度，理论上在垂向只需离散到轨顶下 25mm 左右，但为了同 SIMPACK 固有轨道截面文件相统一，该模型中离散到轨顶下 35mm 位置。

尖轨尖端处轨道外形由图 9.2 所示的基本轨形状在很短的距离内过渡至图 9.3 所示的形状，以达到尖轨尖端的模拟效果，尖轨顶宽为 5mm 时所对应的轨道纵向位置认为是本模型道岔开始的位置。尖轨轨顶宽度随着轨道的纵向距离增大而增大，在尖轨顶宽为 20mm 时(图 9.4)，车轮的载荷开始由基本轨逐渐向尖轨过渡，随后轮载由尖轨和基本轨共同承担。图 9.5 显示了尖轨宽为 30mm 时的情形。在尖轨顶宽进一步增大到 50mm 时(图 9.6)，轮载基本上由尖轨承担。即使道岔本身不存在病害，在整个轮载过渡过程中车辆横向和垂向的振动也会增大，这部分振动信号的改变是道岔固有不平顺引起的，道岔固有不平顺是识别道岔存在的有利条件，但是也对进一步检测道岔病害带来干扰。

与尖轨部分的建模原理相同，在模型中，心轨以图 9.7 所示心轨开始处作为心轨的实际尖端，心轨顶宽逐步增加到与基本轨同宽，这个过程中翼轨始终保持距离基本轨侧面 46mm。由于心轨尺寸相对尖轨简单，长度较短，所以模型中仅采用图 9.8～图 9.10 所示的 3 个截面完成心轨的建模。

辙叉部分的道岔截面生成原理与尖轨区类似，翼轨的模拟按照图 9.7 所示的尺寸由基本轨左移或右移指定的尺寸形成。翼轨虽然不是发生病害的主要位置，但是翼轨对于实现模型中列车顺利通过有害空间、建立真实轮背接触关系至关重

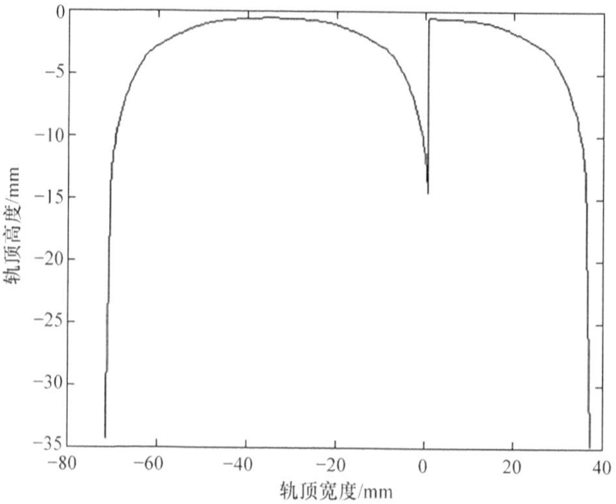

图 9.5　顶宽 35mm 处尖轨外形

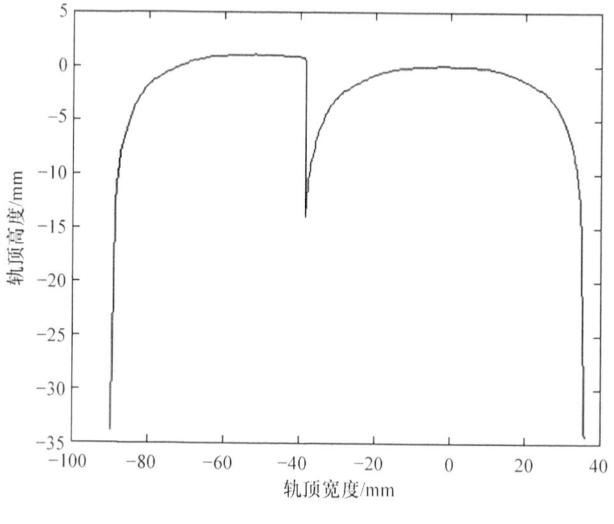

图 9.6　顶宽 50mm 处尖轨外形

要，因此翼轨是整个道岔建模不可或缺的一部分。辙叉区部分截面外形图如图 9.8～图 9.10 所示。

除了基本轨、尖轨、心轨和翼轨，护轨也是道岔区的重要组成部分之一。列车通过有害空间时，由于轨道截面发生突变，产生剧烈的横向振动，护轨能够通过限制经过非有害空间侧的车轮横向位移来减小振动，避免车轮走向错误方向。列车经过有害空间时，一侧车轮轮背可能会与护轨接触，因此完整的道岔模型必须建立

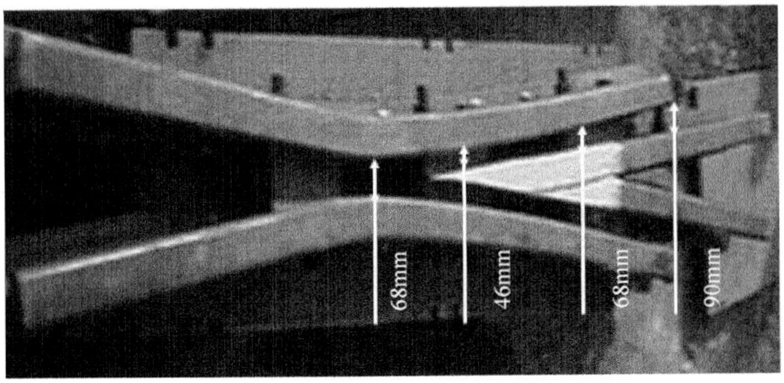

图 9.7　辙叉部分示意图

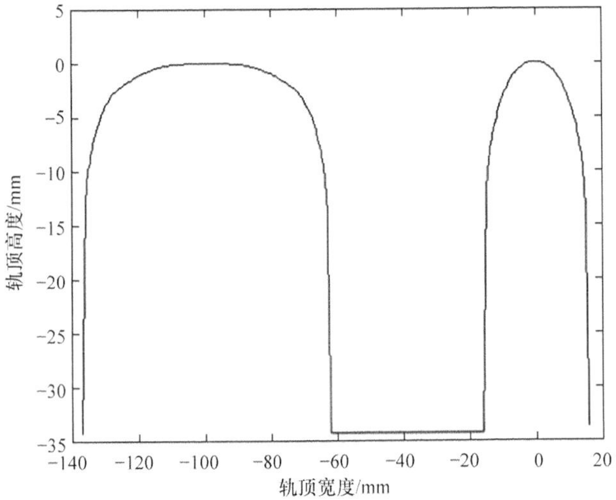

图 9.8　顶宽 5mm 处心轨外形

护轨模型。护轨的截面形状如图 9.11 和图 9.12 所示，与基本轨的相对位置关系如图 9.13 所示。

根据关键截面外形得到数据文件后，再根据不同轨道长度 s 处的截面特征，建立轨道装配文件，可由 SIMPACK 软件自动完成道岔模型的生成。在 SIMPACK 仿真环境中，两个关键截面之间的道岔外形数据会根据线性插值自动生成。其插值原理如下所述。

第一步，对于任意截面形成平滑的三次样条曲线，得到标准弧长度 u、横向截面坐标 y 和垂向截面坐标 z，每一点的弧-长度坐标值可以通过轨道截面函数 $y(u)$、$z(u)$的标准参数公式得到。第二步，在轨道截面上，根据标准化的弧-长度参数 u 将三次样条曲线离散成等距离的点进行插值。对于每一个截面，应使用同一个标准化的弧-长度参数 u 进行离散。第三步，计算出两截面之间的一个三次样

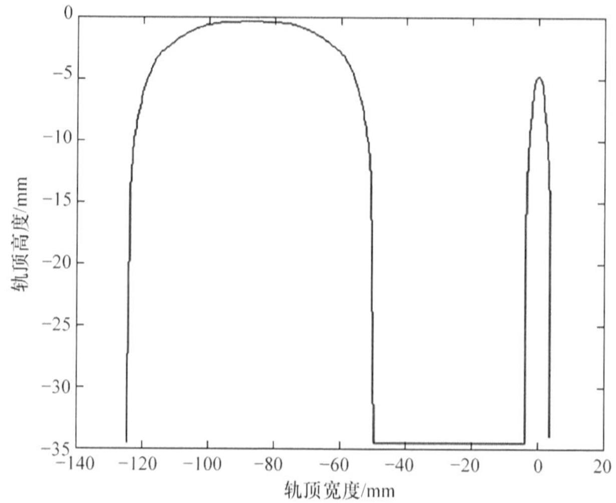

图 9.9　顶宽 30mm 处心轨外形

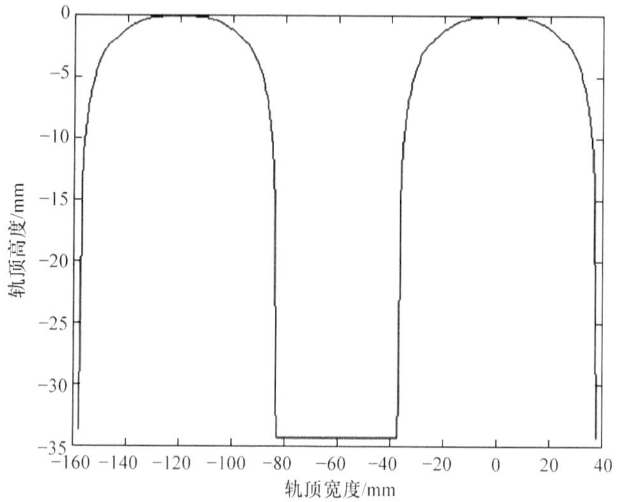

图 9.10　心轨结束处外形

条曲线表示插值截面，对于给定的参数 u，计算出截面函数各点的坐标 $y(u)$ 和 $z(u)$，并储存在同一文件中。每个轨道文件通过以上处理就可以分别表示一股截面轨道，将所有的轨道文件组合在一起就可以表示整个道岔[2]。本章所建立的道岔模型辙叉部分如图 9.14 所示。

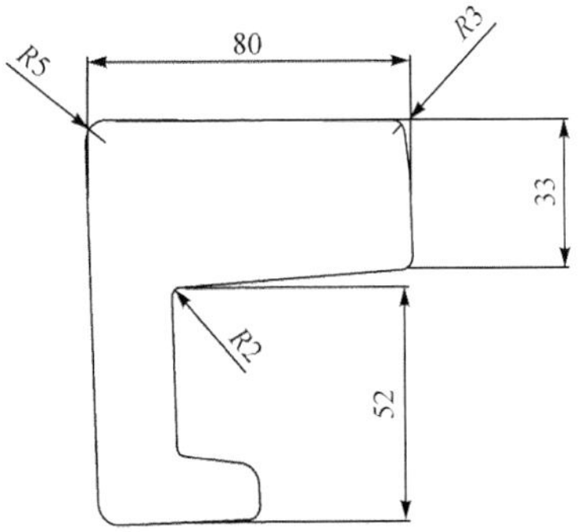

图 9.11　护轨截面形状(单位:mm)

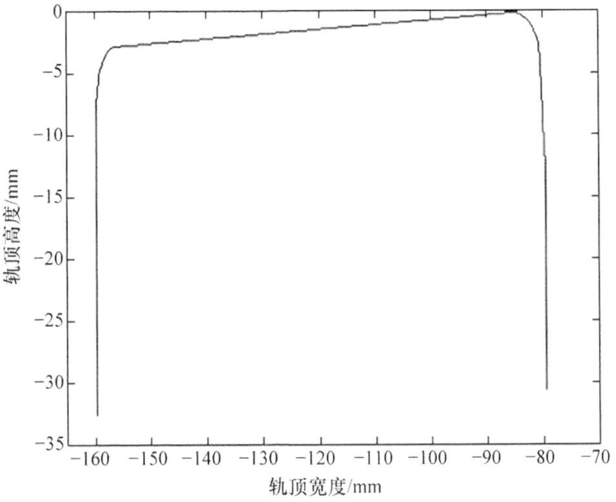

图 9.12　SIMPACK 模型中的护轨截面形状

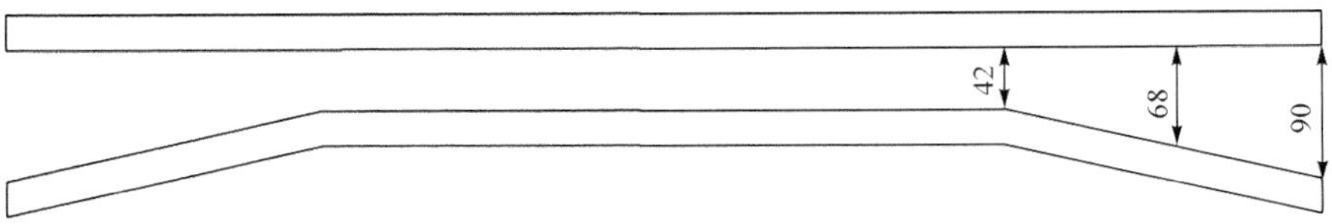

图 9.13　护轨与基本轨的相对位置(单位:mm)

9.1.3　道岔病害的模拟

1. 尖轨不密贴

尖轨不密贴是指由于转辙器尖轨驱动装置动程不足或尖轨尺寸误差等造成的尖轨无法与基本轨贴紧的现象，这一病害会加剧轮轨之间的冲击力，进而缩短尖轨

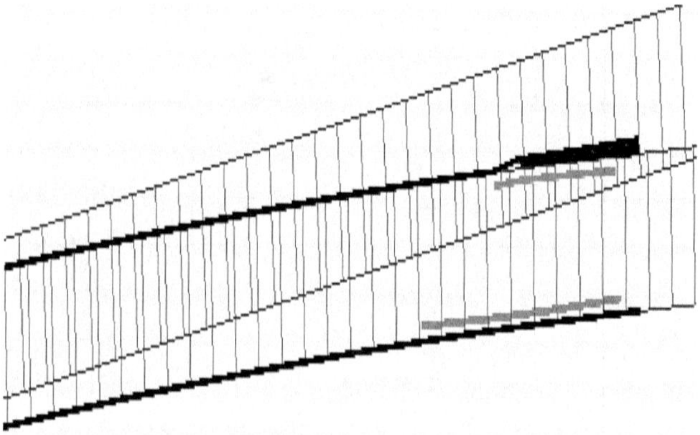

图 9.14　道岔模型示意图

使用寿命,影响列车运行安全。建立尖轨不密贴模型主要是形成尖轨与基本轨之间的缝隙,尖轨尖端处轨道截面形状如图 9.15 所示。

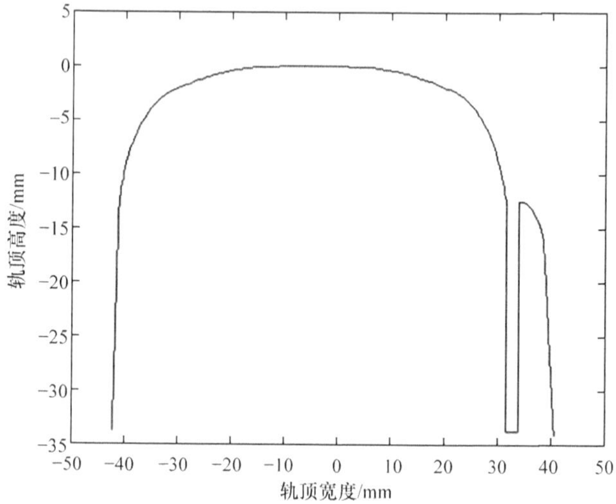

图 9.15　尖轨外形图(尖轨顶宽 5mm)

参考城市轨道交通道岔维护相关规范,根据尖轨与基本之间的缝隙宽度,本书将尖轨不密贴病害分为 5 个等级,不同等级下尖轨与基本轨之间的缝隙宽度如表 9.1 所示。

表 9.1　尖轨不密贴病害分级依据

病害等级	尖轨顶宽 5mm 处缝隙宽度/mm	尖轨顶宽 20mm 处缝隙宽度/mm
一级	1	2
二级	2	4

续表

病害等级	尖轨顶宽 5mm 处缝隙宽度/mm	尖轨顶宽 20mm 处缝隙宽度/mm
三级	3	6
四级	4	8
五级	5	10

2. 尖轨轧伤

尖轨轧伤指尖轨尖端被轧断一部分或表面出现剥离、掉块，本章所建模型中尖轨轧伤的表示方法是增大实际尖轨尖端的顶宽同时后移该界面对应的纵向位移，即在模型中以尖轨尖端被轧断表示尖轨轧伤这一病害。

参考城市轨道交通道岔维护相关规范，根据尖轨与基本之间的缝隙宽度，本书将尖轨轧伤病害分为 5 个等级，不同等级下尖轨实际尖端开始的相对位移(相对于无病害道岔尖轨开始的位移)和顶宽如表 9.2 所示。

表 9.2　尖轨轧伤病害分级依据

病害等级	相对位移/mm	尖轨尖端顶宽/mm
一级	40	8
二级	80	8.5
三级	120	9
四级	160	10
五级	200	12

3. 叉心沉落

由于普速道岔存在有害空间，列车经过有害空间后会对心轨尖端(叉心)造成巨大冲击力，而心轨尖端由基本轨刨切而成，顶宽较小，在巨大的垂向冲击力作用下会导致轨枕下沉或钢轨切入轨枕过深，表现为叉心沉落。叉心沉落会影响列车过岔的舒适性，加快轮对磨损，城市轨道交通行车密度高，无论列车经过道岔向哪一个方向行进，轮对与叉心都会发生撞击，因此，叉心沉落是城市轨道交通线路中的常见病害之一。

模型中采用降低心轨轨顶高度的方法来模拟叉心沉落病害，具体如图 9.16 所示，由于轮对对心轨尖端的冲击力最大，与心轨接触后冲击力逐渐减小，所以在病害模拟过程中将心轨的 3 个截面依次降低不同的高度。根据城市轨道交通道岔维护相关规范，将叉心沉落病害按照下沉高度分为 5 个等级，心轨顶宽为 3 个心轨顶宽截面对应下沉高度，如表 9.3 所示。

表 9.3　叉心沉落病害分级依据

等级	顶宽 5mm 处下沉高度/mm	顶宽 30mm 处下沉高度/mm	顶宽 50mm 处下沉高度/mm
一级	10	6	2
二级	30	18	6
三级	50	30	10
四级	100	60	20
五级	150	90	30

4. 导曲线反超高

道岔中导曲线半径较小，没有足够的长度设置超高递减顺坡，因此导曲线外侧钢轨一般不设超高。列车经过导曲线时，外侧钢轨承受的压力大于内侧钢轨，城市轨道交通列车运行密度大，且过岔方向一般不会改变，外侧钢轨承受过大的轮对压力会造成外侧钢轨的下沉，进而形成外侧钢轨低于内侧钢轨的状态，即造成导曲线反超高现象。导曲线反超高会限制列车的过岔速度，甚至导致列车在道岔区产生轮对抬起、脱轨等危险。

模型中导曲线反超高是通过逐步整体降低导曲线部分的轨顶高度来实现的，在导曲线中部位置的截面达到钢轨的最低点，依次升高至正常高度，具体如图 9.16所示。根据钢轨降低程度，本书将导曲线反超高病害分为 5 个等级，各级导曲线中部截面下降高度如表 9.4 所示。

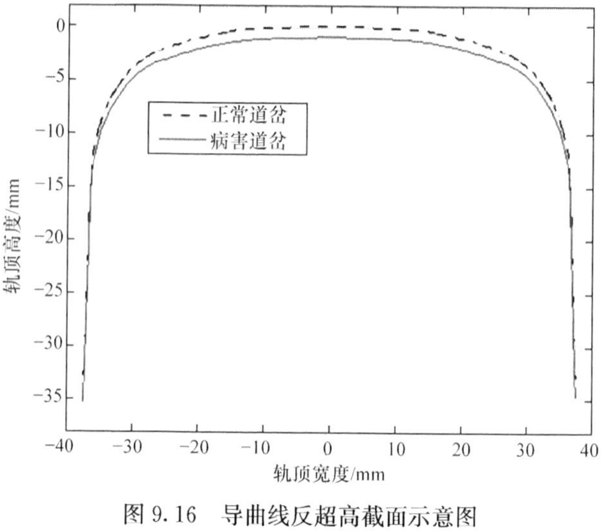

图 9.16　导曲线反超高截面示意图

表 9.4　导曲线反超高分级依据

病害等级	钢轨下沉高度/mm
一级	2
二级	5

续表

病害等级	钢轨下沉高度/mm
三级	10
四级	20
五级	50

9.2　转向架振动加速度信号分析

目前常用的解析模型、专家系统、数据驱动故障诊断方法中，振动分析法作为基于数据驱动诊断方法的一种常见方式，具有数据获得简便、可行性高、实用性强等特点。本节采用振动分析法来分析车辆经过不同病害形式、不同程度病害的道岔时所产生的车辆加速度，总结出道岔病害对车辆振动特性的影响，为通过车辆运行状态检测道岔状态提供理论基础。本节对仿真信号进行时域特征值提取和小波包分解分析，从时域和频域两个角度对仿真信号的特征进行总结，分析结果证明了利用振动信号分析法检测道岔病害是可行的。

9.2.1　尖轨不密贴信号分析

1. 时域范围信号分析

将车辆经过正常道岔模型与经过尖轨不密贴道岔模型的加速度信号在时域范围内进行比较，结果表明尖轨不密贴病害对车辆的横向、垂向加速度均有明显的影响[2,3]。车辆横向和垂向加速度如图 9.17 和图 9.18 所示。

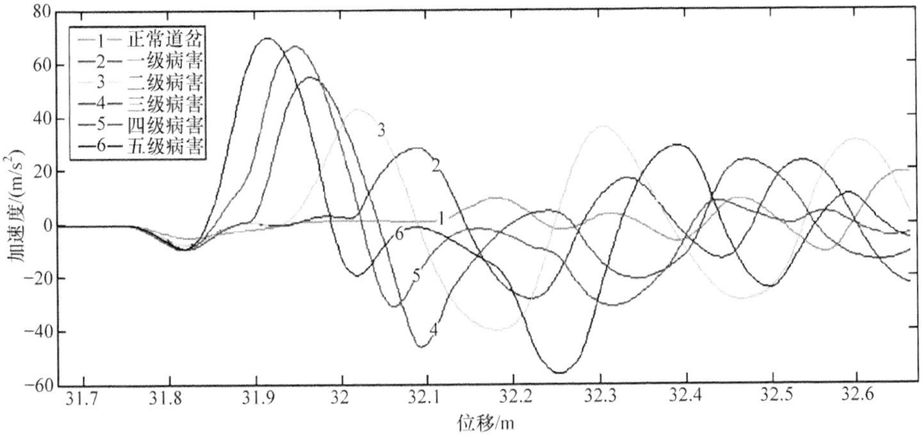

图 9.17　横向加速度信号时域波形(尖轨不密贴)

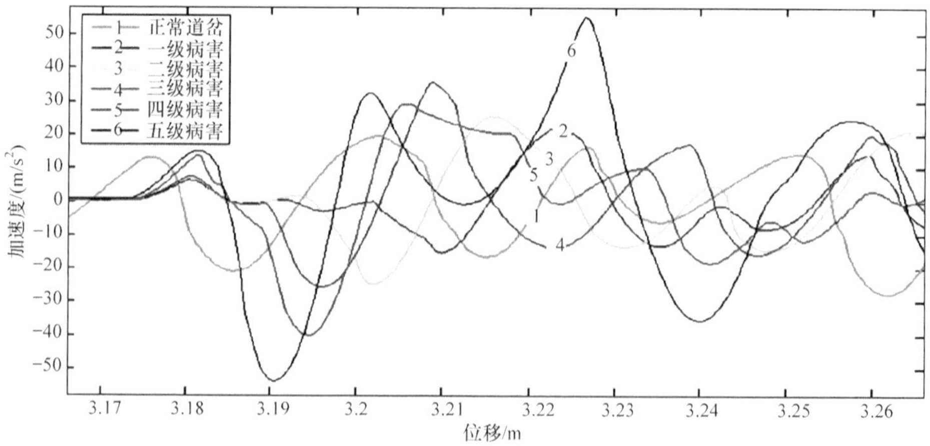

图 9.18　垂向加速度信号时域波形(尖轨不密贴)

由图 9.17 可知,车辆经过尖轨尖端时,横向振动加速度会产生较大的突变,且振动幅值随着尖轨与基本轨之间缝隙的增大而增大。车轮接触尖轨尖端时,若尖轨与基本轨存在缝隙,则车轮会突然受到一个向右的力,表现为横向加速度幅值在正方向上产生峰值。

由图 9.18 可知,由尖轨不密贴造成的车辆垂向加速度波动幅值略小于横向加速度,但与横向加速度的变化相同,垂向加速度会在车辆经过尖轨尖端的瞬时产生突变,且加速度峰值的绝对值随着尖轨与基本轨之间缝隙的增大而增大。车轮接触到尖轨尖端时,由于尖轨与基本轨并不密贴,车轮轧上尖轨尖端时会突然被抬高,表现为垂向加速度幅值在负方向上产生峰值。

由时域波形图可知,在尖轨不密贴故障状态下,加速度的峰值发生了明显变化,对车辆通过尖轨尖端处的 300 个采样点进行特征值计算,可以得到更加直观的时域指标变化趋势。垂向加速度时域特征值对比如表 9.5 和图 9.19 所示。

表 9.5　垂向加速度时域特征值对比表(尖轨不密贴)

特征值	正常道岔	一级病害	二级病害	三级病害	四级病害	五级病害
峰值/g	18.9949	28.425	42.969	54.850	66.367	69.627
有效值/g	5.6368	13.593	21.946	20.259	21.245	26.086
均值/g	3.8759	10.214	13.174	14.549	13.656	18.142
峭度	4.7515	2.6413	2.2034	3.9426	5.4009	4.0008

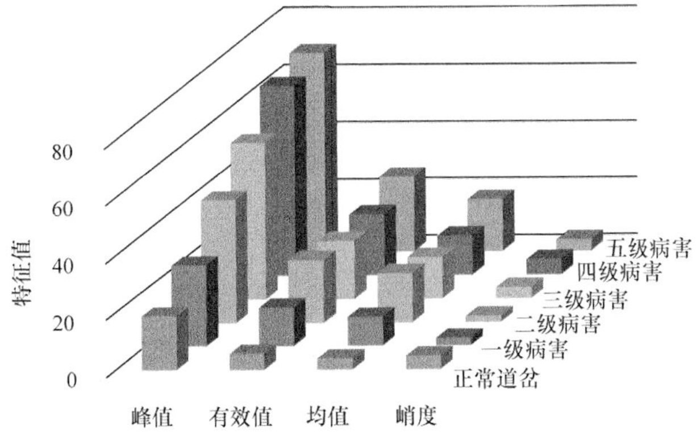

图 9.19　垂向加速度时域特征值对比图(尖轨不密贴)

横向加速度时域特征值对比如表 9.6 和图 9.20 所示。

表 9.6　横向加速度时域特征值对比表(尖轨不密贴)

特征值	正常道岔	一级病害	二级病害	三级病害	四级病害	五级病害
峰值/g	17.671	22.452	25.705	35.934	40.084	55.274
有效值/g	5.182	8.4679	12.104	13.357	15.529	23.910
均值/g	4.234	6.1976	9.2760	10.253	11.497	18.461
峭度	1.9789	3.3254	2.5238	2.9936	3.2696	2.9305

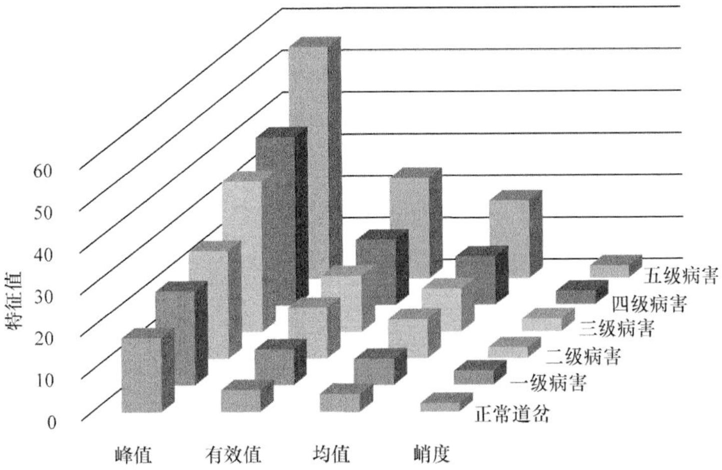

图 9.20　横向加速度时域特征值对比图(尖轨不密贴)

由以上分析可知,横向加速度和垂向加速度的峰值、均值和有效值能够基本准确地反映横向加速度大小与不同故障等级道岔之间的关系,相比较而言,横向加速度特征值能够更明显地反映道岔病害程度。峭度是反映信号变化剧烈程度的指标，尖轨与基本轨之间的缝隙不仅会使车辆经过尖轨尖端处时的加速度信号发生突变，也会影响车辆在尖轨其他部分的加速度幅值，故峭度不能够反映道岔病害状态。

2. 小波包分解分析

为进一步分析尖轨不密贴道岔所对应的仿真信号，对车辆经过正常道岔和各级尖轨不密贴病害道岔时所产生的横向振动加速度进行小波包分解，得到频域范围内的幅值图，在小波包分解的基础上对仿真信号进行功率谱密度计算，观察信号功率谱集中的频率范围、不同状态道岔所对应的功率谱大小。仿真信号经小波包分解后的幅值如图 9.21 和图 9.22 所示，其功率谱密度如图 9.23 所示。

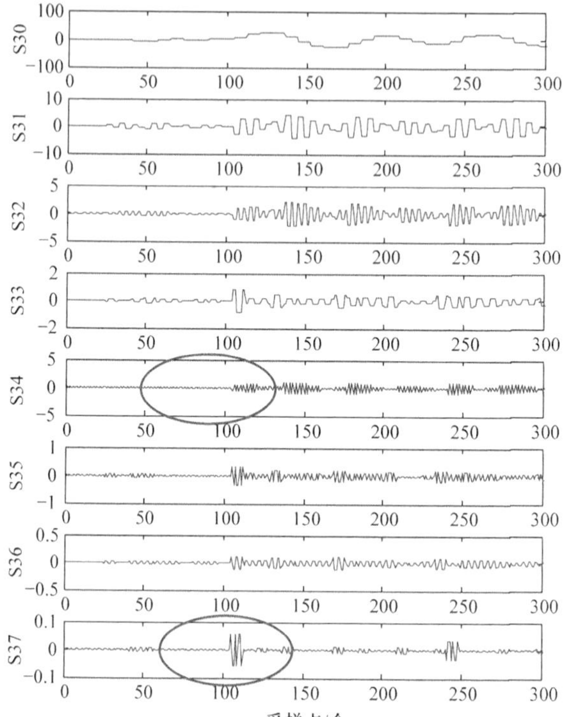

图 9.21　正常道岔信号(1)

由小波包分解后的幅值变化趋势可知，车辆经过病害道岔所产生的振动加速度的幅值在分解各层上都大于经过正常道岔时的加速度幅值，且病害道岔对应的功率谱密度在低频范围明显大于正常道岔对应的功率谱密度。通过对其他四级病害道岔所对应的仿真信号幅值进行分析，结果符合道岔病害程度越高其对应的仿

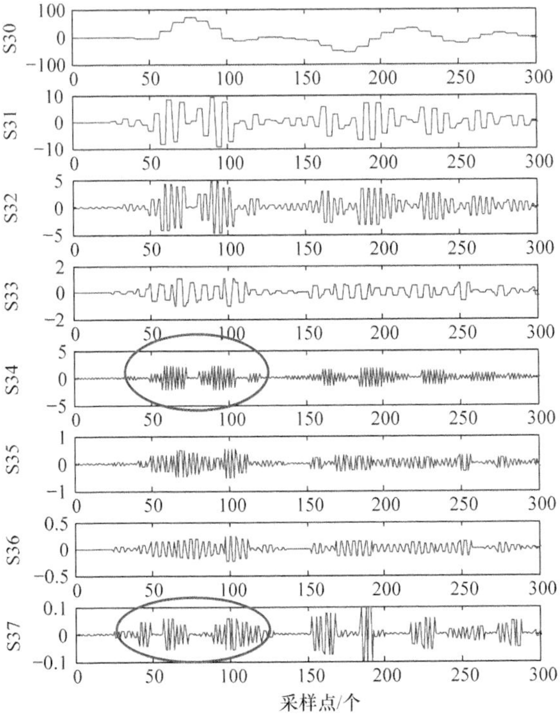

图 9.22　尖轨不密贴道岔信号(五级)

真信号幅值越大的规律。根据仿真信号的功率谱密度图像可知,尖轨尖端处振动信号多集中在 8Hz、50Hz、80Hz、125Hz 和 250Hz,车辆经过病害道岔和经过正常道岔所产生的振动信号在频率范围内没有区别,但是,在相同的频率范围内,病害程度越高的道岔所对应的信号功率谱越大。以第六层信号功率谱密度为例,由图 9.23 可知,正常道岔对应的功率谱密度在 0.001 附近上下波动,随着道岔病害严重程度增大,振动信号在该频率范围内的功率谱密度均值增大,且波动峰值增大。五级病害时功率谱密度在 0.005 附近上下波动,最大值达到 0.18。

9.2.2　尖轨轧伤信号分析

1. 时域范围信号分析

将车辆经过正常道岔模型与经过尖轨被轧伤道岔模型的加速度信号在时域内进行比较,结果表明尖轨轧伤对垂向加速度有明显的影响,对横向加速度影响较小,本节仅分析车辆垂向加速度的变化。垂向加速度波形如图 9.24 所示。

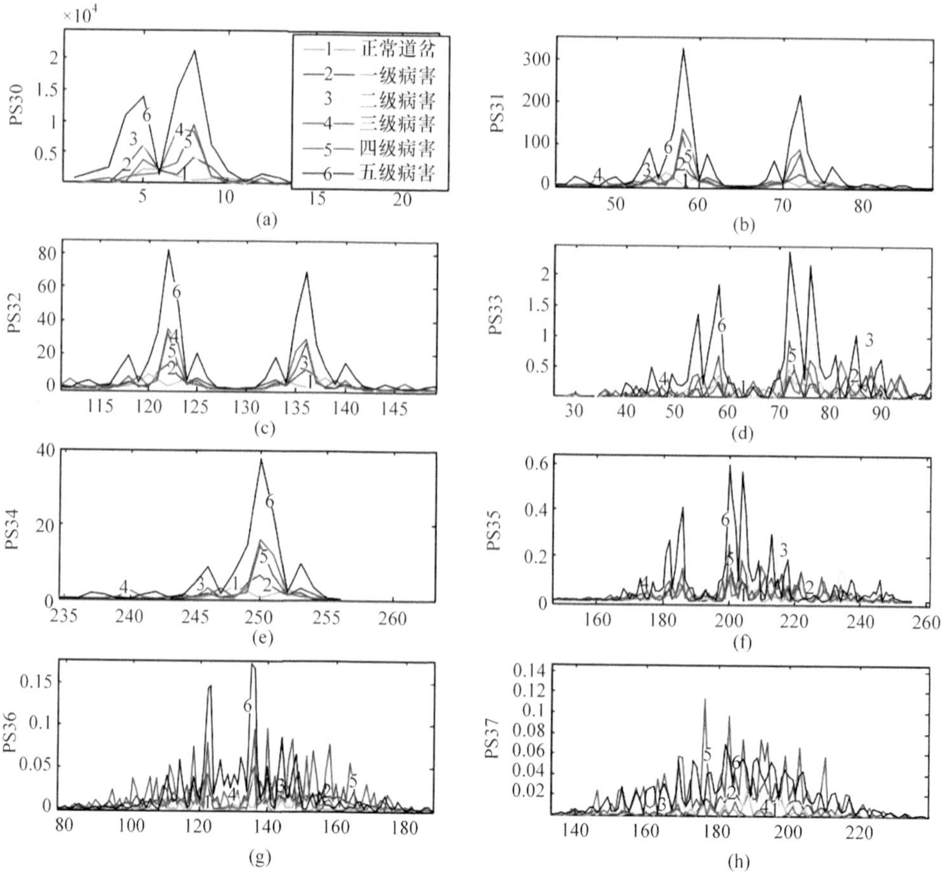

图 9.23　不同病害等级信号功率谱密度图(尖轨轧伤)

横坐标为频率,Hz;纵坐标为功率谱密度,$(m/s^2)^2/Hz$

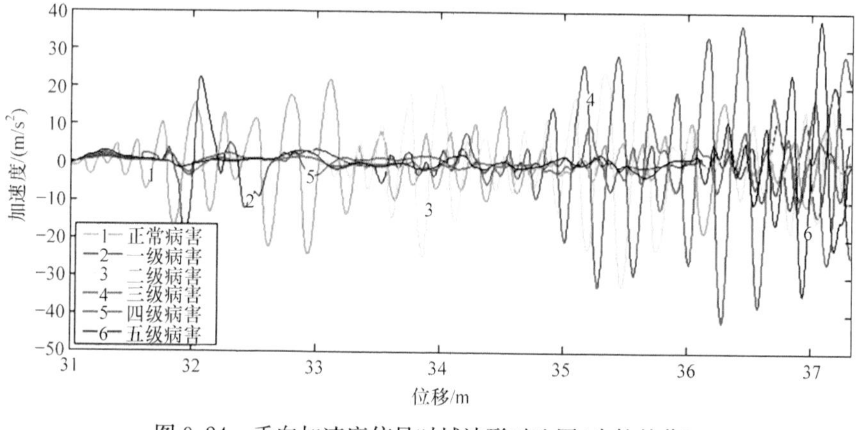

图 9.24　垂向加速度信号时域波形对比图(尖轨轧伤)

由图 9.24 可知尖轨轧伤病害使车辆产生加速度突变的时间点后移，且振动幅值会随着病害等级的增加而增大。这是因为尖轨轧伤所采取的模拟方法是去掉尖轨一定长度的尖端，轮对与实际尖轨尖端的接触点会后移，且病害状态下的尖轨尖端的顶宽会增大，从而造成轮对受到的冲击变大，使振动更加剧烈，加速度峰值增大。

对车辆经过尖轨处的 1800 个采样点分别计算不同道岔状态下车辆垂向振动加速的时域特征值，结果如表 9.7 和图 9.25 所示。

表 9.7　垂向加速度时域特征值对比表(尖轨轧伤)

特征值	正常道岔	一级病害	二级病害	三级病害	四级病害	五级病害
峰值/g	24.188	24.630	34.040	32.551	36.851	37.951
有效值/g	7.8070	5.4304	9.5725	8.4849	8.9640	6.5613
均值/g	5.7443	3.0549	6.2551	4.7235	4.4582	2.9965
峭度	3.7376	8.3968	5.5321	7.2116	10.908	15.969

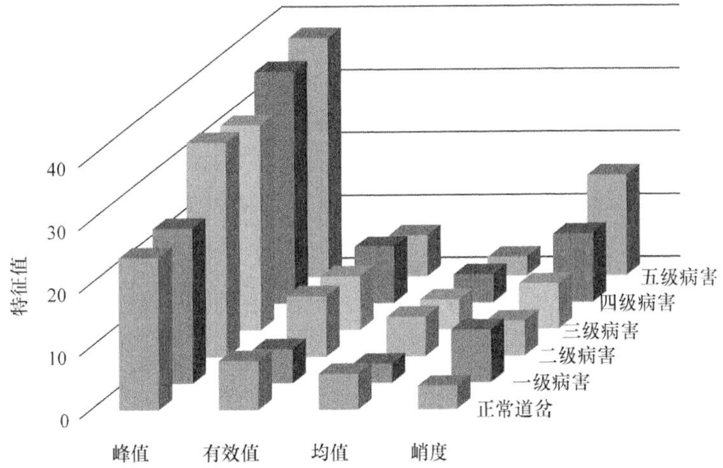

图 9.25　垂向加速度时域特征值对比图(尖轨轧伤)

由以上分析可知，峰值能够较准确地反映垂向加速度大小与不同故障等级道岔之间的关系。尖轨轧伤病害对尖端以外的尖轨部分没有任何影响，因此，峰值的增大会使峭度有不同程度的增大。但是由于车辆振动加速的突变仅存在与轮对轧伤尖轨尖端的一瞬间，对整个尖轨区的加速度有效值、均值的影响无明显规律。时域分析法对于尖轨轧伤病害的识别并不理想，实验证明采用小波包分解分析方法能够有效识别出这一病害，下面介绍具体方法。

2. 小波包分解信号分析

尖轨轧伤会对车辆振动加速度波动的位移点造成较大的影响,但对加速度总体数值大小影响并不直观,为进一步分析尖轨不密贴道岔所对应的仿真信号,对车辆经过正常道岔和各级存在尖轨轧伤病害的道岔时所产生的振动加速度进行小波包分解,得到频域范围内的幅值图,在小波包分解的基础上对仿真信号计算功率谱密度计算,观察信号功率谱集中的频率范围、不同状态道岔所对应的功率谱大小。仿真信号经小波包分解后的幅值如图 9.26 和图 9.27 所示,其功率谱密度如图 9.28 所示。

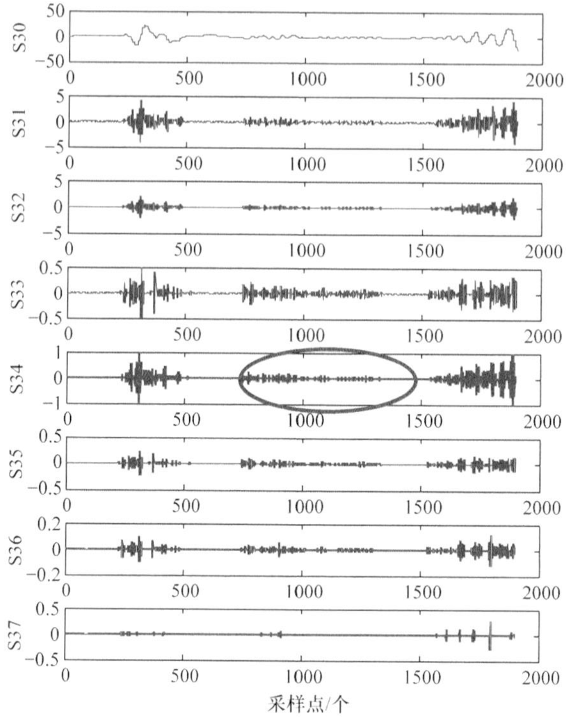

图 9.26　正常道岔信号(2)

由小波包分解后的幅值变化趋势可知,车辆经过存在尖轨轧伤病害道岔所产生的振动加速度的幅值在分解各层上都大于经过正常道岔时的加速度幅值。通过对其他四级病害道岔所对应的仿真信号幅值分析,结果符合道岔病害程度越高其对应的仿真信号幅值越大的规律。根据仿真信号的功率谱密度图像可知,尖轨处振动信号多集中在 25Hz、260Hz、300Hz、500Hz 和 800Hz,车辆经过病害道岔和经过正常道岔所产生的振动信号在频率范围内没有区别,但是,在相同的频率范围

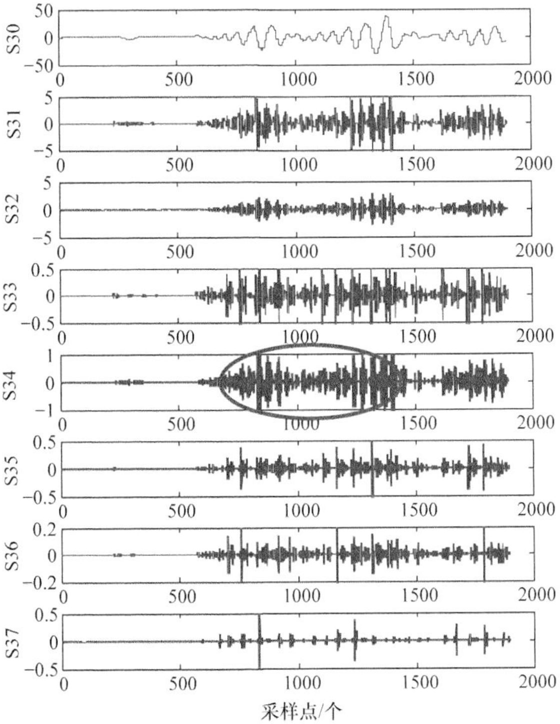

图 9.27 尖轨轧伤道岔信号

内,病害程度越高的道岔所对应的信号功率谱越大。以第四层信号功率谱密度为例,由图 9.28 可知,正常道岔对应的功率谱密度在 20 附近上下波动,随着道岔病害严重程度增大,振动信号在该频率范围内的功率谱密度均值增大,且波动峰值增大。五级病害时功率谱密度在 50 附近上下波动,最大值达到 120。

9.2.3 叉心沉落信号分析

1. 时域范围信号分析

将车辆经过正常道岔模型与经过存在叉心沉落病害的道岔模型所产生的加速度信号在时域范围内进行比较,结果表明叉心沉落对垂向加速度有明显的影响,对横向加速度几乎没有影响,因此本节只给出垂向加速度数据,具体如图 9.29 所示。

由图 9.29 可知四级病害和五级病害状态下得到的加速度数据完全相同,当叉心沉落到四级病害的程度后,若叉心有小范围(五级病害之内)的下沉,车辆振动加速度幅值不会随着叉心高度的降低而增大。SIMPACK 仿真环境中不存在外界干

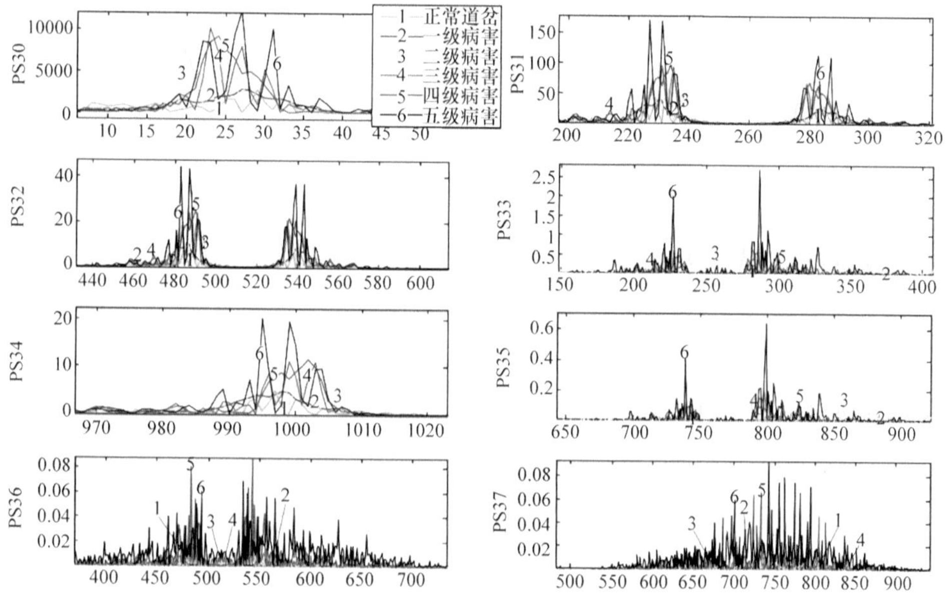

图 9.28　各级病害道岔信号功率谱密度(尖轨轧伤)

横坐标为频率,Hz;纵坐标为功率谱密度,$(m/s^2)^2/Hz$

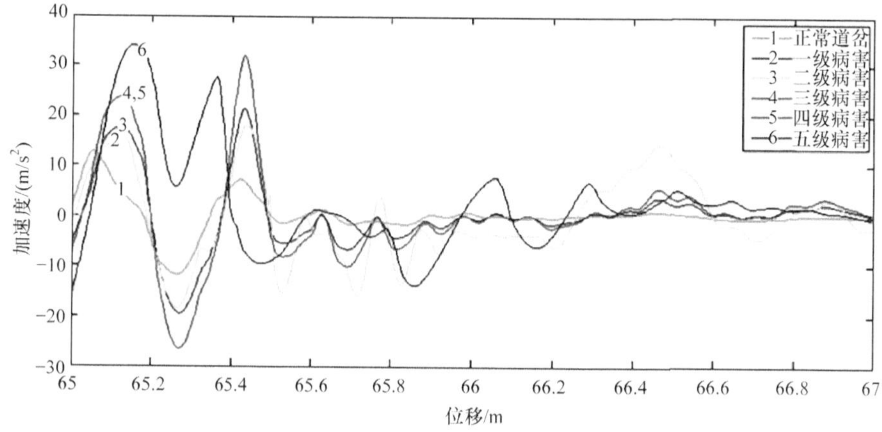

图 9.29　垂向加速度信号时域波形对比图(叉心沉落)

扰因素,因此在两种道岔状态下得到相同的加速度数据。分析其他四种加速度振动幅值可知,在车轮与心轨接触时,加速度的幅值随着病害程度的增大而增加。车轮经过有害空间后与心轨尖端接触,会对尖轨尖端产生强大的垂向冲击,尖轨尖端的高度越低这一冲击越大,表现在车辆加速度上则是正方向和负方向的加速度峰值都会增大。

为了更直观地分析不同病害等级下的加速度变化特征，对车辆经过叉心处的600个采样点，分别计算不同道岔状态下车辆振动加速的时域特征值，结果如表9.8和图9.30所示。

表9.8　垂向加速度时域特征值对比表（叉心沉落）

特征值	正常道岔	一级病害	二级病害	三级病害	四级病害	五级病害
峰值/g	12.871	21.299	22.407	31.949	33.890	33.890
有效值/g	3.6525	6.7743	8.1215	9.4875	10.334	10.334
均值/g	1.9280	4.1185	5.8514	6.5181	6.6309	6.6309
峭度	7.2718	5.4361	2.6293	5.4492	5.0892	5.0892

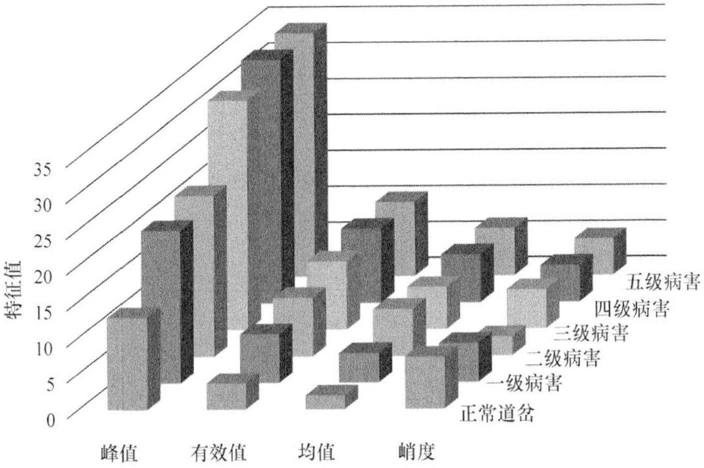

图9.30　垂向加速度时域特征值对比图（叉心沉落）

由以上分析可知，峰值、有效值、均值都能够较准确地反映垂向加速度大小与不同故障等级道岔之间的关系，但是一级故障与二级故障之间的差异较小。车辆振动加速度在一级和二级、四级和五级病害之间没有明显差异，说明车辆振动特性对叉心沉落这一病害的敏感度不是随着叉心下降的高度而逐级体现的，车辆对某一范围内的叉心沉落病害可能显示出相近甚至相同的动力学响应。

2. 小波包分解分析

为进一步分析叉心沉落对车辆振动特性的影响，对车辆经过正常道岔和各级存在叉心沉落病害的道岔时所产生的振动加速度进行小波包分解，得到频域范围内的幅值图，在小波包分解的基础上对仿真信号进行功率谱密度计算，观察信号功率谱集中的频率范围、不同状态道岔所对应的功率谱大小。仿真信号经小波包分解后的幅值如图 9.31 和图 9.32 所示，其功率谱密度如图 9.33 所示。

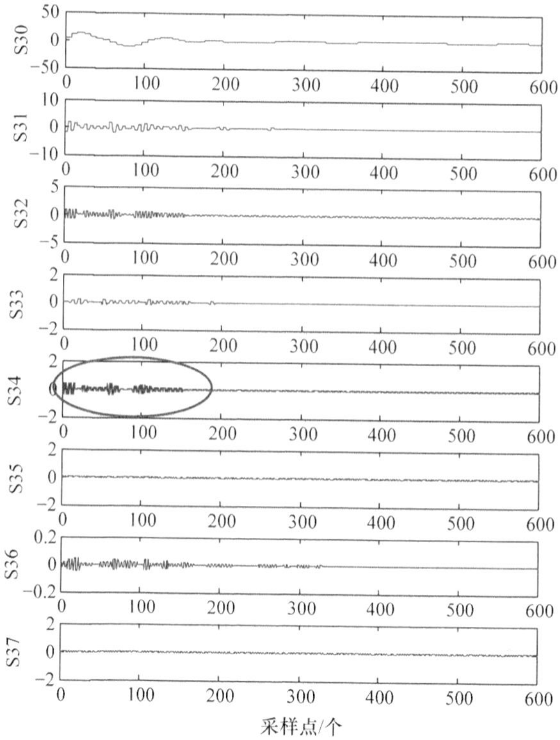

图 9.31　正常道岔信号(3)

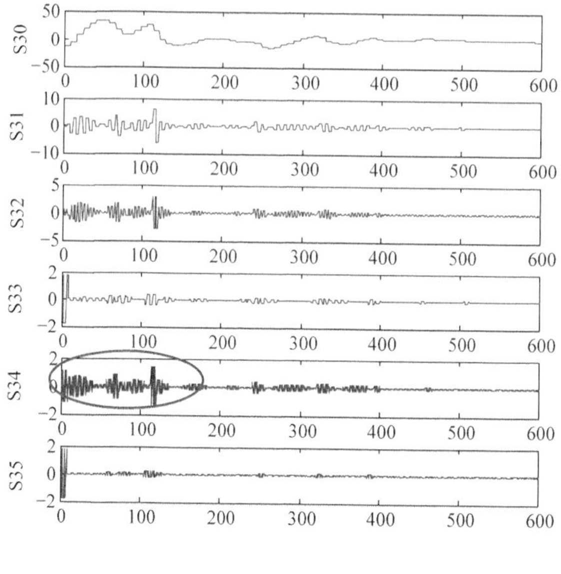

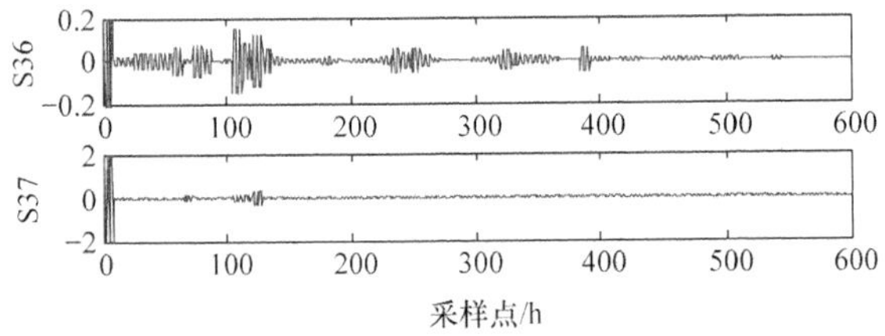

图 9.32　叉心沉落道岔信号

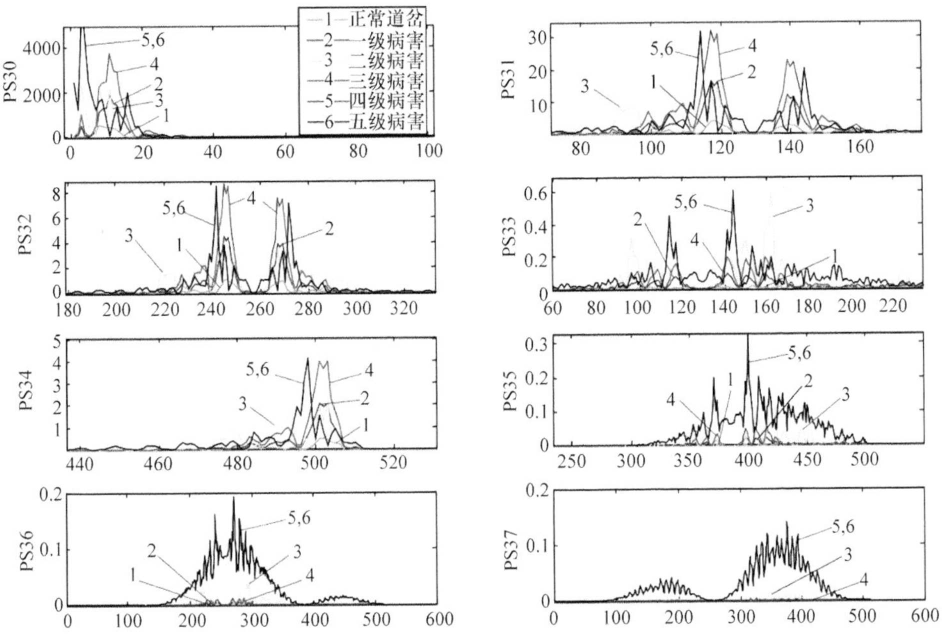

图 9.33　各级病害道岔信号功率谱密度(叉心沉落)

横坐标为频率,Hz;纵坐标为功率谱密度,$(m/s^2)^2/Hz$

由小波包分解后的幅值变化趋势可知,车辆经过存在叉心沉落病害的道岔时所产生的振动加速度的幅值在分解各层上都大于经过正常道岔时的加速度幅值,四级病害对应的信号幅值是正常道岔对应幅值的 2～5 倍,且分解后信号多集中在 0～100Hz。通过对其他四级病害道岔所对应的仿真信号幅值分析可知,道岔病害程度越高,其对应的仿真信号幅值越大。根据仿真信号的功率谱密度图像可知,辙叉处振动信号多集中在 120Hz、250Hz、500Hz,车辆经过病害道岔和经过正常道岔所产生的振动信号在频率范围内没有区别,但是,在相同的频率范围内,病害程度越高的道岔所对应的信号功率谱越大(不包括五级病害)。以第二层信号功率谱密度为例,由图 9.33 可知,正常道岔对应的功率谱密度在 5 附近上下波动,随着道岔病害严重程度增大，振动信号在该频率范围内的功率谱密度均值增大，且波动峰值增大。五级病害时功率谱密度在 15 附近上下波动，最大值达到 30。

9.2.4　导曲线反超高

1. 时域范围信号分析

将车辆经过正常道岔模型与经过导曲线反超高道岔模型所产生的加速度信号在时域内进行比较，结果表明导曲线反超高会对横向加速度产生明显影响。由于超高的产生不存在轨道截面的突变，对垂向加速度几乎没有影响，本节只给出横向加速度数据，具体如图 9.34 所示。

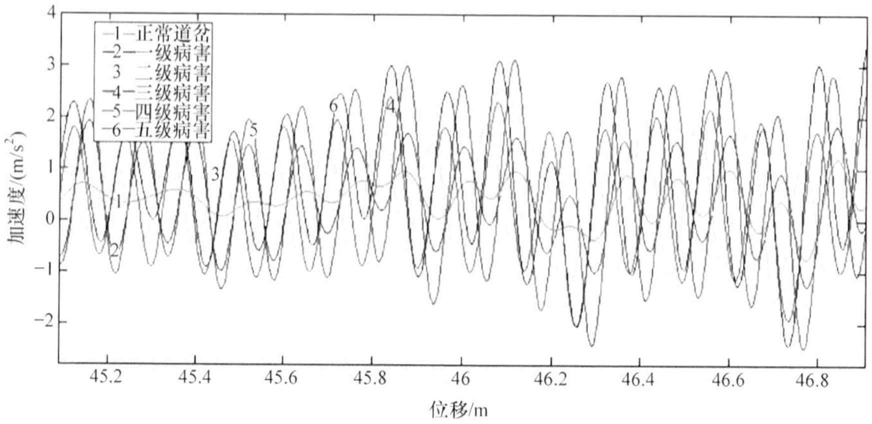

图 9.34　横向加速度信号时域波形对比图(导曲线反超高)

由图 9.34 可知，车辆经过不同状态的道岔所产生的加速度波动趋势基本相同，加速度峰值随外轨高度的增高而增大。由于反超高是平缓形成的，加速度幅值不存在突变。对车辆经过导曲线处的 2400 个采样点，分别计算不同道岔状态下车辆振动加速的时域特征值，结果如表 9.9 和图 9.35 所示。

表 9.9　横向加速度时域特征值对比表(导曲线反超高)

特征值	正常道岔	一级病害	二级病害	三级病害	四级病害	五级病害
峰值/g	2.0275	2.2834	2.4258	2.5774	3.2401	3.3137
有效值/g	0.6661	0.7342	0.8800	1.0239	1.2768	1.3058
均值/g	0.5379	0.7737	0.7257	0.8587	1.0611	1.0852
峭度	3.4931	2.3118	2.4306	2.1923	2.3492	2.3492

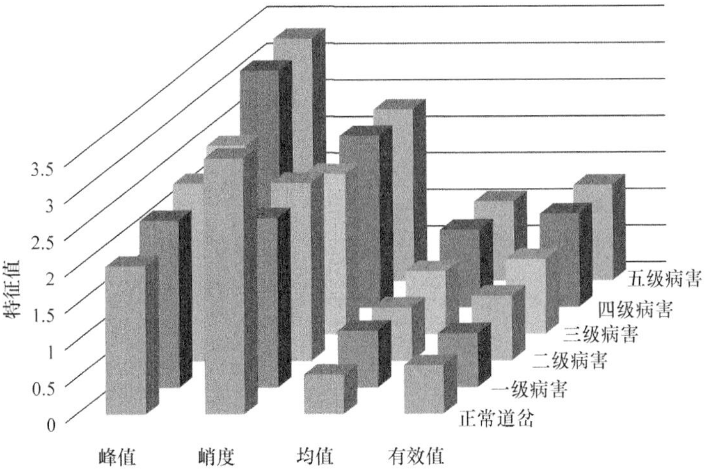

图 9.35　横向加速度时域特征值对比图(导曲线反超高)

由以上分析可知,峰值、有效值能够准确地反映横向加速度大小与不同故障等级道岔之间的关系,峭度明显大于其他三种病害类型的峭度值。一级病害对应的特征值与二级病害道岔对应的特征值差异较小,四级病害和五级病害的特征值同样没有二级和三级的差异明显,这说明车辆振动特性对导曲线反超高这一病害的敏感度并不是随着外侧轨道下沉的高度逐级体现的,车辆对某一范围之内的导曲线反超高病害可能显示出相近的动力学响应。

2. 小波包分解分析

导曲线反超高会对车辆经过连接部分的振动加速度产生影响,对尖轨、叉心处的振动基本无影响。为进一步分析导曲线反超高对车辆振动状态的影响,对车辆经过正常道岔和各级存在导曲线反超高病害的道岔时所产生的振动加速度进行小波包分解,得到频域范围内的幅值图,在小波包分解的基础上对仿真信号进行功率谱密度计算,观察信号功率谱集中的频率范围、不同状态道岔所对应的功率谱大小。仿真信号经小波包分解后的幅值如图 9.36 和图 9.37 所示,其功率谱密度如图 9.38 所示。

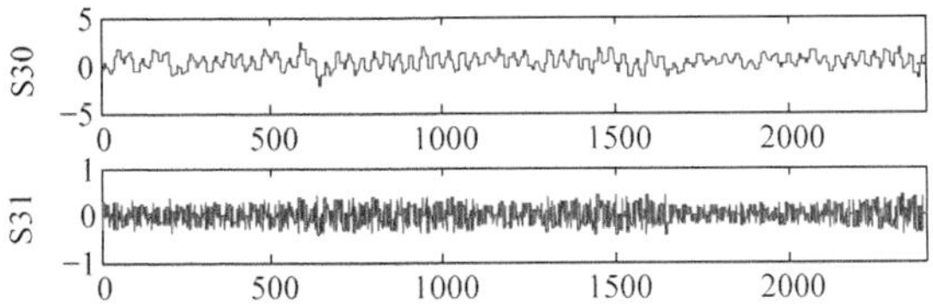

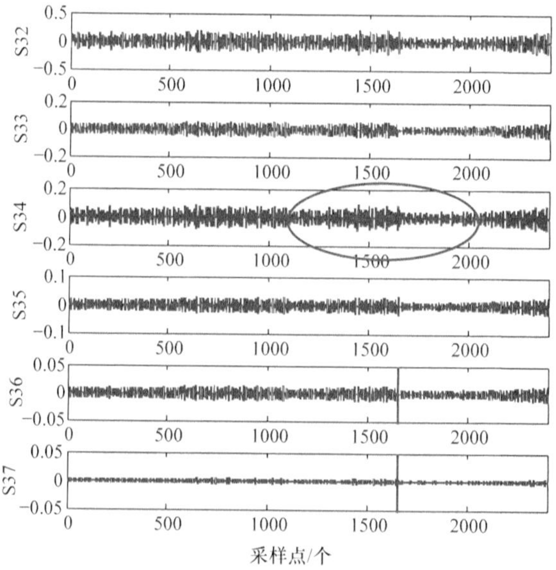

图 9.36　正常道岔信号(4)

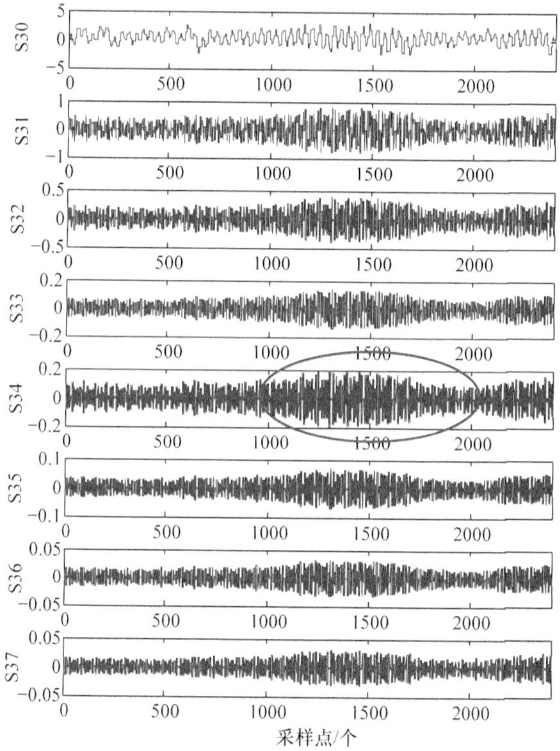

图 9.37　导曲线反超高道岔信号

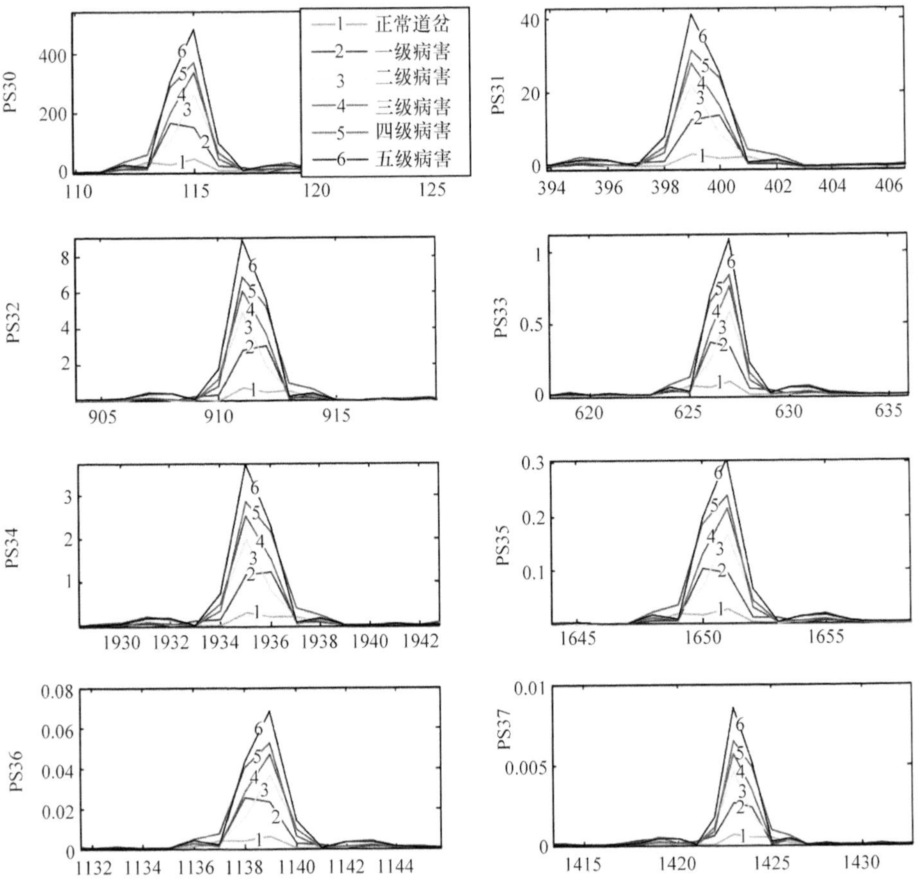

图 9.38　各级病害道岔功率谱密度图(导曲线反超高)

横坐标为频率,Hz;纵坐标为功率谱密度,$(m/s^2)^2/Hz$

由小波包分解后的幅值变化趋势可知,车辆经过存在导曲线反超高病害道岔所产生的振动加速度的幅值在分解各层上都大于经过正常道岔时的加速度幅值,正常道岔对应的加速度在 500～1500Hz 幅值很小,而病害道岔在该范围内幅值明显大于其他范围。通过对其他四级病害道岔所对应的仿真信号幅值分析,结果符合道岔病害程度越高其对应的仿真信号幅值越大的规律。由图 9.38 可知,车辆经过导曲线时所产生的振动信号集中在 110Hz、400Hz、630Hz、830Hz、1040Hz、1200Hz 和 1650Hz 附近,信号在每一个频段内集中程度非常高,而是否存在反超高病害对信号集中的频率范围没有影响,但是,在相同的频率范围内,病害程度越高的道岔所对应的信号功率谱越大。以第二层信号功率谱密度为例,正常道岔对应的功率谱密度在多个集中频段内均在 $2(m/s^2)^2/Hz$ 以下,随着道岔病害严重程度增大,振动信号在该频率范围内的功率谱密度增大,在 400Hz 附近频段五级病害对应的功率谱密度达到 40$(m/s^2)^2$/Hz 以上。

9.3　基于 SVM 的道岔病害识别

9.2 节对采集的仿真故障信号进行了时域分析和小波包分解分析，并且总结了不同故障类型的信号的时、频域特征。在工程实际中，不仅要分析不同病害类型信号的时、频域特征，更重要的是要实现不同病害类型的识别，有必要采用故障分离技术对不同道岔病害类型进行识别。本节采用基于支持向量机(SVM)的故障分离法来实现四种道岔病害的识别[1]。选用 9.2 节的时、频域特征值作为 SVM 算法的输入，分别从病害发生区域、同一区域内的不同病害类型、相同病害类型的不同病害程度三个角度分三步实现道岔病害的识别。

道岔病害的识别过程就是根据特征指标实现故障分离的过程，本节采用逐步缩小范围的思想分三个步骤实现病害类型和程度的识别：第一步，识别病害发生的区域；第二步，分离同一区域内的两种病害；第三步，识别同一病害的不同程度。

1. 病害所在区域的识别

道岔由尖轨区、导曲线和辙叉区组成，不同区域的病害对车辆振动异常产生的位置有很大影响[2]。例如，尖轨不密贴和尖轨轧伤导致的车辆振动异常只能出现在尖轨区，导曲线反超高导致的车辆振动异常会发生在连接部分，而叉心沉落导致的车辆振动异常出现在辙叉区的起始位置[3]。根据以上分析，对列车经过病害道岔区的振动信号与经过正常道岔的振动信号做差，将处理后的信号划分为多个区段，分别计算每一区段的时域特征值，认为特征值大的若干区段所对应的道岔区域为病害的发生区域。

将四种病害道岔与正常道岔对应的振动信号做差，消除道岔固有不平顺影响后的标准数据分别如图 9.39～图 9.42 所示。

根据图 9.39～图 9.42 能够直观地看出在没有病害的道岔区域标准数据在零上下存在很小的波动，病害发生区域的标准加速度波动幅值较大。将以上标准数据按每 1m 分为三段，分别提取特征值，即将标准数据分为 108 个小区段，分别计算每段的平均值、有效值和峰值，将特征值最大的 6 个区段编号作为分类器输入。SVM 分类器的部分训练数据和测试数据如表 9.10 和表 9.11 所示，表格内数字表示区段编号。

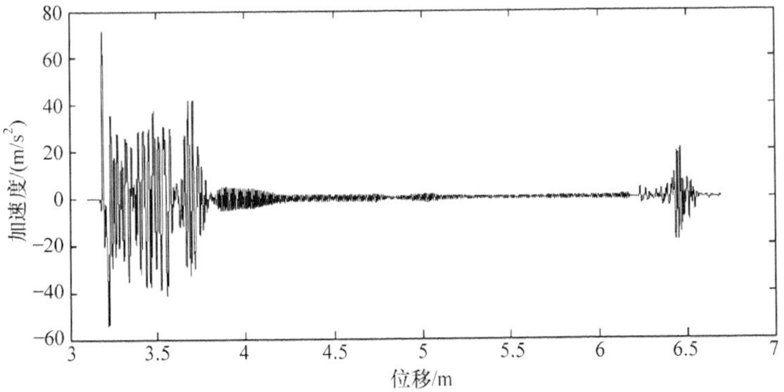

图 9.39　尖轨不密贴横向标准加速度

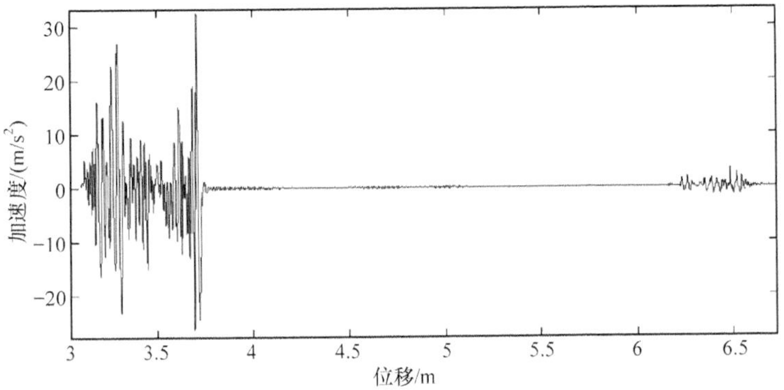

图 9.40　尖轨轧伤垂向标准加速度

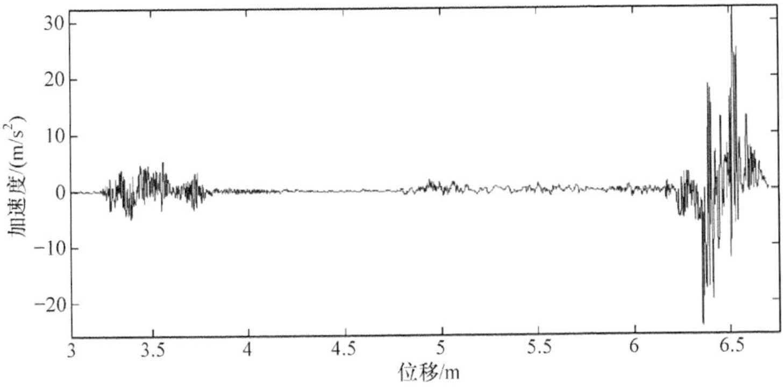

图 9.41　叉心沉落垂向标准加速度

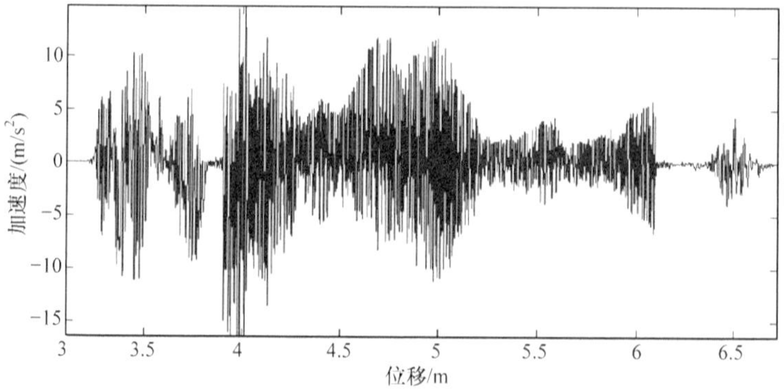

图 9.42　导曲线反超高横向标准加速度

表 9.10　部分训练数据(1)　　（单位：m/s^2）

病害类型	尖轨不密贴			尖轨轧伤			叉心沉落			导曲线反超高		
	平均值	有效值	峰值	平均值	有效值	峰值	平均值	有效值	峰值	平均值	有效值	峰值
第一组数据前六区段	4	4	5	17	17	11	8	91	89	29	31	57
	13	19	19	10	20	18	96	98	14	49	11	50
	14	15	20	11	11	17	11	96	106	11	55	58
	15	13	6	16	18	16	106	106	96	55	12	51
	19	20	9	18	16	7	102	90	98	57	57	49
	20	6	13	3	7	5	91	102	102	12	19	29
第二组数据前六区段	6	14	14	7	3	19	100	100	100	9	25	32
	9	9	15	19	19	4	105	105	99	32	32	25
	12	12	10	4	5	20	101	101	101	26	28	26
	11	10	11	5	4	3	99	99	104	28	26	28
	10	11	12	6	6	6	104	104	105	27	27	27
	17	7	6	11	5	4	98	93	9	37	37	37
第三组数据前六区段	7	17	20	19	4	18	13	98	90	44	39	36
	6	6	18	4	19	5	92	91	107	39	36	41
	20	20	8	18	18	13	91	89	101	36	44	45
	12	12	12	10	13	7	107	107	98	42	40	44
	5	5	5	13	10	19	103	103	103	41	41	40
	11	11	11	7	7	6	102	102	102	40	42	42
第四组数据前六区段	9	9	9	6	6	10	104	104	104	43	43	43
	10	10	4	9	9	9	105	105	108	32	32	32
	19	19	19	15	15	15	106	106	105	31	31	31
	4	4	10	14	14	14	108	108	106	30	30	30
	3	7	8	19	19	13	8	108	95	9	57	51
	4	8	5	11	11	11	98	98	97	57	47	49

表 9.11　部分测试数据(1)　　　　(单位:m/s^2)

尖轨不密贴			尖轨轧伤			叉心沉落			导曲线反超高		
平均值	有效值	峰值	平均值	有效值	峰值	平均值	有效值	峰值	平均值	有效值	峰值
8	21	19	3	3	4	102	9	96	33	33	33
19	19	11	5	4	3	9	102	98	32	32	26
7	10	12	4	5	6	96	96	106	25	25	27
11	11	13	18	18	7	106	106	102	26	26	32
10	13	21	15	15	5	100	100	100	27	27	25
14	14	14	7	6	18	101	101	99	28	28	28
13	12	4	6	7	15	99	99	101	29	29	29
12	20	20	17	17	16	105	105	104	30	30	30
20	3	3	16	16	17	104	104	105	31	31	31
3	7	8	19	19	13	9	9	14	48	46	46
4	8	5	11	11	11	96	96	98	12	12	12
8	21	19	3	3	4	103	103	107	47	47	11

分别提取两个转向架右侧 4 个传感器所测加速度数值(对应第一、二、三、四组数据)的特征值,共可得到 240 组输入数据(每组包含 3 个特征值),采用其中的 180 组作为训练数据,40 组作为测试数据,SWM 分类器训练结果的准确率是 100%,测试结果的准确率是 95%,训练结果和测试结果示意图如图 9.43 所示。

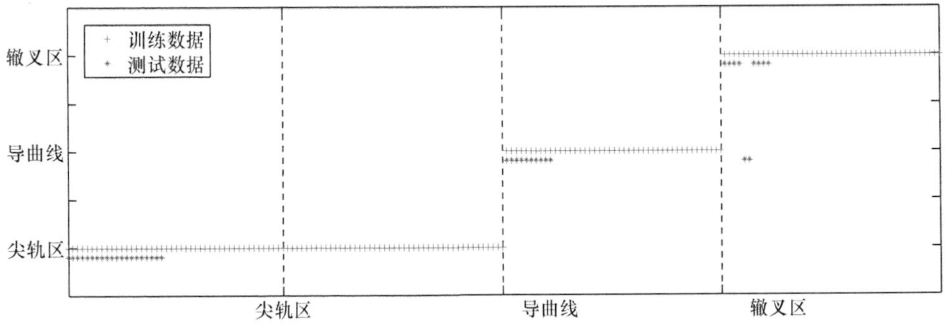

图 9.43　第一步分类结果

2. 同一区域的病害识别

本章涉及同一区域的病害是尖轨不密贴和尖轨轧伤,尖轨不密贴病害主要影响车辆经过尖轨尖端处的振动状态,而尖轨轧伤对异常振动信号的开始位置和信号的幅值影响较大，但基本不会影响车辆横向振动信号。确认某一病害为尖轨区域内的病害后，可将数据进一步缩小至尖轨区域的起始位置，由于两种病害对应的车辆振动信号在频域范围的分布相近，故将尖轨不密贴和尖轨轧伤两种病害对应的时域特征值作为分类器的输入。将尖轨区 2000 个采样点每 200 个采样点作为一个区段，对每一区段进行时域特征提取。部分训练数据和测试数据如表 9.12 和表 9.13 所示。

表 9.12　部分训练数据(2)　(单位：m/s^2)

尖轨不密贴			尖轨轧伤		
0.81	0.18	7.84	0.72	0.14	4.87
6.82	0.88	19.08	4.03	0.50	13.83
10.73	1.37	28.29	6.09	0.79	18.80
17.55	2.04	35.54	9.73	1.29	28.96
19.02	2.13	42.47	13.64	1.56	29.29
23.09	2.63	44.72	16.41	2.11	45.92
23.58	2.65	47.73	22.10	2.48	46.75
1.52	0.44	29.80	0.78	0.14	4.35
7.12	1.07	29.97	1.12	0.16	4.74
13.02	1.50	31.19	6.68	0.84	20.04
18.19	2.19	40.20	7.25	0.88	21.28
21.64	2.41	41.39	8.14	1.09	23.67

表 9.13　部分测试数据(2)　(单位：m/s^2)

尖轨不密贴			尖轨轧伤		
2.76	0.36	8.14	0.94	0.43	1.97
3.83	0.46	8.53	0.94	0.44	2.16
6.53	1.44	36.64	1.01	0.56	2.93
11.44	1.52	42.77	1.16	0.57	3.01
15.01	1.98	53.54	1.25	0.62	3.61
15.14	1.99	55.27	7.95	4.51	34.72

分别对第一位转向架右前侧传感器所测横向加速度和垂向加速度进行特征值提取，共可得到 200 组输入数据(每组包含 3 个特征值)，采用其中 100 组作为训练数据，34 组作为测试数据，训练结果的准确率是 99%，测试结果的准确率是 91.18%，训练结果和测试结果示意图如图 9.44 所示。

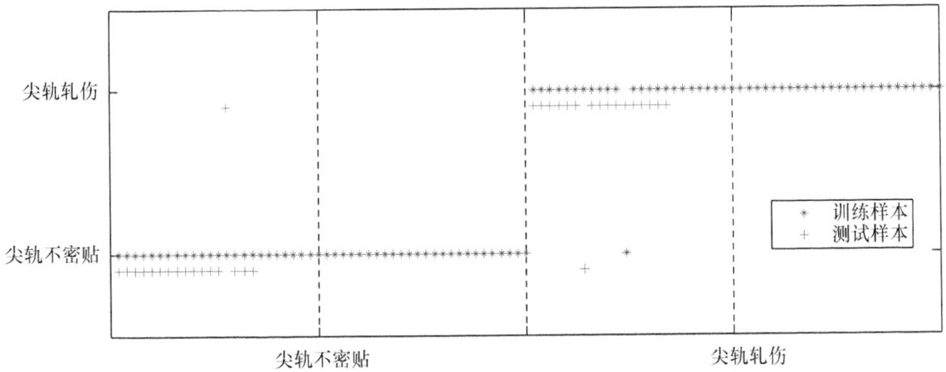

图 9.44　第二步分类结果

3. 不同程度的病害识别

根据前述对病害程度的划分，将每一种病害分为一般病害和严重病害，一般病害对应各种病害的一级和二级，严重病害对应各种病害的四级和五级。为避免时域分析的局限性，引入小波包分析后的功率谱密度作为分类器的输入。根据前面的分析可知，病害程度仅影响同一频段内的功率谱密度大小，而不会对功率谱密度集中的频段造成影响，且第二步中已经分离出病害的类型，因此本步骤中将功率谱密度大小作为分类器输入，不考虑集中频段。

对车辆经过尖轨不密贴道岔时的振动信号进行小波包分析后得出功率谱密度，计算功率谱集中频段的均值和有效值作为分类器的输入值。尖轨不密贴部分训练数据和测试数据如表 9.14 和表 9.15 所示。

表 9.14　尖轨不密贴部分训练数据　　(单位：m/s^2)

病害分类	均值							
	S30	S31	S32	S33	S34	S35(×100)	S36(×100)	S37(×100)
一般病害	13.81	19.29	4.27	0.15	2.18	4.83	0.70	0.13
	13.43	40.13	8.52	0.22	4.21	7.31	1.01	0.15
	73.06	7.86	1.71	0.13	0.79	3.39	0.62	0.31
	43.87	10.58	2.50	0.09	1.29	2.92	1.49	0.69
	42.85	2.55	0.56	0.01	0.28	0.39	0.14	0.06
	70.93	4.00	1.04	0.20	5.01	4.07	1.01	0.40

续表

病害分类	均值							
	S30	S31	S32	S33	S34	S35(×100)	S36(×100)	S37(×100)
严重病害	90.00	33.53	7.24	0.27	3.77	8.27	1.25	0.25
	75.58	58.54	12.65	0.46	6.48	14.70	2.21	0.14
	38.05	17.86	3.94	0.21	2.06	6.05	1.14	0.66
	11.16	55.01	11.73	0.53	5.80	16.35	3.21	2.11
	98.42	3.58	0.77	0.02	0.38	0.69	0.11	0.03
	61.06	0.00	0.01	0.00	0.00	0.01	0.01	0.02
病害分类	有效值							
	S30	S31	S32	S33	S34	S35(×100)	S36(×100)	S37(×100)
一般病害	42.47	4.39	2.07	0.39	1.06	21.98	8.35	3.61
	69.95	6.33	2.92	0.47	1.47	27.03	10.05	3.86
	26.52	2.80	1.31	0.36	0.64	18.41	7.90	5.53
	38.13	3.25	1.58	0.30	0.81	17.10	12.20	8.28
	15.58	1.60	0.75	0.12	0.38	6.22	3.73	2.49
	0.96	0.02	0.01	0.00	0.01	0.09	0.03	0.05
严重病害	67.75	5.79	2.69	0.52	1.39	28.76	11.18	5.03
	82.92	7.65	3.56	0.68	1.82	38.34	14.86	3.76
	49.38	4.23	1.99	0.46	1.03	24.59	10.68	8.14
	75.57	7.42	3.43	0.73	1.72	40.44	17.91	14.52
	19.96	1.89	0.88	0.15	0.44	8.28	3.35	1.65
	1.03	0.02	0.01	0.00	0.01	0.07	0.03	0.47

表 9.15　尖轨不密贴部分测试数据　　(单位:m/s²)

均值							
S30	S31	S32	S33	S34	S35(×100)	S36(×100)	S37(×100)
40.05	16.01	2.76	3.61	10.73	5.69	8.58	6.20
22.94	4.01	1.90	0.50	0.00	7.42	0.74	0.01
39.71	9.12	9.17	3.54	3.33	3.78	0.12	0.59
51.15	5.00	3.40	0.70	0.01	6.03	0.50	0.74
95.69	4.32	2.92	0.43	0.48	4.79	0.75	0.03
45.69	4.32	2.92	0.03	0.48	3.79	0.15	0.03

续表

有效值							
S30	S31	S32	S33	S34	S35(×100)	S36(×100)	S37(×100)
1.72	0.08	0.04	0.01	0.02	0.41	0.19	0.07
29.68	14.45	31.44	41.03	19.42	9.09	1.61	7.95
2.11	0.13	0.07	0.03	0.04	2.51	1.61	1.13
1.07	0.03	0.01	0.00	0.01	0.10	0.04	0.06
24.41	2.08	0.96	0.16	0.49	8.90	3.89	1.71
24.41	2.08	0.96	0.16	0.49	8.90	3.89	1.71

采用 32 组训练数据和 24 组测试数据，训练结果的准确率是 93.33%，测试结果的准确率是 77.78%，训练结果和测试结果示意图如图 9.45 所示。

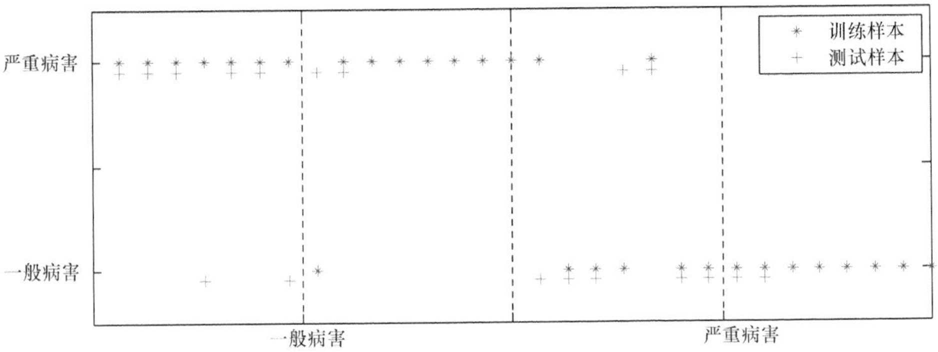

图 9.45　尖轨不密贴病害程度识别结果

对车辆经过尖轨轧伤道岔时的振动信号进行小波包分析后得出功率谱密度，计算功率谱集中频段的均值和有效值作为分类器的输入值。尖轨轧伤部分训练数据和测试数据如表 9.16 和表 9.17 所示。

表 9.16　尖轨轧伤部分训练数据　（单位：m/s^2）

病害分类	均值							
	S30	S31	S32	S33	S34(×1000)	S35(×1000)	S36(×1000)	S37(×1000)
一般病害	11.20	4.97	3.23	1.02	2.02	2.39	8.10	8.01
	4.20	5.87	3.82	1.20	1.55	2.86	9.77	9.54
	2.94	5.63	4.05	1.13	8.97	2.70	7.39	8.95
	6.98	0.31	0.29	0.08	1.89	0.02	1.94	2.14
	7.64	0.37	0.32	0.09	1.98	0.02	6.90	6.44
	6.46	0.19	0.17	0.05	2.10	0.01	7.14	7.24

续表

病害分类	均值							
	S30	S31	S32	S33	S34(×1000)	S35(×1000)	S36(×1000)	S37(×1000)
严重病害	3.16	1.25	9.41	2.55	5.51	6.40	2.10	2.47
	4.20	5.87	3.82	1.20	1.50	2.86	9.77	9.54
	2.94	5.63	4.05	1.13	8.97	2.74	9.37	8.96
	6.98	0.03	0.03	0.08	1.89	0.02	0.01	0.10
	8.64	0.04	0.03	0.09	1.98	0.02	0.01	0.02
	6.46	0.02	0.02	0.05	2.10	0.01	0.04	0.40
病害分类	有效值							
	S30	S31	S32	S33	S34(×1000)	S35(×1000)	S36(×1000)	S37(×1000)
一般病害	2.68	0.07	0.06	0.32	4.49	0.55	0.90	9.34
	1.65	0.08	0.06	0.03	3.95	0.17	0.89	9.77
	1.38	0.51	0.64	0.03	2.99	0.17	0.97	9.46
	9.86	0.06	0.05	0.28	0.14	0.15	0.10	0.14
	3.10	0.06	0.06	0.30	1.41	0.16	0.80	0.20
	9.25	0.04	0.04	0.22	0.14	0.12	0.59	0.23
严重病害	1.46	0.01	0.07	0.05	7.47	0.25	0.15	0.16
	5.65	0.08	0.62	0.03	3.94	0.17	0.99	9.77
	3.21	0.08	0.06	0.03	2.99	0. 17	0.97	9.46
	9.86	0.06	0.05	0.28	0.14	0.20	0.70	0.14
	4.10	0.06	0.06	0.30	0.01	0.16	0.80	0.20
	9.25	0.04	0.04	0.22	0.01	0.12	0.59	0.23

表 9.17　尖轨轧伤部分测试数据　　(单位:m/s^2)

均值							
S30	S31	S32	S33	S34(×1000)	S35(×1000)	S36(×1000)	S37(×1000)
6.46	5.00	0.00	0.05	0.02	5.15	0.03	0.54
6.39	0.98	0.00	0.04	0.10	1.12	0.34	0.24
4.20	5.87	3.82	1.76	0.16	8.60	9.77	0.95
3.16	12.50	9.41	4.72	0.06	4.00	21.70	0.25
4.20	5.87	3.82	2.76	0.16	8.60	9.77	0.95
2.94	5.63	4.05	1.12	0.09	7.40	9.39	0.90
16.46	0.77	0.00	4.05	0.20	6.48	0.35	0.54

续表

有效值							
S30	S31	S32	S33	S34(×1000)	S35(×1000)	S36(×1000)	S37(×1000)
29.25	0.04	0.04	0.22	0.04	12.16	0.06	0.02
31.17	0.04	0.04	0.21	0.10	10.98	5.87	0.02
1.65	0.77	0.18	0.00	0.04	0.17	5.82	0.98
1.46	0.11	0.97	0.50	0.01	0.25	0.10	0.16
1.65	0.77	0.06	0.35	0.39	0.17	0.15	0.98
1.38	0.75	0.06	0.36	0.03	0.17	0.10	0.95

采用32组训练数据和24组测试数据，训练结果的准确率是100%，测试结果的准确率是87.5%，训练结果和测试结果示意图如图9.46所示。

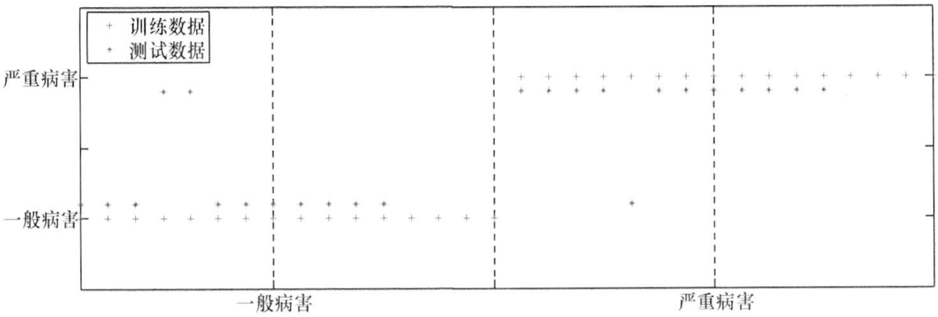

图9.46 尖轨轧伤病害程度识别结果

对车辆经过叉心沉落道岔时的振动信号进行小波包分析后得出功率谱密度，计算功率谱集中频段的均值和有效值作为分类器的输入值。叉心沉落部分训练数据和测试数据如表9.18和表9.19所示。

表9.18 叉心沉落部分训练数据 (单位:m/s^2)

病害分类	均值							
	S30	S31	S32	S33	S34(×100)	S35(×100)	S36(×100)	S37(×100)
一般病害	10.35	1.18	6.43	63.17	3.17	3.72	2.11	0.54
	13.76	1.04	5.85	55.27	7.08	10.00	0.98	0.27
	14.50	5.48	30.10	261.98	6.10	20.00	3.72	1.94
	16.68	3.00	2.00	11.90	2.80	74.00	1.00	1.07
	11.47	7.00	5.00	39.90	2.08	33.00	2.00	2.00
	22.52	2.00	17.00	10.90	8.60	12.90	4.00	9.00

续表

病害分类	均值							
	S30	S31	S32	S33	S34(×100)	S35(×100)	S36(×100)	S37(×100)
严重病害	14.50	5.48	30.10	2.98	8.09	51.90	3.72	1.94
	16.68	3.00	23.00	11.90	9.80	10.05	1.00	1.00
	11.47	7.00	51.00	3.90	2.08	6.43	2.00	8.00
	22.52	2.00	17.00	10.90	6.60	5.85	7.00	9.00
	15.88	1.00	76.00	51.90	9.07	30.10	6.0	4.00
	10.22	2.52	13.33	10.05	5.04	74.00	4.01	1.77
病害分类	有效值							
	S30	S31	S32	S33	S34(×100)	S35(×100)	S36(×100)	S37(×100)
一般病害	1.01	1.08	2.54	7.96	6.43	2.84	1.45	0.72
	1.17	1.02	2.42	7.43	7.33	2.13	4.92	0.59
	1.20	2.34	5.48	6.19	4.06	4.73	1.93	1.39
	1.29	0.33	9.82	4.92	9.64	16.22	3.02	9.60
	1.07	2.27	1.43	3.88	1.44	13.36	7.17	1.96
	1.50	5.33	3.2	6.82	8.28	9.93	2.51	4.92
严重病害	1.20	2.34	5.48	6.19	0.89	4.73	1.93	1.39
	1.29	0.33	9.82	4.92	9.64	6.22	3.02	1.60
	1.07	7.27	1.43	3.88	1.44	13.36	4.17	1.96
	1.50	5.33	13.2	6.82	8.28	9.93	2.51	4.92
	1.26	9.9	6.87	1.14	7.57	2.3	8.44	1.79
	1.74	0.19	0.36	0.12	4.16	0.04	0.26	0.13

表 9.19　叉心沉落部分测试数据　（单位：m/s^2）

均值							
S30	S31	S32	S33	S34(×100)	S35(×100)	S36(×100)	S37(×100)
22.52	24.10	0.70	5.06	0.07	9.92	74.80	9.01
15.88	8.80	8.90	7.87	0.31	5.19	336.90	40.70
10.22	0.03	0.01	0.10	0. 185	13.90	0.40	0.77
10.35	0.01	0.06	0.06	0.02	1096.00	0.21	0.54
13.76	0.01	0.06	0.06	0.10	82.80	0.98	0.27
14.50	0.48	0.03	0.26	0.77	7.32	0.37	0.19

续表

有效值							
S30	S31	S32	S33	S34(×100)	S35(×100)	S36(×100)	S37(×100)
1.50	0.16	1.32	0.68	0.83	0.99	0.35	9.49
1.26	0.33	7.69	5.11	1.76	0.23	0.44	0.18
1.74	0.16	0.37	1.20	0.43	0.30	0.20	0.13
1.14	0.11	0.25	0.80	0.43	0.28	0.15	0.73
1.17	0.10	0.24	0.74	0.31	0.21	0.99	0.52
1.20	0.23	0.55	1.62	0.69	0.47	0.19	0.14

采用32组训练数据和24组测试数据，训练结果的准确率是96.88%，测试结果的准确率是83.33%，训练结果和测试结果示意图如图9.47所示。

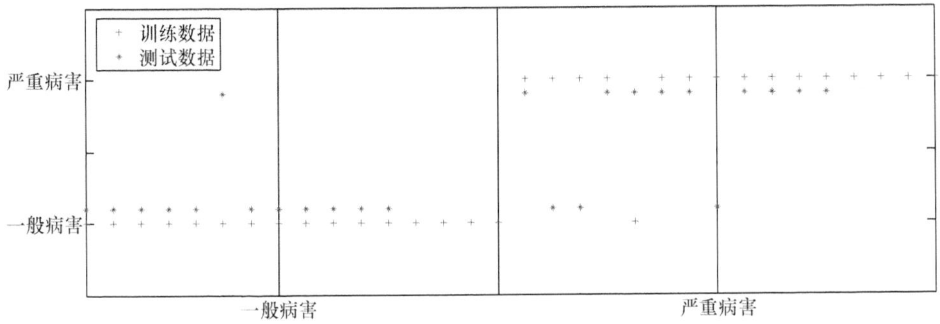

图9.47 叉心沉落病害程度识别结果

对车辆经过导曲线反超高道岔时的振动信号进行小波包分析后，得出功率谱密度，计算功率谱集中频段的均值和有效值作为分类器的输入值。导曲线反超高部分训练数据和测试数据如表9.20和表9.21所示。

表9.20 导曲线反超高部分训练数据 (单位：m/s^2)

病害分类	均值							
	S30	S31	S32	S33	S34(×100)	S35(×100)	S36(×100)	S37(×100)
一般病害	10.35	1.18	6.43	63.34	3.34	3.72	2.11	0.54
	13.76	1.04	5.85	55.27	7.08	10.00	0.98	0.27
	14.50	5.48	30.10	261.98	6.10	20.00	3.72	1.94
	16.68	3.00	2.00	11.90	2.80	74.00	1.00	1.07
	11.47	7.00	5.00	39.90	2.08	33.00	2.00	2.00
	22.52	2.00	17.00	10.90	8.60	12.90	4.00	9.00

续表

病害分类	均值							
	S30	S31	S32	S33	S34(×100)	S35(×100)	S36(×100)	S37(×100)
严重病害	14.50	5.48	30.10	2.98	8.09	51.90	3.72	1.94
	16.68	3.00	23.00	11.90	9.80	10.05	1.00	1.00
	11.47	7.00	51.00	3.90	2.08	6.43	2.00	8.00
	22.52	2.00	17.00	10.90	6.60	5.85	7.00	9.00
	15.88	1.00	76.00	51.90	9.07	30.10	6.0	4.00
	10.22	2.52	13.50	10.05	5.04	74.00	4.01	1.77
病害分类	有效值							
	S30	S31	S32	S33	S34(×100)	S35(×100)	S36(×100)	S37(×100)
一般病害	1.01	1.08	2.54	7.96	6.43	2.84	1.45	0.72
	1.17	1.02	2.42	7.43	7.33	2.13	4.92	0.59
	1.20	2.34	5.48	6.19	4.06	4.73	1.93	1.39
	1.29	0.33	9.82	4.92	9.64	16.22	3.02	9.60
	1.07	2.27	1.43	3.88	1.44	13.53	7.17	1.96
	1.50	5.33	3.2	6.82	8.28	9.93	2.51	4.92
严重病害	1.20	2.34	5.48	6.19	0.89	4.73	1.93	1.39
	1.29	0.33	9.82	4.92	9.64	6.22	3.02	1.60
	1.07	7.27	1.43	3.88	1.44	13.53	4.17	1.96
	1.50	5.33	13.2	6.82	8.28	9.93	2.51	4.92
	1.26	9.9	6.87	1.14	7.57	2.3	8.44	1.79
	1.74	0.19	0.36	0.12	4.16	0.04	0.26	0.13

表 9.21　导曲线反超高部分测试数据　(单位:m/s^2)

均值							
S30	S31	S32	S33	S34(×100)	S35(×100)	S36(×100)	S37(×100)
22.52	24.10	0.70	5.06	0.07	9.92	74.80	9.01
15.88	8.80	8.90	7.87	0.31	5.19	336.90	40.70
10.22	0.03	0.01	0.10	0.185	13.90	0.40	0.77
10.35	0.01	0.06	0.06	0.02	1096.00	0.21	0.54
13.76	0.01	0.06	0.06	0.10	82.80	0.98	0.27
14.50	0.48	0.03	0.26	0.77	7.32	0.37	0.19

续表

有效值							
S30	S31	S32	S33	S34(×100)	S35(×100)	S36(×100)	S37(×100)
1.50	0.16	1.32	0.68	0.83	0.99	0.35	9.49
1.26	0.33	7.69	5.11	1.76	0.23	0.44	0.18
1.74	0.16	0.37	1.20	0.43	0.30	0.20	0.13
1.14	0.11	0.25	0.80	0.43	0.28	0.15	0.73
1.17	0.10	0.24	0.74	0.31	0.21	0.99	0.52
1.20	0.23	0.55	1.62	0.69	0.47	0.19	0.14

采用 32 组训练数据和 24 组测试数据，训练结果的准确率是 100%，测试结果的准确率是 93.75%，训练结果和测试结果示意图如图 9.48 所示。

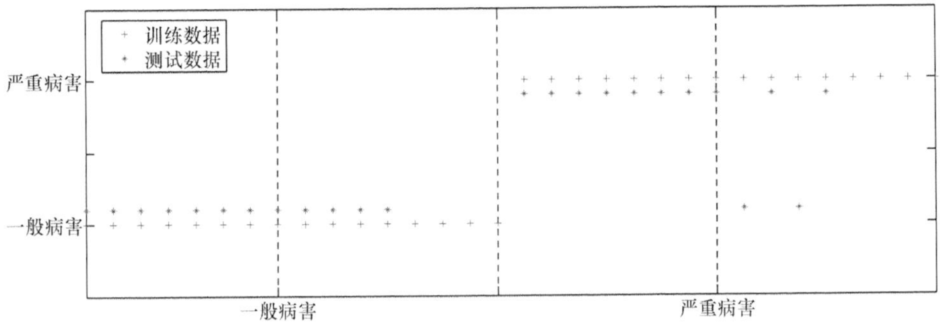

图 9.48　导曲线反超高病害程度识别结果

以上三步病害识别结果显示，识别病害发生区域的训练数据准确率和测试数据准确率分别为 100%和 95%，识别同一区域不同病害类型的训练数据准确率和测试数据准确率分别为 99%和 91.18%。在病害程度识别中，尖轨不密贴的训练数据准确率和测试数据准确率分别为 93.33% 和 77.78%，尖轨轧伤的训练数据准确率和测试数据准确率分别为 100%和 87.5%，叉心沉落的训练数据准确率和测试数据准确率分别为 96.88% 和 83.33%，导曲线反超高的训练数据准确率和测试数据准确率分别为 100% 和 93.75%。总体而言，病害类型识别的准确率较高，病害程度识别中，尖轨不密贴程度的识别准确率较低。

9.4　模型验证及可行性分析

9.2 节对基于仿真模型的车辆振动信号进行了时域和频域的分析，结果表明车辆经过道岔时会因道岔固有不平顺而引起振动信号变化，当道岔存在病害时，车辆振动信号会随之产生有规律的信号变化。出于乘客安全和运营车辆保护的目的，在工程实际中不可能允许运营车辆通过存在某些制造病害的道岔，为验证本书所建立模型符合实际道岔-车辆耦合状态，同时保持实验设备的完好性，本节以尖轨不密贴病害为例在实验台上模拟了实验车辆通过病害道岔的振动状态。此外，对道岔病害识别方法在实际应用中可能存在的道岔位置确定问题进行了研究，根据上海地铁 1 号线的运营车辆振动信号，对道岔处车辆振动信号进行初步分析，验证基于运营车辆的道岔病害检测方法的可行性。

9.4.1　基于实验台的模型验证

1. 实验台的组成与功能

该实验平台由车辆、道岔、列车控制器、车体传感器、数据采集与分析系统构成。其中，实验平台的实验车辆是按照城轨列车主要结构按比例缩小的模型，具有一系悬挂和二系悬挂系统所有的关键部件，悬挂系统的减振装置参数设置和各部分构件质量、尺寸按照一定比例缩小，确保车辆振动信号与实际车辆振动信号的产生原理和数据范围一致。实验平台轨道是按照 4∶1 比例缩小的 9 号右开道岔，包含尖轨顶铁、护轨、翼轨等关键部件，其结构符合车辆-道岔耦合系统中对道岔结构的基本要求。实验用传感器能够同时获得实验车辆转向架的横向、纵向和垂向加速度，正方向的设定与仿真模型的规则相同。列车控制器能够控制实验车辆的行驶方向，数据采集与分析系统能够从传感器系统获得实验车辆的振动加速度。实验平台及各组成部分如图 9.49～图 9.53 所示。

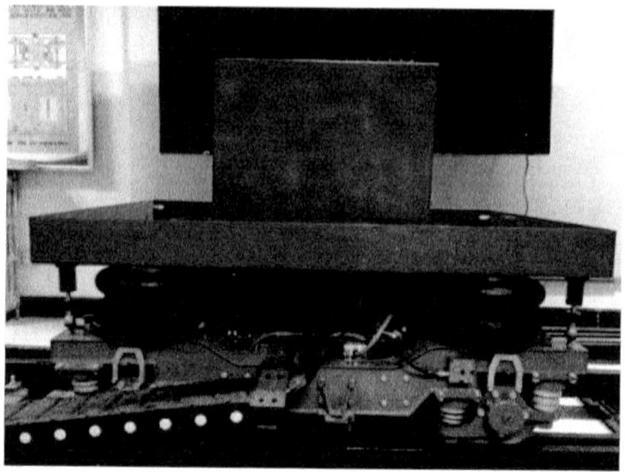

图 9.49　实验平台车辆

图 9.50　数据采集与分析系统

图 9.51　实验台道岔

图 9.52　列车控制器

图 9.53　车体传感器

结合仿真模型中对尖轨不密贴病害的等级划分规则，将病害分为一般病害和严重病害，一般病害与前述二级病害一致，即尖轨与基本轨之间的缝隙为 1mm，严重病害与前述四级病害一致，即尖轨与基本轨之间的缝隙为 4mm。实际尖轨密贴状态和设置病害后的状态如图 9.54～图 9.56 所示。

图 9.54 密贴状态尖轨

图 9.55 不密贴状态尖轨(1mm)

图 9.56 不密贴状态尖轨(高于 1mm)

实验平台实验的具体步骤如下。

(1) 检查实验设备的完好性,确保实验安全,数据有效。

检查实验车辆、道岔、车辆控制器、传感器系统、数据采集与分析系统等设备的完好性,接触点、连接线是否完整,检查电源是否安全可靠。

(2) 确保实验平台设备工作正常。

在试验台设备完好、实验安全的前提下,接通控制器和车辆动力电源,观察控制器指示灯和数据采集与分析系统机柜上的各功能指示灯显示是否正常。启动实验车辆,观察运行方向和速度是否符合实验要求,车辆运行过程中数据采集分析系统功能指示灯是否正常闪烁。保证所有实验平台设备均可以正常工作。

(3) 登录数据采集系统,运行数据采集程序。

将计算机、数据采集与分析系统相连,启动数据采集程序后,启动实验车辆,按照实验要求使车辆侧逆向通过道岔。关闭数据采集程序,进入信号处理程序,将采集系统内记录的传感器二进制电压信息转换成十进制加速度数据。

(4) 病害模拟及其数据采集。

道岔密贴性良好时，将尖轨尖端固定(锁闭)在基本轨一侧，通过控制器启动实验车辆，使车辆按照侧逆向运行方向从轨道的起点运行至轨道的终点，在此过程中，启动数据采集程序，将伴随车辆的运行采集过程中传感器的电压。关闭数据采集程序，启动数据处理程序即可得到车辆运行加速度，并进行存储。

道岔存在尖轨不密贴病害时，将尖轨分别固定在尖端距基本轨规矩测量点4mm和8mm的位置。其他操作同道岔密贴性良好时的操作步骤。至此，实验平台的数据采集和存储工作完成。

(5) 为避免实验数据存在小概率误差，重复实验过程10次，分别存储每一次数据。

(6) 关闭所有设备，恢复实验平台原始状态，切断主电源，实验结束。

获得实验车辆的振动信号后，需要去除异常数据，去掉对结果有较大误差影响的数据，截取尖轨区的车辆振动信号作为分析对象，这样才能保证数据对实际病害反映的真实性和有效性。

2. 实验台数据分析

根据仿真信号的分析结果可知，车辆经过尖轨不密贴道岔时，其横向振动信号和垂向振动信号都会发生明显变化。实验车辆经过正常、一般不密贴和严重不密贴三种状态尖轨时的横向和垂向加速度分别如图9.57和图9.58所示。

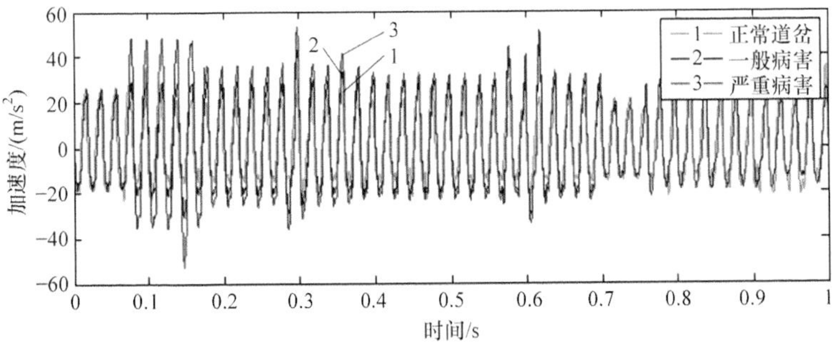

图9.57 车辆横向加速度

由图9.57和图9.58可知，实验车辆的横向振动比垂向振动剧烈，但横向减振效果较好，体现在加速度图像上为逐步变化，波形较平缓。车辆经过道岔时，会在尖轨尖端处产生一个较大的振动幅值，随后这一幅值逐渐减小，在尖轨承受全部轮对载荷后，其加速度幅值逐步降低到与车辆经过直轨部分时的幅值相近。随着道岔病害程度的增大，车辆振动加速度幅值呈现逐步增大的趋势，这与仿真模型数据分析结果一致。

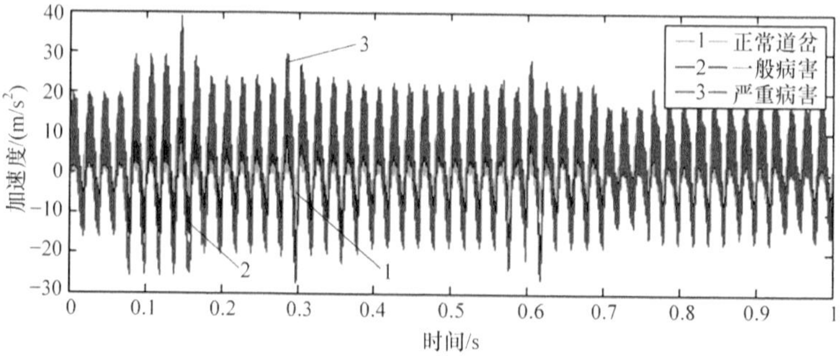

图 9.58　车辆垂向加速度

对车辆经过尖轨尖端时的横向振动加速度进行时域特征值[2]提取和小波包分解，结果如表 9.22 和图 9.59 所示。

表 9.22　横向加速度时域特征值对比表

特征值	无病害	一般病害	严重病害
峰值/g	15.4600	45.525	53.093
有效值/g	5.1634	17.529	21.231
均值/g	4.5619	15.502	18.385
峭度	1.69086	1.7353	2.01048

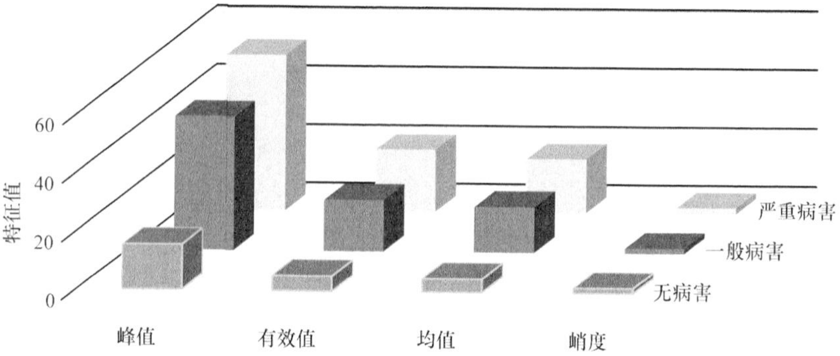

图 9.59　横向加速度时域特征值对比图

对车辆经过尖轨尖端时的垂向振动加速度进行时域特征值提取和小波包分解，结果如表 9.23 和图 9.60 所示。

表 9.23 垂向加速度时域特征值对比表

特征值	无病害	一般病害	严重病害
峰值/g	17.7238	24.57	38.79375
有效值/g	7.798017	10.46402	12.8463
均值/g	6.056541	8.435569	10.46759
峭度	2.087845	2.095826	2.238378

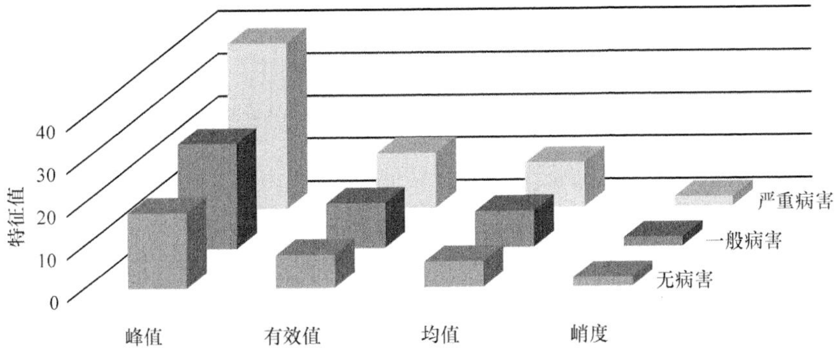

图 9.60 垂向加速度时域特征值对比图

由横向加速度和垂向加速度的特征值对比可知，峰值、有效值和均值能够准确地反映横向加速度大小与不同病害等级之间的关系。三种状态道岔的各特征值与仿真模型的特征值大小基本对应，不同道岔状态所对应的特征值之间的差距较为明显，能够以仿真模型的特征值标准识别出实验台道岔状态，认为仿真模型的建立符合实际。

同仿真模型的数据分析步骤，为进一步分析尖轨不密贴道岔所对应的实验车辆加速度，对车辆经过正常道岔和两级尖轨不密贴病害道岔时所产生的振动加速度进行小波包分解，得到频域范围内的幅值图，在小波包分解的基础上对仿真信号进行功率谱密度计算，观察信号功率谱集中的频率范围、不同状态道岔所对应的功率谱大小。仿真信号经小波包分解后的幅值如图 9.61～图 9.63 所示。

由小波包分解后的幅值变化趋势可知，车辆经过病害道岔所产生的振动加速度的幅值在分解各层上都大于经过正常道岔时的加速度幅值，符合道岔病害程度越高其对应的仿真信号幅值越大的规律，且各层分解数据大小与仿真模型的分解数据大小基本对应。在小波包分解的基础上计算横向振动加速度功率谱密度，计算结果如图 9.64 和图 9.65 所示。

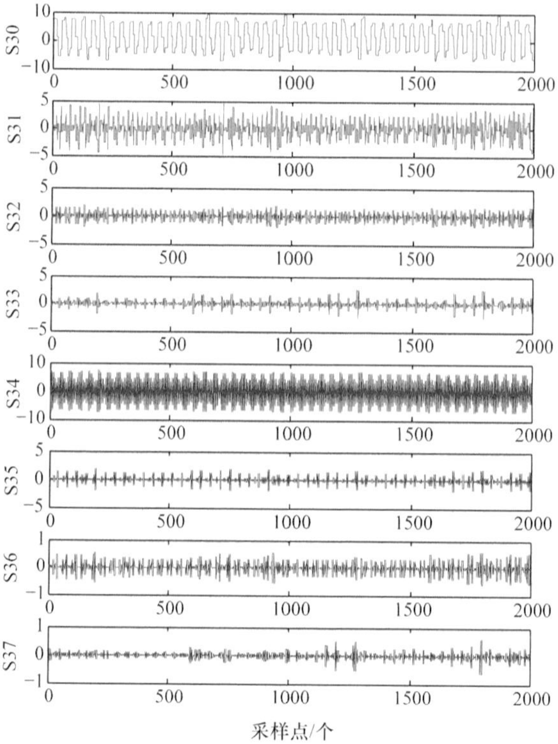

图 9.61　正常道岔信号(5)

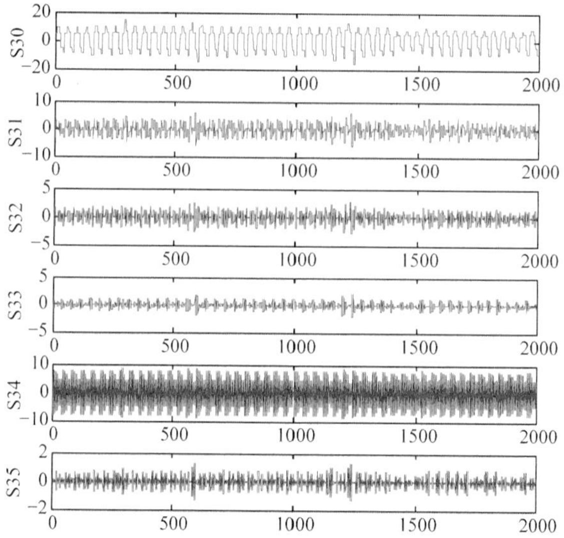

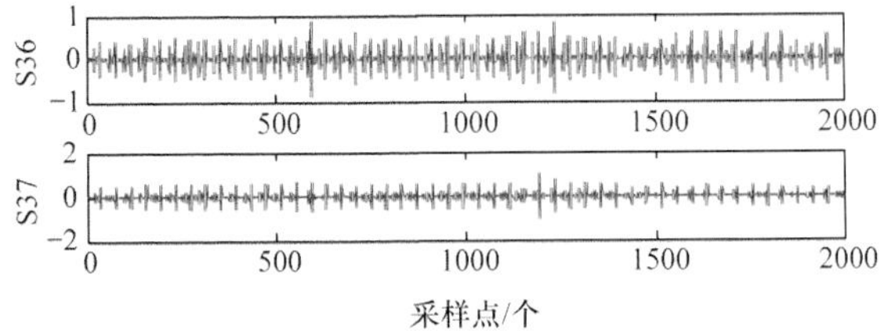

图 9.62　尖轨不密贴道岔信号(一般病害)

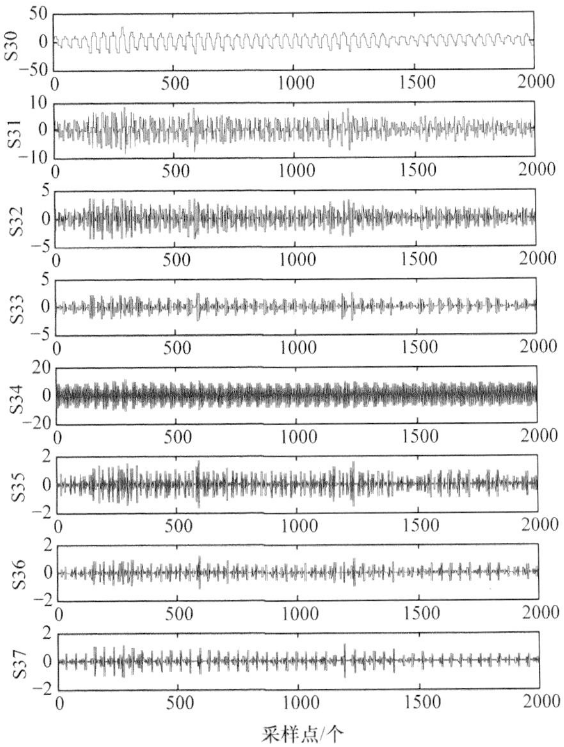

图 9.63　尖轨不密贴道岔信号(严重病害)

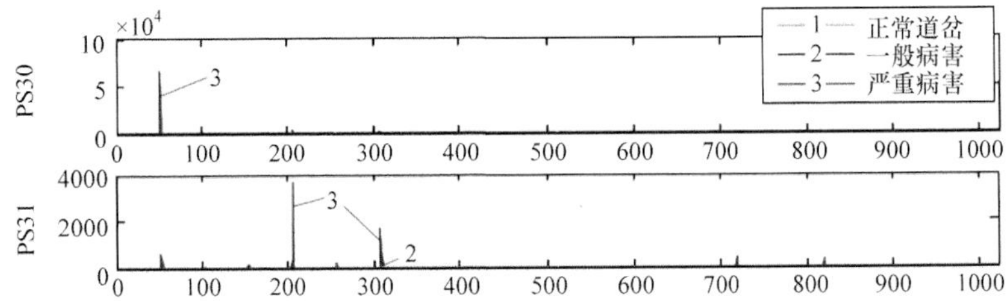

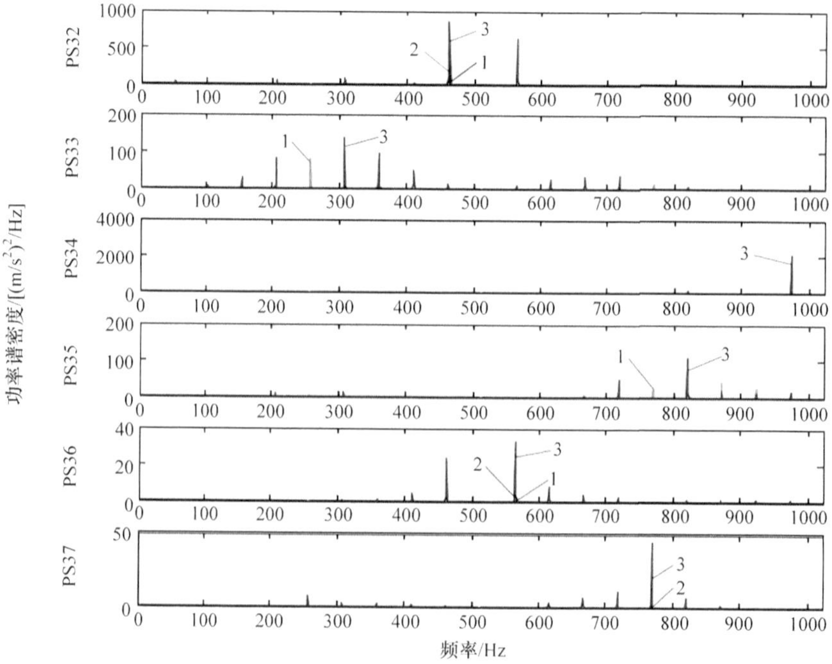

图9.64 功率谱密度图像

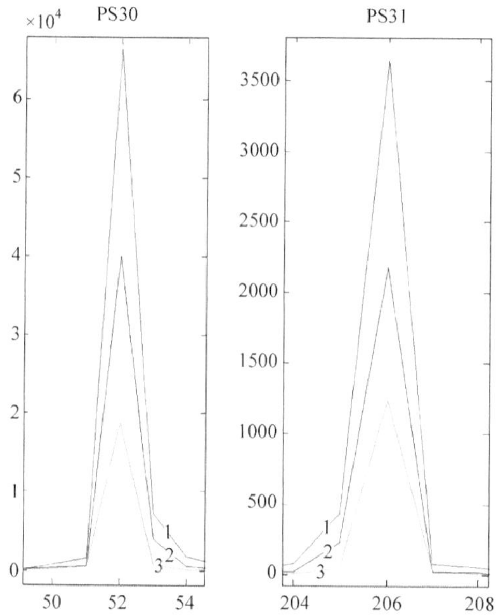

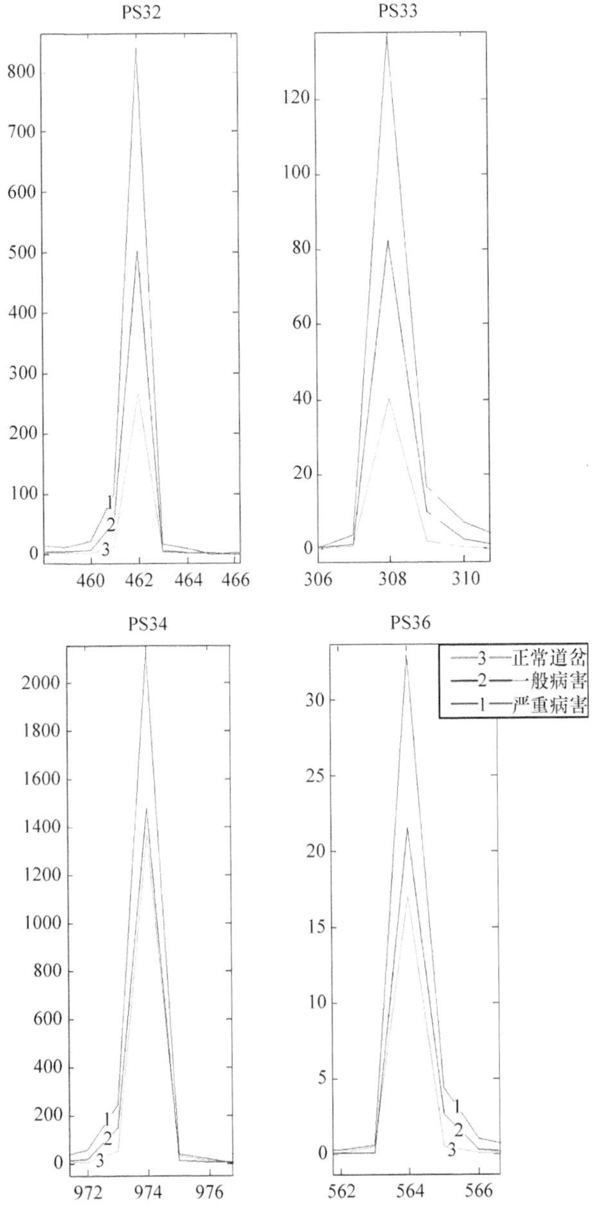

图 9.65　部分功率谱密度细节图像

横坐标为频率，Hz；纵坐标为功率谱密度，$(m/s^2)/Hz$

根据以上功率谱密度图像可知，尖轨处振动信号多集中在 50Hz、200Hz、460Hz、560Hz、300Hz 和 970Hz，车辆经过病害道岔和经过正常道岔所产生的振动信号在频率范围内没有区别，但是，在相同的频率范围内，病害程度越高的道岔所对应的信号功率谱越大。以第七层信号功率谱密度为例，由图 9.65 可知，正常道岔对应的功率谱密度在 15 附近上下波动，随着道岔病害严重程度增大，振动信号在该频率范围内的功率谱密度均值增大，且波动峰值增大。严重病害时功率谱密度最大值达到 35。由于实验台设备采样频率与仿真模型采样频率不同，车辆通过尖轨处所采集到的采样点数不同，二者在频率范围上没有可比性，但实验台数据同样符合仿真模型所得到的随着道岔病害等级的增加功率谱密度增大的规律。

9.4.2　工程应用可行性分析

1. 运营线路道岔位置确定

在实际工程中，要利用运营车辆的振动特性检测道岔病害，首先要确定道岔的具体位置。由于列车行驶速度不恒定，通过行驶时间来确定道岔位置的方法并不可行，本节提出用特征值观察法和希尔伯特-黄变换处理法来确定道岔的具体位置。主要思想是，根据车辆行驶的平均速度和轨道的公里标确定车辆通过道岔的大体时间范围(精确度在 10s 以内)，将该时间范围内的振动加速度进行特征值提取，寻找特征值最大的一段数据，即认为是车辆经过道岔时的加速度数据，或对该时间范围内的振动加速度进行希尔伯特-黄变换，根据特定的波形位置确定道岔的具体位置。本节以上海地铁 1 号线莘庄站折返数据为例，对道岔位置的确定方法进行研究，莘庄站折返示意图如图 9.66 所示。

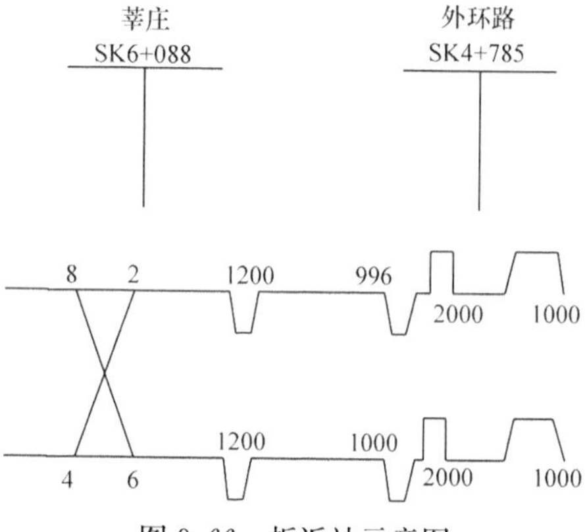

图 9.66　折返站示意图

根据如图 9.67 所示的运营车辆的实际加速度数据可知，车辆通过道岔所产生的加速度约有 3000 个采样点，将已知道岔大体范围内的 20000 个数据每 200 个点进行一次特征提取，选择均值、方差、峰值靠前且连续的 15 个区段(2000 个采样点)作为道岔区。排序结果如表 9.24 所示，图 9.68 表示道岔区段号的散点分布，由此可以准确确定道岔的具体位置。

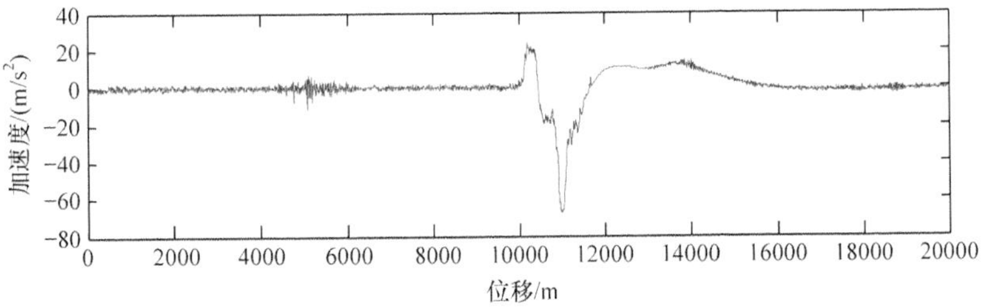

图 9.67　运营车辆的实际加速度

表 9.24　道岔区加速度特征值排序　　(单位:m/s²)

日期	20131031			20140106			20140227			20140507			20150330		
特征值	均值	峰值	有效值	均值	峰值	有效值	均值	峰值	有效值	均值	峰值	有效值	均值	峰值	有效值
	53	53	53	54	54	54	54	54	54	53	53	53	53	53	50
	54	54	54	53	53	53	53	53	53	50	59	56	52	52	49
	55	55	55	55	55	56	50	50	50	55	55	55	49	49	53
	50	50	49	50	50	55	56	56	55	59	50	54	50	50	52
	52	52	50	56	56	50	64	55	56	54	54	59	54	54	48
区段	67	51	51	60	60	60	63	64	49	56	56	60	51	65	65
	68	49	52	52	52	61	62	63	52	60	60	50	65	51	71
	66	67	56	66	66	65	65	65	64	52	52	52	48	48	54
	51	68	68	65	65	64	55	62	65	51	51	58	71	71	51
	60	66	67	64	64	66	52	52	66	57	49	51	68	68	68
	61	60	69	67	59	52	66	66	63	58	58	49	70	70	72

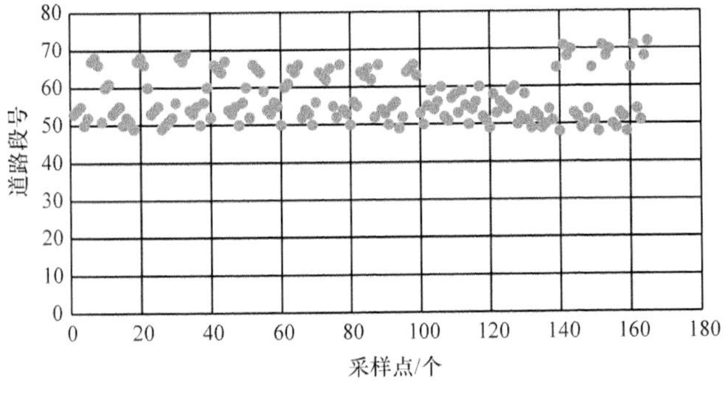

图 9.68　道岔区加速度特征值排序

由表 9.24 可以看出特征值较大的 15 个区段集中在 50～65，符合实际道岔所在位置。

除了以上特征值排序的方法，采用希尔伯特-黄变换[3]处理也能够识别出道岔具体位置。希尔伯特-黄变换的实质是对信号进行平稳化处理，包括经验模态分解和希尔伯特变换两个过程。对信号进行经验模态分解后可以将原始信号中不同尺度的信号波动和信号趋势按照频率的高低依次分解，继而得到原始信号的若干个本征模态分量(IMF)；对 IMF 进行希尔伯特变换就可以得到原始信号中的瞬时频率及其幅值。因此，希尔伯特-黄变换对检测信号的时频分辨率高、时频聚集性好，适用于平稳态、非线性信号的处理分析[1]。

对上海地铁 1 号线列车加速度数据进行希尔伯特-黄变换，观察道岔对应的波形，在 imf5 分解层中能够明显显示出道岔的所在。采用五次运营车辆实际振动加速度作为希尔伯特-黄变换对象数据，变换结果如图 9.69～图 9.73 所示。

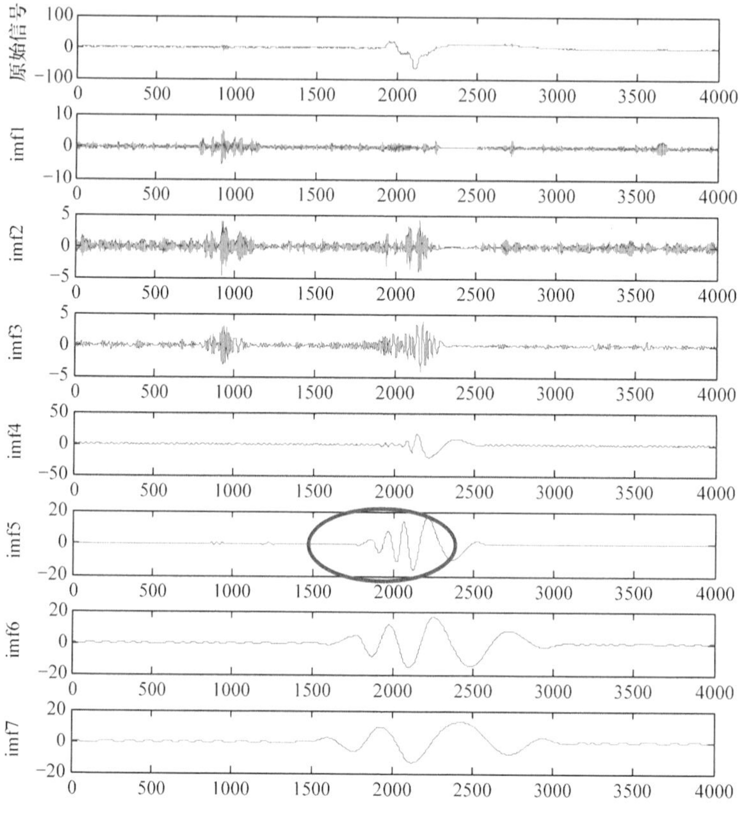

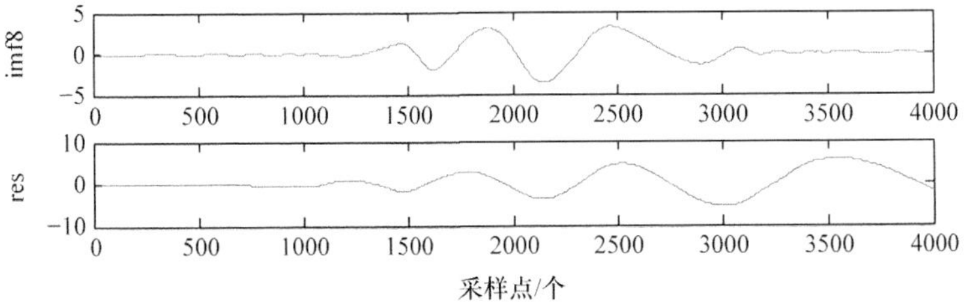

图 9.69　20131031 本质模函数

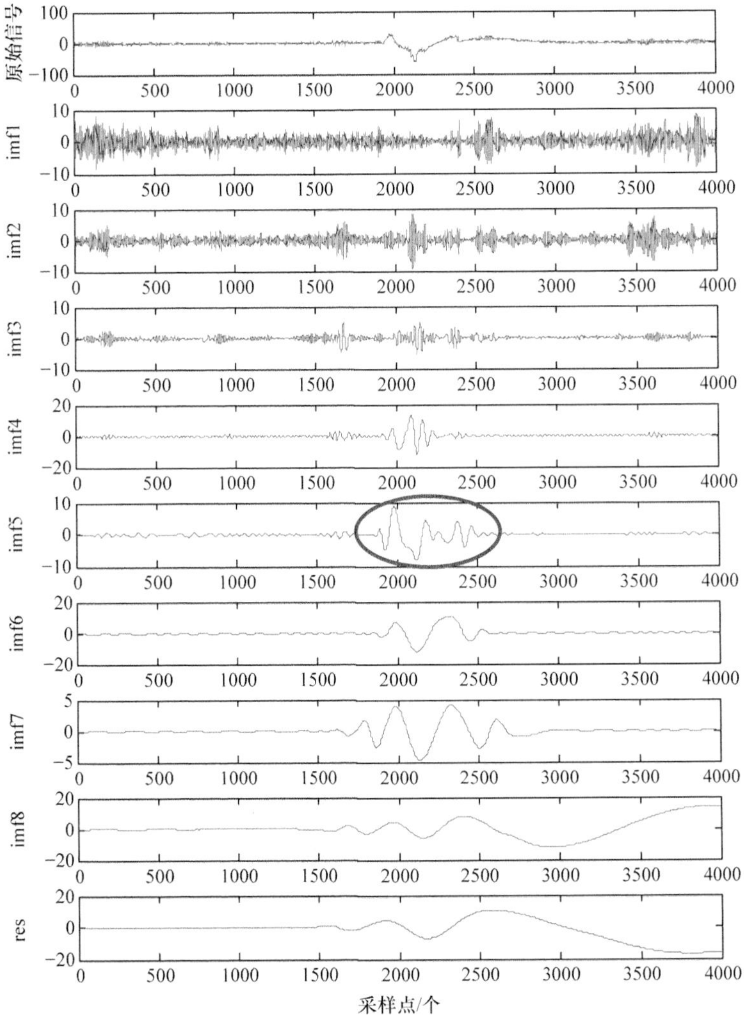

图 9.70　20140106 本质模函数

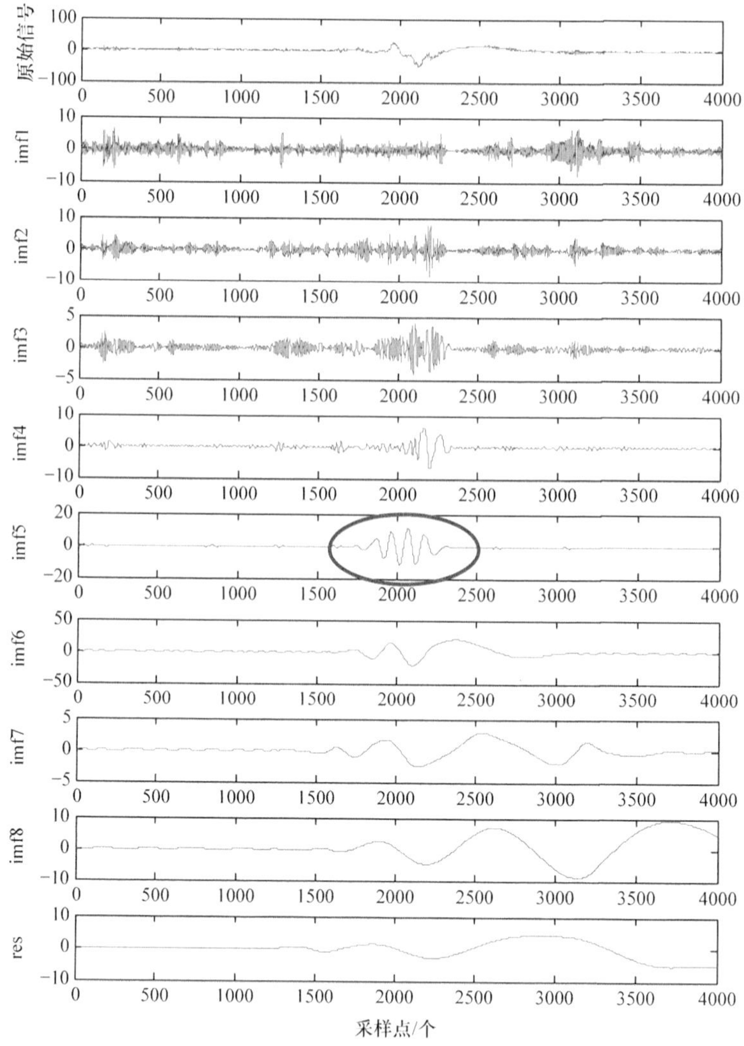

图 9.71　20140227 本质模函数

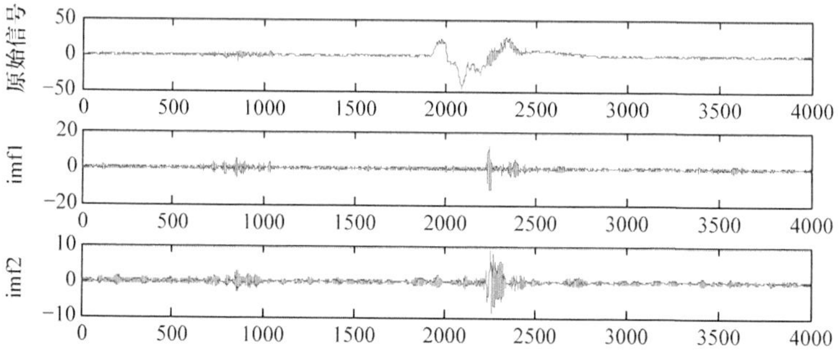

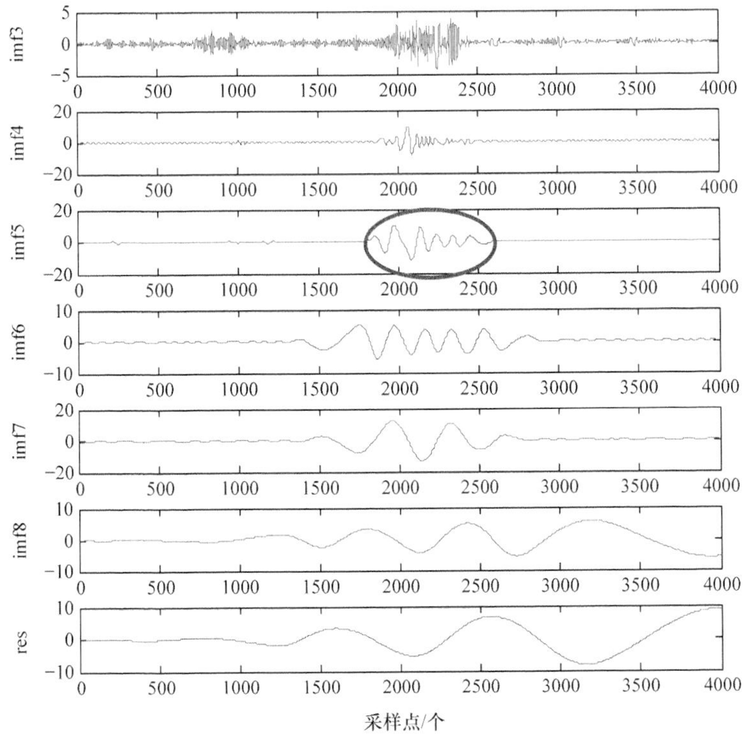

图 9.72　20140507 本质模函数

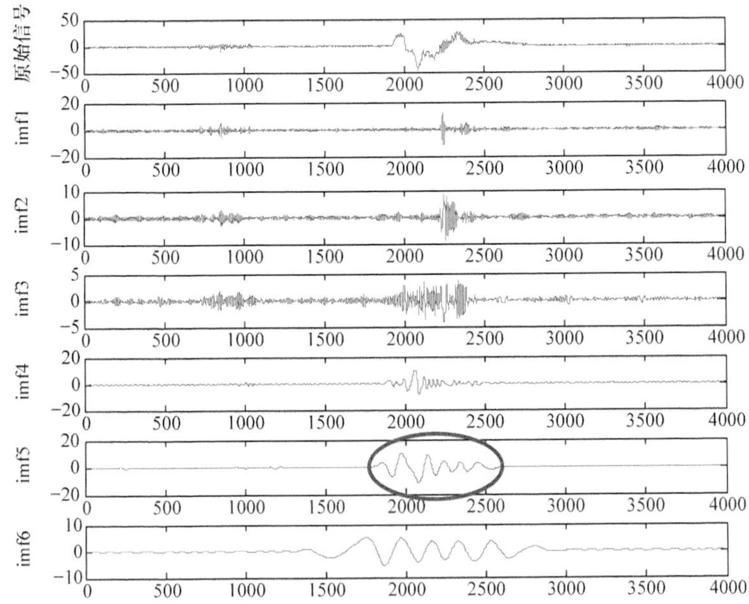

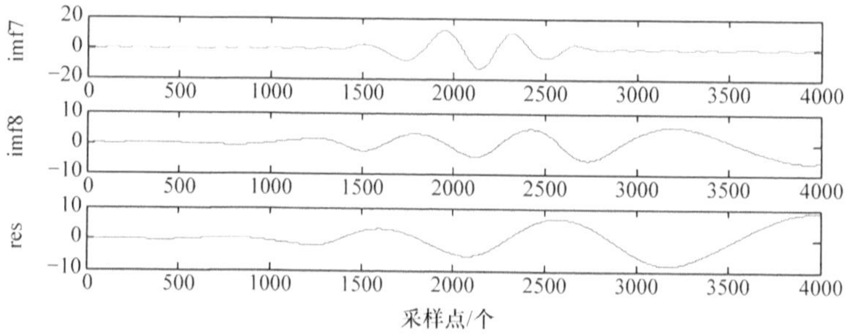

图 9.73　20150330 本质模函数

由以上五次数据的变换结果可知，道岔的特征波形在 imf5 中能够明显显示，实际道岔位置和采样点数所确定的道岔位置与图中所示波形的位置一致，即希尔伯特-黄变换能够通过特征波形确定道岔的具体位置。

2. 运营车辆振动信号分析

确定道岔的具体位置后，可以得到车辆经过道岔时的加速度信号，本节选用时间跨度较大的五次实际数据进行分析。由于尖轨区病害和叉心沉落都发生在尖轨一侧轨道，导曲线反超高由两侧轨道的相对位置异常引起，故分析尖轨一侧的转向架加速度比较有代表性。

图 9.74 表示列车折返时侧向经过道岔的过程，由于列车需要经过两次道岔才能完成由上行线向下行线的转换，所以传感器测得加速度有如图 9.75 所示的两次大幅值的振动，分别表示车辆进入和驶出折返线。

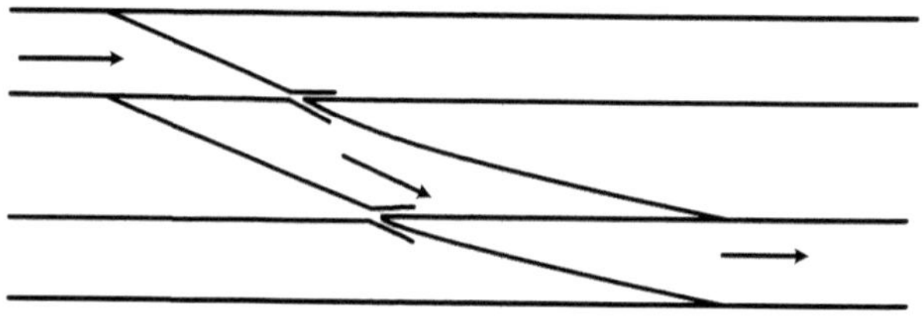

图 9.74　列车折返示意图

以车辆进入折返线经过道岔时的垂向加速度为例，选取五次振动加速度数值作为分析对象，其数值如图 9.76 所示，其中图例表示时间，例如，20131031 表示 2013 年 10 月 31 日所采集数据。

对上述加速度数据进行特征值提取和小波包分析，得出其特征值如表 9.25 和图 9.77所示。

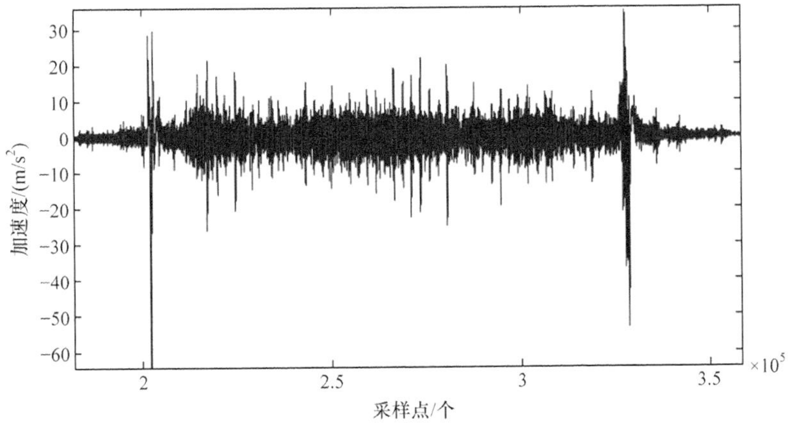

图 9.75 运营车辆垂向加速度信号波形

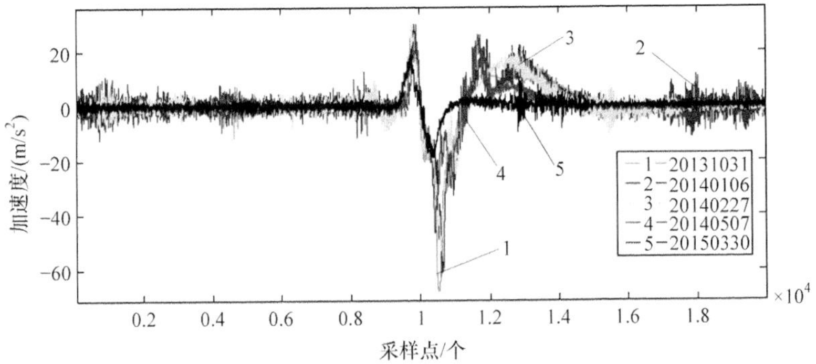

图 9.76 运营车辆垂向加速度实测数据

表 9.25 运营车辆加速度时域特征值对比表

特征值	20150330	20140507	20140227	20140106	20131031
峰值/g	10.25	13.29	16.49	21.39	23.98
有效值/g	7.30	9.57	10.41	12.34	14.34
均值/g	4.80	6.07	9.95	10.09	13.98
峭度	3.91	2.82	3.33	3.56	4.64

由加速度特征值数值可知，五次振动加速度的特征值都控制在较小的范围内，不存在车辆通过病害道岔时的异常特征值。其中，2014 年 1 月 6 日数据的特征值与 2014 年 2 月 27 日数据特征值的差异较小，说明两次数据采集时间间隔短，道岔状态变化较小。

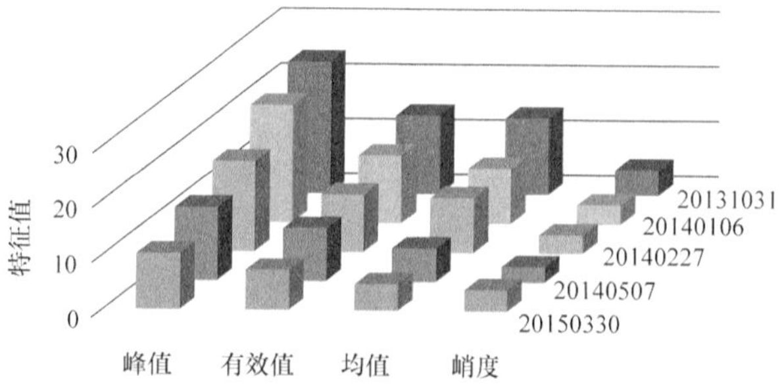

图 9.77　运营车辆加速度时域特征值对比图

对五组运营车辆经过道岔时所产生的振动加速度进行小波包分解，在小波包分解的基础上对仿真信号计算功率谱密度计算，观察信号功率谱集中的频率范围。信号功率谱密度如图 9.78 所示。

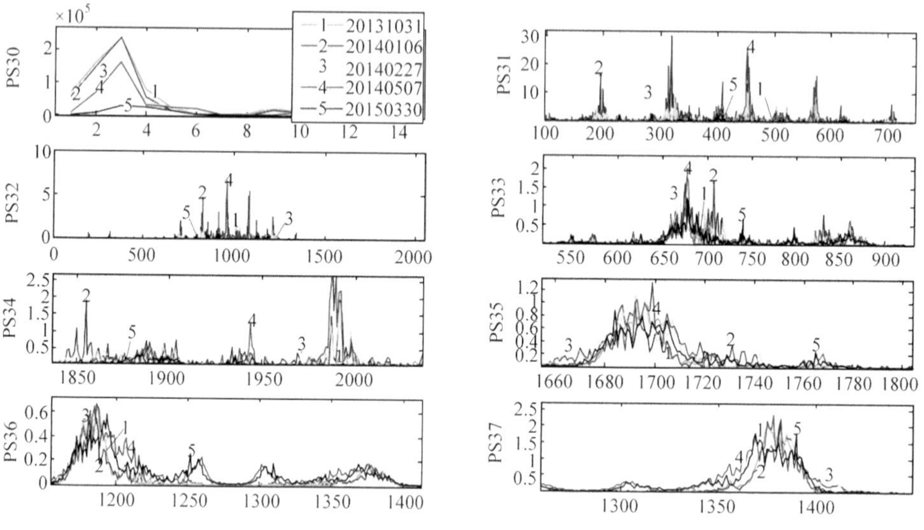

图 9.78　功率谱密度图像

横坐标为频率，Hz；纵坐标为功率谱密度，$(m/s^2)^2/Hz$

由图 9.78 可知，功率谱密度多集中在低频频段，且无论是功率谱集中的频带还是特定频率范围内的功率谱密度大小，五组数据的计算结果差别不明显，说明其主要功率谱密度集中是由道岔固有不平顺引起的。相对于时域特征值，小波包分解后得到的功率谱密度受信号总体幅值影响较小。在工程实际中，车辆振动信号的频域特征受车辆本身参数和振动特性的影响较大，故频域范围内实际数据特征与仿真数据的特征差异较大。

9.5 本章小结

本章利用实验平台设备分析了实验车辆经过道岔时的实际加速度信号，用时域分析和小波包分析方法分析尖轨不密贴病害对实验小车加速度的影响，验证了SIMPACK 仿真模型中关于车辆振动信号分析理论的正确性，提出了两种工程实际中确定道岔具体位置的方法，利用上海地铁 1 号线现有车辆侧逆向经过道岔的加速度信号，分析车辆在道岔区加速度与正线的区别，并对不同时间点车辆经过同一处道岔的加速度信号变化趋势进行分析，说明本章所提出的基于运营车辆的道岔病害检测方法具有实际可操作性。

参考文献

[1] 张德丰. MATLAB 小波分析[M]. 北京：机械工业出版社，2010.
[2] 钟佑明，秦树人，汤宝平. 希尔伯特-黄变换中边际谱的研究[J]. 系统工程与电子技术，2004，26(9)：1323-1326.
[3] 唐向宏，李齐良. 时频分析与小波变换[M]. 北京：科学出版社，2008.

第 10 章　神经网络预测 TQI

10.1　BP 神经网络预测 TQI

10.1.1　BP 神经网络简介

BP 神经网络（back propagation neural network）最早是于 1986 年由 D. Rumelhart 和 J. McCelland 领导的小组在 *Parallel Distributed Processing* 一书中提出的。采用 BP 算法的多层感知器是目前全球应用最为广泛的神经网络之一。

BP 神经网络包括输入层、隐含层和输出层，其中隐含层可以为多层，它的具体结构如图 10.1 所示。BP 算法是由信号的正向传播和误差的反向传播两个过程组成的。在前一过程中，样本从输入层传入，经过各个隐层传递处理后，传至输出层。如果输出层的输出值与期望输出不相匹配，那么转入后一阶段。在第二个过程中，误差通过隐含层往前逐层反传，并分摊给各层神经元，得到各层节点的误差，这些误差就可以作为依据来修正各单元的权值。这种信号正向传递和误差反向传导的过程是循环进行的，直至输出的实际信号与教师信号的差值达到能够接受的范围之内，或者进行到预先设定的最大迭代次数时才停止训练。

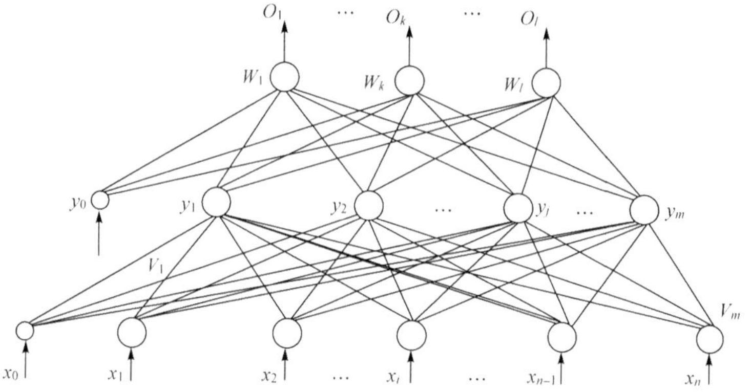

图 10.1　BP 神经网络的层次结构

10.1.2 BP 神经网络输入、输出样本

文献[1]通过结合灰色系统理论和隐马尔可夫模型来预测轨道质量指数，取得了不错的结果。此处引用文献[2]中的 TQI 历史数据进行预测，而后与文献[1]中模型的预测结果相比较，可以很直观地看出新方法的预测效果。文献[1]中使用的 TQI 的 14 组历史数据如表 10.1 所示。

表 10.1　轨道质量指数历史数据[1]

日期/天	间隔/天	TQI/mm
0	—	8.55
31	31	9.69
44	13	9.52
81	37	10.38
108	27	8.72
162	54	8.98
209	47	10.07
232	23	9.74
299	67	10.03
315	16	9.44
442	127	10.59
475	33	11.17
504	29	10.64
563	59	11.75

显然，从表 10.1 中可以看出每次获得 TQI 的时间点之间的间隔都不尽相同。

为了方便后续过程，分别用 x_i 和 t_i 来表示这两个序列，为

$$x_i=8.55,9.69,9.52,\cdots,\quad i=1,2,\cdots,14$$

$$t_i=0,31,44,\cdots,\quad i=1,2,\cdots,14$$

随后，进行如下假设，如果要预测某一时间点 t_i 的 TQI 值 x_i，那么所需要的已知变量是此时间点 t_i 之前的 n 次已知的 TQI 值，如式(10.1)所示：

$$x_i'=f(x_{i-1},x_{i-2},\cdots,x_{i-n}),\quad i\geqslant n,n\geqslant 1 \tag{10.1}$$

式中，x_i 为预测得到的时间点 t_i 的 TQI 值；n 为假设对预测 TQI 有影响的已知 TQI 变量的个数。

另外，由于 TQI 历史数据的相应获得时间之间的间隔是不等距的，也就是说各时间点之间的间隔对于预测也会有所影响，所以要把获得 TQI 值的各时间点之间的间隔纳入预测模型中。时间间隔序列 T_i 可以表示为

$$T_i = t_{i+1} - t_i, \quad i \geqslant 1 \tag{10.2}$$

那么预测值 x_i' 可表示为已知的 TQI 值与时间间隔的函数，即

$$x_i' = f(x_{i-1}, T_{i-1}, x_{i-2}, T_{i-2}, \cdots, x_{i-n}, T_{i-n}), \quad i \geqslant n, n \geqslant 1 \tag{10.3}$$

除此之外，在将样本输入 BP 神经网络之前，还需要对输入样本进行归一化，这样将会提高之后训练过程中的数值计算的效率。此处采用 MATLAB 中的 mapminmax()函数进行样本的归一化。

对预测有影响的已知 TQI 变量的个数 n 取为 4，一共可以得到 10 组 TQI 数据样本(每组样本由 4×2=8 个样本组成)。为了增加之后预测结果的可信度，这里仅将 10 组样本中的前 7 组样本作为训练数据输入网络，而后 3 组样本只作为预测仿真使用。

按这种想法得到的归一化后的输入样本如表 10.2 所示。

表 10.2　BP 神经网络输入样本

序列	输入样本							
1	−1.0000	−0.5118	−0.2875	−0.7953	−0.3938	−0.4173	0.1438	−0.5748
2	−0.2875	−0.7953	−0.3938	−0.4173	0.1438	−0.5748	−0.8938	−0.1496
3	−0.3938	−0.4173	0.1438	−0.5748	−0.8938	−0.1496	−0.7313	−0.2598
4	0.1438	−0.5748	−0.8938	−0.1496	−0.7313	−0.2598	−0.0500	−0.6378
5	−0.8938	−0.1496	−0.7313	−0.2598	−0.0500	−0.6378	−0.2563	0.0551
6	−0.7313	−0.2598	−0.0500	−0.6378	−0.2563	0.0551	−0.0750	−0.7480
7	−0.0500	−0.6378	−0.2563	0.0551	−0.0750	−0.7480	−0.4438	1.0000

10.1.3　BP 神经网络结构设计

1. BP 神经网络隐层设计

通常情况下，双隐层的 BP 神经网络能解决绝大多数非线性问题，因此这里预测使用的 BP 神经网络采用双隐层结构。另外，在主程序外设置循环改变网络每个隐层的节点数以及影响预测的已知变量个数 n 的大小，并储存每种情况下预测得到的误差，得到结果如表 10.3 所示。

表 10.3　双隐层节点取不同数目时的预测误差大小

第一隐层节点数/个	第二隐层节点数/个	TQI 预测误差/%
5	35	2.8315
10	35	3.1495
15	35	2.9299

续表

第一隐层节点数/个	第二隐层节点数/个	TQI 预测误差/%
20	35	2.9498
25	35	3.0176
30	35	2.9609
35	35	2.3688
40	35	2.8045
5	40	3.5290
10	40	3.0033
15	40	2.9375
20	40	3.3074

由表 10.3 可以看出，在 BP 神经网络的第一、二层隐层节点数分别取{35,35}时，TQI 值的预测可以达到较小的值，故本章 BP 神经网络的每隐层神经元数都取为 35 个。在此基础上，改变影响预测的已知变量个数 n 的大小，使其分别为 4、3、2、1，预测得到的误差如图 10.2 所示。

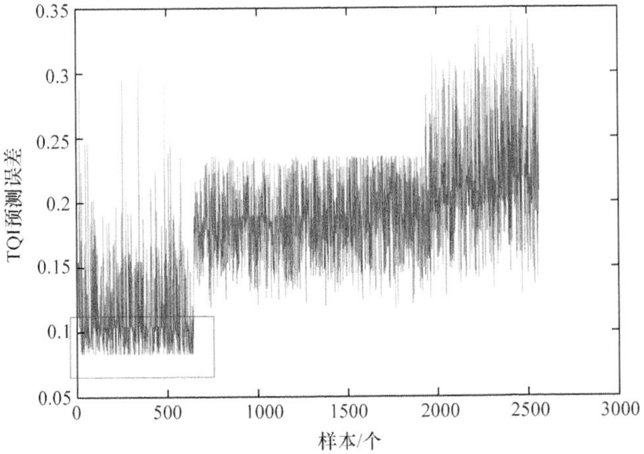

图 10.2　$n=4,3,2,1$ 时的 TQI 预测误差大小

由图 10.2 矩形区域可以看出，$n=4$ 时预测误差相较于其他情况来说最小，因此这里影响预测的已知变量个数 n 的大小取为 4。

2. BP 神经网络训练参数的选取

BP 神经网络模型中需要设定的参数包括两个隐层的激活函数、输出层的激活函数以及网络训练函数和权阈值训练函数。

经过多次试预测发现 TQI 预测效果较好的参数设置是:隐层和输出层的激活函数选为 tansig 函数,BP 神经网络训练函数选为 trainlm 函数,权值和阈值的训练函数为 learngd 函数。

10.1.4 BP 神经网络预测流程

BP 神经网络预测流程如图 10.3 所示。

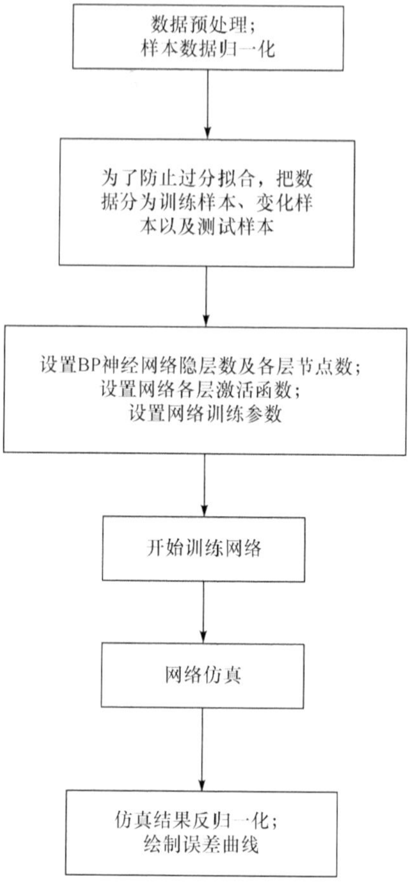

图 10.3 BP 神经网络预测流程图

10.1.5 BP 神经网络预测结果

经过 BP 神经网络训练的预测 TQI 值误差如表 10.4 所示。

表 10.4　BP 神经网络预测 TQI 值误差

序列	TQI 预测误差/%	序列	TQI 预测误差/%
1	11.7874	7	0.0130
2	15.2340	8	12.7947
3	2.5592	9	0.7988
4	0.0091	10	12.9117
5	0.0001	均值	5.9667
6	3.5590	方差	40.5859

其中，序列 1～7 为参与网络训练的样本预测仿真后得到的预测误差，而序列 8、9、10 是未参与网络训练的样本仿真后的得到的预测误差。

BP 神经网络预测的 TQI 值与表 10.1 中的实际值对比结果如图 10.4 所示。

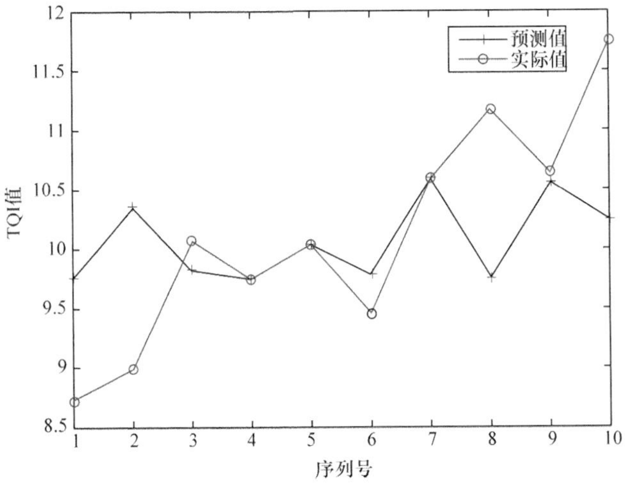

图 10.4　BP 神经网络 TQI 预测值与实际值对比

由图 10.4 可知，传统的 BP 神经网络 TQI 预测结果并不理想，虽然预测的总体趋势与原样本略微类似，但全部样本中预测误差超过 12%的就有 4 个，预测误差很大，因此必须要对算法进行改进。

10.1.6　网络输入样本优化及预测结果

1. 输入样本优化

本节暂时不考虑网络结构层次上的优化，先从输入样本的优化开始着手。目前已经假设的是预测某个时间点的 TQI 值需要的是历史 TQI 数据值和时间间

隔，为了使样本点的分布更为合适，这里对 TQI 的预测公式进行优化，可得

$$x_i'=f(x_{i-1}\times T_{i-1},x_{i-2}\times T_{i-2},\cdots,x_{i-n}\times T_{i-n}),\quad i\geqslant n,n\geqslant 1 \tag{10.4}$$

也就是，将历史轨道质量指数与时间间隔的乘积作为新的样本输入。优化后新的输入样本如表 10.5 所示，新样本依然是将 10 个样本中的前 7 个样本参与网络训练。

表 10.5　输入优化后的 BP 网络输入样本

序列	输入样本			
1	0.5118	0.2286	0.1643	−0.0826
2	0.2286	0.1643	−0.0826	0.1337
3	0.1643	−0.0826	0.1337	0.1900
4	−0.0826	0.1337	0.1900	0.0319
5	0.1337	0.1900	0.0319	−0.0141
6	0.1900	0.0319	−0.0141	0.0561
7	0.0319	0.0141	0.0561	0.4438

2. 优化后的网络预测结果

用输入样本优化后的 BP 神经网络再次进行 TQI 预测得到的误差结果如表 10.6 所示。

表 10.6　输入优化后的 BP 网络 TQI 预测误差

序列	TQI 预测误差/%	序列	TQI 预测误差/%
1	2.9958	7	5.2919
2	0.0219	8	10.3479
3	9.7601	9	10.6143
4	2.9722	10	14.6523
5	0.0004	平均值	5.6668
6	0.0113	方差	28.2643

输入优化的 BP 神经网络预测的 TQI 值与表 10.1 中的实际值对比结果如图 10.5所示。

由图 10.5 可知，经过以上方法优化输入样本后，BP 神经网络的 TQI 预测结果准确率要稍高于一开始的 BP 神经网络，这说明输入样本的优化起到了一定效果。但是，经过反复运行 MATLAB 程序发现，此神经网络模型的预测结果时好时坏，即 TQI 预测结果的稳定性不高，并且未参与网络训练的样本预测仿真结果的误差特别大，因此仍需对目前的 BP 神经网络继续进行优化。

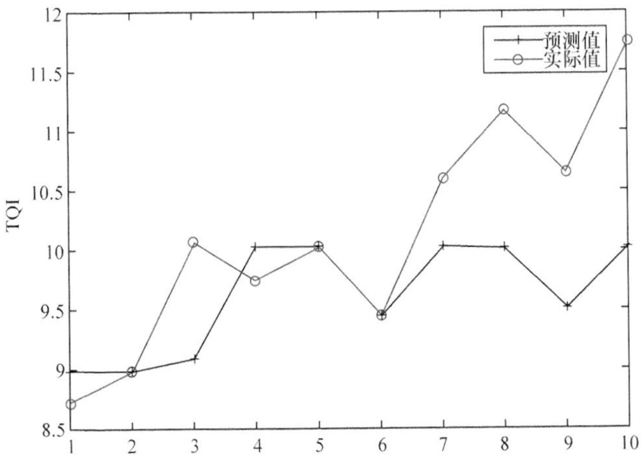

图 10.5　输入优化后的 BP 神经网络 TQI 预测值与实际值对比图

10.2　灰色神经网络预测 TQI

10.2.1　灰色神经网络

1. 灰色神经网络构建

本章的 TQI 预测研究就是一个信息不完全明确的灰色系统[3,4]。依据 GM(1,1)模型,需要把原始序列进行累加变换。需要注意的是 GM(1,1)模型默认的原始序列是等时距的,那么这里应使用的原始序列就是 10.1.6 节中提到的优化序列(可看作等时序列),具体序列如表 10.5 所示。对原始序列 x_i' 进行一次累加生成新的序列 y_i,新的序列呈指数增长,因此可以用一个连续函数或者微分方程进行数据拟合和预测。预测结果用 $z(t)$ 表示。生成的累加序列 y_i 见表 10.7。

表 10.7　灰色神经网络输入输出样本

序列	输出教师信号	输入样本			
1	0.0531	0.0000	0.0365	0.0883	0.1216
2	0.1875	0.0365	0.1248	0.2099	0.1442
3	0.6625	0.1248	0.2464	0.2325	0.1939
4	1.0344	0.2464	0.2689	0.2822	0.2799
5	1.4969	0.2689	0.3187	0.3682	0.4761
6	1.7750	0.3187	0.4047	0.5644	0.5344

续表

序列	输出教师信号	输入样本			
7	2.4125	0.4047	0.6009	0.6227	0.8125
8	3.2313	0.6009	0.6592	0.9008	0.9781
9	3.8844	0.6592	0.9373	1.0665	1.1651
10	4.8844	0.9373	1.1029	1.2534	1.4685

n 个参数的灰色神经网络模型的微分方程为

$$\mathrm{d}y_1/\mathrm{d}t+ay_1=b_1y_2+b_2y_3+\cdots+b_{n-1}y_n \tag{10.5}$$

式中，$y_2,\cdots,y_n$ 为系统的输入参数；y_1 为系统的输出参数。

令

$$d=b_1/a\cdot y_2(t)+b_2/a\cdot y_3(t)+\cdots+b_{n-1}/a\cdot y_n(t) \tag{10.6}$$

则微分方程的响应式为

$$z(t)=\{(y_1(0)-d)-y_1(0)\cdot[1/(1+\mathrm{e}^{-at})]\}\cdot(1+\mathrm{e}^{-at}) \tag{10.7}$$

响应式可以应用到一个扩展的 BP 神经网络之中，即得到 n 个输入、1 个输出的灰色神经网络。

灰色神经网络拓扑结果如图 10.6 所示。

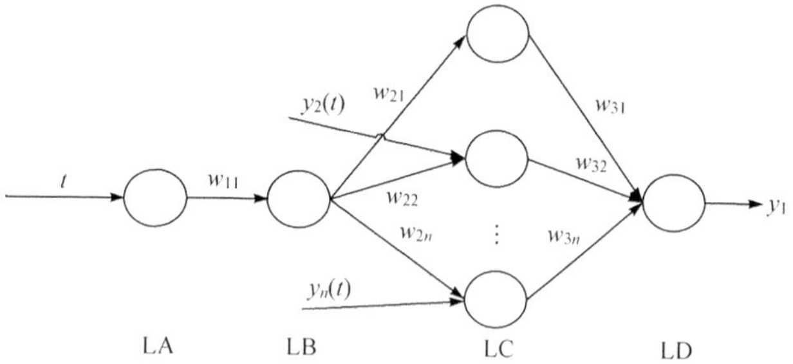

图 10.6　灰色神经网络结构图

t 为输入参数序号；$y_1(t)$ 为网络预测值；$y_2(t),\cdots,y_n(t)$ 为网络的输入参数；w_{ij} 为网络权值

令 $2b_1/a=u_1, 2b_2/a=u_2,\cdots,2b_{n-1}/a=u_{n-1}$，则网络初始权值可以表示为

$$w_{11}=a, w_{21}=-y_1(0)$$

$$w_{22}=u_1, w_{23}=u_2,\cdots,w_{2n}=u_{n-1}$$

$$w_{33}=w_{32}=\cdots=w_{3n}=1+\mathrm{e}^{-at}$$

LD 层中输出神经元的阈值为

$$\theta=(1+\mathrm{e}^{-at})(d-y_1(0)) \tag{10.8}$$

2. 灰色神经网络学习流程

灰色神经网络的学习流程具体如下。

(1) 初始化系数 $a, b_1, b_2, \cdots, b_{n-1}$，并根据 $a, b_1, b_2, \cdots, b_{n-1}$ 的值计算 u。

(2) 根据灰色网络权值的定义计算 w_{ij}。

(3) 对每个输入样本 $(t, y(t))$ 计算每一层的输出为

LA：$a = w_{11} \cdot t$

LB：$b = 1/(1 + e^{-w_{11}t})$

LC：$c_1 = bw_{21}, c_i = y_i(t)bw_{2i}, 2 \leqslant i \leqslant n$

LD：$d = \sum_{i=1}^{n} w_{3i}c_i - \theta_{y1}$

(4) 计算网络输出与教师信号的误差为

LD 层误差：$\delta = d - y_1(t)$

LC 层误差：$\delta_i = \delta(1 + e^{-w_{11}t}), 1 \leqslant i \leqslant n$

LB 层误差：$\delta_{n+1} = (1 + e^{-w_{11}t})c_1 \cdot [1 - (1 + e^{-w_{11}t})] \cdot \sum_{i=1}^{n} w_{2i}\delta_i$

根据误差调整权值，为

LB-LC：$w_{21} = -y_1(0), w_{2i} = w_{2i} - u_{i-1}\delta_i b, 2 \leqslant i \leqslant n$

LB-LA：$w_{11} = w_{11} + at\delta_{n+1}$

根据误差调整阈值：$\theta = (1 + e^{-w_{11}t})\left[\sum_{i=2}^{n} w_{2i}y_i(t)/2 - y_1(t)\right]$

(5) 判断是否满足结束条件，若没有满足，则返回步骤(3)。

3. 灰色神经网络预测结果

灰色神经网络 TQI 预测结果如表 10.8 所示。

表 10.8 灰色神经网络 TQI 预测误差

序列	TQI 预测误差/%	序列	TQI 预测误差/%
1	1.9495	7	3.7027
2	4.2048	8	1.4682
3	7.7784	9	2.7469
4	2.3144	10	1.9657
5	3.9742	平均值	3.4024
6	3.9196	方差	3.3342

灰色神经网络预测 TQI 值与表 10.1 中的实际值对比结果如图 10.7 所示。

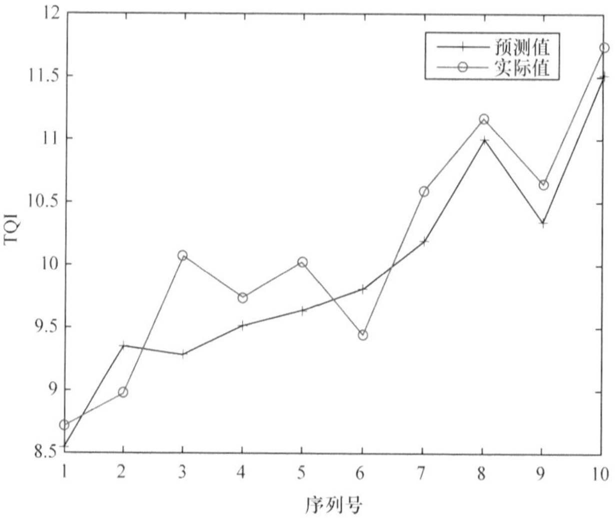

图 10.7　灰色神经网络 TQI 预测值与实际值对比结果

由图 10.7 可知，10 组 TQI 预测误差中有 9 组误差在 3%以下，只有序列 3 的样本误差达到了最大的 7.8%；另外，后 3 组未参与训练的样本预测仿真结果也较好。总体来说，灰色神经网络的预测结果是优于 BP 神经网络的。

10.2.2　遗传算法优化的灰色神经网络

1. 改进灰色神经网络

从 10.2.1 节可以发现，灰色神经网络的网络初始权值、阈值的选择也是随机的，因而网络得到的结果并不稳定。在网络预测误差曲面存在多个局部极小点的情况下，采用全局最优的方法来改进灰色神经网络，得到的预测效果会更好。此处采用的全局最优算法仍然是遗传算法。

2. 遗传算法参数选择

1）染色体编码

本节的目的是尽可能地选取最佳的网络初始权值与阈值，而网络的权值与阈值又是由系数 $a,b_1,b_2,\cdots,b_{n-1}$ 决定的，为了降低遗传算法的数值计算难度，这里将系数 $a,b_1,b_2,\cdots,b_{n-1}$ 通过实数编码的方法编码成独立的染色体。

2）适应度函数选择

为了同时考虑未参与训练与已参与训练样本的预测效果，也就是同时考察网络的拟合能力与泛化能力，把网络预测仿真的误差绝对值的均值作为适应度。

3）遗传算法参数选择

进化次数:40

种群规模:400

交叉概率:0.4

变异概率:0.1

3. 遗传灰色神经网络流程图

遗传灰色神经网络的 TQI 预测流程如图 10.8 所示。

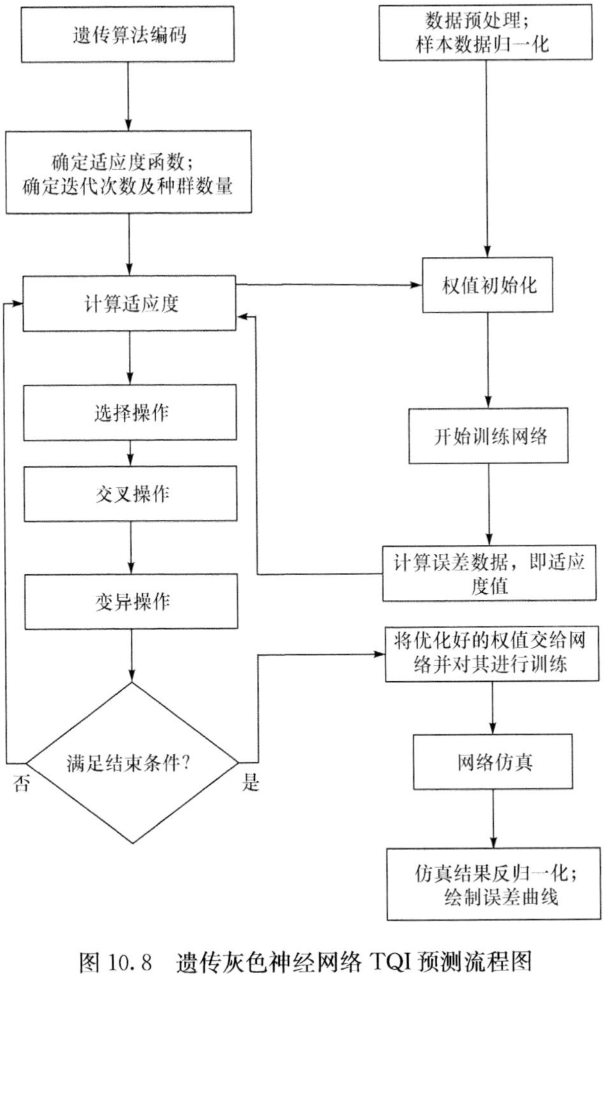

图 10.8　遗传灰色神经网络 TQI 预测流程图

4. 遗传灰色神经网络 TQI 预测结果

经过遗传算法优化的灰色神经网络的 TQI 预测结果如表 10.9 所示。

表 10.9　遗传灰色网络 TQI 预测误差

序列	TQI 预测误差/%	序列	TQI 预测误差/%
1	1.9495	7	1.7112
2	1.0874	8	2.5292
3	5.1618	9	3.2798
4	1.0425	10	3.9512
5	2.5918	平均值	2.4032
6	0.7272	方差	1.9892

遗传灰色神经网络预测 TQI 的预测值与表 10.1 中实际值的对比结果如图 10.9 所示。

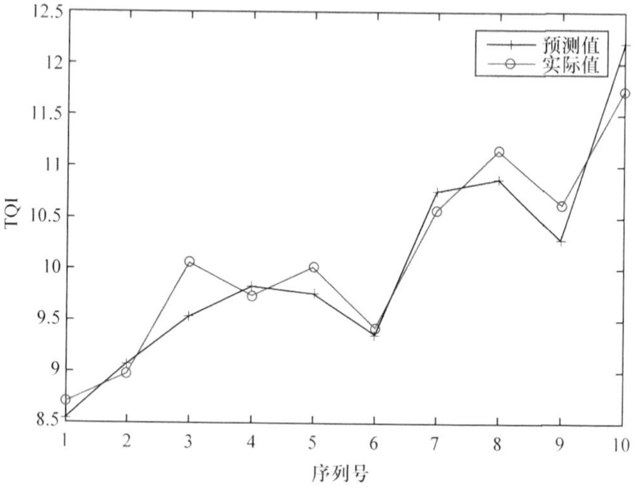

图 10.9　遗传灰色神经网络 TQI 预测值与实际值对比结果

由图 10.9 可以看出，通过遗传算法对灰色神经网络进行全局优化有一定的效果，预测误差在一定程度下有所降低。但是比较后 3 组未参与训练的样本预测误差发现，遗传算法优化后的网络泛化能力有所下降。总体来说，遗传灰色神经网络的预测结果还是很令人满意的。

10.3 泛化回归神经网络预测 TQI

泛化回归神经网络(general regression neural network,GRNN)是径向基函数(radial basis function,RBF)神经网络的一种,由德国学者 Donald Specht 在 1991 年提出。它的优点主要是学习训练速度极快,在样本数量很大的情况下可以快速地逼近,在实时地进行环境中稀疏数据处理时十分有效。图 10.10 是泛化回归神经网络(也称为广义 RBF 网络)的结构图。

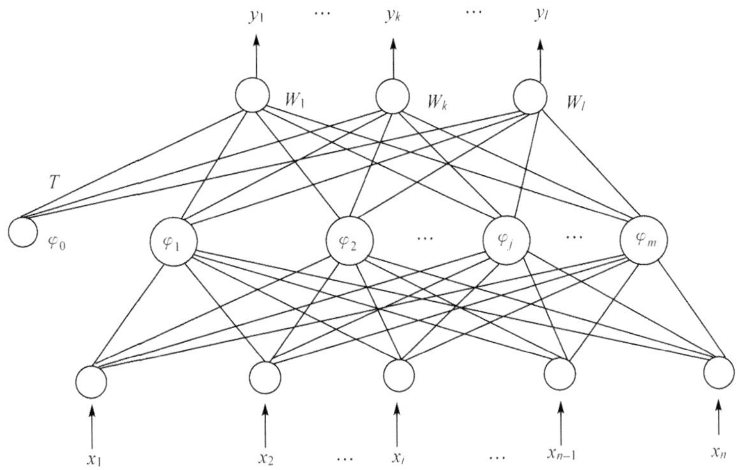

图 10.10 泛化回归神经网络结构图

在图 10.10 中,φ_i 是隐层各个神经元的样本中心点,每一个输入样本 x 都会与每个隐层节点计算距离而后进行比较,距离最近的节点决定该样本的所属分类。

1. 泛化回归神经网络基本思想

GRNN 的隐含层会将低维空间的输入向量映射到高维空间,使得线性不可分问题能够变为线性可分的问题。网络的特点是,隐含层的神经元个数远远小于样本个数(普通的径向基网络两者是相等的)并且要大于输入样本的维数;除此之外,RBF 的中心点不再限制于样本数据点,而是可以通过一定的训练算法得到。

2. 泛化回归神经网络参数设计

在 MATLAB 中,GRNN 的初始化过程(即生成网络过程)十分简单。在网络初始化过程中可以调整的参数仅有一个,即扩展常数(spread),它对于调整 GRNN 的拟合以及泛化能力有一定的影响。当希望曲线的拟合能力更好时,需要增大扩展常数值;当需要较好的泛化能力时,可适当增大扩展常数值。

为了能找到最优的扩展常数 spread 的值,本节在创建 GRNN 过程中采用了交叉验证的方法。通过将扩展常数的值在 0.01～1 的范围内以 0.001 的步长变动,来选取预测误差最小时的扩展常数值。

3. 泛化回归神经网络预测结果

扩展常数的调整过程如图 10.11 所示。

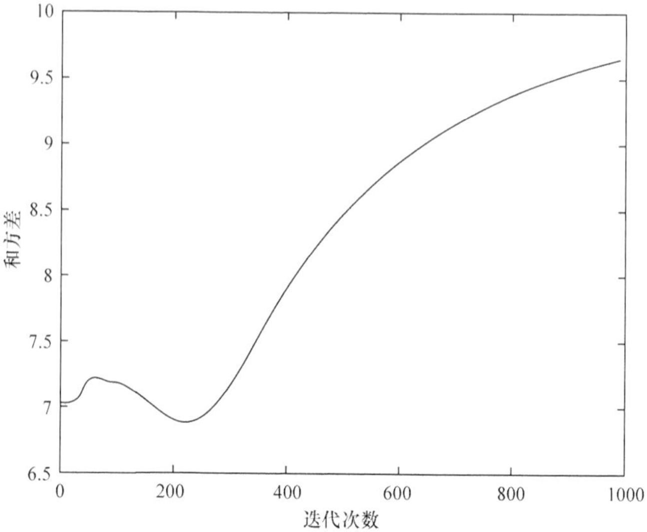

图 10.11　不同扩展常数下的预测值和方差变化曲线

可以看出循环迭代到 230 步附近时,TQI 预测值的和方差最小,故选取此时刻的扩展常数作为生成 GRNN 的参数。

通过 GRNN 预测的 TQI 结果如表 10.10 所示。

表 10.10　泛化回归神经网络 TQI 预测误差

序列	TQI 预测误差/%	序列	TQI 预测误差/%
1	2.3608	7	0.7705
2	5.0463	8	14.1556
3	3.0460	9	1.5840
4	0.2744	10	16.6387
5	4.0514	平均值	4.9299
6	1.3715	方差	32.8860

泛化回归神经网络 TQI 预测值与表 10.1 中的实际值对比结果如图 10.12

所示。

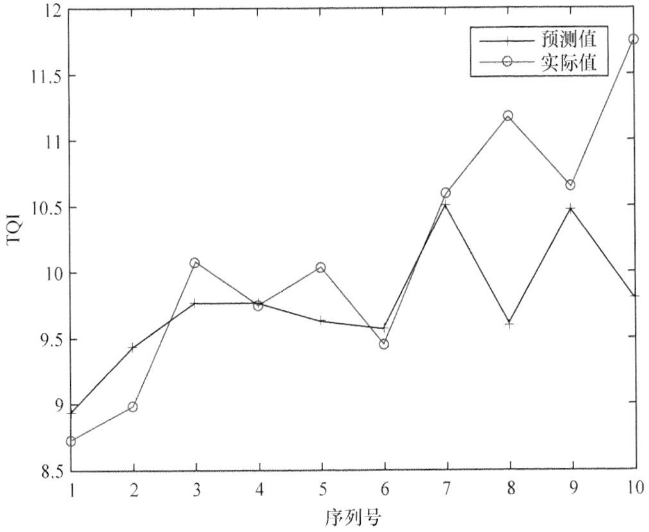

图 10.12　泛化回归神经网络 TQI 预测值与实际值对比结果

从图 10.12 中可以发现使用 GRNN 进行 TQI 预测的结果拟合性较好，但是泛化能力很差。究其原因可能是隐含层的样本中心选择方法难以确定，导致样本分预测(实质上是分类)效果并不是很好；除此之外，GRNN 通常应用于函数逼近，而这里的 TQI 预测不仅需要网络拥有良好的逼近能力，还要求有不错的泛化能力，故在进行 TQI 预测时，GRNN 的预测能力并不突出。

10.4　支持向量机神经网络预测 TQI

1. 支持向量机神经网络的层次结构

如图 10.13 所示，支持向量机(SVM)神经网络相当于一个三层的前馈神经网络，其中隐含层神经元对应于输入样本与支持向量在高维空间像的内积(通过 K 核函数进行映射内积操作)，而输出神经元对应于隐含层输出的线性组合。

2. 支持向量机神经网络的参数设计

MATLAB 软件自带有 SVM 工具箱，但是它的效果不是很好。台湾大学林智仁教授开发了一个简易而又有效的支持向量机应用工具箱——LIBSVM 工具箱。该工具箱在建立 SVM 网络时可以设置的参数有很多，部分与本书预测相关的参数具体如下。

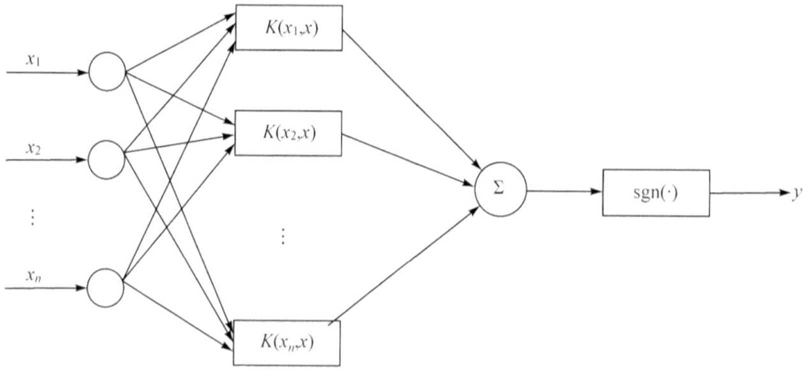

图 10.13　支持向量机神经网络结构图

1) -s SVM 网络类型(默认为 0)

用于分类 0:C-SVC;1:v-SVC。

用于分布估计 2:一类 SVM。

用于回归拟合 3:e-SVR;4:v-SVR。

2) -t 核函数类型(默认为 2)

0:线性核函数。

1:多项式核函数。

2:径向基核函数。

3: sigmoid 核函数。

3) -gγ(gamma)

多项式/RBF/sigmoid 核函数中的 gamma 函数设置(默认为 1/k,k 为类别总数)。

4) -c

设置 c-SVC、e-SVR 和 v-SVR 的参数(损失函数)(默认为 1)。

5) -m

设置缓存大小,以 MB 为单位(默认为 40)。

6) -e

设置允许的终止判据(默认为 0.001)。

7) -v n:n-fold

交互检验模式,n 为维数,n≥2。

这里只设置"-c"和"-g"两个参数,其参数值通过函数 SVMcgForRegress 来达到最优化。

除此之外,在进行支持向量机的设计时,还需要构建一个非线性映射(也就是

K 核函数)将低维空间的输入样本数据映射到高维空间，这个非线性映射方法的选择目前并没有一套总结出来的选择模式可使用，只能靠个人的经验来选取，本书选取的是默认的径向基核函数。

3. 支持向量机神经网络的预测流程

支持向量机神经网络 TQI 预测流程如图 10.14 所示。

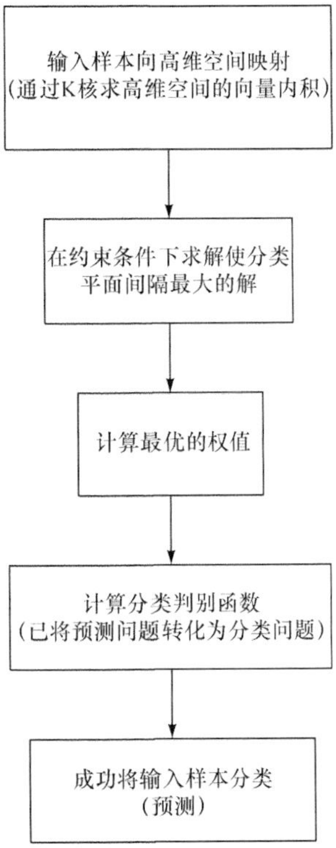

图 10.14　支持向量机神经网络 TQI 预测流程

4. 支持向量机神经网络 TQI 预测结果

通过支持向量机神经网络进行 TQI 预测获得的结果如表 10.11 所示。

表 10.11　支持向量机神经网络 TQI 预测误差

序列	TQI 预测误差/%	序列	TQI 预测误差/%
1	4.7002	4	7.1641
2	1.9756	5	5.3425
3	11.0304	6	7.1919

续表

序列	TQI 预测误差/%	序列	TQI 预测误差/%
7	2.3053	10	14.4870
8	15.8240	均值	7.1001
9	0.9799	方差	26.8541

支持向量机神经网络 TQI 预测值与表 10.1 中的实际值对比结果如图 10.15 所示。

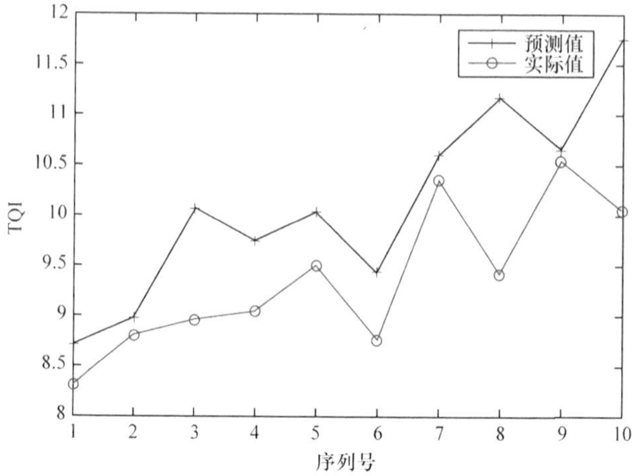

图 10.15　支持向量机神经网络 TQI 预测值与实际值对比结果

由图 10.15 可以看出支持向量机神经网络的预测结果并不理想，原因可能是构建网络时的参数选择不是特别适合，导致最后的预测效果并不很符合预期。但事实上参数选择目前还没有有效的理论指导，只能用试凑的方法去选择各个参数。

10.5　本章小结

本章主要介绍了 BP 神经网络、灰色神经网络、泛化回归神经网络和支持向量机神经网络对于预测轨道质量指数的效果对比，利用轨道质量指数历史数据，通过不同神经网络以给定数据的拟合能力与泛化能力为标准，对不同神经网络的学习与预测效果做出了评价。此外，还利用遗传算法对 BP 神经网络与灰色神经网络进行了一定的改进，取得了较好的预测效果。经过对比可以得出，改进的遗传 BP 神经网络在所介绍的几种算法中预测能力是最好的。

参考文献

[1] Liu F, Wei X K, Liu Y, et al. Track quality prediction based on center approach Markov-Grey GM(1, 1) model [C]. IEEE International Conference on Information and Automation (ICIA), Hailar, 2014.

[2] 佐藤吉彦. 新轨道力学[M]. 徐涌,等译. 北京:中国铁道出版社,2001.

[3] 韩晋,杨岳,陈峰,等. 基于非等时距加权灰色模型与神经网络的轨道不平顺预测[J]. 铁道学报,2014,(1):82-87.

[4] 胡玉琢. 改进型灰色神经网络模型在水质监测中的应用[D]. 重庆:重庆大学,2010.